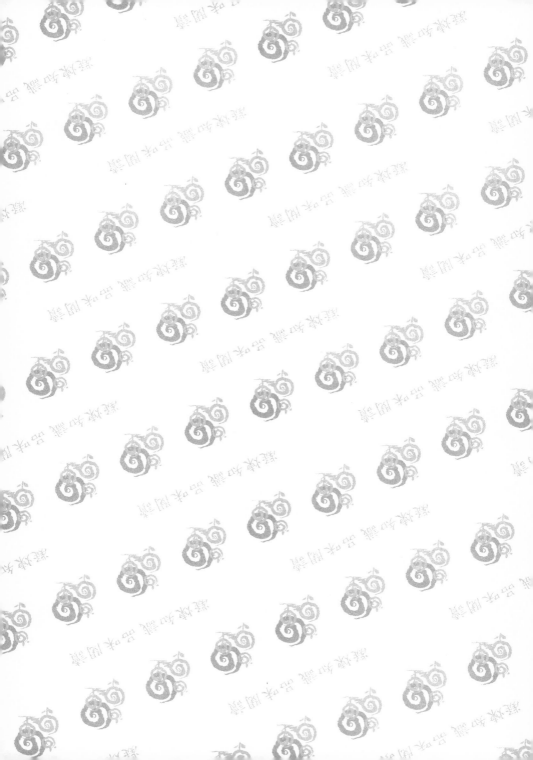

威瑪憲政變奏曲

半總統制憲法的生命史

沈有忠 著

吳玉山教授推薦序

在全世界的民主國家中，過去大多數都是採取以英國為範例的內閣制或是以美國為標竿的總統制，但是近二十多年的發展，卻出現了越來越多的半總統制，也就是同時具有直選實權總統（像總統制）和總理領導政府對國會負責（像內閣制）這兩個特徵的憲政體制。半總統制由於具備總統制和內閣制的雙重特性，因此最終的行政權究竟是落在總統還是內閣總理之手便經常構成問題。於一九四七年制訂的中華民國憲法在經過一九九〇年代多次修訂增修條款之後，已經符合半總統制的定義，從而使得台灣成為一個半總統制的新興民主國家。許多我們所經歷的憲政困局，也都和這個半總統制的憲政體制密切相關。

威瑪德國是歷史上第一個半總統制的例子。它存在於第一次與第二次世界大戰之間，是德國在擺脫君主專制之後的第一個民主體制，但是卻在一九三三年被納粹的第三帝國所僭奪。這段經驗讓威瑪沾上了悲劇史詩的色彩，是一幕發人深省的民主淪亡錄。對於想要瞭解半總統制之理論與實踐的人們而言，威瑪是極為重要的失敗事例。它的興衰點出了半總統制在巨大環境壓力之下所暴露出的致命缺點，其中有許多地方都非常值得同為半總統制新興民主國家的台灣來借鏡。

沈有忠博士的學術歷程是始於對德國語文和文化歷史的研習。在獲得紮實的基礎訓練之後，他進入政治學的領域，並專研政治制度。在寫作博士論文的時候，他融合了自己的兩項長處和興趣，決定對威瑪共和的半總統制進行深入的研究。這是一個在台灣或是華人世界從未有人探索過的領域，非要有紮實的區域研究和政治學專業訓練才能夠進行。由於我長期對於全球半總統制的興趣和研究，所以同意擔任有忠的論文指導教授，支持和鼓勵這位充滿學術熱情的年輕學者往威瑪半總統制研究的方向發展，期待他對於此一重要的憲政史例可以做出醒目的研究成果，來填補半總統制研究的一個主要空缺。

有忠的治學嚴謹、極有恆心。為了實地蒐集資料，並參考專家的意見，他申請到了國科會與德國學術交流總署（DAAD）的聯合獎助赴德，受教於柏林自由大學政治系的華格納（Helmut Wagner）教授，又向柏林自由大學法律系的賈克（Hartmut Jäckel）教授、和赫提基金會（Hertie Stiftung）的奧非（Claus Offe）與普魯斯（Ulrich K. Preuß）教授請益，這些都是研究德國政治與憲政體制的權威學者。他在德國一共十八個月的時間，善用每分每秒，不但為博士論文奠定了最為紮實的基礎，更勤於著述，出版了多篇研究論文，在國內專研比較政治的年輕學者當中表現醒目、出類拔萃。

在有忠回國前後，我們開始緊密地討論他的博士論文，一起構思整體的分析架構。他從威瑪的經驗，看出如果一個半總統制的國家採用了「垂直分時」式的制度設計，則當這個國家面對危機局面的時候，會很容易走向民主崩潰。所謂的垂直分時，便是直選出來的總統在平時像是內閣制的總統一樣，對國會充分尊重。政府的組成是依據國會中各政黨的勢力強弱，由國會多數可以支持或容忍的政黨領袖來擔任總理、領導政府，並對國會負責。可是到了危機時刻，憲法給予總統極大的緊急權力，使他可以獨斷地任命政府，並且用緊急命令權來支持政府的作為，對抗國會的反對。在此種半總統制的安排之下，出現了一般時期和緊急時期兩種不同的狀況，所以是「分時」，而又由於當總統在緊急時期挾龐大的權力進場，處於總理之上，因此是「垂直」。這裡我們所看到的是一種「憲政獨裁」的設計，其目的是在國家面臨危急狀態的時候讓總統可以成為共和國的守護者。雖然威瑪的憲政獨裁是一種保障民主的設計，但是它卻蘊含了顛覆民主體制的種子。當經濟大恐慌於一九二〇年代末席捲德國之時，興登堡（Paul von Hindenburg）總統便行使了憲法中給予總統的各項緊急權力，他自行任命了內閣，並且給予其不受國會掣肘的行政權力。結果總統和國會不斷對抗的結果，侵蝕了德國的民主與法治，讓納粹得以趁勢興起，最後一舉毀滅了威瑪共和，建立了極權的第三帝國。

垂直分時的概念是半總統制研究中一個創新的看法。在過去當學術界對於半總統制進行分類討論時，比較強調的是總統和國會的相對權力，以及是誰控制了政府。除了權力的分配之外，大家最感興趣的是當總統和國會多數不是同屬於一個政黨的時候，究竟是哪一方可以掌控行政權。有忠對於垂直分時的看法，把我們的焦點轉移到「平時 vs. 緊急」，而不是府會的政黨是否一致。從威瑪德國的例子來看，第一任總統艾伯特（Friedrich Ebert）基本上尊重國會，讓各黨依照它們在國會中所佔的席次和地位來商組內閣，並沒有偏袒他自己所屬的社會民主黨（SPD）。結果社民黨在艾伯特任期的前一段（1919-1923）幾乎參與了每一屆的聯合內閣，而到了後期（1923-1925）則退出內閣，讓資產階級政黨組成了右派的政府。接續艾伯特的興登堡總統在一九二五年到一九二九年也還尊重國會，沒有操控內閣的組成。但是當經濟大恐慌的危機局面出現後，興登堡便開始強硬地任命直接受命於總統的內閣，使得行政權壓倒了國會。造成這兩種截然不同府會關係的主要原因，不是總統和國會多數是否同屬一黨，也不是艾伯特和興登堡的人格特質不同，而是危機局面觸動了憲法中的轉軌機制，產生了半總統制中的次類型轉換，讓總統得以行使憲政獨裁，這是垂直分時的憲政設計所帶來的影響。

通過威瑪的史例，讓我們瞭解到在半總統制的憲政體制之下，一旦總統依據憲法的授權行使憲政獨裁，會造成府會的劇烈衝突，對民主政體產生極其不利的影響。仔細來看，這種對民主的衝擊是由府會對抗所造成。在今天中華民國的憲政體制也是半總統制，而總統也有若干的緊急權力，並且可以任命行政院長而毋須獲得國會的同意，如同威瑪的總統。和威瑪不同的，是即使台灣還沒有進入緊急狀態，總統已經總攬大權，行政院長只是其最高僚屬，不論府會一致、或府會不一致，是由國民黨執政、或是由民進黨執政，結果都是一樣。對於這樣強勢的總統，國會從來不敢透過倒閣或是罷免來直接加以挑戰。和威瑪相較，台灣的總統更強而國會更弱。所以在台灣對民主的考驗不是府會對抗的衝突，而是總統的權威太大，一旦遇到緊急情況，更傾向於大幅擴張，此時便有可能「滑入」威權統治。不論是府會衝突造成民主瓦解、或是總統獨大而滑入威權統治，都是半總統制新興民主國家所需要戒慎恐懼的。

沈有忠博士對於威瑪半總統制的研究，一方面深化了我們對威瑪憲政體制的理解，開拓了半總統制的研究文獻，一方面刺激我們思考台灣的半總統制，以及我國的民主前景。這本書不論從學術研究或是現實政治的角度來看，都是極具開拓性的，值得細細享讀。

吳玉山
九十八年四月十六日
南港中央研究院

林繼文教授推薦序

威瑪（Weimar）是德國東部的一個小城，現今人口只有六萬五千人左右。這樣一個小城，卻曾背負著不可承受的歷史重量。一九一九年，德國在第一次世界大戰中戰敗，德皇退位，制憲者在這個都市裡通過了新憲法，成立了威瑪共和（Weimarer Republik, 1919-1933）。十四年以後，威瑪共和的總理阿道夫・希特勒（Adolf Hitler）拔掉了這個共和國的呼吸器，也替數年後的歐戰和第二次世界大戰拉開序幕。不過，一般人比較少注意到的，是威瑪共和所進行的民主實驗。二十世紀的前半葉，是集權主義當道的年代，在威瑪憲法通過之前，社會主義蘇維埃共和國才剛在俄國誕生，法西斯主義狂潮則正要席捲歐陸。這樣的潮流，也衝擊到剛剛戰敗的德國，左右兩方都想建立各自的理想國。然而，威瑪的制憲者卻打造了一部民主共和國的憲法，試圖以民主制度填補君主制所留下的空缺，並抵擋集權主義的浪潮。從條文來看，這部憲法的設計是相當精巧的，但是這場實驗卻是失敗的，而且以悲劇收場。

威瑪共和的崩解，困擾著世世代代的憲法學者和政治學者。威瑪憲法是否具有內在的缺陷，導致共和政體的瓦解？民主制度，為何不能避免統治危機，甚至給予獨裁者竄起的機會？威瑪的民主實驗雖然失敗，但是類似的實驗卻一再地在其他時空上演。所以威瑪的問題，永遠是當代的問題。大部分的憲法學或比較政府教科書，都是以英國的內閣制和美國的總統制開場，殊不知這兩種體制都是特例而非通則。很少有國家能像英國一樣，在時間的長河中逐漸演化出不成文的議會內閣制慣例，也極少有國家像美國一樣幸運，在幾乎真空的狀態下打造出總統制憲法，而且一用就是兩百多年，沒有太大的變動。大多數的國家，比較像一九一九年的德國：一方面，既有體制已經崩解，新體制尚待建立，另一方面，戰爭威脅、經濟危機、極化對立使社會難以自我管理。在此情況下，以民主體制來涵納多元的意見並推行符合眾人利益的政策，是很自然的一條路。從各種層面來看，威瑪共和的憲政設計都相當符合民主政治的原理：以比例代表制選出國會議員，使多元意見能得到充分表達；以民選產生的總統填補德皇留下的政治真空，但為避免總統獨裁，憲法賦予總統的權力只能用在緊急狀態下；在平時，行政權掌握在由議會政黨所組成的內閣手中。

這套政府體制，在很多年以後被稱為「半總統制」（semi-presidentialism）。半總統制，在三十年前幾乎不曾出現在比較政府或憲法學的教科書中，當前卻至少為五十多個國家所採用，包括台灣。施行半總統制的國家，面臨的情勢和威瑪有很大的類似性：一方面，舊體制所解放出來的各種力量亟欲在民意機關中找到代議者，但又充滿著對體制的不信任；另一方面，舊體制的崩解留下很大的權力真空，而民選總統成為最容易填補此一空缺的角色。作為半總統制原型的威瑪共和為什麼以崩解告終？對於其他新興的半總統制國家，有什麼樣的啟示？這本書的目的，就在於回答這個問題。從各層面來看，威瑪的憲政設計的確符合民主制度的原則。問題是，這部憲法卻是妥協的產物，將相互衝突的設計放在一起。在各層面都符合民主原則的設計，相加之後卻可能成為難以運作的紙上理想國。

威瑪憲法對於行政權的設計，按照本書的說法，是一種「雙層雙元」的結構：除了行政和立法的雙元，在行政權方面則是「垂直分時」的雙元體系，總統並無管理日常政務的行政權，也沒有專屬的政策領域，只有應付緊急狀態的權力。在正常的情況下，行政權應該由議會政黨所組成的政府所控制。然而，威瑪共和採取的是極端的比例代表制，國會政黨數目眾多，而且包含極化對立的左右政黨，某些參與聯合政府的政黨規模雖然不大，但卻足以讓政府倒台。從國會政黨的角度來看，在極端的比例代表制下改選成本低，要維持既有席次也不難，所以很容易通過對政府的不信任投票案。造成的結果，是政府效能差，難以應付層出不窮的經濟危機、外交困境等危機。破碎的國會政黨體系、不穩定的政府和垂直分時的雙元體系，相加之後造成惡性循環的政局：應該掌握行政權的政府經常面臨倒閣威脅，致使政府難以遏止各種危機的發生，擁有緊急權力的總統，反而經常性地使用其權力，使威瑪共和的憲政並未依其原始設計運作。這就是威瑪共和後期一直出現「總統內閣」的原因。威瑪共和的崩潰，主因當然是社會矛盾所造成的極化衝突，但是憲政設計的缺陷不但無法消解這種衝突，甚至給予反體制力量相當大的政治空間。

這本書，是一位年輕台灣學者對於威瑪共和的解剖紀錄。正如醫學的進步要感謝那些獻出遺體的人，政治學的發展，也常得力於那些歷經生死，但保存著完善生命記錄的政體。舉世的半總統制國家，只有威瑪共和歷經了生死的歷程。這個共和國雖然存在於另一個時空，但是它的生命記錄卻值得所有關心人類未來的人深思。威瑪共和，其實並未完全死亡。第二次世界大戰後的德國，不但對於納粹主義進行了深刻的批判和反省，也在憲政設計上改正了威瑪時代的許多缺失，例如將總統改為間接選舉、透過聯立式單一選區兩票制使國會維持政黨數目有限的多黨體系，並使國會需以建設性的方法提出的不信任投票。新興民主國家，正因為處於民主化的初期階段，所以應該仔細思索威瑪經驗，避免犯下同樣的錯誤。

這本書的作者，不但受過嚴格政治學訓練，也曾經在德國親身體驗過當時的「時代精神」。我誠摯地將本書推薦給所有關心民主政治和人類未來的讀者。

林繼文

二〇〇九年四月十二日

自序

對一個新興民主國家來說，憲政秩序的建立，關係著民主價值的實踐與民主體制的穩定。其中，設計一部憲法作為憲政運作的規錄，更成為直接影響憲政運作的制度因素。因此，學界基於對憲政體制的穩定與否為關懷，對於不同類型憲法的研究和比較，始終保持高度的關注。本書的撰寫，雖然是以德國威瑪共和分析的主要個案，但究其關懷的起源，仍在於對台灣憲政發展的走向。從一九九七年修憲以後，台灣的憲政發展在半總統制中摸索前進，和其他的新興民主國家一樣，歷經了很多的波折，也充滿了各種想像的可能。為此，探究威瑪共和這個半總統制的原始個案，及其實踐上失敗的經驗，成為建構知識上的一個起點。我深信，知識的累積終究帶來力量，而這股力量正是健全台灣憲政發展的基礎。希望在這個浩瀚的工程中，本書能提供一點點的貢獻。

台灣與德國威瑪共和，無論時間與空間，這兩個國家看似全無關連，但從憲法研究的角度來看，卻發現其實這兩個國家有極深的淵源。即使威瑪共和已經成為一段歷史，但對於台灣當前的憲政發展而言，仍具有高度的啟發意義。首先，現行的中華民國憲法，雖然歷經多次修改，但本文架構乃是張君勱（1887-1969）先生於一九四七年設計之憲法草案。張君勱曾於一九一三年至一九一五年於柏林大學研習公法，後來在一九一八年隨梁啟超赴歐洲考察。他所起草的中華民國憲法，事實上參考的主要文本，就是一九一九年制訂的威瑪憲法。對於威瑪憲法，張君勱不僅給予高度評價，甚至日後由他所設計的中華民國憲法，也是以威瑪憲法為參考的主要文本。爾後，不僅張君勱盛讚的這部憲法沒能帶給德國穩定的民主發展，就連他所設計的中華民國憲法，也未徹底獲得實施的機會。其次，中華民國憲法在張君勱設計的理論中，是參考威瑪憲法，但依據中國當時特殊的時空環境修改所致。對於權力分立、議會內閣制的實施、虛位元首的設計，可以說是和威瑪憲法相較下最大的不同。然而，時空丕變，幾經修改後，現行的憲法架構，竟然從議會內閣制修改回半總統制、虛位元首的憲法定位調整為實質的國家領袖。這樣的轉變，固然和現實的政治發展有關，但耐人尋味的是，五十年前從威瑪憲法修改的最大差異，五十年後卻再次回到更近似威瑪憲法的架構。是以，就憲法的架構來說，中華民國憲法的設計與轉變，可以說是來自於威瑪，現又走近於威瑪。

受到法國成功實踐半總統制憲法，加上越來越多新興民主國家加入半總統制俱樂部的影響，對於半總統制研究的熱度而言，可說是持續加溫中。然而，在這波半總統制研究的浪潮中，研究對象大多集中在法國、新興民主國家、或是台灣（當然，大多是本土的學者）。相較之下，威瑪共和，這個早在一九一九年就實施半總統制的原型個案，並沒有太受到重視。即使德國的政治學界、法律學界，也少有透過對半總統制的研究來回過頭檢視威瑪的制度特徵與憲政運作。因此，本書基於對半總統制的關懷，回到原型個案的研究，探究三個關於半總統制憲法的主題。第一、威瑪共和為何在當時沒有任何參考依據下，設計出半總統制的憲法，而這部半總統制憲法在當代，又具有哪些特殊的理論意涵？第二、威瑪憲法設計後，被視為最先進、最完善的憲法，但具體的運作卻是高度的不穩定。這部半總統制憲法為何難以穩定運作，是本書的第二個關懷。最後，威瑪憲法以希特勒的獨裁為結果。這樣一部備受盛讚的憲法，和法西斯主義的出現有何關係？這是本書的第三個研究議題。從生命史的角度來說，威瑪憲法歷經出生、運作到死亡，而且其運作和最終的轉出，都和憲法設計之預期大異其趣。這是本書定名為「變奏曲」並以「生命史」之研究角度的原因。希望透過對威瑪憲法的介紹和分析，能對半總統制憲法帶來不同的觀察和研究。

本書的完成，要感謝的人很多。中央研究院政治所籌備處主任吳玉山教授，是我在博士修業期間的指導教授。吳老師向來以嚴謹的治學態度、宏觀的比較視野為其研究風格，是台灣政治學界的翹楚。在吳老師六年多的指導之下，不僅在學術上多有收穫，更在治學精神上看見一個政治科學學者應有的風範。作為他的指導學生，看起來從他身上獲得的東西除了學問之外似乎很有限，看起來他給的關懷和照顧比起其他的指導教授要少得多。但事實上，我知道吳老師在整個指導的過程中，希望建立的不僅是學問上的交換與傳遞，更希望把一個學者該有的研究精神以及不逾矩的治學態度教給我。很慶幸能在他的身上，看到一個知識份子應有的風骨，也期望自己能持續以吳老師為榜樣，不只在無止境的學術研究上繼續努力，更要堅守作為一個學者該有的原則。中央研究院政治所籌備處的林繼文教授，從一九九七年（又是一九九七！）在研究所開始上他的課，並且擔任他的研究助理。十幾年來，林老師對我的照顧和提醒從未間斷，甚至是服役期間、出國進修期間，林老師都始終支持我，幫助我。在學術上，不僅是博士論文，當初的碩士論文也受到林老師相當多的指導。二〇〇三年秋，林老師和我分別遭遇人生中極大的挑戰，我們相互鼓勵與扶持，度過了嚴峻的一個秋天。能夠走到現在，我由衷的感謝林繼文老師。不僅如此，林老師也和吳老師一樣，帶給我豐富的言教，更帶給我重要的身教。在整個學界中，學術研究或許各有專精與立場，但治學精神與態度，吳玉山和林繼文兩位老師，豎立了我日後終身學習的典範。

感謝政治大學國關中心的吳東野教授、台灣大學政治系的王業立教授、台灣大學法律系的蔡宗珍教授、世新大學法律系的張嘉尹教授。幾位教授在寫作期間都曾經對本書提出政治學、法學或是德國發展經驗等不同觀點的建議，相互補充了論述上可能有的缺失。本書在寫作過程中，獲得行政院國科會與德國學術交流總署（DAAD）的補助，讓作者前往德國柏林自由大學進行十八個月的進修與資料蒐集，在此一併致謝。在德國進修期間，特別感謝自由大學政治系 Helmut Wagner 教授，給予作者生活上、研究上的支持和幫助，本書有許多論點也是來自於 Wagner 教授的啟發。也感謝時任駐德代表的前大使謝志偉教授、國科會彭雙俊組長、黃淑娟博士、張鵬輝秘書，給予作者在德國波昂和柏林進修期間，日常生活細節上不少的幫助。中央研究院政治所籌備處提供本書撰寫在最後階段的補助，讓作者得以在較小的生活壓力下完成本書。本書得以問世，感謝五南圖書出版公司，以及法政主編劉靜芬小姐、責任編輯李奇蓁小姐的辛勞。五南圖書出版公司不僅支持本書的出版，並且在許多細節上都站在支持作者的角度，給予相當多的協助。

最大的支持者和幫助是來自於我的家人。何其有幸，人生路上能遇見佩真，並與之結為連理。佩真不僅支持我朝學術的理想前進，更持續在生活上照顧我。赴德研究時，她毅然決然辭去一份不錯的工作，到德國照顧我。甚至在撰寫過程中，許多編排校稿的工作，也是她一手打理，就連本書的書名也是來自她的建議。大姊有芬、二姊有芳以及三姊有蓉等三位姊姊，始終包容作為弟弟的我，圓一個學術的夢想。家裡一直有許多困難，我都未能有實質的幫助，如果沒有姊姊們的照顧、支持和包容，我不可能走到今天這一步。岳父吳國基先生和岳母洪碧蓮女士一直很照顧我。他們不但沒有埋怨我這個女婿帶著佩真四處奔波，甚至一直給予支持和鼓勵，能作為他們的女婿，是我的福氣。

先父沈既壽、先母沈卓蓮妹，對您們我有滿滿的遺憾和思念。遺憾的是未能讓您們看見我成家、完成學位、還有完成這本書。對你們的思念，是自己堅持下去、告訴自己不能放棄的動力來源。能有目前一點點的成就，我知道，這些都是您們帶給我的。

還有很多師長和朋友們，謝謝你們一直以來的鼓勵和幫助。這本書是人生中的一個逗點，也是另一個新的起點。只有繼續的努力，才是對家人、對自己負責的唯一之路！

沈有忠
二〇〇九年四月
台北南港

德文縮寫、德文全文、中文（內文簡稱）

BVP	Bayerische Volkspartei	巴伐利亞人民黨
DDP	Deutsche Demokratische Partei	德意志民主黨（民主黨）
DNVP	Deutschnationale Volkspartei	德意志國家人民黨（國家人民黨）
DVP	Deutsche Volkspartei	德意志人民黨（人民黨）
KPD	Kommunistische Partei Deutschlands	德國共產黨（共產黨）
NSDAP	Nationalsozialistische Deutsche Arbeiterpartei	國家社會主義德意志工人（國社黨）
OHL	Oberste Heeresleitung	最高指揮部
SPD	Sozialdemokratische Partei Deutschlands	德國社會民主黨（社民黨）
USPD	Unabhängige Soziademokratische Partei Deutschlands	德國獨立社會民主黨（獨立社民黨）
WP	Wirtschaftspartei	經濟黨
Z	Zentrum	中央黨

目次

第一章 緒論

如果十九世紀是基督教傳播的世紀，那麼二十一世紀可以稱為憲政傳播的世紀。

——哈洛維茲，2002:16

台灣從一九九七年以來，憲政運作隨著憲法的修改進入新的里程。最重要的轉變，就是總統、行政院長和立法院之間的互動關係。就憲政體制的分類來說，一九九七年以後的台灣依照修改後的憲法架構，和其他許多新興民主國家一樣，進入了「半總統制」（Semi-Presidentialism）俱樂部。不僅如此，從一九九七年至今，歷經了三位四個任期的總統，在憲政運作上，府院會的互動就出現了許多不同的次類型。究竟要不要維持現有體制？或是要朝向總統制修改？朝向議會制修改？成為下一波憲改的焦點。究竟「半總統制」是一個什麼樣的憲法架構？如何實踐憲法中「半」的精神？他可能有哪些運作類型？如何影響民主的穩定運作？關於這些問題，不只台灣，所有採用半總統制憲法的國家，都聚精會神的想要找出一個解答。基於這樣的關懷，本書不以台灣為分析的對象，而是回到半總統制的概念，「探尋」一個早期就具有類似憲法架構的國家——德國威瑪共和，去深入瞭解這個幾乎被視為原型個案的半總統制國家之憲政經驗。

德國威瑪共和，無論時間與空間，都與台灣相距甚遠。但事實上，在憲法的議題上，威瑪與台灣卻緊密相連。我國憲法的起草者張君勱先生，是參考威瑪憲法的經驗，做了一些改良設計出中華民國憲法的原始架構。豈料數十年後，憲法幾經修改，在制度架構上再度回到更近似威瑪憲法的半總統制架構。這種跨越時空的連結與比較，使得威瑪的憲政經驗，更具有進一步探尋的價值。本書以半總統制的框架來討論威瑪憲法的理論與實際，並比較其他新興民主國家在半總統制憲法運作經驗上的異同，希望能透過威瑪這個原型個案，對半總統制的概念有更進一步的瞭解。

威瑪憲法與當代半總統制的研究

德國在第一次世界大戰之後，展開了政治體制上再一次巨大的轉型。於一九一九年八月所頒行的「威瑪憲法」（die Weimarer Verfassung），揚棄了君主體制並邁向民主共和，成為德國歷史上第一次的社會民主嘗試。這部憲法不僅在德國的憲政史中佔有重要的地位，深深影響後來在波昂（Bonn）制訂的「基本法」（das Grundgesetz），更在世界上的憲政研究中備受矚目，原因在於威瑪憲法的設計向來被稱為完善而進步，但是形式上卻只運作了十四年（一九一九年至一九三三年）的壽命，最後更以希特勒（Adolf Hitler）領導的納粹獨裁所取代。[1] 威瑪憲法在中央政府體制的架構上採用了英國、法國的議會民主，並且兼具美國總統直選的設計與瑞士的公民投票而滿足了直接民主的精神，再加上對於人權的保障、社會福利體制的建構，因此在當代向來被形容為一部完善而進步的憲法。這部憲法在中央政府體制設計上的特殊之處在於憲政設計兼具總統制與議會制的特徵，對於當時的憲政潮流而言，是一個新的嘗試，而這樣的憲政體制，具體的表現是一個雙元行政與雙元民意的混合。如果從制度的特徵來看，威瑪憲法符合了後來法國憲政學者杜佛傑（Maurice Duverger）定義的「半總統制」（semi-presidentialism）。

當代憲政研究中關於半總統制的研究在早期多集中於對法國模式的討論，主要的原因在於一九五八年法國第五共和憲法從第三、第四共和的議會制轉型成為半總統制，並且成功的運作至今。由於傳統以英國為典型的議會制與以美國為典型的總統制都無法解釋這部憲法的成功運作，使得法國成功的經驗讓半總統制的研究成為一種「法國類型」（French style）的憲政研究。其中，最具代表性的作品就是杜佛傑在一九七八年出版的一篇文章，這篇文章將半總統制概念化，爾後也廣為半總統制的研究者所引用。[2]然而，從冷戰結束以及蘇聯解體後，出現在中東歐大量的新興民主國家民主化後相繼選擇或設計了混和總統制與議會制的憲法架構。除此之外，包括東亞與非洲在內，也有很多的新興民主制訂了半總統制的憲法（這些國家參見表1-1），這使得半總統制的研究一方面脫離法國類型，成為憲政研究中重要的分支，研究的內容也逐漸多元起來（Skach, 2005: 1）；另一方面，重新檢視半總統制的

表 1-1 以半總統制為憲政架構的國家

阿爾及利亞	克羅埃西亞	立陶宛	羅馬尼亞	塔吉克
安哥拉	剛果	馬其頓	俄羅斯	塔尚尼亞
亞美尼亞	埃及	馬達加斯加	盧安達	東帝摩
奧地利	芬蘭	馬利	聖多美	多哥
亞塞拜然	法國	茅利塔尼亞	普林西比	突尼西亞
白俄羅斯	加彭	蒙古	塞內加爾	烏克蘭
保加利亞	幾內亞比索	莫三比克	新加坡	烏茲別克
布吉那法索	海地	那米比亞	斯洛伐克	葉門
喀麥隆	冰島	尼日	斯洛維尼亞	
維德角	愛爾蘭	秘魯	南韓	
中非共和國	卡薩斯坦	波蘭	斯里蘭卡	
查德	吉爾吉斯	葡萄牙	台灣	

資料來源：Robert Elgie（2008: 5）。

內涵，以避免將法國的經驗透過半總統制的表象強行應用在這些新興民主國家，也成為另一個重要的課題。

雖然如此，相較於傳統對總統制與議會制的豐富討論，半總統制的相關研究在這個領域中仍舊顯得較為不足（Elgie, 2004: 314）。據此，本書以被杜佛傑歸類為半總統制憲法的德國威瑪共和為個案，討論威瑪憲法的設計、運作與轉出。一方面以威瑪的經驗來重新檢視當代對於半總統制的討論，尤其是希望能釐清半總統制在定義上的模糊，另一方面也期望能對當前新興民主國家的半總統制架構提出一個比較的觀點。本書擬回答的問題包括：在沒有前例可循的情況下，威瑪共和為何、如何設計出混和總統制與議會制的憲政類型？此一憲政類型與當代所謂的半總統制有何異同？威瑪的半總統制在實際的運作上有哪些特徵？以及威瑪最終為何脫離半總統制並且轉為獨裁的法西斯政權？

選擇威瑪共和作為半總統制研究的個案有其重要的意義。首先，如前所述，威瑪共和是近代憲政史上極早出現半總統制的個案。[3]雖然杜佛傑在一九七八年首度以學術概念提出半總統制的憲政類型並給予定義，但事實上，德國威瑪共和卻早在一九一九年八月就已經制訂出吻合半總統制訂義的憲法架構。對於當時尚無半總統制的概念，也沒有典型的半總統制個案可供學習的德國而言，為何會設計出這樣一部憲法，自然具有討論的價值。[4]不僅如此，也因為威瑪的憲政經驗是先於學界後來對於半總統制的定義而行，而將威瑪定義在半總統制的類型之中至今也仍存有爭議。本書也希望透過將威瑪的個案與半總統制理論的比較，能夠對半總統制在憲法的理論與制度條文的定義上加以釐清其爭議。其次，威瑪共和從一九一九年的憲法制訂到一九三三年的民主崩潰，一共歷經十四年的憲政運作，最終並以轉型為獨裁結束，這使得半總統制在威瑪共和歷經了完整的憲政運作。從憲政的設計、運作到結束，足以成為研究者一窺全貌的理想個案。在憲政研究中，依據議題的不同可以區分為上游的憲政設計、中游的憲政運作與下游的憲政影響或轉型。就這三個主題而言，也鮮少有單一作品貫穿三者進行討論，威瑪的完整經驗提供了貫穿上、中、下游研究的條件，而這也是當前其他半總統制國家所難以提供的研究素材。第三，半總統制在威瑪造成的一般印象是「不穩定的憲政運作」。在這十四年間，威瑪共和一共有九次的國會改選，[5]以及更替了二十一任政府，憲政運作可謂相當不穩定。即使觀察現在採用半總統制的諸多個案，也沒有一個國家出現像威瑪共和這樣高度的政潮起迭。更有甚者，威瑪共和最後更轉型成為第三帝國的法西斯獨裁政權，並掀起第二次世界大戰。在制度設計上，威瑪共和提供了什麼樣的制度條件，以致於出現如此不穩定的半總統制憲政運作？而現實的憲政運作又如何在制度的制約下，不僅崩潰更出現法西斯獨裁的結果？這是本書要回答的第二個與第三個問題。

至於當代的憲政研究而言，半總統制作為主要的研究對象有兩個意義。首先，如前所述，傳統對於憲政研究的分類中，以美國為主的總統制及以英國為主的議會制一直是兩個典型的憲政類別，但自從杜佛傑於一九七八年提出半總統制的概念之後，當時包括法國、奧地利、芬蘭、冰島、愛爾蘭，以及德國的威瑪共和等國家都可以在杜佛傑的定義上，從制度面定義為半總統制的憲政類型。然而，杜佛傑對於半總統制的討論係從法國經驗而來，在制度上或許可以看見與其他個案的雷同之處，但在實際的憲政運作和憲法背後的理論意涵上，卻仍存在差異。如同巴羅（Horst H. Bahro）等所言，杜佛傑創造出了半總統制的概念，但是如果將此概念直接應用在後來的新興民主之上，將出現難以解釋的模糊（Bahro et al., 1998: 202）。僅用「半總統制」的概念把這些國家放在一起加以比較，將不容易對不同個案有較為精確的掌握。也因為如此，除了逐一個案深入觀察之外，將半總統制適時的加以分類和比較，是充實半總統制研究，也是讓半總統制更具有操作性的必要工作。不僅如此，若將半總統制作為異於總統制與議會制之外的第三種憲政類型，我們將會發現有越來越多的新興民主國家，尤其是中東歐的後共國家，在憲政類型上被歸於此類。此時，對於半總統制的研究便出現另一個重要的意義，那就是制度設計與民主鞏固的關係。隨著採用半總統制的個案增加，也因為半總統制內在的變異很大，從細部的制度設計可以導致不同的運作經驗，也可以發現逐漸增加了各種次類型。這是因為就制度的定義上而言，半總統制在制度設計上兼具總統制下的總統直選與議會直選的雙元正當性，以及議會制下的議會民主原則。因此，就行政與立法兩者之間的權責關係而言，半總統制的制度基礎會比總統制與議會制複雜很多。就這層意義來說，也再次回應第一個問題的重要性，那就是當我們將半總統制視為第三種憲政類型之餘，有必要再去釐清半總統制的定義與同在半總統制概念之下，各種次類型的變化。對定義的重新討論可以避免出現之前所述，將法國經驗誤植於其他半總統制國家，或是出現將半總統制做不適當的比較之虞。

就制度上的特徵來說，用以區隔總統制和議會制的關鍵變數就是立法與行政的關係。其中總統制強調兩者的權責制衡、議會制則強調運作的融合基礎，在制度上都是將行政與立法分別視為「一個」行為者來觀察彼此的權責關係。而半總統制因為進一步把行政權一分為二（總統與總理），因此行政與立法的互動上出現三個行為者，不但同時透過一個向國會負責的內閣來保留了議會制中的行政與立法兩權融合之精神，也透過總統與國會皆由直選兼具雙元民意的設計保留了行政與立法兩權相

表 1-2　三種憲政類型下的行政、立法權責關係

比較項	總統制	議會制	半總統制
行政權	向選民負責的總統	向議會負責的內閣	向選民負責的總統 向議會負責的內閣
立法權	向選民負責的議會	向選民負責的議會	向選民負責的議會
行政與立法的互動精神	雙元民意下的制衡	單一民意下的融合	總統與國會的制衡 內閣與國會的融合

資料來源：沈有忠（2005：36）。

互制衡的原則（參見表1-2）。[6]

基於兼具總統制與議會制的特徵，也使得半總統制的研究具有很多的探索空間以及高變異性的次類型存在。這些變異性，有些來自總統制的特徵、有些來自議會制的特徵，有些則是因為混和而獨自產生。為了避免分析這些變異時模糊焦點，重新釐清半總統制的定義有其必要。如果僅以總統制與議會制以外的第三種類型來定義半總統制，在使用此一概念時，就會因為定義的不明確而不容易掌握焦點，尤其是半總統制所特有的問題。因此，在使用半總統制的概念之前，無論是個案分析或是比較研究，都需要更精確的去定義它，藉此可以從多變的次類型中，找到可供比較的脈絡，這樣對於這些次類型的討論和比較，才能更準確。半總統制所具有的變異性，以憲政危機為例，因為半總統制具有總統制的雙元民意基礎，也具有議會制之下的國會主權精神，因此無論是總統制之下的分立政府（divided government）[7]或是議會制之下的少數政府（minority government）都可能出現在半總統制之中。不僅如此，又因為半總統制特有的行政權二元化，使得共治政府（cohabitation）也成為特徵之一（參見表1-3）。

半總統制如此多變的可能性，與其制度設計上提供的運作空間有其必然的相關性。對於制度研究而言，制度設計雖然不是決定憲政運作的充分條件，但制度設計卻是憲政運作的必要條件。換句話說，制度設計

表1-3 總統制、議會制與半總統制的憲政運作比較

憲政類型	主要權力元素	憲政危機發生條件	運作特徵
總統制	總統、國會	總統與國會兩元	分立政府
議會制	國會、總理	總理無法得到國會多數支持	少數政府
半總統制	總統、國會、總理	總統、總理與國會兩元	分立政府
		總理無法得到國會多數支持	少數政府
		總統與總理兩元	左右共治

資料來源：沈有忠（2004：125）。

不會直接造成憲政運作的特徵，但沒有制度條件，某些特徵也不可能出現。半總統制在憲政架構上將行政與立法的權責關係透過總統、總理與國會所構成的三角設計，提供了運作上多種次類型的樣貌，三者的競合關係將影響憲政的實質運作，任兩方出現對抗時，就容易使得憲政運作出現較為不穩定的現象，尤其當三者彼此都相互對抗時，憲政運作更將陷入極度不穩的狀態。因此，對於半總統制的制度設計如何影響憲政運作也成為憲政研究中非常值得開發的次領域。[8]

半總統制在概念上有其研究的價值，而以此為憲政架構的個案也日益增多的情況下，選擇研究的個案上就可以依據研究的議題而有不同的可能性。例如選擇運作最穩定的法國，可以回答制度設計與體制穩定的關係；選擇最不穩定的威瑪，可以回答制度設計與憲政不穩定的關係；選擇轉為趨於議會制的芬蘭，可以回答半總統制的轉型……等等。威瑪共和作為半總統制的先驅，而當代許多新興民主國家也相繼採用此一架構，加上半總統制運作上多變的可能性，這使得透過威瑪來瞭解一個新興民主在半總統制的形成、運作與轉出等議題上，具有高度的研究價值。此外，當代對於半總統制許多的研究成果，是從法國經驗乃至於新興民主國家的運作而得來，對於威瑪這個先驅個案反而較少進行理論上的比較和討論。因此，以威瑪為主要的研究對象，不僅補足這個個案的討論，也能對於當代關於半總統制的研究成果提供理論的檢視。換言之，對於已經累積的半總統制研究，是否適用於威瑪的個案？而威瑪的經驗又能對後來發展出的半總統制理論提出哪些補充與對話的可能？更甚者，威瑪共和能對當前許多同為半總統制的新興民主國家提供哪些啟示？這些也都是本書所預期的研究目標。彙整本書的問題意識可以簡單條列如下：

1. 在哪些條件下，威瑪共和設計出混和總統制與議會制的憲政架構而成為後來所謂半總統制的先驅？而威瑪的半總統制在憲法設計的理論上和當代的半總統制有何異同？

2. 威瑪共和的半總統制如何在制度與非制度因素的相互影響下造成憲政運作的不穩定與多變？

3. 威瑪共和的半總統制為何轉型為行政獨裁最終導致民主的崩潰？

換句話說，本書透過對威瑪的討論，除了希望將半總統制的定義做進一步的討論之外，也希望能夠釐清半總統制的憲法設計、運作以及轉型這三個階段的問題。這樣的討論不僅能夠回過頭來對半總統制的研究有所補充，同時檢測相關理論在個案解釋上的效度，也能彌補以半總統制理解威瑪這個半總統制的先驅個案的空缺，更希望能對選擇半總統制的新興民主國家有所啟發。

研究方法：單一個案歷史文獻分析法與個案比較

在社會科學中，單一個案研究法（single case studies）經常被視為用以檢驗一般性理論的效度。事實上，單一個案的分析法不只能對理論進行檢測，更重要的還在於能夠對理論的補充甚至於提出新的一般性理論（Rueschemeyer, 2003: 307）。[9]社會科學中相較於單一個案分析法的另一個研究方法是所謂的多個案數分析法（large-N analysis），個案研究能夠對理論的解釋過程提出細緻的推論與說明，而多個案數分析法則是在於鋪陳一個理論架構。但重要的是，兩者都對理論有建構與檢測的能力，只是多個案數更適用於在特定概念上已經有較多詳細討論的個案為基礎，而單一個案則是相反（Van Evera, 1997: 55）。在單一個案分析法上，選擇個案的指標有很多，大致歸納出十一項參數，包括1.個案的資料要豐富；2.個案的自變數、依變數以及條件變數要充足；3.個案的自變數、依變數與條件變數要顯著；4.可能提出理論的反證；5.可以符合現狀的比較；6.類型的原型；7.在與其他個案比較上的便利性；8.界外值（outlier）的選擇；9.個案本身的價值；10.提供複製的可能性；11.提供新類型的可能（Van Evera, 1997: 77-88）。這十一個參數固然不可能在選擇研究個案時同時出現其價值，但依據研究的需要以及問題意識來選擇個案，這些參數確實提供個案選擇上的依據。

本書在問題意識上是以威瑪共和為例，討論半總統制的憲政選擇、運作與轉型，以單一個案歷史分析法作為研究方法，希望能與既有憲政選擇與運作的理論進行對話，也希望能重新檢視半總統制的定義和這個概念使用上的疑慮。特別是在第三波民主化的浪潮裡，中、東歐與前蘇聯國家出現群組性的設計或選擇半總統制憲法之後，以此為對象的理論建構也逐漸增加，提高了半總統制與民主轉型相關理論意涵的價值。[10]至於以威瑪為研究的個案，依照范埃弗拉（Stephen Van Evera）所建議的選擇參數，如本書一開始所提，不但是半總統制概念的原型，更因為威瑪本身歷經憲政選擇、運作與轉型的完整性，使得威瑪在這個問題意識上具有高度的研究價值。除此之外，威瑪以轉型為獨裁而終結，憲政運作的結果更使德國出現第三帝國並引發二次世界大戰，個案的重要性也不言而喻。對於東亞、中東歐與前蘇聯這些半總統制國家的新興民主國家而言，威瑪的研究也提供了民主轉型與憲政選擇的現狀關懷。[11]

在具體的研究策略上，政治科學中對於研究對象的資料取得方面，較為常用的三種方法分別是訪談（interviewing）、文獻分析（document analysis）與觀察法（observation）（Johnson and Joslyn, 1991: 205），其中文獻分析又包括兩類文獻的歸納，分別是插曲式文獻（episodic record）及連續性文獻資料（running record），[12]兩種資料都有助於事實陳述或是理論的檢視與建立。由於威瑪共和的創建時間（一九一九年）距今甚久，技術上已經無法透過對當時的政治菁英進行直接的深度訪談，也無法透過對威瑪的實際觀察來重新建構一手資料，但威瑪在德國，乃至於對全世界而言，佔有一定的重要性，因此文獻也可謂豐富。雖然大多數對威瑪的關懷在於他的璀璨文化、歷史經過或是最後終結威瑪共和的希特勒及納粹黨，但透過對歷史文獻的回顧與分析，特別是對威瑪憲法的起草者普洛伊斯（Hugo Preuß），以及參與制憲的相關人士在當時的一些憲政著作，更能對一九一九年的憲政選擇進行歷史的還原。而對後來的學者回顧威瑪憲法的討論，則可以進一步定位這部憲法在運作上的特徵以及特殊之處。因此，本書擬由歷史文獻分析法為主要的研究取向，針對當時的德文文獻以及相關的史料分析，與當代的半總統制研究對話。在憲政選擇的問題上，主要分析的文獻範圍包括憲法起草者的思維、威瑪當時的歷史條件、重要條約的相關文件（例如凡爾賽和約）及制憲時主要政黨的主張等。在憲政運作與轉型的部分，本書擬從威瑪憲法為基礎，加上選舉制度、政黨的競合過程及重要的國內外政治事件等來分析。憲法架構和選舉制度可以從制度層面討論威瑪的半總統制提供何種的運作平台；而政黨體系與國內外重大的政治事件則可以提供非制度面向的討論。透過制度與非制度的相互影響，以回答威瑪共和的半總統制為何在運作上如此多變與不穩定，最後甚至以法西斯獨裁終結了民主共和。

除了以威瑪作為分析的主體之外，在憲政選擇、運作與轉型這三個部分也將適度以當前的一些個案做對比的比較分析。在個案比較的部分，本書擬以比較政治研究法中常用的「異中求同法」與「同中求異法」作為相關子議題比較時的方法。所謂的「異中求同」，也就是指比較的個案群之中，所有的自變項中除了A以外都不一樣，但所有的個案都出現了B這個現象，因此我們假定，A是造成B的原因。這樣的研究設計最早在彌爾（John Stuart Mill）有提及，彌爾稱其為「求同法」（method of agreement）。相較於異中求同，就是「同中求異」的研究方法。同中求異的意思是，個案中所有的變數都控制為相同，只有A不同，結果造成了結果B的不同，因此我們認為，A是影響B的最重要因素。彌爾稱這種研究方法為「求異法」（method of difference）（Nagel, 1961: 454）。這兩種比較研究方法，都提供本書在後續的分析上，將威瑪的經驗與當代其他半總統制國家進行比較研究的途徑。本書以威瑪為討論的主體，在憲法設計、運作和轉出上做深度的個案分析，並在這三個部分的結論處，嘗試將威瑪的經驗和其他的半總統制國家做一比較。「制度」在本書的第一個問題，也就是在為何選擇半總統制的問題上，是依變數。分析威瑪憲法設計的原因，再加上對其他個案的比較，本書希望歸納與定義出新興民主制訂半總統制憲法的原因有哪些。在這裡，本書會對威瑪的半總統制和其他國家的半總統制做異同的定義和比較，定義出「半總統制的同」，再歸納造成這些「同」的條件為何。在第二個和第三個問題上，本書則將制度視為自變數，觀察哪些制度條件提供相同的半總統制次類型運作，或是最後的轉出結果，也就是在制度上尋找「同」的內容。另一方面，從威瑪與其他個案在憲法設計上歸納出的異同比較，也能解釋不同條件的半總統制，在憲法實踐上遭遇的問題為何。本書的目的是，希望能以制度為對象，進一步討論這些國家如何在制度制約下有不同的次類型運作與轉型，藉此釐清解釋半總統制憲政選擇與運作的重要變數。簡言之，以歷史文獻分析法為主，配合適當的異中求同比較分析，本書希望一方面還原威瑪共和在半總統制脈絡之下的歷史原貌，一方面也希望能對當前的半總統制提供另一種可能的思維方向。

文獻檢閱：理論與個案

本書以威瑪的半總統制憲政為研究主題，在文獻檢閱擬分成理論與個案兩個部分進行。在理論的部分，本書將先對半總統制的定義做文獻回顧，再依據研究的三個問題，分別對半總統制的憲政選擇、憲政運作與憲政的轉型進行討論。切割成這幾個部分來討論也凸顯了兩個問題，一個是重新回到半總統制的定義，討論當代在應用半總統制的概念時，究竟是「誰的半總統制」的問題。這個討論主要在於重新檢視半總統制訂義上的問題，以及討論半總統制如何被應用在具體個案之上。另一個問題則是對於憲政研究的現況，那就是至今鮮少有作品是貫穿整個憲政運作從制訂到運作再到轉型。以半總統制的研究為例，大多數的文獻集中在憲政運作的不同經驗與政治影響，觀察政黨體系、總統權力等變數如何影響憲政的運作。而對於半總統制出現的原因，受到後共國家系統性選擇半總統制的影響，也累積較為一致的討論（例如 Jon Elster et al., 1998; Andrew Reynolds, 2002）。至於半總統制的轉型或結束的部分，有較多的國家在運作上逐漸趨於議會制，而從半總統制的憲政架構崩潰，轉進獨裁政體的，可以說只有威瑪共和一例，這也呼應先前所述，選擇個案上威瑪共和具有不可取代的研究價值。以下先針對定義半總統制的文獻進行討論，再以半總統制的憲政選擇、憲政運作、憲政轉型為三個文獻檢閱的理論層次，最後輔以威瑪為文獻檢閱的個案層次，來進行文獻上兩個層次、四個部分的相關討論。

關於半總統制的定義

如同艾爾吉（Robert Elgie）所說，半總統制的概念在定義及實際個案的分類上一直引起不少的討論和爭議。其部分原因在於杜佛傑自己對這個概念的持續討論，另一部分則在於如何將這個概念套用到其他的個案上（Elgie, 1999a: 2）。一般說來，杜佛傑在一九七八年以法文發表、一九八〇年以英文發表的文章中，是半總統制最常被引用的定義。他認為，當一部憲法滿足以下三個條件時，可以稱之為半總統制：1.國家的總統是基於普選（universal suffrage）的原則所產生；2.總統擁有相當重要的權力（quite considerable powers）；以及3.總統任命總理（或內閣閣員），而這個總理或閣員唯有當國會沒有提出反對時可以在政府之內，並擁有行政權力（Duverger, 1980: 166）。杜佛傑歸納出三個對半總統制的定義條件，在法條中都有不同具體設計的可能，而這些具體的制度差異，有些甚至可以造成半總統制不同的運作樣貌。首先，第一項制度上的定義是「總統基於普選產生」。這裡涉及最直接的問題便是普選的方式，亦即，選舉制度對總統產生以及其在憲政架構中來自於民意所形塑的權力基礎強弱之影響。採用相對多數決（例如台灣）、兩輪絕對多數決（例如法國第五共和）、或是兩輪相對多數決（例如威瑪），都可能對總統的正當性基礎造成不同的結果，以致於延伸至總統權力基礎的強弱。其次，第二項制度定義為「總統擁有相當重要的權力」。在此，何為重要權力？執行的時間、範圍和限制？這些都可能造成半總統制憲法有不同實際運作的可能。既有的研究中，很多文獻就是針對這一個條件的細部差異來比較不同類型的半總統制。[13]最後，第三項制度定義提出「政府在沒有國會的反對之下執政」。這個部分的制度差異，就在於國會反對的方式。更進一步說，這個問題可以有兩個面向、兩個階段的細微差異。兩個階段的差別在於政府組成過程和國會的倒閣過程。而兩個面向則在於國會以積極的信任為組閣基礎，或是以消極的不信任為倒閣依據。因此，兩個階段、兩個面向的組合，就可能有四種不同的制度設計。這四種具體的執行方式，事實上也就是行政與立法的互動上，造成四種不同憲政運作樣貌的可能。四種組閣與信任的制度設計，請參見表1-4。

從以上討論可以發現，如果依據杜佛傑的定義來檢視半總統制，很難把半總統制視為「一個」憲法類型。就其定義來看，半總統制可能出現的次類型有很多種，無論是總統的產生方式、總統的權力以及政府和國會的信任關係。依據這樣的討論標準，我們甚至可以說，沒有憲法「類型」的問題，因為每一部憲法都有細緻上的設計差別，以及這些差別可能帶來的影響。雖然如此，以杜佛傑的定義作為原則與基礎，仍然可以有效的透過制度的分類將半總統制國家界定出來。而這些細部的條文差異，則可以視為半總統制之下影響憲政運作的制度性差異。對於這些制度性差異的討論，一直是半總統制次類型研究的重點之一，然而，卻鮮少有作品回到制憲的理論本身，來探討雙元行政的理論意涵。當我們回到憲法的理論層次，討論半總統制在定義上具有的原則性特徵時，可以發現半總統制仍然有細緻區分的空間，也就是在制度條文背後，設計雙元行政的理論基礎是否有差異。這樣的差異，透過條文無法表現出來，但這些差異卻是影響半總統制憲法實踐上，對於憲政秩序建構的主觀預期，甚至影響對制度使用的依據。對半總統制下的雙元行政進一步探究其理論異同，是本書欲在定義上所做的最主要補充。

在杜佛傑提出制度性的定義之後，陸續有其他關於半總統制訂義的討論，例如修葛特（Matthew Soberg Shugart）與凱瑞（John M. Carey）二人認為，半總統制在字面上讓人認為是一種由總統制向議會制調整的憲政架構，容易產生混淆。因此在相同的定義之下，他們以「總理－總統制」（premier-presidentialism）來取代半總統制的概念（Shugart and Carey, 1992: 23）。不僅如此，依據總統權力的大小，尤其是組閣過程的獨立性，他們更提出另一種「總統－國會制」（president-parliamentarism）的類型加以細緻化分類。所謂的「總統－

表 1-4 政府與國會的信任設計

方式＼階段	組成階段	解散階段
主動信任	由國會積極決定政府的組成。	政府的解散由國會主動發動信任投票來決定。
被動不信任	對於政府組成，國會僅能消極表示同意與否。	由政府要求信任投票，如果失敗才成為國會不信任的依據。

資料來源：作者自行整理。

國會制」是指，總統不只民選，更可以任命或解散總理與政府；政府取得國會的信任而運作，但總統有權可以主動解散國會（Shugart and Carey, 1992: 24）。這兩個類型看似相近，主要的差異則在於總統是否擁有對內閣絕對的組織權力，以及是否有主動解散國會的權力。

修葛特與凱瑞二人的分類，是將杜佛傑所提出的半總統制依據總統在憲法上的權力做進一步的比較。儘管杜佛傑已經提出，半總統制下的總統擁有一定而重要的權力，但修葛特與凱瑞二人更強調總統對於內閣的組成與國會的解散這兩項權力上面，並據此再細分總理－總統制與總統－國會制兩種類型。修葛特與凱瑞二人的研究，與其說是提出新的分類，不如說是補充了半總統制原有的定義，尤其是總統的實質權力這一項條件。依據杜佛傑原本的定義，僅指出半總統制下的總統擁有一定程度的實權，而修葛特與凱瑞二人則進一步比較總統不同的權力來細緻化半總統制的分類。類似於修葛特與凱瑞的調整，帕斯吉諾（Ginafranco Pasquino）也在杜佛傑的定義之上做了小幅度的修改。他認為，總統產生方面是由直選或間接的人民普選為原則；總統可以任命總理與有限制的解散國會；以及總理是依據國會的不信任投票來決定其去留（Pasquino, 1997: 130）。和修葛特與凱瑞二人一樣，帕斯吉諾對半總統制的再定義，是在於更精確的討論總統權力，尤其是與總理和國會的部分，等於是對杜佛傑原有的定義加以補充。另外有一部分的學者認為，使用半總統制的概念，就表示有半議會制的相對概念，而這兩組概念則有相同的內涵。對此，杜佛傑認為，半總統制和半議會制有本質上的差異，就是人民的正當性來源是單一的還是雙元的。如果是半總統制，則類似於總統制是雙元民意基礎；若是半議會制，則類似於議會制只有單一的民意基礎。[14]至此可以發現，針對杜佛傑對半總統制的定義，第一個條件關於總統基於普選產生的意義，在於半總統制具有雙元民意正當性的基礎。而第二個條件關於總統實權的部分，則在於總統與國會及總統與內閣的關係。

艾爾吉整理了幾點關於杜佛傑對半總統制的定義所衍生的討論和爭議，包括如前所述的對於半總統制或是半議會制在詞彙使用上造成的混淆；抑或對於半總統制是否可以界定為總統制與議會制的混和體制；總統直選的定義；以及總統的權力範圍等（Elgie, 1999a: 5-12）。整理這些定義上的爭議後艾爾吉認為，對於杜佛傑所提出半總統制訂義中的第一和第二項條件，必須有所釐清才能使用這個概念。他並且將半總統制訂義為一種「由普選產生，並有固定任期的總統，與一個向議會負責的內閣和總理同時存在」的憲政狀態。艾爾吉並認為，這種純粹制度上的定義，並不處理總統與總理或是內閣的權力關係，可以在保留杜佛傑的定義之上，一方面強調總統普選的原則，不一定非由直選所致，也可以因為避免對總統權力的比較而出現太多歸類上的爭議（Elgie, 1999a: 13）。將艾爾吉對半總統制的調整對照修葛特與凱瑞二人，正好是相反的策略。修葛特與凱瑞二人進一步細緻化半總統制的定義，讓適用的範圍縮小並且免去模糊的可能；而艾爾吉則是讓定義簡單化，讓適用的範圍變廣。這兩種對杜佛傑原始定義的修改各有優缺點，當我們使用修葛特與凱瑞二人的定義時，儘管更準確操作半總統制（或是總理—總統制），但是卻會發現因為分類的定義變得狹隘而使得適用的解釋對象減少很多，這樣將會使得類型定義和個案數趨於接近，而降低分類的意義。至於艾爾吉的定義則剛好相反，儘管將半總統制用更寬鬆的定義去解釋而使得可以適用的個案大為增加，但也因此容易陷入將差異過多的個案置於相同概念之下的謬誤與危機。

除了對定義的修改之外，也有很多文獻嘗試在杜佛傑的定義之上，做進一步的解釋而不是去修改它。薩托利（Giovanni Sartori）認為，基於半總統制的「半」來說，這種憲政體制的特徵是存在雙元的權威結構，強調一種行政權分享的原則。至於總統的部分，他則認為半總統制和總統制一樣，總統應由人民直選，或至少不是由議會間接選舉（Sartori, 1997: 121-122）。據此，薩托利從杜佛傑的三個條件之上再細分為五個特徵作為半總統制的定義：1.國家的元首（總統）由普選所產生，這個普選可能是直選也可以是間接選舉，總統並擁有固定任期；2.國家元首和總理分享行政權力；3.總統獨立於國會之外，但不表示總統可以單獨執政，他必須透過政府來實踐其意志；4.總理和內閣組成的政府不是依靠總統，而是透過信任投票或是不信任投票，依靠國會的多數支持來運作；5.在行政權的分享與二元化方面，依據不同的平衡關係而有偏向其中一方的可能，也可能存在著行政權的意志呈現一致的情況（Sartori, 1997: 131-132）。此外，塞洛夫（Alan Siaroff）從三個指標來界定八種類型，分別是國家元首是否與行政首長重疊？國家元首是否民選？行政首長是否向國會負責並依國會信任決定去留？這個分類方式將半總統制做了較為寬鬆，類似於艾爾吉的定義，凸顯二元行政，卻不細緻處理總統與政府的關係（Siaroff, 2003: 293-294）。以上的討論，都是集中在半總統制的制度特徵之上，特別是針對總統直選的內涵，以及總統擁有的權力之上。然而，本書認為，這樣的定義與對半總統制的再分類，仍舊無法解決一個問題，那就是非制度因素對制度因素造成的影響。亦即，在相同的制度設計之下，即使兩個個案擁有在文字上如出一轍的憲法條文，卻仍舊可能因為非制度的因素而造成不同的憲政運作結果。抑或，在不同的非制度規約之下，有些權力的設計即使條文相同，卻有著不同的指涉和意義。正如同巴羅等所說，當我們進一步觀察杜佛傑所謂的半總統制概念時，有些後續的問題無法迴避，例如是哪些因素造成了設計一個擁有「特殊實權」的總統？什麼原因造成了像是威瑪的崩潰？或是葡萄牙的穩固是否來自於其穩定的政黨體系？而法國和奧地利能不能置於相同的框架下比較？（Bahro et al., 1998: 206）這些問題都指涉同一個問號，那就是使用半總統制這個概念時，究竟「是誰的半總統制」？

此外，在定義概念時，本書也認為，設計憲法的基本原理將必須被一併考量。亦即，不僅從憲法條文來做概念的使用或比較，也必須探究條文設計的原因和設計的理論。如果忽略憲法設計的理論，可能出現在相同的憲法條文之上卻有不同憲政精神的可能。例如，如果我們把兩個都以相對多數作為總統直選選舉制度的國家視為具有相同條件的半總統制，那麼我們將忽略如果政黨體系不同，則可能導致每次選舉結果，這兩個國家的總統將擁有截然不同的民意基礎。也因此，當我們在使用半總統制的概念，尤其當我們進行個案比較時，必須逐個個案檢視制度之間的因果關係與制度在不同國家被設計的背景，據此來建立比較的框架。

本書認為，透過制度的比較或分析來界定半總統制，這是屬於定義的問題，而定義則是視研究的需要而可以有所調整。重要的不在於該給這個制度取什麼名字，無論是半總統制、半議會制、雙首長制（dual leadership）[15]、混和制、總理—總統制或是總統—國會制，更重要的應該在於當我們給定一組定義後，在這個定義之下從這些制度類型的脈絡中，找出彼此因果關係，來連結制度設計、制度運作與制度的轉出。無論用最寬鬆的定義或是最狹小的定義來界定半總統制，都免不了要回答一個問題，就是在實際的政治分析上，我們為什麼要取這些變數或這些個案做比較？這個問題遠比半總統制該叫什麼名字來得重要。除此之外，在給定制度的定義時，也不應忽略每個個案在制度設計背後的意涵，以避免在相同表徵之下進行錯誤比較的可能。最顯著的例子是，當我們認為半總統制下的總統都應有一定程度的實權時，這些實權在不同國家被設計的原因和使用的時機，乃至於受到不同時空脈絡、不同社會結構或是其他因素（例如政黨體制）而有不同程度的限制等，都不能被忽略。否則，難道我們能說威瑪半總統制之下的總統，和法國第五共和的總統擁有一樣的定位嗎？

儘管如此，本書並不認為進行概念的定義就無所用處。相反的，依據問題意識給予分析概念適當的定義，可以簡化挑選個案、系統性整理相同或區分不同的變數、或是在特定詞彙使用上的複雜。因此，本書仍必須在開始進入個案分析以前，將本書所謂的半總統制給予一個明確的定義。基於以上對半總統制訂義的討論，本書將分析的半總統制，在杜佛傑的定義之上僅略微調整，是指如下的憲政架構：1.擁有一個具民意基礎，透過普選原則產生並獨立於國會之外的總統；2.這個總統在憲法的設計上擁有能夠影響，甚至改變憲政秩序的實質權力；以及3.在這個總統之外，同時有一個內閣政府，和總統分享行政權力，並且依據國會的信任基礎而存在。本書對於半總統制的定義，最大的調整之處也是在於杜佛傑原始定義最受爭議之處，亦即何謂總統的實權？本書認為，半總統制最大的特徵，就是兼具議會制與總統制的特徵，其中第一、二項來自於總統制，而第三項則是來自於議會制。在杜佛傑的定義之上，本書更進一步認為，半總統制下的總統不僅擁有實權，並且和內閣分享行政權力，更重要的是這些權力必須要能具有「實質影響或改變」憲政運作的可能。【16】然而，在這樣的定義之下，並不表示滿足以上定義的憲政體制，就是「相同」的半總統制，仍舊必須在實際分析時依據解釋的變數而加以適當的區隔和比較，尤其是每個分析個案在憲法設計和憲法理論上的差異。因為這樣的定義，事實上也僅是在制度之上做了一點細微的調整。這樣的調整是為了強調總統對建構、改變憲政秩序的影響力。而從這裡出發去細緻比較憲法理論的差別，也就是對於雙元行政的設計理論之異同，才是本書欲透過威瑪的經驗對半總統制跳脱制度討論的補充。

本書從威瑪的半總統制憲法中，從憲法理論對雙元行政的差異比較，界定出兩種不同的半總統制，分別是水平分權與垂直分時的半總統制。【17】然而，無論水平分權或是垂直分時，就制度而言，都滿足前面所討論的三項定義，所具有的差別主要在於總統對改變憲政秩序的權力，在使用上的時機和限制而已。換言之，本書從威瑪的經驗中，並不打算在半總統制的制度定義上多做調整，而是想從制度背後的理論意涵重新界定兩種半總統制實踐的依據。目的不是將半總統制的制度定義細緻化，而是回到憲法理論，探究制度背後的憲法理論。亦即，本書更關心的是，如果有著類似的制度架構，但依據不同的憲法理論，是否會建構出不同的憲政秩序？回到憲法理論比較雙元行政的內涵差異，對於半總統制訂義的相關研究而言，具有重要的意義。因為透過憲法理論的比較，將可以補充僅從制度差異解釋制度後果之不足。如果對半總統制的分類僅從制度條文來比較，則無法解釋有些半總統制國家，在制度上總統擁有強大的力量，但運作上卻是依循議會制的原則，總統並沒有強勢領導的情況。換言之，對於定義半總統制而言，制度是客觀條件，比較制度差異並非沒有意義，但必須注意憲法理論的差異對制度設計的具體影響。透過威瑪共和的經驗而提出垂直分時的雙元行政、對比水平分權的雙元行政，強調半總統制在憲法理論上仍存在不可忽視的差異，目的就在於此。

半總統制的憲政選擇

關於新興民主國家的憲政選擇，正如同佛瑞（Timothy Frye）所說，這是政治轉型的核心部分，但是我們對這個過程的認知實在有限（Frye, 1997: 523）。哈洛維茲（Donald L. Horowitz）指出，制憲的結果受到兩個因素左右，一個是國內政治力量的妥協，一個是來自於歷史的殖民遺緒或是對他國的模仿。據此，沒有單一模型可解釋憲法制訂的所有過程，必定存在不同類型或途徑解釋憲法設計，而這些過程或解釋可能分別為境內不同族群所主張，結果可能就是混雜各種途徑而與特定的單一模型相去甚遠。因此，制憲時有影響力的行動者越多，憲政設計的過程妥協性越高，利益交換越頻繁，距離個別的理想憲法越遠。而在歷史遺緒的部分，被殖民國家對母國制度的熟稔使制度設計者偏好使用母國的憲法制度，不只如此，對於制度設計者而言，除了學習其他國家的經驗，自己國家過往的歷史也是重要的參照（Horowitz, 2002: 26-35）。哈洛維茲的解釋運用了非常廣泛的概念，因此能夠解釋的問題也停在很高的層次之上。比如說，所謂的政治力量妥協適用於新興民主國家選擇總統制、議會制或是半總統制，因此，這樣的妥協以及選擇何種體制，顯然還需要進一步說明其中的因果關係。而所謂的母國模仿則可以發現，無論是後共國家或是威瑪共和，都沒有存在殖民遺緒，顯然也無法適用這個結論。

另外，艾斯特（Jon Elster）等人針對中、東歐的民主化與制憲也提出類似的解釋，他們認為，新憲制訂是一個不斷爭辯與談判的過程，而在公共安全的壓力下，政黨會將自利的企圖掩藏在公共利益之中（Elster et al., 1998: 77）。換言之，在爭取選票利益的驅使下，各政黨如何將有利於己的設計放在公共利益的說詞上來進行制憲的談判，是影響新憲的變數，艾斯特並且以保加利亞等國為例具體做了說明。艾斯特並認為，後共國家採行半總統制的設計是共產黨與反對力量的妥協結果，一面要求總統的直選，一面要確保國會的制衡力量，這是雙方都能接受的妥協產物。這樣的解釋比起哈洛維茲而言，較為動態而且細緻，但這樣的模型目的在於解釋後共國家的制憲，所謂的「公共利益」是制憲的依據，而對後共國家而言，這是涉及轉型正義的議題，有其適用範圍的侷限性，能否套用在其他非由共產政權轉出的新興民主國家可能值得進一步去討論。另外，艾斯特對於政治力量妥協與交易以致於設計出半總統制的解釋雖然有效，但仍無法回答何以其他也同樣存在多股政治力量競爭的新興民主國家，他們卻是選擇議會制（如非洲地區）或是總統制（如中南美洲地區），顯然，半總統制也不是新興民主國家中各種政治勢力妥協後的唯一結果。此外，拜瑪（Klaus von Beyme）對於中、東歐的民主轉型與制憲問題上也指出，一九八〇年代重新對制度研究，並且在歐洲有所謂制度工程的變化發生，這個變化包括四個主要方面：1.憲法作為一個整體；2.半總統制的類型大量出現；3.能夠帶來一個更高效率的選舉制度；4.透過公民投票來解決社會分歧。其中在制憲方面，大多數的新憲都是在既有的西方民主原則之上，再加入適合自己國情的需要，而混合制（憲政上的半總統制、選舉制度的兩票制）則是一個趨勢（von Beyme, 2001: 5-17）。與哈洛維茲和艾斯特相同的，對於這樣的過程依然無法回答為何這些新興民主國家選擇半總統制？而有些則是選擇總統制或議會制？由此看來，哈洛維茲、艾斯特或是拜瑪等人，將憲政選擇與制訂視為是國內政治力量妥協的產物，但是這樣的解釋並無法有效回答同樣是政治力量妥協，為何出現三種憲政選擇的結果？

佛瑞也是以中東歐的制度選擇作為分析對象，討論中東歐國家對於總統權力設計上的制度選擇。他首先歸納過去用以分析制度選擇的四種途徑：文化途徑、經濟途徑、政治途徑以及社會途徑，並且認為這些途徑都難以通則化的解釋中東歐在民主化後對於總統權力的設計。佛瑞認為，制度選擇的結果，是在於行為者極大化自身權力的過程所致。不同時間、不同環境，政治行為者會計算對自己最有利的情況來設計或是影響制度。以總統權力來說，兩個關鍵的變數會影響新的制度下總統的權力，分別是對於選舉的時間和規則談判的議價力量，以及對於選舉結果不明確的程度（Frye, 1997: 523-552）。佛瑞的分析只鎖定在總統權力這一項，對憲政選擇來說是較為微觀的，而從談判的過程以及政治競爭的明確程度作為變項來討論制度設計的差異，是基於理性抉擇的原則來討論政治行動者的互動。受限於分析對象僅在於總統權力，並無法擴及到整個憲政架構的設計，雖然如此，我們仍可以用這個架構檢視威瑪共和在總統權力設計上是否適用。彭斯（Valerie Bunce）則是歸納中東歐在制度選擇時的客觀環境，討論這些既存的條件對制度選擇的影響。他認為，中東歐的制度設計普遍的現象是共產黨與反對黨的協議過程、選後與統治者的協議以及基於對社會主義的修正。然而，轉型中往往容易缺乏主導力量而使得僵局出現。除此之外，對於憲政設計的參考對象，通常是同為歐陸國家的法國與德國，也影響選擇制度上的考量。再者，由於中東歐國家經濟轉型與政治轉型的同時進行，這往往需要一個強勢的行政領導，而總統在民主化的過程中符合這個需要，因此容易設計出具有實際權力的總統（Bunce, 1997: 161-176）。彭斯的討論試圖將中東歐的轉型經驗做一通則化的解釋，主要分析的對象仍在於對總統在新憲法的角色定位上。對於總統與國會、內閣與國會的關係較少著墨。和佛瑞相同的，他們對中東歐設計總統的討論，都值得在威瑪的個案上繼續進行比較。

巴斯提安（Sunil Bastian）與陸克漢（Robin Luckham）二人以非洲地區的衝突社會為對象，討論民主複製與制度設計的過程。他們認為，制度設計會受到衝突過程的路徑依循所影響。國內主要的行動者相互作用，加上全球化的效應，在制度改革的過程中成為新憲藍圖的關鍵時期（Bastian and Luckham, 2003: 314-317）。在主要行動者的互動方面，前文已經討論這樣的互動與半總統制並無絕對的因果關係，而關於巴斯提安與陸克漢所提到的「全球化」，則是指全球化下經濟市場的「趨同效應」對於社會衝突與制度設計的影響。這裡的問題與政治力量妥協的解釋脈絡是一樣的，全球化帶來的經濟與社會效應對新興民主國家而言是一致的，同樣受到全球化的衝擊，為何這些新興民主國家有些選擇了半總統制，有些則否呢？此外，所謂的全球化影響對於威瑪而言，也顯得較不適用，就威瑪與世界其他國家憲政經驗的關係而言，主要憲政國家如美國、英國、法國成為模仿或是避免的對象也非巴斯提安與陸克漢所謂的「全球化效應」。由此看來，全球化的效應仍舊無法與半總統制的憲政選擇建立有效的因果關係。愛爾登（Ebru Erdem）在一篇未公開發表的文章中提出了另一種關於憲政設計的有趣觀點。他認為人民所得、人口規模、西班牙殖民遺緒、或是作為後共民主國家、位於撒哈拉沙漠以南的非洲國家等變數，與其民主化後的憲政類型有密切的相關性。愛爾登據此推論，憲政選擇的地理空間趨同效應可能存在。除了空間上的趨同，愛爾登也認為憲政設計的過程存在一套固有的邏輯。每個國家依據歷史軌跡，不同的權力基礎為條件，並透過彼此的依賴合作展開談判，形成最後的體系，這樣的過程如圖1-1所示。

在這裡，空間與文化的趨同效應究竟是自變項或是依變項已經成為邏輯上爭辯的議題，如果愛爾登所謂的所得、文化遺產、殖民遺緒等變數就是反映在空間上的一致性的話，那究竟是空間造成憲政趨同？還是文化遺產造成憲政趨同呢？而圖1-1的體系形成過程和空間趨同的因果關係又何在呢？就算迴避了這個因果的邏輯關係，我們依然發現，選擇半總統制的新興民主國家在非洲、亞洲、中東歐都存在，而這些地區無論要從文化趨同或地理趨同顯然都不適用。不僅如此，就本書所關心的威瑪而言，在地理位置上又如何解釋威瑪作為歐陸極為早期出現半總統制的個案之一？這顯然也非空間因素所能解釋。

派提特（Philip Pettit）以理性抉擇的模型探討制度設計的可能途徑，[18]他認為無論是規範性的、狹義的法制制度，或是非正式的、廣義的社會制度，背後的制訂過程都有一套理性基礎，對派提特而言，這樣的解釋當然也適用於新興民主國家的憲政設計。派提特以兩個面向來區分四種制度設計的路徑，這兩個面向分別是1.制度設計的目的是積極的追求利益還是消極的降低傷害？2.制度設計是依據一部分人的理念還是多數的社會共識？從這兩個面向出發可以得到四種制度設計的類型，分別是1.依據部分人理念並以追求利益為導向的制度（benefit promotion by private agents）；2.依據社會共識並以追求利益為導向的制度（benefit promotion by public agents）；3.依據部分人的理念並以避免傷害為導向的制度（harm avoidance by private agents）；4.依據社會共識並以避免

圖 1-1　政治體系選擇的因果關係

資料來源：Erdem（2001: 14）。

免傷害為導向的制度（harm avoidance by public agents）（Pettit, 1996: 59-61）。這樣的模型提供觀察制度設計的兩個切入點，也具有理論上與個案分析上可比較的意涵，不過受到派提特意圖解釋各種制度的影響，這個途徑對於憲政設計就較欠缺絕對的解釋能力。例如說，我們如何能證明部分人的理念或是社會共識就是決定選擇半總統制而非總統制或議會制的原因呢？這可能過於行為者的唯心論而反陷入理論意涵空洞化的困境。相同的，就另一組變數而言，趨利還是避害在不同國家的經驗上，該如何與憲政設計搭配思考？恐怕也是因個案而異。簡而言之，派提特的模型其實也和之前所謂的行動者妥協論一樣，在回答新興民主國家的憲政選擇上都是提供了觀察的方式，但欠缺了對這些制度結果為何產生的因果關係解釋。

如前所述，對於制度設計或是制度選擇的相關議題而言，當前常見的解釋脈絡多為透過歷史結構、行為者理性抉擇或是制度的路徑依循。然而最顯著的現象是，這些解釋架構套用於所有新興民主國家幾乎都適用，但卻無法回答這樣的選擇脈絡如何造成總統制、議會制或是半總統制等不同的選擇或是設計。也就是說，多數的理論告訴我們「該如何看這些憲政設計」，而沒有告訴我們「為何是這樣的憲政設計」。除此之外，就這些變項而言，每個個案的解釋其實都存在難以複製或是個別國家所特有的歷史結構因素，而路徑依循也必須把衝突的階級與社會結構，放在不同的個案之下來解釋才有其實質的意涵。以圖1-1為例，歷史軌跡造成的權力基礎影響政治依賴與議價過程，因而造成不同的政治體制。這個解釋途徑看似合理，但卻也凸顯了每個個案難以複製的獨特性，這種依據個案的解釋路徑，在理論意涵上也出現難以通則化的困境。

半總統制的憲政運作

相較於憲政選擇對個案的特殊性而言，在半總統制的憲政運作這個部分就比較能以相同的指標進一步比較與歸納。大多數對於次類型討論的文獻集中於比較總統權力的多寡、比較國會政黨生態或是比較府院與府會關係的互動。以總統權力為分類依據方面，修葛特與凱瑞將憲法賦予總統的實權分成「立法權力」（legislative powers）和「非立法權力」（non legislative powers）兩種。[19]其中立法權包括總統的各種法案否決權、提案權、法規命令權或是提請公民複決等權力；而所謂的非立法權則是指組成內閣與解散內閣的影響力、解散國會的權力等等。他們依據這樣的分類標準並具體建立測量指標來區分憲政體制為總理總統制、總統國會制、總統制以及議會制（Shugart and Carey, 1992: 148-165）。羅帕（Steven Roper）延續修葛特與凱瑞所建立的總統權力測量指標將半總統制國家做次類型的討論。羅帕認為，在總統權力方面只要有細小的差別，就必須重新界定總統的權力類型（Roper, 2002: 256）。他依照修葛特與凱瑞對總統權力的分類，進一步細緻化不同的權力賦予所造成的次類型，羅帕認為，總統的權力在量化後雖然強度相似，但細分後可能來自於不同的向度，因此應視為兩種不同的政權類型（Roper, 2002: 259-260）。而比較半總統制次類型與內閣組成次數多寡後發現，當半總統制越偏向內閣制（權力越小），政府越穩定，當總統權力越強，內閣就越不穩定（Roper, 2002: 265）。[20]巴羅則是從總統具有「原創性」權力的多寡、干預立法權力的多寡等來做半總統制的次類型討論，巴羅並認為，為避免立法與行政的憲政僵局發生，憲法賦予總統相當程度的權力，但也應同時以分權的原則設計出相對自主的內閣來避免獨裁的發生（Bahro, 1999: 1-37）。吳東野則是將總統權力分成立法、行政、司法三個層面再進一步討論半總統制中總統實權的差異，並藉此比較法國和俄國的異同，並認為總統權力的差異是決定半總統制不同次類型的主因（吳東野，1996a: 42-43）。

徐正戎、呂炳寬從國會多數的存在與否，以及政策主導權歸屬總統或總理來作為半總統制的次類型區分依據。在國會的這個部分可以算是加入政黨體系的變數，而行政權的部分則是觀察政權由總統或是總理主導。依照徐、呂的討論，以政黨體系和總統、總理關係這兩個變數可以將半總統制次分為：1.總理主導的多數政權屬於「總統謙讓制」；2.總統主導的多數政權屬於「超級總統制」；3.總理主導的少數政權屬於「左右共治」；4.總統主導的少數政權屬於「少數政府」（徐正戎、呂炳寬，2002: 12）。李鳳玉則是結合總統權力與政黨體系兩個變數來對半總統制下總統干政動機與干政能力進行類別比較，並提出八種的次類型（李鳳玉，2001: 95）。李鳳玉也認為，政黨體系屬於非多黨體系有利於政府的穩定，而有效政黨數目越多則越不利於政府穩定（李鳳玉，2001: 78）。

除了以政黨體系、總統權力大小作為半總統制的次類型區分依據外，也有相當多的討論結合其他的變數產生不同的分類和討論。吳玉山認為影響半總統制運作的變數可歸納為總統的權力、府會關係，以及政黨體系等三項（Wu, 2000: 1）。並據此區分出八種不同運作類型的半總統制，其中以府會同黨、總統權力低、兩黨制的半總統制最為穩定，而府會分治、總統權力高、多黨體系的半總統制最不穩定（Wu, 2000: 13）。吳玉山的分類中認為府會關係是影響半總統制穩定與否的最主要因素，因為在他的分類中，若以府會關係為二分法可以發現，府會關係一致時穩定級數是從一至四。而三個變數中則以政黨體系對半總統制穩定與否的影響最低，因為即使多黨體系，在府會關係一致、總統權力低的狀況下仍被歸類為穩定級數二的高穩定狀況。吳玉山稍晚更據此提出進一步討論，他認為府會關係、總統權力多寡，以及政黨體系是描繪半總統制的框架，而再以多數／少數內閣、單一政黨／聯合內閣及總統參與／不參與內閣這三個變數來引導八種組閣狀態（吳玉山，2002: 233）。吳並認為半總統制下政治不穩定的根源是總統與國會都要求對政府的控制，因此當府會一致、總統權力小、國會有清楚多數時是最穩定的狀況（吳玉山，2002: 235）。[21]林繼文從國會對總理支持與否、總統主動權的大小，以及是否為危機社會等三個變數來區分半總統制成總理主導、總統干政與總統主導三個次類型，同時也提出三個命題：1.總統主動權的大小和半總統制類型沒有明確關係；2.總統干政型的半總統制政體有類似成因；3.危機社會不可能產生總理主導制（林繼文，2000: 164-167）。此外，林繼文也從國會中的政黨體系、意識形態、制度設計等來觀察半總統制下政府運作的穩定與否（Lin, 2002: 62-65），林繼文對此提出三個假設：1.無論意識形態是否一致，強而有力的國會皆足以導致政府的延續；2.無論總統權力的大或小，意識形態越一致越有利於政府的延續；3.當總統與國會的意識形態不一致時，國會越弱，政府越容易崩解。[22]從林繼文的討論中可以發現，意識形態與國會強弱（植基於是否有清楚而穩定多數）影響半總統制運作，而意識形態又扮演總統與國會之間互動的關鍵因素。

此外，也有一些討論針對穩定的維持做出概念的釐清，希望探討在各種情況下政治穩定的維持與憲政運作。相較於既有對於半總統制與憲政穩定討論的文獻，作者在過去曾將自變項以「權力集散」的概念做單一面向的歸納比較。在政治運作的層次上，當總統、總理與國會過半的多數同屬一個政黨時，歸類為權力最集中的類型；當三者分屬不同政黨時，則歸類為權力最分散的類型。而這些政黨在意識形態光譜上的分布是極化的對立或是趨近則不影響權力集散的比較。該文所關注的在於政治權力的操控實際的集中程度，而不在於政黨數目或是分享政治權力的單位數目。雖然從意識形態光譜上的集散與否，或是從憲政中具有政治影響力的單位數目來比較，也可以作為「權力集散」的比較變數，因為政黨在光譜上的分布越一致，或是具有政治影響力的數目越少，權力集中的空間與可能性就越大。但事實上，就政黨政治的常態競爭而言，無論意識形態的分布遠近，或是分享憲政權力的數目多

表 1-5 政治運作上總統、總理與國會的一致性程度與相關議題

		國會有穩定多數[a]				國會沒有穩定多數	
條件假設	總統	◎	◎	◎	◎	◎	◎
	總理	◎	X	◎	X	◎	X
	國會	◎	X	X	◎	※	※
命題假設	憲政軌道	偏總統制	偏內閣制	視憲政設計[b] 權力大：總統制 權力小：內閣制	幾乎不可能	偏總統制	偏總統制
	政府穩定[c]	較穩定	次穩定	僵局下的穩定[d]		較不穩定	不穩定
	運作狀況	權力集中	行政權兩元	行政與國會兩元		國會分散	混亂 行政權分散、國會分散且行政與國會兩元
	實際案例	法國非共治李登輝時期（1996~2000）	法國共治時期	台灣 2000~2001		威瑪 1930~1932 台灣2001～今	威瑪 1919~1930 1932~1933

說　明：符號指一致性與否，相同符號表示彼此一致。「※」表示國會無多數。

[a] 國會有無「穩定」多數由議會席次比例、多數聯盟意識形態相近性、聯盟內部政黨數等三項指標決定。

[b] 憲政軌道的換軌須視不同憲政設計而不同，主要以總統的人事任命權是否獨立、解散國會權是否絕對、行政命令權是否需要副署等三項權力不同而定。

[c] 關於政府穩定的定義，係指內閣壽命而言，而內閣壽命以總理撤換為測量基準。

[d] 在這個情況下，雖然內閣壽命在表象上呈現穩定，但是實際的運作卻與立法權呈現一種對立的僵局，和正常情況下的穩定仍須做一區隔，故謂之僵局下的穩定。

資料來源：沈有忠（2004：109）。

寡，這些憲政角色實際上的競合關係（政黨屬性的一致性）才是構成半總統制下不同次類型的關鍵。這是因為在正常情況下，即使政黨之間在光譜上的位置非常接近，每個政黨都仍以極大化自己的執政能力為目標。在「權力集散」的面向上進行比較，同時觀察五種不同集散程度下的半總統制憲政類型。這樣的歸納也可以發現無論是政黨體系、總統權力大小或是不同的府會關係都不會是單獨影響半總統制穩定與否的單一因素，必須整體觀察作為憲政運作下有實質權力的行動單位，這些單位的聚集或分散才是解釋半總統制運作情況的變項。該文的結論如表1-5所示。

從以上的文獻檢閱可以看見，既有的研究多從總統權力、政黨體系、府會關係等面向進行比較。這些比較從特定變數切入，不但做次類型的分類，也觀察政治運作的穩定與否。從這些分析為基礎，本書擬延伸「權力集散」的概念，討論威瑪共和在憲政運作上，政治層面與制度層面兩個不同概念下的權力集散。詳細的內容在稍後分析架構中將加以說明。

半總統制的崩潰與憲政轉型

關於憲政轉型的命題，事實上在很大一部分也等於先前所討論的憲政選擇。因為所謂的憲政轉型，除了民主崩潰之外，當然也包括從A類型的憲政轉型為B類型的憲政，就B類型來說，這就是另一個憲政選擇或憲政制訂的議題。因此，對選擇半總統制的新興民主國家而言，除了維持半總統制的穩定運作之外，所謂的憲政轉型就有三個可能的發展結果存在，一是轉出成為總統制；二為轉出成為議會制；第三就是民主崩潰。關於第一個與第二個的轉型類型而言，大多的個案呈現的是在憲政運作上趨近於總統制（如俄羅斯、台灣）或是趨近於議會制（如芬蘭、奧地利）的類型，相關文獻上我們也只看到半總統制趨近議會制或總統制的換軌討論（趨近總統制運作的討論，例如：吳玉山，2000; White, 1999; Wu, 2005; Crowther, 2008 等；趨近於議會制運作的討論例如 Arter, 1999b; Jasiewicz, 1997; Nousiainen, 2001; Raunio, 2004; Wu, 2005 等）。由於尚無實際的個案出現半總統制轉型成為絕對的總統制或是議會制的經驗，以致於完全轉出為另一類型的討論在半總統制的相關文獻中也幾乎沒有。[23]相同的，在選擇半總統制的新興民主國家中，以民主崩潰終結半總統制的，備受關注的就是威瑪共和一例，而探討威瑪的民主崩潰，也多由非制度面因素，而罕見由半總統制的制度面切入，因此討論半總統制崩潰的文獻也極為罕見。[24]

在這樣的情況下，本書對於半總統制轉型的討論，等於是一個新的嘗試。如前所述，因為經驗上還沒有半總統制轉型成為絕對的總統制或議會制的個案，也因此，本書所著重的就在於半總統制的崩潰，而威瑪也是唯一的個案。在這裡，若是將解釋項放寬為觀察民主崩潰的討論，林茲（Juan J. Linz）與史戴班（Alfred Stepan）提出了關於民主鞏固五個場域的觀察方向。他們認為，一個鞏固的民主需要五個場域的條件配合，分別是第一、要有一個有組織而且自由的市民社會；第二、要有一個相對自主而多元的政治社會；第三、要有一個依法而治與符合憲政精神的準則；第四、要有一個有效的官僚體系；第五、要有一個制度化的經濟社會（Linz and Stepan, 1996: 7-15）。雖然林茲與史戴班分析的依變項是民主鞏固，但換句話說，不鞏固的民主也可以說是幾近於崩潰的概念。然而，這五個條件都是很巨觀的概念，也都不容易具體的測量，在應用上我們難以精準的分析一個民主國家究竟是在這五個場域中的哪一個發生問題而難以鞏固。除此之外，林茲與史戴班也沒有說明，這五個影響民主鞏固的場域，是必須同時存在缺一不可？還是任何一個發生問題就足以影響民主的存續？最重要的是，林茲與史戴班所討論的這五個條件，某種程度而言也是民主運作的表現，用來解釋民主存續就容易陷入套套邏輯。我們可以說，擁有這五個條件的政體符合民主的價值，若再用這五個條件來解釋民主鞏固或崩潰，事實上等於對定義做出反證而已，並沒有具體的做出更進一步的解釋。若是我們再將解釋項鎖定在憲政制度對民主存續的影響，則這類的文獻相較之下就豐富許多，但也幾乎都集中在對總統制與議會制兩種憲政體制的比較（例如 Linz, 1990a, 1990b; Stepan and Skach, 1993; Mainwaring and Shugart, 1997; Cheibub and Limongi, 2002; Cheibub, 2007 等等）。可以發現的是，以半總統制為對象，討論憲政體制如何影響民主存續的作品在相關文獻中相較於總統制與議會制，可以說是較為缺乏。

雖然以半總統制作為民主存續的制度解釋之作品相較之下較為缺乏，但仍有相當重要的作品值得討論。薩托利以憲政工程（constitutional engineering）的角度比較了三種憲政體制的優劣，並認為半總統制就算不能謂之「最好」，也是較總統制、議會制更能排解憲政僵局的制度設計（Sartori, 1997: 137）。若是相對於薩托利對半總統制的討論，本書要進行的討論正好是相反的。因為以威瑪為例，本書希望探討的正是半總統制的制度設計與民主崩潰的關係。儘管薩托利認為，若威瑪改採議會制可能更早在一九二三年就會崩潰（Sartori, 1997: 129），但本書仍希望從制度面著手解釋半總統制之下的制度設計與威瑪最後崩潰的關係。這裡也凸顯出半總統制的概念下，次類型比較的意義所在。因為不同次類型的半總統制，對於政治運作的穩定性而言是不同的，當薩托利認為半總統制讓威瑪延續了民主嘗試的同時，我們也必須注意，也是半總統制讓威瑪的民主走入歷史。那麼，半總統制在威瑪的嘗試究竟是成功的還是失敗的？就必須檢視整個制度運作的過程。換言之，本書認為威瑪在半總統制的運作上出現次類型的轉換，成為了整個民主崩潰的重要關鍵。在這個部分，憲法學者史凱區（Cindy Skach）投以相同的關注。史凱區認為，威瑪的崩潰與半總統制的制度設計有一定的關係。因為總統在憲法上的權力相當大，[25]加上一個分歧而零碎的政黨體系，[26]因此使得國會組閣與監督政府的力量非常薄弱，而總統與總理則成為行政獨裁的源頭，並且造成最後希特勒上台的結果（Skach, 2005: 70）。史凱區對於半總統制崩潰的解釋從政黨體系以及行政與立法的制衡關係著手，這大致上是最常見的解釋途徑。本書認為，政黨體系加上行政立法關係的失衡當然是威瑪半總統制難以穩定運作的原因，但就威瑪而言，一九一九年即依此部憲法運作，政黨體系的分散也是自共和開始以來即有，但為何遲至十四年後才出現最後的崩潰？而且其間在一九二四年至一九二九年之間也在相同的憲政條件與政黨體系下歷經所謂的「黃金時期」？顯然有其他因素扮演著催化憲政條件與政黨體系發酵的變數。而蔡宗珍亦從憲法的角度討論了威瑪覆亡的原因，他的結論包括五項，分別是1.憲法共識基礎薄弱；2.議會民主的薄弱；3.多元正當性的持續衝突；4.修憲與破憲法律的爭論；5.懸而未決的憲法宿命（蔡宗珍，2002: 622-627）。相同的是，蔡宗珍所談論的現象與困境，在一九一九年就已經存在，既然在相同的條件下可以創造威瑪的黃金時期，又如何能以這些變數解釋一九三三年的失敗呢？蔡的五項結論確實是威瑪憲法運作上持續遭遇的困難，然而制度上在一九三〇年的轉型，是具體的讓這些困難成為影響憲政持續運作的關鍵。基於此，本書認為威瑪在一九三〇年發生的制度變遷，使半總統制出現次類型的轉換，是讓這些不利於民主存續的因素在制度上獲得了發酵的空間。

探討半總統制的憲政轉型問題（尤其是民主崩潰），不但可以銜接學界從議會制與總統制探討民主鞏固的議題，也能補充半總統制在這一個部分的討論。不僅如此，由於本書關注的個案是一個民主崩潰的個案，對於採用半總統制的新興民主國家而言，如何避免陷入民主崩潰的危機也是備受關注的一項議題，因此也希望本書能針對實際的憲政運作提供一些啟示。

關於威瑪共和憲政的其他討論

對於威瑪共和建立的討論，更多文獻集中在威瑪初期的環境結構與歷史背景。中文文獻方面，對於威瑪的研究是較為稀缺的，而且大多數以介紹性、描述性的歷史敘事，最後加上一些觀察作為結尾為主。伍碧雯（2000）探討德國歷史學界研究威瑪的發展趨勢，關心的是從史學的角度來詮釋威瑪共和的興衰；王文霞則是以歷史敘述的方式介紹了威瑪的政治歷程。王文霞（1980;1984）並且認為，經濟上的壓力是威瑪共和最後崩潰的原因。經濟的壓力固然是造成威瑪共和運作不穩的導火線，但若直接援引作為民主崩潰的原因卻略顯不足。因為檢視威瑪的發展歷程，一九二三年由於魯爾事件（Ruhr Occupation）所導致的通貨膨脹和經濟壓力絕不亞於一九三三年。以馬克兌換美元為例，從一九二三年一月魯爾事件發生時的17,972 : 1，到同年年底遽增為四兆兩千億比一（4,200,000,000,000 : 1）。[27]這種天文數字的壓力尚且讓威瑪勉力度過，何以一九三三年的經濟壓力可以壓垮威瑪呢？顯然在一九三〇年發生的制度變化也扮演了關鍵的因素。

羅志淵以介紹的方式敍述威瑪憲法的特徵與政黨體系。最後也提出威瑪共和失敗的因素，包括：1.社會上始終有三分之一的人口反對此一體制；2.威瑪的延續是依靠反民主的軍隊與法官維繫（例如卡普〔Wolfgang Kapp〕在一九二〇年的暴動、希特勒在一九二三年的啤酒館政變等，都是仰賴軍隊鎮壓與法官的判決）；3.經濟制度不安定；4.共和派領袖缺乏創新與適應力（羅志淵，1969: 403-405）。但事實上，這些條件在一九一九年就已經存在，並非是一九三三年以後才出現。為何相同的條件下威瑪度過了一九二三年至一九二四年的危機，卻無法度過一九三三年希特勒的挑戰呢？郭恆鈺（1999a）以威瑪共和歷任內閣為分野，詳細敍述了威瑪憲政史，並討論歷任政府更迭的原因。

這本作品對威瑪共和憲政運作過程的一些細節引述翔實而豐富，側重敍述性的介紹，而較少系統性的分析。尤其在結論處並未歸納威瑪共和憲政運作崩潰之原因，也未從制度面討論這部憲法的特殊性，及制度與憲政運作的關係。因此雖然提供了很多的背景介紹，但卻缺少解釋性的討論與分析。李鳳玉的論文以總統的干政能力與干政動機為變數，比較了德國威瑪共和、法國第五共和、台灣以及波蘭四個個案。並且認為威瑪共和的總統有最強的干政動機和最強的干政能力，因此導致最不穩定的運作結果。如果我們提出疑問，討論所謂的干政動機與能力幾乎相同的條件下，為何威瑪是在一九三三年興登堡（Paul von Hindenburg）總統第二任期的主政內崩潰，而不是在一九二四年艾伯特（Friedrich Ebert）總統任內呢？李鳳玉認為這是威瑪經驗的弔詭之處，並認為這是艾伯特個人的特殊性使然（李鳳玉，2001: 84-85）。在這裡，所謂的總統干政必須加以操作化才能進行比較，而李的論文卻未對此加以定義。如果我們將威瑪時期所謂的總統干政以「解散國會」和發動「緊急命令」來看，則可以發現情況並非如此。以緊急命令為例，從一九一九年起到一九三三年為止，威瑪一共由總統發布了二百五十四次的緊急命令，其中艾伯特任內從一九一九年至一九二五年有一百三十六次，佔了百分之五十三點五四；而興登堡的兩個任期內則是一百一十八次，佔百分之四十六點四六。其中一九二五年至一九三〇年這黃金五年中只有九次，僅佔百分之三點五四。再以解散國會為例，除了一九二〇年第一屆國會選舉之外，一九二四年的第二屆、第三屆；一九二八年的第四屆；一九三〇年的第五屆；一九三二年的第六屆全數是因為總統的解散而改選。由此可知，若以總統干政來看，尚需要其他的因素來解釋為何是在興登堡總統主政的一九三三年，而非艾伯特總統的一九二四年。

李永熾、蔡宗珍等針對威瑪共和的誕生與崩潰做了簡短的專題討論，[28]李永熾認為，天文數字的賠償不能作為威瑪崩潰的原因，因為威瑪畢竟歷經一九二三年的動亂，甚至開啟一九二四年至一九二九年的繁榮。而真正造成威瑪崩潰的原因是創造共和的社民黨退出內閣，使得一九二九年的經濟危機成功讓反資本主義情結結合反凡爾賽的民族主義成為一股終結共和的「民族社會主義」（李永熾，1999: 29）。李永熾也提到，議會主義主導的雙首長制在一九二九年演變為「總統內閣」也是制度上獨裁出現的背景。蔡宗珍則是從憲法的妥協性著手，討論威瑪憲法高度妥協的結果，可以說使得各種力量都進入共和，也都沒有進入共和。因為各黨派的主張與價值都「去頭截尾」的進入憲法，沒有獲得完整實現。而這樣高度妥協的結果，使得政黨政治隨時可以凌駕憲法之上，最終使得納粹政黨興起而結束威瑪（蔡宗珍，1999: 78-79）。洪茂雄則是泛談了威瑪建立時期的政黨體系、民主運作等議題，並認為憲法不敷實際，多黨林立導致政治不穩是威瑪覆亡的原因（洪茂雄，1990: 25-32; 1991: 104-109）。中文的文獻對於威瑪的關懷多數集中於這部憲法的特徵以及崩潰的歷史背景。這些文章對於威瑪制憲與共和建立的初期有了歷史上的介紹，也表現出「威瑪之初即看見覆亡」的影子。一個相同的問題在於，威瑪畢竟創造了五年的燦爛與穩定，何以一九二三年沒有覆亡而是在一九三三年呢？本書希望從制度面著手，進一步將威瑪的創立與崩潰做制度上的連結與解釋，從體制的變遷與環境壓力來解釋這部憲法的出現與結束。

在西文的部分，相當豐富的歷史文獻描述德國的一九一八年革命以及一九三三年的民主崩潰與希特勒崛起。寇伯（Eberhard Kolb）認為，以威瑪共和為研究對象的文獻可以分兩類，一是個案取向，著重在威瑪的特殊性。例如探討威瑪崩潰時強調比例代表制、德國特殊的時空處境、世界經濟大蕭條、帝國選舉的特殊等等。另一類是理論取向，著重結構性因素的討論。例如反民主力量的存在、政黨體系、議會政治的生存能力等（Kolb, 1988: 129）。一般說來，史學家著重在歷史的敍述與史料的還原，比較偏向前者。而社會學者、政治學者則希望透過通則的理論建立，來找尋威瑪的定位，也就是偏向後者。

依據寇伯的分類，側重在威瑪個案以及強調其特殊性的文獻是較為豐富的。布克班德（Paul Bookbinder）指出，威瑪憲法就像威瑪共和本身一樣，是一個妥協的產物，融合了英國的議會精神、美國的總統制色彩、甚至也具有蘇維埃的工人議會（Bookbinder, 1996: 41）。雖然制訂出一部共和憲法，卻沒有壯大的的共和派來支撐這個共和，一九二五年第一任總統艾伯特因疾病過世，第二任的總統由興登堡勝出，顯示德國人民對於帝國的緬懷而不是對共和的堅定支持（Bookbinder, 1996: 153）。[29] 一部分的人民對於共和的不信任固然一直存在於威瑪共和，但這畢竟不是多數的力量，否則一九二四年威瑪就足以崩潰。本書更希望瞭解，在制度上的運作以及威瑪的發展歷程上，如何使這一部分人支持的反共和力量成為執政者？另外如 William Carr（1979;1991）、Mary Fulbrook（1990）、Hans Mommsen（2004）、Hagen Schulze（1998）、Detlev J. K. Peukert（1987）、Theo Balderston（2002）、Heinrich August Winkler（2002; 2005）等人，也是著重在描述當時威瑪的內憂外患，以及民主建立的嚴峻挑戰，包括新憲法的特色、與戰勝國簽訂和約、國內階級的鬥爭，以及社會主義革命等。對於威瑪憲法的制訂與運作，目前看來多偏向歷史層面的敍述，對於史實這一個部分有較多的爬梳。

儘管文獻多側重於歷史描述，也不表示完全沒有寇伯所分類的第二種理論性文獻。尤其當半總統制的概念越來越受到重視，威瑪的憲政研究也重新被政治學者或憲法學者所關注。史凱區就以法國和威瑪為例，討論了半總統制的憲政運作，可以算是以半總統制討論威瑪最具代表性的專書著作。史凱區認為，半總統制的次類型中可以歸類為三種：穩定多數（consolidated majority）、分裂多數（divided majority）與少數分裂（divided minority），這是以總統的多數與否，以及總理是否擁有國會的多數支持這兩個變數做的分類。這三個類型之中，分裂少數政府是最不穩定的一個類型。而史凱區認為，威瑪基於為數眾多而且分歧的政黨數目，加上半總統制的制度設計，使得少數分立政府長時間存在，終於導致立法權的癱瘓而終結（Skach, 2005: 49-70）。這樣的討論並且對照法國將威瑪的崩潰在制度上做了解釋。史凱區的解釋脈絡與本書有極為相同的對話層次，儘管史凱區準確的描繪出半總統制在少數分立政府上的困境，但他仍舊無法回答為何長期處於少數分裂的威瑪，是在一九三三年而非一九二三年崩潰？因為我們發現，依據史凱區的定義，一九二三年至一九二四年的威瑪也同樣是在少數分裂的狀態之下。相反的，薩托利甚至認為，若不是半總統制的設計，威瑪甚至無法度過一九二三年的危機（Sartori, 1997: 129）。究竟威瑪的半總統制其制度與民主存續的關係為何？顯然仍存在爭辯，這也是本書希望釐清的議題之一。

布拉赫（Karl Dietrich Bracher）以威瑪共和艾伯特和興登堡兩任總統在國家元首角色扮演的差異性來討論威瑪崩潰的原因。他認為在憲法的定位上，艾伯特總統扮演中立、超越黨派的守護者角色，而興登堡則扮演改革憲法的領導者。兩任總統在相同條文的基礎上有不同的領導風格，也是探究威瑪共和崩潰的重要變數之一（Bracher, 1984: 44-46）。本書將從制度面向探討這個過程發生的原因和可能。回顧威瑪的時期，也能發現不少處在威瑪當時的法學者與社會學者從憲政思潮的角度討論威瑪憲法本身，其中施密特認為，威瑪憲法是一部「總理制」（das Premierministersystem）的憲法，但是受到俾斯麥傳統的影響，制憲者又不希望成為總理一人獨攬政權的局面，因此強化了議會合議的色彩。同時，受到韋伯（Max Weber）的影響，直接民主也反映在直選總統的設計上，使得這部憲法也因此兼具總統制的味道（Schmitt, 1928: 341）。施密特又指出，總統應該具備去政黨化、去政治化的中立角色，以代表全體人民，成為憲法的守護者自居（Schmitt, 1931: 132-159）。此外，威瑪憲法起草者普洛伊斯也指出，民選的議會是民主的基本主張，也是憲法的基本規範。但為了避免陷入法國第三共和的混亂，設計一個具有實權的總統來解決政治僵局成為威瑪的嘗試。而這個總統因為超脫政黨並代表人民，因此是由全民直選產生（Preuß, 1926: 368-387）。如此一來，總統代表全民可以解決政治紛爭，而國會也具有民意基礎可以制衡總統，以達成一個妥協與穩定的政治運作（Preuß, 1926: 417）。

在略微回顧當代憲政研究中的半總統制與威瑪的相關文獻後，本書發現兩個明顯的現象。首先，在半總統制的研究中，以上、中、下游的三段分法來看，中游累積了最多的研究成果，而上游與下游相較之下則較為缺乏。在上游的部分，制度設計的研究大多提供了研究的取材方向（階級妥協），而不是直接觸及半總統制的設計，因此這一個部分將是本書討論著重的重點，期與現有文獻接軌討論。在下游的部分，半總統制的轉出，除了威瑪一例以民主崩潰終結之外，可以說是尚無任何徹底轉為他種類型（至多只有趨近他類的運作經驗）或是另外的崩潰個案，因此相關的討論更是缺乏。本書在這個部分希望從上游開始，尋找制度設計的脈絡，並接續這樣的脈絡來觀察半總統制在威瑪最後崩潰的過程。至於中游的部分，累積了較為豐富的討論，對於半總統制的次類型討論中，較常見的在於從政黨體系、從行政與立法關係、從總統權力大小等出發來進行分類，本書則希望透過制度設計配合權力集散的角度，將視野拉到單一面向做比較，來一併回答總統權力大小、選舉制度或是行政立法關係對半總統制的影響。

第二個現象是，對於半總統制的研究大多將上、中、下游三個階段分開處裡，鮮少有縱深的切入，來討論一套制度從設計、運作到轉出的過程。本書最大的嘗試在於，透過對威瑪單一個案的檢視，試圖將制度從上游的依變項到中游與下游的自變項一起處裡，希望能有系統的，以一套理論架構來討論威瑪在半總統制的制訂、運作與轉出等三個問題，並且適度與其他新興民主的個案做一比較。

關於本書的研究架構與限制

研究架構

本書的核心問題在於威瑪共和對半總統制的設計、憲政運作與轉出。在憲政選擇的部分，如同文獻檢閱所提及的，多數的文獻提供了高層次的分析概念，在這些概念之下，足以解釋半總統制、議會制、總統制的設計。也因為分析概念過高，反而在個案上難以凸顯為何是半總統制而非議會制或總統制的原因。換句話說，制度選擇作為憲政分析的上游子題，社會力量在轉型過程中的妥協、歷史的遺緒或是對他國經驗的學習等，是憲政選擇上最常見的分析途徑。然而，幾乎同樣的途徑可以解釋所有不同類型的憲政選擇。對此，本書在第二章將先探討德國在第一次世界大戰戰敗後，在十月革命的浪潮中為何不是建立社會主義共產國家，而是建立民主共和？對一九一八年對於新的德國而言，在內外結構的壓力下走向共和體制是勢所難免，但究竟該以何種共和建立新的政府仍存在內部的歧異。在這之中出現三種主張，分別是「社會共和」（die sozialistische Republik）、「民主共和」（die demokratische Republik）及「君主共和」（die monarchische Republik）為三種未來的可能。在第二章將討論本書的第一個論點：主張共和的溫和左派取得軍人力量的支持成為決定性力量，這是威瑪最終以「民主共和」取代帝制的主要原因。這一章也將討論威瑪憲法制憲的背景與條件，並進一步釐清這些背景和條件，如何貫穿整個威瑪時期，成為影響憲法的設計、實際的憲政運作，以及最終轉出的重要變數。

從威瑪共和建立的背景為基礎，在第三章將實際探討威瑪憲法是在如何的妥協過程、在哪些獨特的歷史遺緒，以及參考那些制度的經驗，才得以設計出半總統制的架構。這個子題作為憲政選擇的上游，可以回應多數文獻對妥協、歷史遺緒與經驗學習的討論。在「為何是半總統制」的問題上，必須回到威瑪的歷史背景。這個部分在既有文獻中較少被處理，也是本書希望能對現有的憲政研究成果有所突破的地方。這一章本書將分析兩個決定威瑪憲法進入半總統制主要原因。首先，當時對於制憲具有影響力的主要憲法學者，包括起草者普洛伊斯在內，都對於直接民主有一定的信仰；第二個原因則是德國當時的內外處境對憲政設計的限制，以及對其他民主國家，尤其是美國與法國的參考。這一章本書將討論的第二個論點是：威瑪共和作為德國首次社會民主的嘗試，在民主化過程中需要重新界定國家元首。同時，因為威瑪面臨嚴峻的國內外挑戰，一個民選而具有實權的總統成為最後的產物。除此之外，基於對直接民主與議會民主的信賴，並參照其他國家的憲法架構，使得威瑪憲法除了有一個直選且具實權的總統外，同時設計出一個必須具有議會信賴而存在的內閣，也就是當代所謂的半總統制憲法。然而，威瑪憲法雖然在條文上具有半總統制的特質，但仔細探討其憲法理論後可以發現，威瑪憲法的半總統制，和當代大多數研究所談的半總統制，仍舊有細微的差異。這個差異在於如何界定半總統制中的雙元行政問題。據此，在第三章也將討論威瑪設計出的半總統制，與當代所謂的半總統制在內涵上有哪些異同之處，並且提出「水平分權」與「垂直分時」兩種半總統制的雙元行政架構，這也將是當本書欲將威瑪與其他半總統制國家比較時，必須在此適時加以說明之處。

在威瑪憲法的運作部分，本書將延續前兩章對於妥協所致的共和，以及雙元行政的特性，作為延伸「權力集散」此一概念的基礎，並且與既有的文獻做一些結合，用兩個層面的權力集散來探討威瑪憲法運作的特性。就政治運作的層次而言，權力集散是觀察社會上主要的政黨與政治力量的集散程度，再加上憲政角色（總統、總理與國會）在政治意識形態光譜上的一致性，其中透過政黨屬性的操作可以一目瞭然。就制度規範的層次而言，權力集散則是觀察政治決策的制訂權歸屬問題，也就是行使決策權的單位是單一抑或多元的比較。政治運作的權力集散，本書結合既有從政黨體系、意識形態分歧如何影響半總統制運作的文獻，擬探討威瑪共和破碎化、零和競爭的政黨體系，以及極為分歧的社會結構，如何影響憲政運作。這個部分的集散程度，理所當然受到威瑪共和建立的背景與過程所影響。第二章所提及的政治力量妥協，以及短暫的內戰過程，是影響威瑪共和政治運作權力集散的核心原因。然而，本書也認為，僅有政治運作的權力分化，尚不足以導致威瑪共和的崩潰，必須再搭配制度設計的權力分化才足以解釋威瑪的特殊性。換句話說，制度提供行為者政治行為的依據，在制度設計上的權力分化，不一定導致憲政運作的不穩定，但是沒有這些制度設計的制約，憲政運作的不穩定也不會發生。亦即，制度設計的權力分化是半總統制憲政運作不穩定的必要條件，但不見得是充分條件。

在制度規範的層次上，權力集散的指標在於決策權力的行使單位，以及政府組織的正當性來源而言。一般而言，議會制的決策權透過國會對內閣的信任而由國會實質享有，政府更是依據國會的多數而組成。雖然依不同的細部設計而使內閣可能享有不同程度的決策權力（比如行政命令、發動公民投票等），或是組織政府的過程（比如同意權、倒閣設計等），但基於國會信任的基礎，往往仍視之為國會主權的類型。至於總統制的憲法設計，基於三權分立的制衡原則，總統有直接的民意基礎作為執行國家決策的正當性來源，與國會共享決策的權力。但在制衡的原則下，總統並不能解散國會，國會也無法以絕對多數撤換總統，而使得決策權力不僅分享而且得以相互制衡。半總統制在決策權的面向上，則有多種權力集散的可能性。如果是依循議會制的精神，則總理對國會負責，由國會享有決策權力與組織政府的正當性基礎。在此同時，如果也賦予總統相同的權力，但總統又有權解散國會，則使得權力的分享缺乏制衡的精神而容易出現偏頗於總統的可能性。換句話說，在議會制之下，即使解散國會或進行倒閣，新的決策權力也要依循國會新的結構來產生。在總統制之下，因為沒有解散與倒閣的設計而使決策權力雖然分享卻不至於偏頗。而在半總統制之下，如果總統擁有法制上的決策權，又有解散國會與組織政府的權力，則容易使權力從分享轉而為傾向總統主導的威權形式。在此，將回過頭結合第三章對威瑪憲法憲法理論的介紹，於本章延續討論威瑪憲法的特殊性，是作為分析制度層面的權力集散如何影響政治運作穩定與否的另一個變數。

在結合兩個層次的權力分化上，歸納政治運作以及制度設計這兩個層次的權力集散可以產生四種類型的運作軌跡。首先，當政治運作的權力關係偏向於集中（總統、總理與國會多數屬於相同陣營），而制度設計也將權力集中於國會時（決策與政府組成正當性的來源在國會），在常態下憲政運作會趨於單一政黨組閣的議會制。其次，當政治運作的權力偏於分散，而制度設計勢將權力集中於國會時，則依據政治運作的不同分散類型而趨於聯合內閣的議會制（國會無穩定多數）或是共治（國會多數與總統不一致）甚至是少數政府（內閣無國會的多數基礎）的類型。第三，若政治運作的權力關係集中，但制度設計將權力分散時（總統與國會都具有組織政府的正當性與決策權），則容易成為一種偏於總統制，由總統主導的憲政運作。最後，若政治運作的權力關係趨於分散，而制度設計也趨於分散時，則容易導致一種總統與國會相互對抗、對立，呈現高度不穩定的憲政運作，整個比較關係如表1-6所示。在這裡，本書所要釐清的概念就在於比較制度設計的集中與分散，給予比較上的定義，並觀察制度設計與政治運作兩個集散程度相互影響及其與不同類型半總統制憲政運作的關係。

基於此，第四章與第五章將討論本書的第三個論點：威瑪共和在政治運作與制度設計上都趨於分散，甚至破碎。兩者互為因果並惡性循環。一方面政治運作受到政黨體系分化影響而更趨於對立與極化，二方面彼此掌握的政治權力，透過憲法設計的權力分化，更加深政治上的競爭與分歧。最終總統從設計上作為制衡議會制與備用的角色，變成實際上朝向行政獨裁的核心。換言之，政治運作與制度設計同時都出現的權力分化，是威瑪憲法在實踐上呈現高度不穩定、政府平均壽命短暫的結構性因素。

透過權力集散的角度，以及這部憲法設計背景及存在的困境，再加上憲法理論在實踐上的落差，在第五章將討論這些原因互動後，造成威瑪憲法崩潰的過程。觀察威瑪的發展歷程可以發現，這部半總統制的憲法帶領德國度過一九一八年的革命浪潮與第一次世界大戰戰敗的危機，甚至創造一九二四年至一九二九年這五年的穩定，不僅克服經濟上的通貨膨脹，也順利度過初期的戰債壓力以及法國、比利時入侵魯爾工業區的外交問題。德國在一九一八年至一九二四年所面臨的國家危機絕不亞於一九二九年發生的經濟大恐慌，但威瑪卻沒有在一九二四年崩潰，而是在一九三三年。為何威瑪的半總統制可以克服共和肇建初期的政治與戰敗危機，卻無法化解一九二九年以後的經濟危機？和這部憲法的運作有何關係？這是在第六章將嘗試回答的問題。整體來說，威瑪的半總統制在一九三〇年進行次類型的轉換，使得國家的經濟危機在轉換成政治危機之後，無法再像一九二三年一樣由國會和總統以彈性的作為來因應，而是在凍結國會後隨即終結了德國第一次的民主嘗試。這個結果從總統的角度來看，不僅沒有

表 1-6　政治運作、制度設計的權力集散比較

政治運作 ＼ 制度設計	集中於國會	趨於分散
集中	單一政黨組閣／偏內閣制	總統主導／偏總統制
分散	聯合內閣／偏內閣制	總統與國會的對立、對抗

資料來源：作者自繪。

適當扮演守護憲法的中立者角色，反而利用了制度賦予的權力改變了憲政的精神，是破壞威瑪憲法的一個關鍵變數。從第三章對威瑪憲法的憲法理論而言，實踐過程扭曲了憲法的理論，致使國會被架空，成為造成行政獨大，替納粹獨裁鋪路的情況。此外，政黨體系不僅破碎，而且一直存在反體制政黨，也是導致議會效能不彰的原因。終於，當威瑪的國內外處境惡化，缺乏國會多數支持的政府無法有效施政，使得總統介入的頻率增加，扭曲了威瑪憲法所設計垂直分時的雙元行政。先是製造了行政權獨大的憲政秩序，然後在反體制政黨持續勝選，接收了這個行政獨大的體系之後，威瑪最終以法西斯的極權結束了半總統制的民主體制。這一章本書將嘗試證實：制憲時亟欲解決的國家危機持續惡化，加上共和的妥協性格，造成國會始終無法凝聚穩定的多數，致使總統權力遠遠淩駕於國會之上。在無法實踐憲法理論的情況下，更利用制度的缺口凍結國會而成為行政獨裁。稍後，反體制政黨的存在與執政，則是帶來了最後的民主崩潰。

德國從一九一八年戰敗之後，歷經一場未完成的革命。帝國體制雖然崩潰，但是社會結構沒有完成重組。不僅如此，遺留下來的是彼此對立、仇視、無法合作與不相容的權力體系，背後甚至隱含了行政權力與議會權力的緊張性，以及對議會民主的不信任。這個分歧的社會結構在表面的妥協後，結果是設計出一部將實權總統併入議會制為藍圖，透過總統預留了一個行政權完整的可能性，也就是被定義為半總統制的威瑪憲法。然而，威瑪憲法基於妥協而在制度上設計出權力分化的特徵，甚至行政權具有潛在優越性，卻反而使得已經分歧的社會體系在競爭上更加激烈與極化，在仇外的民族主義為外衣之下，最終導致法西斯的成長，以納粹獨裁作為共和結束的產物。

研究限制

在研究限制的部分，最主要的就在於對變數的選擇上。在社會科學的研究中常見的兩難抉擇，就是自變數的選擇與解釋項的範圍。往往選取的自變項越多，適用的範圍就越廣，但變項的解釋能力也越弱。相反的，若是自變項越少，因果假設即使完整，適用範圍卻也容易受限。本書解釋一個政權的出現到終結，而且是一個歷經戰爭與第一次民主嘗試的威瑪共和，希望將焦點放在制度的面向上。這樣的解釋強調制度在十四年的民主嘗試中扮演的角色，但必須強調的是，制度並不是「唯一」的角色。如同文獻檢閱的地方所討論，很多的文獻強調威瑪共和的困境在於經濟危機太沈重、政黨體系太紛亂、民主信仰與政治文化不成熟等等，這些都與半總統制的運作或是最後的崩潰有著密不可分的關係。雖然如此，本書卻不一一將這些變數重新解釋或討論。本書所強調的是，這些不利於民主運作的環境對於威瑪的民主嘗試與最後的崩潰而言，都不是充要的條件，而制度儘管也不是必要條件，但卻是扮演影響體制運作與崩潰的充分條件。換句話說，沒有這些問題的困擾，威瑪的民主嘗試當然可能順利延續下來，但這些問題的存在再怎麼嚴重，若沒有制度上提供發酵的空間，威瑪的半總統制也不會在一九三三年崩潰。本書並不認為非制度因素不重要，只是更強調制度因素在這個過程中所扮演的關鍵角色。

即使如此，對於所謂的「制度」也有定義上的問題。對制度論學者而言，將制度帶回研究議題中的自變數是極為常見的研究途徑，儘管新制度論中對制度的概念因不同研究而有不同定義，但共同的特徵均在於視制度為制約行動者的關鍵變數。正如諾斯（Douglass North）所言，制度是社會裡的賽局規則，制約著人與人之間互動的模式。而這樣的一套規則包含了正式而具有規範性的，也包含了非正式而可能僅是誘發性的的變數（North, 1990: 3-4）。廣義的制度論者認為文化、社會傳統、網絡等因素是影響行動者的潛在因素，可以稱其為「廣義的社會網絡制度」；狹義的制度論者則強調法制層面的規範性影響，可以稱其為「狹義的法制制度」。舉例而言，前者如憲政慣例、文化傳統、社會習俗等，而後者如選舉制度、憲法條文、國家體制等（Wilson, 2002: 191）。這些變數固然是實質影響行動者行動考量的變項，但由於影響的強度與方式有所不同，因此在進行討論時必須有所區分。在此出現了分析途徑適用性與變數操作性的兩難，如果對制度選擇了廣義的定義，雖然解釋範圍變得很廣，但也減弱了變數之間因果關係的明確，甚至減弱了變數的操作性；若對制度選擇了狹義的定義，雖然在因果關係上顯得更為明確，但解釋的範圍也將受限很多（吳玉山，2001: 7）。在這樣的選擇過程中，並不存在價值的規範，彼此的選擇各自具有其貢獻，只要定義明確，適用性提醒清楚，彼此之間仍舊具有高度的對話空間。據此，本書也必須在首節即清楚說明本書所謂的制度，係指具有規範性、正式而直接影響的體制因素而言，亦即狹義的法制制度（憲法本身）。而不具有強制規範效果、間接影響的非正式制度，也就是廣義的社會網絡制度，則並非本書所要處理的變數。雖然本書以憲法本身作為解釋半總統制運作的自變項，但並不表示只有憲法能夠發揮影響。基於對制度較為廣義的定義，狹義的法制制度因為具有強制而正式的規範能力，因此是諸多憲政特性出現的充分條件，但絕對不表示具備這些制度條件，憲政運作就一定會出現特定的特徵。相同的，本書也不排除其他廣義的社會網絡制度（例如政治文化、政治傳統甚至人民的民主素質等）會對憲政運作產生影響，甚至有可能是主要的因素，但本書認為，若沒有狹義的法制制度為條件，即使社會網絡制度提供誘因，有些憲政運作的特徵仍舊不會發生，因此，這些廣義的社會網絡制度並非這些多樣的憲政特性出現的絕對必要性因素（沈有忠，2005: 29-30）。

其次，受到研究對象是八十餘年前的威瑪所限制，論文的研究方法只能透過歷史文獻的分析與整理，已經無法對參與威瑪共和創建或是歷經崩潰的政治人物進行訪談與建立一手資料。因此，也受到所能掌握文獻的真實性或是範圍所限制，只能依賴有限的文獻進行分析，特別是對於歷史的詮釋。為了彌補在台灣進行威瑪憲政史所遇到的限制，本書也特別經由國科會與德國學術交流總署的補助，在德國進行十八個月的進修與資料蒐集。透過在德國進行德文資料的佐證與蒐集，加上與德國學者的討論，[30]是本書所能在周延文獻分析上的努力。最後則是一些概念的定義問題。例如影響憲政選擇時所謂的「國家危機」，究竟該如何嚴重才算是危機？這是一個概念定義的問題。又例如之前所謂的「危機存續」，究竟該以多長的時間來定義所謂的存續？也是一個定義的問題。關於這些概念的使用，恐怕難以界定出所有學者都能同意的定義。這些研究限制的存在，有些不是本書所要處裡的問題（例如變項選擇、概念定義，不同的選擇與定義可以有不同的討論），有些則是非本書所能處裡的問題（例如文獻的蒐集甚至透過訪談來建立一手資料）。雖然如此，透過本書的嘗試，仍然希望能藉由對威瑪的重新認識來進行半總統制的相關討論，甚至是憲政選擇與運作的議題，以期能在這些問題上達成推進學術研究的貢獻。

注釋

【1】在當代，威瑪憲法被視為汲取了各種憲政體制中的優點綜合而成，代表著憲法架構的進步與完善，因此也成為當時學界研究的焦點之一。請參見 Pollock（1929: 859-860）。

【2】杜佛傑在一九七〇年就提出過半總統制的概念，後來在一九七八年較為系統性的以法文發表，一九八〇年則以英文發表在 *European Journal of Political Research*，這篇文章也成為後來在半總統制研究中的重要作品。他認為所謂的半總統制係指滿足以下三個條件的憲政類型：1.總統由民（普）選產生；2.總統擁有「重要的權力」（considerable powers）；3.存在獨立的內閣，並對國會負責。在此之後即以此三個原則為定義半總統制的主要概念，並廣為其後學界所引用。請參見 Duverger（1980: 165-187）。

【3】事實上，芬蘭也在一九一九年七月十七日公布並實施一套符合半總統制訂義的憲法。儘管這部憲法中規定總統由選舉人團間接選出，但仍吻合半總統制的概念，與威瑪共和幾乎同屬當代最早實施半總統制的國家，請參見 Nousiainen（2001: 96）。而關於芬蘭半總統制的設計與運作，本書在後面章節也會陸續加以介紹和比較。

【4】杜佛傑提出半總統制概念，並將威瑪共和納入此一類型，在德國也引起諸多討論。大致上來說，德國學界並不完全接受以半總統制的概念來界定威瑪共和，原因在於對半總統制的定義尚不明確，對威瑪的特殊性也存在諸多爭議。請參見吳東野（1996b: 74-76）。也因為如此，透過威瑪憲法討論半總統制的概念，更有釐清其內在理論意涵之意義。

【5】威瑪共和的憲法架構是雙國會制，分別是眾議院（Reichstag）和參議院（Reichsrat）。這裡及後文所提到關於威瑪的國會，係指眾議院而言。

【6】對於半總統制的研究，艾爾吉（Robert Elgie）認為，儘管對於定義與研究議程仍有分歧，但不影響其作為不同於總統制與議會制之外的第三種憲政類型，不僅如此，艾爾吉也認為半總統制作為第三種憲政類型而衍生的相關研究，一方面因為個案較少，二方面倡議者並不多，因此相較於總統制與議會制之下，累積的研究成果仍顯得相當貧乏。請參見 Elgie（2004: 314-317）。

【7】國內亦有學者譯作「分裂政府」，均指總統與國會多數（聯盟）分屬不同黨派時而言。

【8】對於半總統制下各種次類型的描繪與比較，學界累積了一些文獻與討論，這些文獻大抵在討論三角互

動，如 Yu-Shan Wu（2003）；政黨體系與選舉制度，如 Yu-shan Wu（2000）；總統權力與介入時機，如 Shugart and Carey（1992）；Steven D. Roper（2002）；林繼文（2000）；徐正戎、呂炳寬（2002）；或三角關係權力集散對憲政運作的影響，如沈有忠（2004）等。後文會進一步討論這些文獻。

【9】個案研究法在使用上常見的六種類型包括理論建構（theoretical）、說明（interpretive）、假設通則化（hypothesis-generating）、理論強化（theory confirming）、理論反證（theory inconfirming），以及說明變異項（deviant）。參見 Lijphart（1971: 691）。

【10】以中東歐的憲政選擇為對象進行討論的作品，如 Elster et al.（1998）；Zielonka（2001）。而 Robert Elgie（1999a）針對波蘭、保加利亞、俄國等部分中東歐國家的半總統制運作也提出討論。

【11】東亞例如如台灣、南韓；中、東歐例如保加利亞、波蘭；前蘇聯例如俄羅斯、烏克蘭。這些以半總統制為憲政選擇的第三波民主國家請參見前文表1-1。

【12】所謂的插曲式文獻是指非特定對象的相關片段文獻，例如日誌、回憶錄、演講資料、手稿等；而所謂的連續性文獻則是指系統性的資料，例如長時間的經濟指數數據、選舉資料、人口資料等。請參見 Johnson and Joslyn（1991: 206-216）。

【13】其中最常見的一種討論，是比較總統是否有組織政府的絕對權力，請參見 Shugart and Carey（1992）。而這個討論後來在對半總統制的次分類中也最常被引用。

【14】提出半議會制概念相同於半總統制的如 Linz（1994）；Stepan and Suleiman (1995)，而杜佛傑對半總統制與半議會制的討論則可見於 Elgie（1999a: 5）。

【15】雙首長制是另一種分析上的用詞，這種分析指涉的憲政類型比半總統制有較大的彈性，因為他不涉及行政權與國會的關係。依據 Jean Blondel 的定義，雙首長制是指一種政治體系，在這個體系內設計了兩個行政的領袖，這兩個領袖在制度上、實際運作上分享行政權並領導政府。請參見 Blondel（1992: 162）。

【16】總統可以影響或改變憲政運作的實權，包括可以凍結憲法的緊急命令權，可以主動解散國會並任命總理

的組織與撤換政府權等。這些權力可能有所限制，在多數被歸類為半總統制的國家也多有類似的設計。但另一方面，也是值得比較的是，依據不同的憲法理論，總統的這些權力應該何時才能被動用？憲法的理論可能透過一兩次的憲政運作奠定憲政慣例，這些憲政慣例成為軟性的制度制約著政治人物對憲法的解讀和實踐。關於此點，在第三章比較威瑪憲法和當代半總統制國家的異同時，將進一步討論。

【17】作者首次提出垂直分時與水平分權的比較概念，是在二〇〇八年中央研究院舉辦關於半總統制與民主的國際研討會中。請參見 Shen（2008）。

【18】以理性抉擇探討制度設計的作品還包括 Shepsle（1996）；Coram（1996）；Goodin（1996）等。共同的特徵就是強調制度設計過程中的行為者理性計算與彼此的成本和效益，以及相互之間的妥協與互動等。另外如 Easter（1997）以政治菁英的集中或分散為變數，據此討論偏向總統制或議會制的制度選擇，也是理性抉擇的相關作品。

【19】修葛特與凱瑞二人對總統權力的分類是一種一般性的分類方式，因此涵蓋所有種類的民主憲政國家當然也包括總統制國家和半總統制國家，雖如此，在其之後以總統權力來區分半總統制的討論幾乎都是根據他們的方法來進行修正或延續討論。

【20】關於羅帕的討論，請參見 Roper（2002: 253-272）。以總統權力大小作為次類型的討論亦可見於 Metcalf（2000: 660-685）；Frye（1997: 523-552）等。

【21】在二〇〇八年，吳玉山再次提出「準議會制」（Qusi-parliamentarism）的概念。意思是半總統制下，總統讓出組閣權的憲政類型。這種類型是一部分西歐國家半總統制的運作模式。所謂的準議會制，其實類似於本書稍後對垂直分時是半總統制的討論。更值得討論的是，總統既然有憲政權力，有時甚至掌握國會多數，為何仍舊退出組閣過程，不發揮影響力？這是值得討論的問題。關於準議會制的概念，請參見 Wu（2008: 21-24）。

【22】林繼文的文章中也附帶提出第四項假設，他認為政府在政策的相對回應上，會依循現狀而有所調整。由

於這部分與本書所關心影響半總統制穩定與否變數的討論較為無關，因此不多加著墨。

[23] 芬蘭的例子在這裡值得商榷。依據二〇〇〇年的憲法改革，芬蘭總統的權力大幅度限縮，憲政體制朝向議會制調整。然而，儘管總統的權力有所縮減，卻仍舊比虛位元首保有較為明確的權力。我們或許可以說芬蘭自二〇〇〇年之後，更接近議會制，但是否就直接定義為從半總統制轉型為議會制，應該回過頭視定義或是看研究的主題而定。

[24] 史凱區（Cindy Skach）於 2005 年出版的 *Borrowing Constitutional Design* 一書，應是從半總統制的角度討論威瑪共和崩潰的少數代表作品之一，本書稍後會較細緻討論史凱區的作品。亦可參見 Shen（2008）。

[25] 最主要的權力是指憲法第四十八條的緊急命令權以及對總理任命與解散的絕對權力而言。

[26] 史凱區認為，造成政黨體系破碎的主因是不設門檻的比例代表制。請參見 Skach（2005: 69）。

[27] 關於魯爾事件造成的通貨膨脹和美元兌換率有多種數字，本書的數據資料援引自 Feldman（1993: 5）。

[28] 該討論為《當代》雜誌第一百四十期的主題，當期的另外幾位作者尚有謝志偉、張旺山等。

[29] 威瑪在一九二五年的總統選舉，有部分史學者認為左派之所以敗選，是因為共產黨也推出候選人分食了左派的票源才使馬克斯（Wilhelm Marx）敗選，而由興登堡在第二輪以些微的相對多數勝出。但布克班德認為，即使共產黨宣稱支持馬克斯，左派也不一定能勝出，因為有更多的中間選民畏懼共產勢力。一旦馬克斯成為共產黨的支持對象，相對也有部分資本家與中間選民會轉而支持興登堡。請參見 Bookbinder（1996: 153）。

[30] 為此，在撰寫過程獲得 Prof. Dr. Helmut Wagner; Prof. Dr. Ulrich K. Preuß; Prof. Dr. Claus Offe; Prof. Dr. Hartmut Jäckel 等教授的建議。

第二章　威瑪共和的建立

我們呼籲各位共同呵護這個即將來到的、一個新生的德意志共和，不要讓她遭遇危害。德意志共和萬歲！

——塞德曼，一九一八年十一月九日

霍亨佐倫，這個曾經在這棟城堡統治長達百年的王朝，已經結束了！此刻，我們宣布一個自由的社會主義共和的德國誕生了！

——李普克內西，一九一八年十一月九日

發生在一九一八年的德國革命，是德國政治體制與社會結構鬆動的轉捩點，革命的遺緒與未能解決的問題，從威瑪共和的建立直到共和的結束，即使在希特勒建立的第三帝國之上，都能看見其陰影。因為這次的革命在內部帶給威瑪共和極為沈重的包袱，不僅整個威瑪時期都未能徹底解決，甚至在後來也被視為威瑪共和崩潰的歷史因素。因此，在分析威瑪憲法與憲政運作之前，先探討一九一八年的革命是有其必要性的。以下分別就戰爭的結束、革命的發生與經過以及最終制憲會議的召開來討論威瑪共和的建立過程。

帝國的崩潰：一九一八年的德國革命

一八四八年的德國革命有兩個明確的目標，分別是完成德國的統一，以及在內部建立符合民主原則的政治體制（Haffner, 2004: 11），這兩個目標在當時都沒有達成。隨後，在普魯士容克階級俾斯麥（Otto von Bismarck）的領導，以及普魯士軍隊的協助之下，於一八七〇／七一年完成了德國統一並建立德意志第二帝國。第二帝國的建立雖然達到了德國統一的目標，但是帝國內部許多的問題並未解決，包括這個帝國與普魯士的關係、各邦與參議院（Reichsrat）的關係、君主與總理的關係、一個沒有權力基礎的眾議院（Reichstag），以及軍隊在帝國中的地位等（Haffner, 2004: 12）。[1]在俾斯麥強而有力的中央集權領導下，這些問題沒能撼動第二帝國的穩固，但在德國於第一次世界大戰的戰敗後，這些問題一起爆發，並讓整個德國產生了重大的轉變。這個轉變的內涵不僅表現在政治體制又一次的劇烈變化之上，甚至也企圖挑戰霍亨佐倫王朝統治下的社會與階級結構。

當德國在第一次世界大戰面臨戰敗的壓力時，維繫帝國穩固的條件產生鬆動。第一次世界大戰的戰敗對德國而言有點像是個意外，對多數的德國百姓甚至德皇威廉二世（Friedrich Wilhelm Viktor Albert von Hohenzollern）本人而言，直到一九一八年的夏天都沒有面對戰敗的準備，他們甚至接受軍方與政府的樂觀宣傳而等待勝利的來臨（Kolb, 1987: 18）。直到九月，當與德國同一陣線的保加利亞宣布投降，奧匈帝國也瀕臨解體時，軍方認為繼續戰鬥下去，德國不僅沒有勝算，而且會招致更嚴重的後果。在國內，尤其是國會裡，要求改革的聲浪也隨著戰事對德國趨於不利而逐漸升高，當時國會裡的最大政黨——社會民主黨（Sozialdemokratische Partei Deutschlands, SPD）的領袖，也是後來威瑪共和第一任的總統艾伯特於九月二十三日直接表示，此時德國面對的，要不就是建立一個有國會多數基礎的政府，要不就是革命（Winkler, 2005: 22）。在這個局勢下，九月二十八日、二十九日德軍最高指揮部（Oberste Heeresleitung, OHL）於比利時境內小鎮史杷（Spa）舉行的一場軍事會議上，決定接受美國總統威爾遜（Woodrow Wilson）的「十四點原則」[2]為停戰條件，建議德皇進行君主立憲的民主改革，並透過議會的多數來組建新的帝國政府（Kolb, 2002: 3; Haffner, 2004: 34; Ritter and Miller, 1983: 24; Mommsen, 2004: 35; Winkler, 2005: 23）。面對突如其來的戰敗壓力，德皇威廉二世和德軍的指揮官魯登道夫（Erich Ludendorff）與興登堡等，希望透過「由上發起的改革」（die Revolution von oben），一方面能夠保留君主體制，另一方面化解德國的軍隊進一步在戰事中被摧毀的危機，遂於十月三日授權親王巴登（Max von Baden）組建內閣政府，作為往君主立憲改革的開始。[3]十月憲改在當時有兩個目的，首先是對外希望建立一個擁有議會多數基礎的政府，以符合美國總統威爾遜的要求來進行停戰的談判；其次是對內透過憲政改革抒解社會壓力，以防止足以摧毀帝國的革命發生（Mommsen, 2004: 35）。然而，這兩項目的最後都沒有達成。

在對外方面，新政府以促成和同盟國簽訂和約為主要目的，巴登親王在被任命為總理的同時，即以帝國總理的身分對美國表示，德國政府希望基於美國總統威爾遜在一九一八年一月的談話（即指十四點原則）儘速與同盟國簽訂停戰和約。[4]美國總統威爾遜並不滿意德國的十月憲改，並於十月二十三日表示，不可能在德國小幅度的改革下簽訂和平條約，戰爭將會繼續進行（Pollock, 1938: 17）。對內方面，十月憲改也沒能滿足國會裡最大政黨社民黨的期望。當時社民黨的國會黨團領袖，也是後來威瑪共和的第一任總理塞德曼（Philipp Scheidemann）對十月憲政發表評論，他認為完全無法期望在巴登親王組織的內閣下來實現德國的社會民主（Winkler, 2005: 24）。這個由上而下發起的憲政改革，在不僅沒有辦法獲得美國的接受，也無法獲得社民黨支持的情況下，可以說是徹底的失敗了（Winkler, 2005: 27）。

在巴登親王政府與美國交涉簽署和平條約的同時，部分的軍事單位並不打算接受投降的恥辱。十月底，在美國宣布將以持續戰爭來要求德國更進一步的改革後，德國的海軍部門命令位在基爾（Kiel）的海軍單位發動自殺式攻擊，這個命令成為一九一八年德國革命爆發的導火線。基爾的部分駐軍，尤其是下層軍官與士兵，並不接受此項「以生命換取帝國榮譽」的命令，並且發生了譁變。十一月四日傍晚，第一個極左派的組織「工─兵委員會」（Arbeiter- und Soldatenräte）在基爾成立並掌握了權力。隨後，工─兵委員會的組織在德國各大城市迅速蔓延開來，從離基爾較近的不萊梅（Bremen）、漢堡（Hamburg）（十一月六日成立），慢慢往外到漢諾威（Hannover）、科隆（Köln）（十一月七日成立），並且到首都附近的大城例如萊比錫（Leipzig）、馬革德堡（Magdeburg）（十一月八日成立），最後首都柏林（Berlin）也在十一月九日成立了工─兵委員會。[5]一時之間，革命之勢沛然莫之能禦，整個德國很快的就陷入了左翼社會主義革命的態勢之下（Haffner, 2004: 66）。

當時的反對力量主要有兩股。社民黨的訴求較為溫和，停止戰爭與實踐議會民主是主要的目的，建立蘇維埃的無產階級專政則非其所願。另一方面，訴求更為激進的德國獨立社會民主黨（Unabhängige Sozialdemokratische Partei Deutschlands, USPD），則是希望徹底改變德國的社會結構與政治體制，不僅要求德皇下台，也要求解散軍隊，以建立俄國模式下的無產階級專政為目的（Brunet, 1922: 17）。這兩股力量對於革命既無準備，也沒有在革命發生之時將左派的力量統整起來。起初社民黨的主要訴求在於實施議會民主，甚至對於君主立憲的形式都尚能接受，[6]因此艾伯特等人均希望透過一個民選的制憲會議決定德國的走向。獨立社民黨則希望能夠立即改造德國的社會與經濟體系。兩者的差異使得獨立社民黨的政治領袖們如哈瑟（Hugo Hasse）在革命爆發後對於社民黨的態度表示不能接受（Hiden, 1996: 2-3）。不僅如此，獨立社民黨內存在另一股力量，是來自俄國革命所鼓舞，堅決主張蘇維埃路線的斯巴達克斯（Spartakus）。[7]在這些反對力量中，社民黨的立場最為溫和，斯巴達克斯最為激進，因此，面對四處成立的工－兵委員會，十月憲改的總理巴登親王和軍事統帥魯登道夫將軍寧願向社民黨表達合作的意願，以避免自身利益遭受更大的破壞。十一月九日，巴登宣布辭去總理一職，決定把權力移交給社民黨，委由艾伯特出任總理一職，一方面希望平息革命的態勢，另一方面甚至希望能夠維持十月憲改的成果和君主體制。[8]就在巴登辭去總理一職之後，同一天在德國出現了兩個建立共和的宣告。隸屬於社民黨的國會黨團領袖塞德曼在艾伯特同意接任總理兩小時後，對群眾高呼「民主共和」的建立。幾個小時之後，極左派的領袖李普克內西（Karl Liebknecht），也是稍後德國共產黨（Kommunistische Partei Deutschlands, KPD）的創建者之一，也在廣場對著群眾高呼「社會共和」的建立。[9]同一天出現兩個共和的建立，凸顯了當時德國在君主體制崩潰之後，反對力量該以何種形式重建政府並無共識。

在軍隊方面，軍方認為阻礙了軍隊歸鄉之路的兩個原因，分別是持續與協約國作戰及國內一觸即發的內戰，而德皇在這兩個事件上都扮演了關鍵的角色。因此，拒絕對德皇的繼續效忠及轉向與社民黨合作，成為軍方在當時的基本立場。[10]十一月十日，軍方的最高參謀葛羅納（Wilhelm Groener）將軍與新接任總理一職的艾伯特透過電話達成了對建立民主共和具有決定性的協議。這個協議的內容是軍方願意向社民黨領導的共和政府效忠，但是社民黨領導的政府必須保證軍方的利益與地位保持完整不受破壞，並且保證與軍方一起反對布爾什維克，防止十月革命的繼續擴大，甚至蘇維埃政權的建立。此即為著名的「艾伯特－葛羅納協議」（Ebert-Groener Bündnis）。[11] 軍隊與社民黨的合作，雙方共同目的在於避免蘇維埃政權的建立，與隨時可能發生的內戰。如果由極左翼的力量建立蘇維埃政權，將使工－兵委員會對解散軍隊的訴求被實現，而社民黨主張的民主共和也將功虧一簣，更嚴重的是，內戰也將因而爆發，這是軍方與社民黨都不願見到的情況。另一方面，若軍方不與反對力量的任何一方合作，堅持君主專制的立場，一樣將導致內戰的發生，最終甚至可能與第二帝國和德皇一起崩潰。與其如此，不如選擇與較為溫和的社民黨合作，放棄德皇以保持軍隊的利益，便成為軍方的考量與最後決定。

一九一八年十一月十日，德皇威廉二世正式宣布退位，並逃往荷蘭，由俾斯麥和普魯士領導下，以武力強行達成德國統一的德意志第二帝國，在此劃下了句點。然而，面對戰敗的壓力、瀕臨內戰邊緣的國內局勢，以及南部諸邦順勢而起的分離運動，新的共和至今該往何處去，在此時仍是一個問號。第一次世界大戰帶給歐洲政治變遷的兩個重要影響，一個是帝國體制的崩潰，另一個是新興民族國家的出現。而這裡所指的帝國體制，就是指德國、奧匈帝國及俄國。德國在戰敗之後，霍亨佐倫王朝瓦解，國際力量也要求德國從君主體制轉向民主體制改革，這個由外力所引發的民主化，讓第一次進行民主嘗試的威瑪共和必須概括承擔敗戰後簽訂凡爾賽和約的壓力。就這點而言，促成民主改革的變數，也反而成為威瑪日後崩潰的潛在因素之一（Holzer, 2002: 9-12）。在國內的處境上，受到戰爭的影響，階級流通的速度加快，工人階級對於一個政權存續的影響力與日遽增（Stephens and Kümmel, 2002: 47）。在這個背景下，再加上俄國一九一七年的無產階級革命所影響，刺激了德國左派力量對於推翻君主體制，重新組建政府的渴望（Fulbrook, 1990: 158），其中極左翼的力量甚至希望在君主體制戰敗之際建立德國的蘇維埃政權。

德意志第二帝國崩潰了，但對於是否要以蘇維埃政權取代君主專制，卻在左派內有著嚴重的分歧。第二帝國無預警的崩潰，使得威瑪共和的建立就像是一個「即興的民主」（eine improvisierte Demokratie），其意義有三：首先，戰敗加強了國會的改革力道，改革的內容是從君主專制過渡為國會民主；其次，第二帝國遺留下來的惡劣環境，使民主建立的基礎極為脆弱；第三，因為主導改革的左派對於帝制崩潰後的新體制意見過於分歧，而使得到了民主建立的最後階段，仍未能確立新共和的形式（Kolb, 2002: 1-2）。也因此，一九一八年的革命並未隨著第二帝國的崩潰而結束，反而因為左派的持續分裂而出現更激烈的流血鬥爭。第二節將繼續討論革命中建立的過渡政權：人民代表參政會，以及在這個過程中左派力量持續的分歧與決裂。

左派的分裂與過渡政權：人民代表參政會

從一九一八年十一月革命與君主體制崩潰後，到一九一九年夏天共和體制的穩固與凡爾賽和約的簽訂，在這段紛亂的過渡時期中，德國未來的政治與社會結構做了一個方向性與政治原則性的確立，甚至可以視為決定了威瑪共和未來的命運（Witt, 1987: 91）。首先，在第二帝國瓦解之後，接著面對的問題就是新的德國該以何種政治體制重新建立？針對這個問題，在當時的政治場域上存在著三種不同的主張，分別是獨立社民黨，尤其是黨內激進團體斯巴達克斯所主張的「社會共和」（die sozialistische Republik）、社民黨所主張的「民主共和」（die demokratische Republik）及相對偏向保守的政黨，例如德意志國家人民黨（Deutschnationale Volkspartei, DNVP）等小黨所主張的「君主共和」（die monarchische Republik）（Grawert, 1989: 486-489）。在政治體制上有如此巨大的分歧，也反映了德國一九一八年的革命以及新共和的建立，不是推翻君主專制的原因，反而是君主專制崩潰後的結果（Winkler, 2005: 39）。在這些主張中，由於保守力量的相對薄弱，加上君主體制的維持在一九一八的革命態勢以及國際壓力下已經不可能，因此新的共和在當時成為社會共和或是民主共和的選擇。

社民黨與獨立社民黨兩個左派政黨的歧異主要在於德國未來的體制之上。在確定君主體制崩潰後，十一月九日晚間社民黨以政黨的名義回覆獨立社民黨對於整合左派力量的建議中，強調社民黨對於未來組織政府的主張。其中包括：第一，對於獨立社民黨堅持德國應該建立社會主義共和的主張，社民黨認為社會共和也是他們的理想，但該以何種形式實踐，應該交由代表人民的制憲會議來決定；第二，對於獨立社民黨主張由工－兵委員會掌握一切權力，社民黨則認為將包括行政、立法與司法在內的一切權力交給工－兵委員會，是階級壟斷的象徵，也是缺乏人民多數支持的決定，因此基於民主的原則，社民黨對此加以反對；第三，社民黨反對獨立社民黨將所有代表中產階級的成員排除於政府之外的主張。[12]由此可見，社民黨希望透過制憲會議來決定未來德國的走向，而獨立社民黨則是主張建立蘇維埃的社會主義共和，兩黨在帝制崩潰後對這個問題可以說是毫無共識。獨立社民黨對於社民黨的主張，黨的領袖哈瑟也於十一月十日做出回應，主張臨時政府應由兩個社會主義政黨，也只能由這兩個政黨共同組成。並且具體提出獨立社民黨三個成員進入政府的要求。[13]在接受獨立社民黨的主張下，新任的總理艾伯特於獨立社民黨提出建議後的當天，十一月十日下午，也是德皇流亡荷蘭的同日，以兩個左派的政黨社民黨和獨立社民黨為核心，聯合組成了「人民代表參政會」（Rat der

Volksbeauftragten）作為臨時政權的決策核心，成員包括了社民黨的艾伯特、塞德曼、藍茲伯格（Otto Landsberg），以及獨立社民黨的哈瑟、狄特曼（Wilhelm Dittmann）、巴特（Emil Barth）等六人。[14]人民代表參政會是在兩個社會黨的妥協之下所組成，內部存在的歧見很深，儘管都以社會主義為藍圖，但對於國家體制卻毫無共識。以人民代表參政會為名義，於十一月十二日發布的施政藍圖，包括了解除戒嚴狀態、廢止文書檢查制度、實施八小時工作制、擴充社會政策等。[15]這個施政藍圖因為與預期的社會主義共和相去甚遠，不僅不為獨立社民黨內激進的斯巴達克斯所接受，事實上，在是否召開制憲會議的議題上，甚至在人民代表參政會中都存在歧異。[16]

甫於前一日才於柏林組成的工－兵委員會，於十一月十日召開的第一次代表大會上，喊出了避免「兄弟戰爭」（der Bruderkrieg）的口號，並同意了人民代表參政會作為過渡性質的臨時政府，另一方面也成立了代表極左翼力量的「執行委員會」（Vollzugsrat），並強調最終將透過革命取得政權的正當性（Ritter and Miller, 1983: 85）。[17]這個由獨立社民黨和社民黨暫時妥協下所組成的臨時政府，沒有達到穩定政局的期望，獨立社民黨內的激進團體斯巴達克斯並沒有放棄建立無產階級專政的社會主義共和，反而在臨時政府成立之後更積極的推動革命。左派力量的持續分裂，表現在人民代表參政會和執行委員會的鬥爭之上，這不僅無助於新共和的建立，反而使得帝制瓦解後的左派革命轉趨於激烈。由李普克內西和盧森堡（Rosa Luxemburg）所領導的斯巴達克斯不滿臨時政府的成立，也在十一月十日提出了具體的主張，包括解散人民代表參政會、將政權讓渡到工－兵委員會、放棄召開制憲會議的主張、解除警察的武裝等（Kolb, 2002: 10）。[18]在左派多個領導核心的建立下，彼此爭奪對新共和的決定權，最後決定於軍隊的態度。十一月十日傍晚所建立的「艾伯特－葛羅納協議」，軍方決定支持社民黨所領導的新政府，並且對革命路線加以鎮壓。這個協議雖然在稍後幫助了社民黨所領導的民主共和，成為最終取代帝制的結果，但也同時使得兩個已經分歧的左派徹底決裂，埋下日後民主共和持續不穩定的遠因，直到威瑪共和的結束。

一九一八年十二月十六日至二十一日，左派陣營在柏林召開了全國的工－兵委員會代表大會（Rätekongress），會中針對社民黨與獨立社民黨的歧異，也就是德國該走民主共和還是蘇維埃式社會主義共和的問題將做出決定。在這次的大會中，在五百一十四位代表裡，有三百名左右的代表是屬於社民黨，一百名左右的代表是屬於獨立社民黨，其他則是勢力更為薄弱的軍人、民主派等人士。激進的斯巴達克斯不僅力量薄弱，其領袖李普克內西和盧森堡兩人甚至沒有取得代表的身分與會（Winkler, 2005: 50; Ritter and Miller, 1983: 144; Maser, 1987: 212）。社民黨在大會中強調，政治為經濟發展的前提，必須透過立憲會議建立民主來重建德國。此外，也應該賦予權威給制憲會議，由全民選出的制憲會議來防止分離運動的惡化。[19]掌握了三分之二多數的社民黨，先於十二月十九日以三百四十四票贊成，九十八票反對的絕對優勢通過了一項反對以蘇維埃式的社會主義為新憲法原則的表決。[20]隨後並以四百票比五十票的絕對優勢，通過將制憲會議訂於一九一九年的一月十九日舉行。並且決議，在制憲議會召開之後，監督政府的權力也將一併移交，等於確定終止工－兵委員會的運作和實權。至此，社民黨主張的民主共和在左派內獲得多數的支持，經由制憲會議來實踐只是時間的問題，在革命前完全不可能想像的議會民主於此時象徵著重要的勝利（Hiden, 1996: 4）。

獨立社民黨和社民黨的分歧沒有因為此次大會而結束，反而再次惡化。斯巴達克斯不滿大會的決議，堅持武裝革命的路線與建立蘇維埃社會主義共和，號召群眾走上街頭。社民黨和軍方早在十一月十日達成的「艾伯特－葛羅納協議」，於此時發揮了決定性的影響。在艾伯特的授意下，軍隊於聖誕節前後和斯巴達克斯在柏林街頭發生了激烈巷戰，這場「柏林聖誕節戰爭」（Berliner

Weinachtskämpfe）讓左派的鬥爭終於還是演變成內戰的爆發。獨立社民黨在十二月二十八日以嚴峻的口吻批判了社民黨在人民代表參政會的三名成員，直指艾伯特等三人必須為了調動軍隊鎮壓革命的決定負責，並且在二十九日做出退出與不信任人民代表參政會的決議，正式和社民黨決裂。[21]在獨立社民黨退出人民代表參政會後，艾伯特任命另外兩位社民黨的成員韋瑟（Rudolf Wissell）和諾斯克（Gustav Noske）進入臨時政府。其中，諾斯克是曾經授命於巴登，執行武力鎮壓基爾海軍譁變的強硬派，他被艾伯特任命為國防部長，代表了艾伯特不惜以武力繼續鎮壓左派革命的決心。不僅獨立社民黨因不滿軍隊鎮壓革命而退出人民代表參政會，獨立社民黨內的極左翼斯巴達克斯也在盧森堡和李普克內西的領導之下，於一九一九年一月一日退出獨立社民黨，另外籌組德國共產黨，這也使得左派的分裂更加複雜。這場短暫的內戰為即將展開的威瑪共和帶來三個極為負面的影響：首先，內戰使得兩個左派從嘗試合作變成徹底決裂，讓後來主導政局的社民黨變得薄弱；其次，內戰使得內政問題軍事化，讓軍隊介入後來的政治發展；最後，內戰甚至讓共和持續的衰弱，一直到共和的結束都有軍隊的陰影（Gusy, 1997: 41）。

斯巴達克斯雖然脫離獨立社民黨另組共產黨，但內部對於取得政權建立蘇維埃社會主義共和的方式仍存在歧異。盧森堡認為，無產階級專政的目標不能建立在少數政府的基礎之上，而李普克內西則主張持續以武裝革命推翻社民黨領導的臨時政府。儘管意見相左，盧森堡和李普克內西都將取得政權的希望放在沒有組織的無產階級身上（Mommsen, 2004: 39）。共產黨的成員複雜，充滿對革命的熱情卻缺乏實際政治的經驗，在黨的創立大會中，儘管盧森堡和李普克內西都表示反對，仍然以絕對多數通過了拒絕參加制憲會議代表的全國選舉（李永熾，1999: 37）。在獨立社民黨方面，從一九一七年因對戰爭的不同主張從社民黨分離出來以後，其堅決反戰的主張，成功贏得多數工人階級的支持，但在帝國時期，因為戰爭受到政府嚴格監管，使得獨立社民黨缺乏成長的環境。即使帝國體制崩潰後，黨的領導人也缺乏對革命的堅決信念。在一九一八年十一月初，獨立社民黨仍舊缺乏堅決理念來改變德國的政治體制。在發表了對議會體制支持的聲明，並和社民黨聯合組成人民代表參政會後，獨立社民黨仍然是成為無產階級、工農集團在革命中發聲的代表或管道。相較於斯巴達克斯與後來的共產黨，獨立社民黨並不支持以暴力途徑改變社會體制，或是改變軍隊結構與生產關係（Mommsen, 2004: 40）。左派的分裂與對抗，在一九一九年一月十五日發生了一件更甚於聖誕節戰爭的血腥事件，那就是共產黨的兩位領袖盧森堡和李普克內西雙雙遭到軍隊的捕殺，而共產黨和國防軍的衝突一直持續到一九一九年五月。盧森堡和李普克內西的遇害，讓共產黨和社民黨成為死敵，直到威瑪崩潰、共產黨被希特勒強行解散為止，共產黨都堅決的反對社民黨所主張的議會共和體制。

民主共和的建立：一九一九年的制憲會議

在軍隊的協助下，社民黨於左派激烈的鬥爭中暫時穩定了政局，而社民黨召開制憲會議以決定議會共和的主張，也在一九一九年一月成功實現。身具制憲任務的國民議會（Nationalversammlung）訂於一月十九日舉行全國選舉，這次選舉是德國有史以來最民主的一次選舉，相較於帝國時期法定投票年齡限制為二十五歲以上，這次的投票年齡限制則下降到二十歲。此外，更解除性別的限制，不論男女或各種身分都有投票權（Bookbinder, 1996: 34; Brunet, 1922: 25; Kolb, 2002: 15; Schanbacher, 1982: 67）。在選舉制度的部分，採用純粹的政黨名單比例代表制，並允許政黨以聯合提名的方式提出名單，但是並沒有政黨在這次選舉中採用聯合提名（Shepard, 1919: 368）。[22]先前受到社民黨與軍隊武力鎮壓的共產黨，不僅完全拒絕此次的選舉，更呼籲德國人民罷選以表達對艾伯特和社民黨的反對。然而，高達百分之八十二點七的投票率，最終證實了共產黨消極抵抗的策略是失敗的。制憲會議的召開也象徵著革命時期過渡政府的結束，不僅極左派的共產黨退出選舉而在國民議會中完全沒有席次與發言機會，在革命期間主導政局的工─兵委員會也從此失去影響力（Gusy, 1997: 52），社民黨對於議會民主的主張可以說至此已經獲得實現。

在不設門檻的純粹比例代表制之下，此次的選舉沒有任何一個政黨單獨獲得過半的席次，有六個主要的政黨獲得席次，計算國民議會中的有效政黨數也達到四點零七，使得以制憲為主要任務的國民議會呈現多黨體系的結構。[23]選舉的結果，社民黨獲得百分之三十七點九的選票，繼續維持議會裡第一大黨的地位，另一個左派獨立社民黨則僅獲得百分之七點六的選票。代表中產階級民主派的德意志民主黨（Deutsche Demokratische Partei, DDP），以及代表基督教民主派的中央黨（Zentrum, Z）則分別獲得百分之十八點五和百分之十九點七，顯示在左派之外代表市民階級、中產階級的民主派，仍有一定的影響力。雖然社民黨在席次上遠多於其他政黨，但要達到有決定權的過半席次仍須與其他政黨合作，也使得接下來的制憲工作充滿了談判、協商和妥協。[24]這次選舉的結果有兩個意義，首先是共產黨的退出以及獨立社民黨極低的得票率，證實了社會主義共和的徹底失敗，其次是多個訴諸市民階級的政黨分別斬獲一定席次，增加了未來政治運作的不確定性（Gusy, 1997: 59）。選舉結果請參見表2-1。

新產生的國民議會在一九一九年二月六日於中部圖林根邦（Thüringen）的小城威瑪（Weimar）召開了第一次的集會。選擇在威瑪而不在首都柏林召開集會別具意義。首先，柏林因為共產黨持續動員群眾上街頭進行抗爭，激進的左派與保守的國防軍不時發生衝突而顯得相當混亂。相較於此，中部的小鎮威瑪則平靜許多，當地更有足以保衛制憲會議安全的志願軍，有利於制憲會議的召開（郭恆鈺，1999a: 32; Rödder, 1999: 12）。[25]其次，柏林代表昔日普魯士軍國主義的核心，而威瑪則是德國兩大文豪哥德（Johann Wolfgang von Goethe）和席勒（Johann Christoph Friedrich von Schiller）的故居，某種程度上也象徵了德國深遠的人文精神（Nolte, 2006: 66; Dill, 1961: 263）。不僅如此，更有一種說法認為艾伯特選中德國中部的城市召開制憲會議，在地理上也具有維持德國統一的象徵意義，並且希望透過威瑪的人文精神象徵性的讓德國拋棄軍國主義，以深厚的人文傳統為基礎重新建造一個新的德國（Winkler, 2005: 70）。

國民議會開議後，選舉新任的總統是議會的第一件工作。在二月十一日以二百七十七票的絕對多數選舉艾伯特為第一任的共和國總統（Reichspräsident），[26]艾伯特旋即委任塞德曼擔任共和國首任的總理並組織第一屆政府。二月十三日，社民黨、中央黨以及民主黨三個主張議會民主的政黨組成了「威瑪聯盟」（Weimarer Koalition），在佔有百分之七十八

表2-1　一九一九年一月十九日的國民議會選舉結果

政 黨	得票率（%）	席 次	席次率（%）
社民黨	37.9	165	39
中央黨	19.7	91	21.5
民主黨	18.5	75	17.7
人民黨	4.4	19	4.5
國家人民黨	10.3	44	10.4
獨立社民黨	7.6	22	5.2
其 他	1.6	7	1.7
小 計	100	423*	100

資料來源：Kolb（2002: 308-309）；Michalka and Niedhart（2002: 276-277）。
*其中39席是女性。

的絕對多數優勢下，第一任的內閣順利組成，成員請參見表2-2。組織第一屆內閣的政黨中，社民黨是共和政府最主要的力量，儘管標榜社會主義為其目的，但堅持議會民主的途徑，實施民主共和，是社民黨的主張。社民黨在第二帝國時期就已經存在，代表工人的利益。在一九一七年因為對戰爭立場的不一致，導致部分更極端的社會主義者脫離社民黨另組獨立社民黨。自此之後，社民黨和獨立社民黨以及後來成立的共產黨三個政黨，對勞動階級的代表權彼此競爭，而社民黨也是共和時期在左翼政黨中最大的一個政黨。民主黨在第一次世界大戰前的前身是進步黨，這個政黨成員多為社會菁英，包括醫生、律師、高級知識份子等。戰後改名為德意志民主黨，代表社會裡傳統的自由派，雖然也信奉議會政治，但與社民黨相較之下較為保守，民主黨和社民黨一樣，對於議會民主和共和體制表示支持，也是日後威瑪共和歷任政府組成的常客，主要的政治領袖如韋伯、制憲者普洛伊斯等。[27]另一個政黨中央黨，代表的是德國傳統的基督教力量。這個政黨和其他政黨不同，沒有鮮明的階級屬性與政治立場，強調基督教新教的整合。雖然在革命之際，中央黨也具有反對革命的訴求，但對於革命所產生的共和體制卻有基本的信仰和支持。這個政黨和民主黨一樣，在光譜中都較為居中，也是後來威瑪共和歷屆政府的主要參與政黨。

除了組織政府的這三個政黨之外，在其左邊的相對位置上，獨立社民黨和共產黨是反對議會民主，主張社會主義共和，無產階級專政的激進政黨。在這三個政黨的右邊則是更為保守的德意志人民黨（Deutsche Volkspartei, DVP）和國家人民黨。人民黨的成員和民主黨一樣，來自社會裡的自由派，在政治主張上，儘管人民黨和民主黨非常接近，但人民黨卻支持君主立憲的議會民主，而非共和體制（Neumann, 1986: 57）。此外，兩黨的經濟與社會政策也有所差異。相較於這些政黨之外，最右邊的國家人民黨是最保守的政黨，不僅主張維持君主體制，在社會議題上也力圖維持帝國時期的

表 2-2　威瑪共和第一屆內閣名單

職稱	閣員	黨籍
總理（Reichskanzler）	Philipp Scheidemann	社民黨
副總理（Vizekanzler）	Eugen Schiffer（0213~0430）	民主黨
	Bernhard Dernburg（ab 0430）	民主黨
外交部（Auswärtiges）	Ulrich Graf von Brockdorff-Rantzau	無黨籍
內政部（Inneres）	Hugo Preuß	民主黨
財政部（Finanzen）	Eugen Schiffer	民主黨
	Bernhard Dernburg（ab 0419）	民主黨
經濟部（Wirtschaft）	Rudolf Wissell	社民黨
勞工部（Arbeit）	Gustav Bauer	社民黨
司法部（Justiz）	Otto Landsberg	社民黨
國防部（Reichswehr）	Gustav Noske	社民黨
郵政部（Post）	Johannes Giesberts	中央黨
交通部（Verkehr）	Johannes Bell	中央黨
農業部（Ernährung）	Robert Schmidt	社民黨
殖民部（Kolonien）	Johannes Bell	中央黨
國庫局（Schatz）	Georg Gothein（ab 0321）	民主黨
不管部（政務委員）（Ohne Geschäftsbereich）	Eduard David	社民黨
	Matthias Erzberger	中央黨
	Georg Gothein（ab 0321）	民主黨

資料來源：整理自 http://www.dhm.de/lemo/home.html

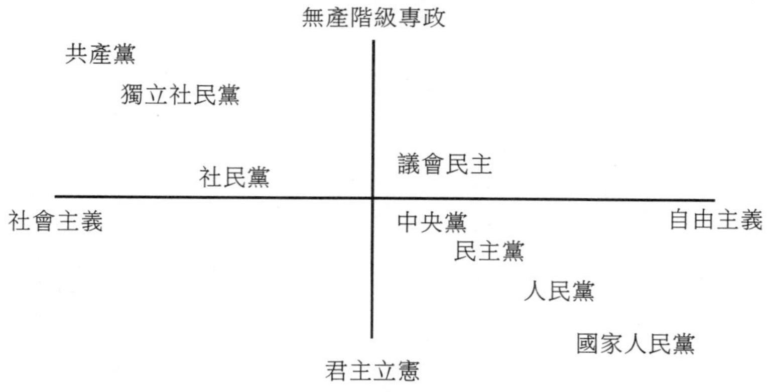

說　明：共產黨在一九一九年成立，但沒有參加選舉。
資料來源：作者自行整理。

圖 2-1　一九一九年威瑪共和主要政黨的相對位置

政策和結構，其成員則多為地主和資本家。[28]大致上來說，除了一些特殊訴求的小黨（例如經濟黨：Wirtschatspartei, WP）或地方性政黨（例如巴伐利亞人民黨：Bayerische Volkspartei, BVP）以外，幾個全國性的主要政黨可以用憲政體制與經濟體制的主張作為兩個最主要的區隔變數，彼此在光譜上的相對位置比較如圖2-1。

從光譜的政黨相對位置可以發現，威瑪聯盟聯合了在憲政體制的變數上主張或支持議會民主的三個政黨，建立在高達百分之七十八的選票基礎之上，就議會民主的支持來說可謂相當穩固。然而，第一任的政府卻立即面對來自於新共和內外的嚴峻挑戰，這些挑戰對威瑪聯盟的維持，更甚於在議會所掌握席次的多寡。大致上來說，甫成立的第一屆內閣必須立即解決十項重要的議題：1.如何透過建立一個強大的行政中心來維持德國的完整；2.建立戰後的和平；3.遵守美國總統威爾遜的十四點原則；4.平息國內不利於締結和平條約的衝突；5.恢復因戰爭被德國佔領的國家其戰前狀態；6.戰俘的遣送問題；7.讓德國平等與保持尊嚴的加入國際組織；8.執行大規模裁軍；9.成立憲法法庭並制訂新憲；10.廢除秘密外交（Shepard, 1919: 371）。這些問題可簡化為兩個方面，就是如何處理德國的戰敗，以及重新建立並穩定一個維持德國完整的政權（Dill, 1961: 264; Kolb, 1987: 19）。在威瑪共和之初，受到這些議題的影響，儘管在議會裡擁有絕對多數的基礎，內閣的運作也仍然充滿變數，本書將於第四章接續討論。

至此，一九一八年至一九一九年的紛亂局勢有了初步的結果。接替帝國體制的新共和，在經歷一場短暫而且不徹底的革命後，是一個以議會民主為基本原則的民主共和。這個民主共和，建立在各種勢力的妥協之上，尤其是軍隊與自由派的合作之上。這個過程將影響接下來的制憲工作，甚至影響共和的運作。德意志第二帝國遺留給新共和的遺產，無論是外交上與戰勝列強的談判，或是內政上一個沒有被改變的社會結構，都將成為威瑪共和，這個德國第一次的民主嘗試，在實踐上最沈重的包袱。

小結：妥協下的新共和

多數研究威瑪的史學家或政治學家皆認為，威瑪共和的建立是德意志第二帝國崩潰的結果，而非造成帝國崩潰的原因。[29]這個說法凸顯了一個現象，就是在帝國崩潰之際，國內的社會結構並不存在主導的力量，而是一個分歧的結構。因此，帝國的瓦解並不表示議會體制的民主共和必然建立，不同的力量競逐突然真空的權力核心，才是決定德國該以何種形式重建的關鍵。

在國際方面，德國對於是否能夠依據美國總統威爾遜所提出的十四點原則為綱領來建立人民自決的世界感到懷疑。若不是因為戰敗，德國是不可能接受十四點原則的（Nolte, 2006: 50）。在國際的壓力下，大多數的德國人希望建立一個民主共和來換取一紙平等的條約，以及一個全新開始的內政。議會民主的意義在於建立一個與西方民主國家之間的橋樑，而這個橋樑只是簽訂和平條約的前提而已（Winkler, 2005: 33-34）。在國內的部分，帝國解體後的德國有三股力量最具政治上的影響力，分別是以社民黨為主的溫和左派、以蘇維埃共產主義為信念的獨立社民黨與斯巴達克斯，以及在戰後仍然保持一定影響力的軍隊。在這樣的政治環境之下，社民黨保證軍隊勢力可以在新政府中獲得保障，並且拉攏偏右但也支持共和的保守力量，如中央黨和民主黨等政黨。最終妥協的結果就是以社民黨為主，加上軍人與中間偏右的力量組成新的統治聯盟。[30]因此，民主共和可謂來自於階級力量之間消極的結盟，而非對於特定價值的共同信念。德國在戰前即已形成具有對立性質的社會階級結構，並沒有因為一次世界大戰或一九一八年的革命而有所改變，反而因為戰敗後的需要而使市民社會與國家結合起來，這也使得新的德國在成立之初就欠缺關於國家定位、憲政體制方面的共識（蔡宗珍，2002: 609）。簡而言之，威瑪共和的建立，可以說是第二帝國崩潰後，國際壓力與國內階級妥協的產物，如圖2-2。

一九一八年的革命，在德國史上被視為一個特殊的革命，不同的史家用各種形容來強調這場革命的不完全性，例如「被卡住的革命」（die steckengebliebene Revolution）（Kolb, 2002: 22）；「踩了煞車的革命」（die gebremste Revolution）（Winkler, 2005: 33）；「半個革命」（die halbe Revolution）（Wucher, 1991: 39）；或是「所有革命中最奇特的革命」（die wunderlichste aller Revolutionen）（Haffner, 2004: 59）等等。就這些形容革命的詞彙來看，不難看出一九一八年的革命在本質來說沒有達到革命預期的目標。[31]事實上，這次的革命是因為帝國體制崩潰而給了革命的契機，並非革命本身醞釀了足夠的能量。因此在革命之後，人們也沒辦法在其中看見巨大的政治決斷，德國保留了既有的階級結構、官僚體系、軍隊以及社會權威，對

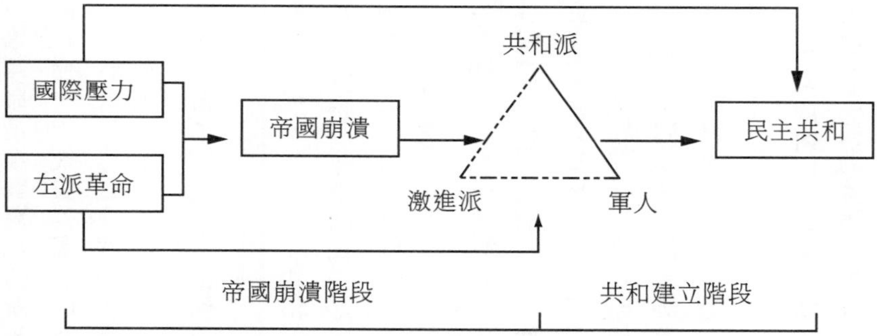

說　明：箭號表示表示形成的原因；三角形裡的虛線為對抗，實線為合作。
資料來源：沈有忠（2006：35）。

圖 2-2　第二帝國的崩潰與威瑪共和的建立

於一個新生的民主共和而言，並沒有提供一個好的開始。如果說一場革命是推翻舊有的統治結構與社會權威，並且重新打造一套新的政治秩序，那麼德國一九一八年的革命，只能說是舊有的統治結構瓦解後，企圖建立另一套政治秩序的過程，而且最終結果是失敗的。威瑪共和是在一個缺乏幸運的情境下開始，這樣的描述，不僅適用於共和的建立，也適用於後來制憲的過程。

威瑪共和無法輕易地與之前的帝國時期做切割，因為帝國崩潰後遺留下的軍隊、公務員、司法體系等，在共和之初也都沒有一個未來的整體計畫去處理他們（Gusy, 1991: 1-2）。一九一八年的革命沒有解決一八四八年所未能解決的階級問題，新的德國雖然終結了帝國體制，建立民主共和，但是社會的結構在未遭破壞的情況之下保留下來。階級對立和不信任廣泛存在於這個新生的民主之中，即使後來的威瑪憲法帶著妥協的色彩，盡量包容不同力量的政治主張，但相反的，反而使這部憲法容易招受來自不同力量的批判。這是威瑪共和直至崩潰為止，都一直沒能解決的問題。

觀察一九九〇年代中東歐的民主化可以發現，這些新興的民主國家在轉型過程缺乏主導力量，使得新政權的基礎薄弱，同時造成一個易變的政黨體系。在這個過程裡，轉型後的社會就像一塊白板般，需要重新建立一套權威體系，而非填補統治力量的真空（Elster, Offe and Preuß, 1998: 17-27）。威瑪的民主嘗試和中東歐的經驗正好相反，共和建立的過程由力主民主共和的社民黨和希望保持既有利益的軍隊合作，讓社會結構在新的共和與帝國體制之間，經歷一場奇特的革命而沒有發生徹底的斷裂，最終只是更換了制度的外衣。對此，韋伯更直接指出，德國與英、法最大的差異在於，社會結構因為一八七〇年展開迅速的工業化，缺乏中產階級作為後來轉型的主導力量，在一九一八年面臨革命之際，德國仍是一個由官僚所主導的極權國家（der Obrigkeitsstaat）（O'Kane, 2004: 95-96）。事實上，德國的中產階級在當時相較於工人階級或是容克階級而言，確實顯得較為薄弱，欠缺組織與動員能力。一九一九年的制憲議會選舉中，只有民主黨標榜中產階級力量的民主黨在帝國時期就是主張議會政治，但因為力量薄弱，所以影響力相當有限。[32]代表中產階級力量的民主黨在帝國時期就是主張議會政治，但因為力量薄弱，所以影響力相當有限。在革命之際，民主黨起初是反對以革命途徑進行政治體制的改革，但在社民黨主導的議會共和建立後，基於對議會政治的共同理念，民主黨也成為支持威瑪的力量。即使如此，中產階級的力量在威瑪時期受到左右翼政黨競爭的拉扯，加上沒有如容克階級與工人階級深厚的基礎，力量削減得相當迅速。僅僅在隔年，第一屆國會選舉中，民主黨的得票率就從百分之十八銳減為百分之八，此後更每況愈下。在這個前提下，舊結構中的幾股力量競爭帝國崩潰後遺留下來的權力真空，尤其是代表勞動階級的社民黨、獨立社民黨、共產黨，和代表容克、官僚、貴族等力量的人民黨、巴伐利亞人民黨、國家人民黨等左右翼政黨的對峙，再加上未因戰敗而解體，持續保有強大力量的軍隊。這些成為後來威瑪共和在運作上最主要的三股力量。未能在帝國體制崩潰以及戰爭的衝擊下徹底解決社會上的階級問題，中產階級也未能把握威瑪初期的機會擴大支持基礎，成為這個新共和的潛在的危機，直到最後促成共和的崩潰。

從第一章的文獻回顧中，多數的文獻認為階級妥協和互動，是解釋新制度產生的主要原因。[33]在威瑪的例子上，階級競合的過程也是影響憲法設計的變數之一。幾股主要的力量中，社民黨、民主黨和中央黨是以議會民主為共識所結合起來的威瑪聯盟，成為共和建立的主要基礎，而這個聯盟也是象徵著較溫和的工人階級與中產階級的結合。事實上，第一任總統艾伯特邀請民主黨的領袖普洛伊斯草擬憲法，也是基於對中產階級的拉攏所致。此外，儘管軍隊的立場和較為保守的國家人民黨或人民黨較為接近，但一方面國家人民黨和人民黨兩個右翼政黨在共和初期的力量不足以建立一個能夠維持統一的政權（在制憲會議的選舉上，兩黨的得票率加起來只有接近百分之十五），另一方面，社民黨也透過協定保障軍隊的利益，因此在階級合作的議題上，新共和也成功獲得軍隊的支持。

國際壓力和階級妥協，都指向一個議會民主的共和體制，這是威瑪共和建立的最主要背景和原因。新共和的建立基於不同力量的妥協，而這個妥協反映在後來憲法的設計之上，也反映在威瑪共和的運作過程中，直到威瑪共和結束都還發揮他的影響力。本書將在第三章至第六章，討論這個階級妥協的背景，如何對威瑪憲法的制訂、運作與結束產生影響。本章的討論在於德意志第二帝國崩潰的原因，以及新的共和建立的過程。這段歷史分析將有助於後續對憲法設計、憲政運作以致於共和的崩潰，加上歷史上的深度。

注釋

【1】韋伯指出，俾斯麥留給德國的，是一個不具有政治意識、政治教育，統一於君主專制之下的市民社會，以及一個沒有實際權力的國會。再加上龐大的專業官僚體系。這些都成為影響德國朝向議會制健全發展的變數。請參見 Weber（1947: 206-236）。這些問題也如同德國著名的歷史學家溫克勒（Heinrich August Winkler）所說，德意志帝國的建立帶來德國的統一，但是議會體系的自由狀態以及市民階級的自由主義卻並未被這個帝國所實踐。請參見 Winkler（2005: 15）。另外，布拉赫也指出，俾斯麥用鐵和血的領導下所完成的統一，阻擋了一個健全的議會制和政黨體系的形成，也阻擋了市民階級對政治的參與，以及透過勞工階級組織所發展的社會主義民主的可能，俾斯麥的遺產，是一個經濟發展與政治發展上的矛盾。請參見 Bracher（1964: 12）。

【2】一九一八年一月八日，美國總統威爾遜發表「十四點原則」，成為第一次世界大戰後重建國際秩序的基礎，其中包括了要求德國政治體制改革的態度。威爾遜在演說中表示，「……我們不會肆意要求德國改

變或修改她的制度，但我們必須坦白指出，對我們而言，在與德國進行任何理性的交涉時，必要的先決條件是我們必須知道她的代言人在和我們講話時是為誰發言。是代表德意志帝國議會的多數？還是代表軍人集團與擁護帝國專制統治的人們發言？…」。這個談話雖然沒有直接要求德國必須朝向議會體制改革，但是已經明確表達戰後列強與德國的和約，將是建立在與一個具有「議會多數」支持的政府之上。威爾遜發表之十四點原則的中文翻譯，請參見「美國資訊網」，<http://usinfo.org/chinese_cd/living_doc/BIG5/14points.html>。

【3】「十月改革」（Oktoberreform）是德國史上第一次以西方的議會民主為原則的憲政改革，總理雖然由德皇任命並向德皇負責，但必須以國會多數為組閣的依據。可參見Rödder（1999: 21）；Mommsen（2004: 27）；Winkler（2005: 23-24）等。

【4】巴登對儘速簽署停戰和約的表示，全文可參見Ritter and Miller（1983: 28）。

【5】「工—兵委員會」是效法蘇維埃革命的產物，起初主要的目的在於要求德皇下台，停止戰爭並解散軍隊，最終實踐無產階級專政。關於幾個主要城市的工—兵委員會成立文告，可以參見Ritter and Miller（1983: 43-68）。

【6】社民黨的領袖艾伯特在一九一八年十月五日，巴登於議會提出施β政報告當天指出，該日是德國民主的誕生日，只是後來的發展並無法實現君主立憲與議會民主的實質內容，十月憲改最終也無法為社民黨所接受。請參見Gusy（1997: 8）。

【7】斯巴達克斯就是德國共產黨的前身。由李普克內西和盧森堡（Rosa Luxemburg）所領導。在當時極力主張建立無產階級專政，後來被社民黨與軍隊合作所鎮壓，李普克內西和盧森堡兩人也雙雙於一九一九年一月十五日遭到軍隊捕殺。

【8】一九一八年十一月九日正午十二點，巴登和艾伯特會面商議政局，巴登當場表示希望由艾伯特出任總理一職，而且是在維持君主立憲的架構之下。但艾伯特僅表示願意出任總理一職，但是否維持君主立憲，他則認為應交由代表全體人民的制憲會議來決定。兩個鐘頭後，下午二點，社民黨在國會的黨團領袖塞

德曼，於國會大廈窗台面對群眾高呼「民主共和」的成立，成為威瑪共和建立的歷史時刻。為此，艾伯特甚至略感不悅，因為他認為新的德國該以何種形式重建不應由少數人決定，而應由日後的制憲會議來決定（Kolb, 2002: 7）。關於巴登和艾伯特等人的會談內容，請參見 Michalka and Niedhart（2002: 17-20）。

【9】兩人對群眾的演說全文，請參見 Michalka and Niedhart（2002: 20-22）。兩人分別高呼「共和成立」的那一句話，就是本章的前引文。

【10】十一月九日上午，最高參謀葛羅納將軍對德皇威廉二世說：「陸軍願意在我的領導下有秩序而且寧靜的返回德國，而不是在皇帝威嚴的命令之下，因為您已經不再有任何的威嚴可言！」參見 Winkler（2005: 34）。

【11】「艾伯特—葛羅納協議」的過程與兩人在電話的談話內容，可以參見 Michalka（2002: 26-27）。而社民黨與軍方基於防止內戰與防止蘇維埃政權建立的共同目標所建立的合作基礎，亦可參見 Maser（1987: 195-201）。

【12】信件的全文請參見 Michalka and Niedhart（2002: 23-24）。

【13】獨立社民黨建議的名單就是後來代表獨立社民黨進入人民代表參政會的成員：哈瑟、狄特曼，以及巴特。哈瑟寫給社民黨的信件全文，請參見 Michalka and Niedhart（2002: 24）。

【14】參政會主席由艾伯特和哈瑟擔任，艾伯特同時兼任內政與國防部門，塞德曼則負責財政部門，藍茲伯格出任新聞與出版部門，哈瑟則兼任外交與殖民地部門，巴特負責社會政策與保險，狄特曼出任交通、通訊部門，請參見 Ritter and Miller（1983: 93）。

【15】人民代表參政會發布的施政藍圖全文，請參見 Michalka and Niedhart（2002: 27-28）。

【16】在召開制憲會議的議題上，社民黨一直視為首要目的，獨立社民黨雖然反對立即召開，但並不反對以議會體系作為終極目標，在人民代表參政會中，只有巴特堅決反對議會路線。請參見李永熾（1999: 35-36）。

【17】工—兵委員會於十一月十日第一次代表大會的會議內容，請參見 Ritter and Miller（1983: 92-94）。

【18】斯巴達克斯在十一月十日呼籲工人與士兵繼續革命，並堅決主張建立蘇維埃式的社會主義共和。甚至視

社民黨的民主派例如塞德曼為敵人，主張將其驅逐於政府之外。呼籲繼續革命全文，請參見 Michalka and Niedhart（2002: 24-26）。

【19】社民黨在大會中的主張，請參見 Michalka and Niedhart（2002: 34-41）。

【20】絕對的數字有數種不同的版本，依據 Brunet 的資料，表決票數為三百三十四比九十八；而依據郭恆鈺教授的資料，出席的代表只有四百八十八人，其中社民黨有二百八十九人、獨立社民黨有九十人。雖然絕對數字上有些許差異，但都顯示出由社民黨掌握約三分之二的優勢多數。關於此次會議的資料，另請參見 Brunet（1922: 22）; Maser（1987: 213）；郭恆鈺（1999a：19）。

【21】獨立社民黨對社民黨發動「聖誕節戰爭」的批判，和宣布退出政府聲明書的全文，請參見 Michalka and Niedhart（2002: 42-44），或見 Ritter and Miller（1983: 167-170）。

【22】當時決定採用比例代表制作為選舉制度，韋伯對此甚表反對。韋伯在一九一九年二月二十五日於報紙上公開評論，認為採用比例代表制將使國會淪為社會上各經濟利益代表的妥協場所，政黨提名的名單勢必被各不同的經濟利益所壟斷，而據此產生的國會，甚至將會成為德國的「赫庫巴」（Hekuba）（赫庫巴是希臘神話中，生下巴黎斯 [Paris] 王子的王后。而巴黎斯王子則是導致數十年特洛伊戰爭的主角），為德國帶來不幸。其他像是瑙曼（Friedrich Naumann）、卡恩（Ernst Cahn）等人也以各自立場表達反對。請參見 Schanbacher（1982: 69）。

【23】所謂的有效政黨數是依據 Markku Laakso 和 Rein Taagepera 的計算公式，亦即各黨席次率的平方和分之一。

【24】稍後，在制憲會議中以社民黨、中央黨和民主黨所組成的多數聯盟，代表著威瑪憲法必須在社會主義與中產階級民主派的合作與妥協的基礎上來制訂。請參見 Kolb（2002: 17）。

【25】對於放棄柏林而改在威瑪召開制憲會議，說法雖多，但多同意其中一點，就是基於安全的理由。曾經擔任人民參政委員會時期的總理秘書，屬於獨立社民黨的歐海姆（Walter Oehme）在其回憶錄一開始就指出，制憲時選擇威瑪作為會議地點，強調所謂的「威瑪精神」（Geist von Weimar），其本質根本就是對革

命的畏懼。請參見 Oehme（1962: 7）。

【26】選舉結果共有三百七十九張有效票，艾伯特獲得二百七十七票，國家人民黨提名的波薩多斯基（Graf Posadowsky）獲得四十九票，其餘為無效票或棄權。請參見 Huber（1992: 1082）。

【27】民主黨在國民議會選舉時，一度掌握了百分之十八點五的得票率，在表面上具有很大的影響力。但在威瑪憲法制訂以後，由於戰略目的已經達成，加上幾次在重大議題討論時的關鍵時刻，民主黨總是欠缺穩定的立場，以致於在隔年國會選舉之後，就迅速泡沫化。儘管是歷屆政府的常客，但對政府穩定的影響力已經大幅衰退。請參見 Neumann（1986: 49）。

【28】對於主要政黨的基本立場，請參見 Bookbinder（1996: 46-49）；Pollock（1929: 862-865）；Bergsträsser（1952: 205-211）；Shepard（1919: 362-366）；Neumann（1986: 28-95）；Vogt（1988: 134-157）。

【29】將威瑪共和視為德國一次世界大戰戰敗與一九一八年德國革命的產物，是對威瑪共和研究的一般性說法，例如 Mommsen（2004: 73-118）；Kolb（1987: 18）；Schulz（1987: 32）；Nolte（2006: 49-57）；Winkler（2005: 39-40）；Bracher（1964:12-13）。

【30】Nolte 甚至認為，沒有軍隊的協助，威瑪共和不可能在一開始存活下來。請參閱 Nolte（2006: 84）。

【31】亦有研究將一九一八年的革命與一八四八年的革命做一比較，並認為儘管一九一八年的革命，在成果上推翻了君主專制建立共和，比一八四八年更有形式上的成就，但在後續透過制度化與改革來深化革命的目的時，卻不如一八四八年帶來的影響。請參見 Langewiesche（1998: 5-23）。

【32】雖然中央黨在政治主張上接近民主黨，但中央黨的選民基礎並不是以中產階級為骨幹，而是基於基督教的力量。中央黨在革命之際，也是反對用革命途徑建立新政治體制，但在共和建立之後，屬於共和的支持者，和民主黨一樣，在整個威瑪時期都是參與政府組織的重要政黨。

【33】回到當代制度設計的主要解釋脈絡下，Horowit, Elster, von Beyme, Pettit 等人皆認為階級力量的妥協是解釋制度設計的主要變數。請參閱本書第一章。

第三章　威瑪憲法的設計與理論

這部威瑪憲法不是在充滿祝福的燦爛陽光下誕生，而是誕生在背負國家戰敗的深淵，整個民族的不幸之下。

——普洛伊斯，一九一九

民主共和建立之後，設計一部新的憲法成為新政府的首要任務。在憲法的設計方面，本書在第一章文獻檢閱時引用哈洛維茲對制度設計的觀點，認為新興民主的制度設計多為兩個變數相互影響的產物，一個是在國內主導民主轉型的幾股政治力量彼此的妥協，另一個是來自於本國歷史的遺緒或是對他國的模仿，也就是制度學習和演化的過程。這是高層次的解釋，幾乎適用於大部分的個案，包括總統制、議會制與半總統制，但本書更想解釋的是，在哪些不同的妥協方式、哪些歷史遺緒或是演化過程，是造成不同憲法類型被設計的原因。在威瑪的例子上，國內政治力量的妥協與歷史遺緒和制度演化也是整個憲法設計的背景架構。本章將分成兩個部分討論威瑪憲法設計的過程和理論，第一個部分先透過制憲時的政治背景和制憲者的理論來討論影響威瑪憲法設計的主、客觀條件。其次則是透過對威瑪憲法條文的介紹討論其作為半總統制憲法的特殊之處，並且進一步從憲法理論比較威瑪憲法的半總統制，在憲法的理論意涵上與當代其他半總統制國家的異同，也就是比較垂直分時和水平分權兩種半總統制的憲法理論。透過本章的討論，希望能先從威瑪憲法設計的原因以及主要的特徵做切入，並且從這些原因進一步解釋為何威瑪憲法會設計出一部具有垂直分時特色的半總統制憲法。這樣的討論對於了解威瑪憲法之後的運作與崩潰有其必要，也能周延本書對半總統制憲法從設計到轉出在理論上的完整性。

威瑪憲法的設計：政治上客觀條件與制憲者主觀想像

憲法的設計是為了解決國家所面臨的政治問題。當德意志第二帝國在一九一八年瓦解之後，如何透過一部新的憲法來解決德國當時的困境，是新政府的首要目標，更是制憲會議的主要工作之一。[1]在當時，有三個問題迫切需要一部新憲法來建立新共和對於這些問題的基本規範，分別是如何界定中央政府與地方各邦的關係，這個問題甚至可以說是如何解決普魯士與德國的關係，也就是由普魯士一手建立的帝國瓦解後，新共和該走向中央集權、聯邦制還是鬆散的邦聯政府？其次是制訂一套中央政府的運作體系，亦即是新的中央政府該如何定位國家元首、國會、司法體系之間的權責關係？這也是討論這部憲法作為總統制抑或議會制的部分。第三個部分則是關於人民的權利與義務，也是如何實踐社會主義，建立社會福利的部分。這個部分在德國歷經了一九一八年短暫而不夠徹底的社會主義革命，並由社會主義政黨取得領導地位之後顯得格外重要。在此，三個問題在德國都分別具有各自獨特的歷史脈絡、主客觀條件與待解決的問題，本書依據討論的主題，僅針對憲法中的中央政府體制這部分做進一步的探討。這一節在分析威瑪憲法的制憲原因時，本書從客觀的政治環境與條件，以及主觀的制憲者的憲法理論兩個層面來探討此一議題。

制憲的背景：歷史遺緒、政治條件與政黨主張

討論威瑪憲法對於中央政府體制的設計，必須從德國所面臨政治上國內外的客觀條件切入，再輔以制憲者對新憲法的主觀想像來分析。在客觀的政治條件方面，影響威瑪憲法的背景因素主要有三，分別是先前帝國時期反對派的主張（也就是社民黨和獨立社民黨等左派力量）直到一九一八年對新憲法的辯論獲得實現的可能；其次是當時現實環境的力量反映在憲法的具體設計上；最後是一九一八年革命的目標對憲法的影響（Gusy, 1997: 62-63）。本書在討論威瑪憲法制訂的背景時，擬從三個方面探討，分別是德國的憲法發展傳統、威瑪共和建立時的國內外政治環境及各主要政黨的主張等。這些是討論威瑪憲法制訂時，所不能忽略的、已經存在的客觀環境因素。

首先是德國在威瑪共和以前的憲政發展傳統。德國在十九世紀時發生了影響該國近代憲政發展最重要的事件，也是德國當代憲政史發展的轉捩點：一八四八年的三月革命。一八四八年的革命，最主要的訴求在建立一個君主立憲的政治體制，以及達成德國的統一（Haffner, 2004: 11）。這兩個目的雖然沒有因為革命完成，但是從一八四八年仍舊開啟了行政與立法二元化的憲政思潮。[2] 這個原則在當時的荷蘭、比利時、法國都可以得見。但德國不同之處在於，一八四八年的革命沒有徹底解構君主的權力，君主立憲的架構沒有被所有的邦接受，因為對政黨與國會的不信任，使得以君主為核心的行政權威仍然完整的延續下來（Stolleis, 2002: 44）。二元憲法中分權的原則，是依王權為核心設計一個對抗立法權的保障，以免於一種西歐式議會中心的主權原則（Huber, 1988: 7）。這個原則使得議會與行政權之間的二元結構，很早就在德國有了實踐的可能，但也因兩者之間的緊張關係，使得一八四八年

建立的憲政原則甚至被視為虛假的、或是和專制妥協的產物（Huber, 1988: 9）。稍後寫於一八七一年的帝國憲法，是普魯士以武力統一德國後的產物，不僅是德國統一的象徵，更因為武力的統一過程而讓君權得到強化，因此，憲法裡也設計了強而有力的行政權，以凸顯德國是一個統一的帝國。對德國來說，十九世紀開啟的憲政主義思潮，並不是建立一個市民社會的開始，而是將君權法制化，建立制度化君權國家的轉捩點。甚至可以說，一八四九年與一八七一年的兩部憲法，在當代的憲政主義上來說並沒有帶給德國嶄新的開始，而只能視為建立官僚國家、建立現代化社會的階段性產物（Friedrich, 1997: 144）。雖然如此，一八四八年帶來的議會原則並沒有被消滅，不僅更強化了這種二元體系的憲政結構，甚至形成一種緊張的關係。一九一八年十月，德皇與軍事將領所發起，為了舒緩戰爭壓力的十月憲改，保留了君權以及行政權的優越地位。雖然憲改中賦予國會對政府組成的監督力量，但十月憲改仍舊凸顯了德國長期以來行政、國會二元化的結構，也因為改革幅度未達預期而無法阻止革命的發生。稍後，在國際上的軍事挫敗加上國內十一月爆發革命，君權迅速瓦解，催生了威瑪憲法。雖然以議會民主作為新憲法在體制上的選擇，但這場革命是外部因素所致，不是因為議會民主徹底取得改變體制的力量。因此，行政權與國會之間的二元關係透過妥協仍舊被保留下來，具體的產物就是威瑪憲法這個具有雙元民意、潛在立法與行政二元、兼具議會制與總統制色彩的混合式憲法。[3] 對德國來說，一九一八年的革命只有帶來憲法上的改革（Langewiesche, 1998: 22），帝國體制甚至沒有遭到摧毀（Anschütz, 1960: 3）。雖然強調議會制的原則，但沒有透過實踐來達成。相反的，行政權甚至因為國家陷入緊急狀態，並且因為社會分歧的結構，在主客觀的條件上都提供強化的條件。

其次是威瑪共和制憲時的國內外政治環境。在這個方面如同本書第二章所討論的，德國在一九一八年面對的是國際上對德國建立民主的壓力，以及國內各種不同主張的政治力量角逐帝制崩潰後的主導地位。以美國總統威爾遜的十四點原則為基礎，加上德國當時國內的政治環境來看，廢除君主體制與建立以議會民主為原則的憲政體制幾乎是必然結果，原因如下。首先，在德皇威廉二世和軍方主導的十月憲改，以君主立憲的原則為改革方向，但不被美國所接受。這表示即使十月憲改標榜新政府將依據國會多數而建立，但美國仍然不信任君主體制和軍方在君主立憲後的影響力。其次，在國內的政治改革方面，受到戰敗的影響，社民黨和獨立社民黨成為推動政治改革的主要力量。這兩個政黨儘管在對新政治體制的主張上有所差異，但共同的目標都是推翻帝制。因此，帝制的廢除成為國內外要求改革的第一點共識。其次，德國國內的改革力量雖然分成議會民主與社會主義共和兩派，但是在相互競爭後，社民黨與軍方合作順利取得領導政治改革的地位，社民黨所主張的議會民主也成為制訂新憲法的必然原則。既然議會民主是制憲時的唯一選項，那麼值得辯論的就是如何定位國家元首的問題，這個問題也是威瑪憲法成為日後所謂半總統制憲法的關鍵所在。

帝制的廢除加上社會主義革命的失敗，新的國家元首便設計為總統一職。[4]然而，這個總統在憲法中該扮演何種角色在制憲時仍多有爭議。若設計一個象徵性的總統，那麼新憲法就成為典型的議會制憲法，如果設計一個強勢並且領導政府的總統，這部憲法就會成為總統制的憲法。以當時的環境而言，設計一個總統制的憲法由總統來領導政府是難以實現的。在國際上，美國強調新的政府必須代表人民，取得國會的信任，否則戰爭將會持續。在國內，分歧的社會結構，南部諸邦的分離運動，尤其是面對普魯士與德國的關係，都使一部總統制的憲法難以被支持。[5]再加上社民黨當時的改革原則，也是建立一個以議會民主為基礎而非以總統為核心的憲政架構（Kolb, 2002: 2; Gusy, 1997: 68）。[6]雖然如此，將總統一職設計為沒有實權的象徵性角色，也不符合當時德國所面臨的客觀條件。德國當時面臨險峻的國際環境，加上國內各種政治力量的分歧與衝突，如果設計一個如同英、法（第三共和）

的議會制憲法，必須在聯合內閣裡透過共識來豎立行政權的權威。這不僅在分歧而眾多的政黨體系之下極為困難，也無法符合當時的迫切需要。在制憲會議針對總統一職該如何定位的辯論時，贊成強勢總統的主張就認為設計一個強勢而且由所有德國人民直接選舉所產生的總統，不僅可以對內形式與實質上都代表德國的統一，更可以對外代表德國和列強展開和平談判（**Richter, 1998: 16; Mauersberg, 1991: 73**）。[7]為了解決德國在國際上的困境，也為了加速穩定國內的政局，維持國家的統一與完整，在德皇退位，君主體制崩潰後，以民選總統一職作為國家元首，並賦予一定的權力行使政權，遂成為設計憲法時不得不然的選擇。因此，就客觀環境而言，新憲法的設計基於議會制的基礎，另外設計一個具有代表性、具有一定權力的總統，遂成為新憲法具有當代所謂半總統制色彩的背景。

最後一個影響憲法制訂的變數，是當時幾個主要政黨的憲政主張。議會民主作為威瑪聯盟內三個政黨（社民黨、民主黨、中央黨）共識的基礎，因此在憲法基本架構的設計上，這幾個政黨均支持議會民主，主張廢除君主體制，建立一個向國會負責的政府。[8]然而，對於是否用直選產生總統，以及總統是否該具有實際的憲政權力，在各黨中仍然存在不同意見。力主總統應直選產生的普洛伊斯與韋伯，兩人是民主黨的領袖，代表的自然就是民主黨的立場。然而，獨立社民黨對於直選總統就表示反對。獨立社民黨的黨團發言人哈瑟指出，總統應該由國會選舉產生，扮演象徵性的角色，以避免政府成為總統一人的執行幕僚，再度淪為獨裁政權，而政府則應該交由一個對人民負責的內閣來執政（**Brunet, 1922: 153**）。對於左派政黨的疑慮，普洛伊斯一方面以法國失敗的議會制為經驗，另一方面強調總統許多重要職權仍在內閣制約下才能使用，實際上仍是議會制為憲政運作的基礎（**Apelt, 1964: 99-101**）。此外，左翼政黨主張直接民主，認為人民是最後仲裁的角色必須在憲法中被強調，因此在社民黨和獨立社民黨的要求，民主黨也不反對的情況下，公民投票的設計也被寫入憲法。[9]

相較於左翼政黨對行政權威抱持預防的態度，右翼的政黨則傾向於維持行政權的權威。國家人民黨一直以來主張君主立憲的溫和改革，[10]就算廢除君主體制，總統一職仍然被視為「皇帝的替代品」（Ersatzkaiser）（Kolb, 2002: 20）。另一個右翼政黨人民黨則在一九一九年的黨綱中主張維持君主體制以作為德意志統一的象徵，但也願意在君主體制之下尋求與共和體制的妥協（Huber, 1993: 179）。右翼政黨不僅主張延續君主體制，人民黨和部分國家人民黨議員更是反對直接民主為原則的公民投票。可以看見的是，右翼政黨在憲法體制的設計上，比較傾向於盡量維持一八七一年的體制，僅主張小幅度的修改。在憲法通過後，社民黨在內部本來又一度出現是否將總統直選修改為國會間接選舉的討論，民主黨甚至為了避免未來的總統與國會關係的惡化，也考慮予以支持此提案，中央黨在這個議題上則是依舊保持中立。然而，受到一九二〇年三月「卡普政變」（Kapp-Lüttwitz Putsch）的影響，修憲案擱置。而政變結束後，民主黨修正回原本的立場，認為軍事政變的失敗顯示大多數人民已經不會支持獨裁，而時值政局動盪之際，也不宜再修改憲法（Brunet, 1922: 153）。從各政黨對總統一職是否應直選並賦予實權的歧見來看，各黨對於總統這個角色的認知與期許存在一定的落差，這也影響了各政黨日後就總統角色在憲法實踐的過程中，對憲法賦予的權力有著不同的解讀。

透過以上討論可知，威瑪憲法對於民主憲法的設計，是一個以議會為核心或是一個以象徵君權的行政權為核心，兩者相互妥協的結果。這個妥協有著歷史的包袱、現實政治環境的需要、及政黨政治的考量。以妥協形式將政府運作的核心懸而未決，成為日後憲法內涵發生轉變，從議會民主到總統內閣的遠因。

對新憲法的想像：普洛伊斯的理念

在制憲者的主觀想像這一部分，討論的對象理所當然是以威瑪憲法的草擬者普洛伊斯為主。早在一九一八年，制憲會議召開之前幾個月，社民黨的領袖，也是人民代表參政會的主席艾伯特就於十一月十五日委由普洛伊斯設計新的憲法，作為制憲會議審議的草案。之所以選擇普洛伊斯作為新憲法的起草者有幾個原因：首先，普洛伊斯嫻熟德國憲法史，在柏林執教憲法多年，是德國憲法史的學者；其次，他是君主體制崩潰後，由中間偏左翼的自由派所組成的德意志民主黨領導人之一，邀請他草擬憲法，可以順勢讓德國民主黨成為新共和的支持者；第三，在艾伯特的想法中，普洛伊斯的背景可以作為讓新共和通往市民階級政黨的橋樑，藉此保有日後與市民階級政黨合作的可能（Weber, 2001: 35; Gusy, 1997: 70）。

依據憲法的設計者普洛伊斯的設計，德國新的共和仍是以議會民主作為基本的架構。在受命制訂憲法之前，普洛伊斯就曾主張，德國必須從戰爭中走出來，往議會民主體制邁進，這是德國命運之所繫（Preuß, 1926: 362）。對於新憲法的基本架構，普洛伊斯也直言是以議會體制為核心來運作。他主張新的德國應該實踐一種代表式的民主，用議會制的政府來作為間接民主的實踐，而國會則是政府機構中象徵主權的最高單位（Gillessen, 2000: 124）。一九一九年一月三日在國民議會中針對新憲法的想法提出報告時，普洛伊斯直接表示，未來的新憲法是以一個發展並鞏固的議會民主（Entwicklung und Festigung einer parlamentarischen Demokratie）為目標（Preuß, 1926: 387）。然而，基於法國第三共和實施議會制後的混亂經驗，使得普洛伊斯對議會制的設計也有所調整，其中最大的變化就在於總統一職的權力設計。[11]

普洛伊斯認為，當代的民主有兩種外顯的模式，一是由人民選舉的總統，並由總統領導政治（美國形式的總統制），一是由人民選舉國會，政府向國會負責（英國形式的議會內閣制）。而混合這兩種模式，可以避免政黨的尖銳對立與增加妥協的機會。在這個想法之下，普洛伊斯主張設計一個代表人民，具有政治權力的總統，同時搭配一個必須向議會負責的政府。這個設計也就是當代所謂「半總統制」的精神。對普洛伊斯而言，政權的兩個極端分別是一個沒有權力限制的君王，以及沒有組織的散民，而理想狀態是兩者的折衷（Stirk, 2002: 498）。其中，總統一職可以設計為元首、人民的公僕與直接民主的代表三個特徵（Stirk, 2002: 502）。總統由人民直選，具有民意基礎與落實直接民主，可以任命總理與官員以扮演政治上的領導角色。雖然如此，顧及議會民主的落實，由總統任命的總理與政府，必須向議會負責，經由議會的多數決定其去留。而當政府與國會出現衝突時，由人民直選的總統可以代表人民扮演解決政治衝突的角色，因此賦予其解散國會或是發動公民投票的權力（Preuß, 1926: 384-389）。由此可知，普洛伊斯對於未來總統一職的想像，是一個在議會民主之上，代表人民扮演提出仲裁的角色，而實際上解決政治衝突的機制，無論是解散國會改選，或是發動公民投票，仍是由直接民意來決定。【12】

威瑪憲法具體設計出來之後，普洛伊斯在國民議會的報告中再度指出，總統是一個超脫黨派的個人角色，由人民直接選舉產生。同時為了避免法國第三共和實行議會內閣制的混亂，這個人民直選的總統有權力代表人民解散議會。同時，議會也能據其民意基礎，要求總統任命的總理與政府向其負責，如此便兼具抗衡與妥協的精神，可以避免政治上的混亂或是僵局（Preuß, 1926: 416-418）。普洛伊斯將總統想像為政治運作之上的裁量者角色，其原意在於只有當代表行政權的內閣政府與代表立法權的國會發生衝突時，總統才能依據憲法賦予的權力來解決政治上的僵局。因此，總統由人民直接選舉產生，既可以避免被國會間接選舉所造成無法超脫黨派的限制，也能因為全民直選讓總統獲得更直接的正當性，並進一步落實民主的精神。不僅在總統的正當性上有如此考量，在擁有的權力上普洛伊斯也是依據將總統想像為裁量者的角色來設計。當政治上出現僵局、衝突時，被想像為政治裁量者的總統，其最重要的權力例如解散國會或是發動公民投票，其實都不是賦予總統做出最後政治決斷的權力，而僅是讓總統有權將紛爭訴諸人民決斷，以避免政治上的僵局或是對立的惡化。

不只制憲者普洛伊斯主張總統必須直選以代表人民行使權力，當時甚具影響力的社會學者韋伯也有相同的主張。【13】韋伯在一九一九年二月二十五日於柏林的報紙撰文公開主張總統必須直選。他提出七點原因，包括強調直選可以帶給總統權威以代表人民行使分配正義的權力；總統直選可以擺脫政黨控制，以獨立任命總理與官員；直選的總統可以與國會彼此抗衡，減低政治風險；甚至也認為由全體人民選出的總統，作為國家元首可以減低普魯士在整個德國過高的影響力，具有代表整個德國的正當性。【14】此外，另一位對普洛伊斯產生重要影響的學者雷茲羅伯（Robert Redslobs）在其著作《*Die parlamentarische Regierung in ihrer wahren und in ihrer unechten Form*》一書中也抨擊法國第三共和的憲法，將總統設計為由議會選舉產生，將導致一個虛假的議會體系。雷茲羅伯與韋伯一樣，均主張總統應由全民直選，透過穩定的任期與一定的職權，發揮制衡議會的功能（Mauersberg, 1991: 74-75; Haungs, 1968: 29-30; Stirk, 2002: 501; Schiffers, 1971: 117-122），而他們的論點也深刻影響了普洛伊斯在總統這個角色上的設計。由此可知，不少學者，包括制憲者普洛伊斯本人皆主張，結束君主專制後的德國新憲法，不應將總統一職設計為只具有象徵性而無實質權力的國家元首角色。相反的，受到法國第三共和實施議會內閣制導致政局紛亂的影響，新憲法甚至寄望總統在憲法中成為「一定程度的中心」（ein gewisses Zentrum），或是「憲法的核心骨幹」（ein ruhender Pol in der Verfassung）

（Schiffers, 1971: 121）。透過將總統一職視為政治裁量者的定位，並經由全民直選提供其正當性來源，依據憲法所賦予的權力讓總統發揮穩定政局的功能。

小結以上對客觀環境與主觀認知的討論可知，一九一九年的威瑪憲法，是一部希望以議會民主為原則的憲法，同時輔以一個足以與議會相制衡的總統。這個總統透過民選產生，代表德國的完整與統一，加上賦予部分的實權，希望總統能夠作為當議會體系失效時的權威與領導。在憲法中將總統設計為對抗「議會絕對主義」（der Parlamentsabsolutismus）的角色，使得威瑪憲法具有一半總統制、一半議會制的特徵（Rödder, 1999: 14; Bracher, 1964: 25），若就後來具體設計出來的憲法條文而言，威瑪憲法確實符合當代憲政研究中對於半總統制的定義，在當時是一個新的嘗試，也是威瑪憲法在政府體制的設計上最具特色的部分。威瑪憲法的混合特徵，是歷史與政治環境的產物，是多種妥協後的產物。這種基於議會民主，但是和過去君權的妥協、和現實政治的妥協、和政黨政治的妥協，也成為威瑪憲法具有暫時性的色彩，從一開始就看到其必然再次轉型的陰影。此外，就設計的理念上，這和當代所謂的半總統制在理論上也確實有所差異，本章將在第三節對此討論。第二節先進入憲法的條文本身，討論威瑪憲法作為半總統制憲法在總統、議會與政府三者之間的權限與關係。

威瑪憲法的架構：總統、國會與政府

普洛伊斯所設計的威瑪憲法，從一開始的草案到最後的通過，一共歷經五個版本的修正與調整，最後在一九一九年七月三十一日由國民議會表決通過，八月十一日由總統艾伯特簽署發布，八月十四日正式實施，威瑪共和結束紛亂的革命時期，正式拉開序幕。[15]這部憲法分成「國家的組成與任務」（Aufbau und Aufgaben des Reichs）以及「德意志人民的基本權利與義務」（Grundrechte und Grundpflichten der Deutschen）兩個部分，一共一百八十一條憲法條文。以下針對威瑪憲法中的中央政府組織與權責的部分，分成總統（Reichspräsident）、國會（Reichstag）[16]，以及政府（Reichsregierung）三個部分加以討論。

總統

威瑪憲法中，行政權內部關於總統與總理的關係，以及行政權與立法權之間總統與國會的關係這兩部分，是當時與其他國家相較之下，具有革命性創新的設計（Haungs, 1968: 31）。從總統職權的調整來強化議會制的穩定性，是普洛伊斯對總統一職在設計上的基本理念。對普洛伊斯來說，這樣的設計不僅希望能夠避免法國第三共和議會制帶來的混亂，也能透過總統扮演穩定當時德國極為險峻的國內與國際環境，並填補德皇退位後造成國家元首的真空狀況。以下針對憲法中重要的總統職權加以討論。

首先是總統的產生方面，依據威瑪憲法第四十一條，總統由全體國民直選產生，而選舉辦法另以一般法律規定。[17]第四十三條並規定總統任期為七年，得連選連任之。總統直選的原則確定之後，在細部的選舉辦法上依舊多有辯論。[18]當時被提出的版本包括有典型兩輪投票制、相對多數決、封閉式兩輪投票制以及開放式的兩輪投票制等四種。典型兩輪投票制的設計，和現在眾所周知的兩輪投票並無二致，就是主張在第一輪沒有任一候選人取得過半選票時，由前兩名候選人稍後進行第二輪的選舉。兩輪投票制最終並沒有被採用，反對此一制度的原因在於依德國當時分歧的多黨體系，幾乎可以預見在首輪不可能有候選人可以獲得過半的選票，而即使是意識形態接近的政黨，也難以在第二輪協調出共同支持的候選人。更重要的是，第二輪的投票將使最終的決定權操縱在第一輪就被淘汰的關鍵少數選民手中，這將造成一種「不符合比例原則的影響」（unverhältnismäßiger Einfluß）。第二種版本是相對多數決，也就是在候選人之中獲得相對多數選票者即可當選，無論其有無獲得過半的絕對多數。反對此一版本的意見在於，依據德國當時的情況，採用相對多數決勢必造成少數總統。具有國家統一的象徵意義與實質權力的總統一職，難以由少數總統出任。第三種版本是較為特殊的封閉式兩輪投票制，亦即讓選民在在選票上圈選第一與第二偏好，若無候選人獲得超過半數第一偏好的選票，則計算第二偏好的選票。這個制度調整典型的兩輪投票制，避免第二輪由關鍵少數的選民來決定選舉結果的可能。這個設計最終也沒有被採納，反對者認為此種制度不夠透明，也不能擔保選民會真正的依據其支持的對象投票，結果可能不是選出人民心裡支持的對象，而是取決於政黨的黨紀、政黨之間的協商等因素，亦即選民是依據政黨的命令來圈選偏好，透過計算第二偏好將無法反映出真正的民意。最後一種的版本是開放式的兩輪投票，這是調整典型的兩輪投票制設計，如果第一輪有候選人獲得過半選票，則直接當選，如果沒有則進行第二輪選舉。和典型兩輪投票不一樣的地方，在於第二輪選舉依舊保持候選人的開放，不僅不限於第一輪得票率的前兩名參選，甚至在第一輪沒有參選的候選人都可以在第二輪登記參選。而第二輪則採用相對多數記票，在第二輪中獲得相對多數的候選人即可當選為總統。這個開放式的兩輪選舉成為最終的選舉辦法，支持者認為第二輪的相對多數競選，一方面讓選民透過第一輪的選舉瞭解政黨競爭的趨勢，也可以避免第二輪競選時的對峙與激化。同時，政黨可以依據第一輪的情況來調整第二輪的競選策略，選擇和其他政黨合作、重提候選人或是放棄參選（Schiffers, 1971: 157-159; Brunet, 1922: 158-161）。[19]

在總統的職權部分，威瑪憲法最為後人所關注，也是最具有爭議的部分，是威瑪憲法第四十八條，也就是總統的緊急命令權條款（**Notverordnungsartikel**）。這項權力的設計，對於當時德國所處的國際與國內環境當然有絕對的關係。如前所述，威瑪共和建立時所面對的環境，在國際上是如何與戰勝國簽訂一紙對德國傷害最小的和平條約與維持德國的生存；而國內則是面對革命與戰敗後，瀕臨內戰與分裂的壓力，如何重新建立國家的秩序與保持國家的完整，讓德國的政治與社會從戰爭與革命的混亂中脫離出來（**Kolb, 1987: 19**）。在這種條件下，行政權很難藉由單一政黨在選舉中獲得絕對多數來有效執政，而如果行政權必須依靠建立共識來建立聯合內閣，也勢必無法反映當時德國的需要，因此，讓總統憑藉全民直選的正當性並賦予緊急命令權，是用以應付國家危機的一項設計（**Blachly and Oatman, 1928: 74-75**）。威瑪憲法第四十八條的全文如下：

當有各邦拒絕履行國家憲法或是國家法律所要求之義務時，總統有權透過武力的協助制止之。

當德國國家的公共安全和秩序遭受緊急危難時，總統必要時可以藉由武力協助以恢復公共安全和秩序。此時憲法第一一四、一一五、一一七、一一八、一二三、一二四與一五三條的全部或一部分暫時停止之。

總統依此條文執行之措施，必須交由國會追認，若經國會要求，則總統採行之措施必須立即失效。

各邦政府遭受緊急危難時，可依本條文第二款採行暫時措施，若經總統與國會要求，則採行之措施必須立即失效。

執行細則由國家法律另訂之。

透過憲法第四十八條可以發現，此一條文是總統面對國家的緊急危難時，所賦予的應變權限，必要時甚至得以使用武力，並且凍結大部分憲法所保障的人民基本權利。事實上，憲法第四十八條確實在威瑪共和的憲法運作陷入危難之際扮演重要的角色，此一條文就像是一面鏡子，反映出威瑪共和穩定與不穩定的時期。例如，在共和之初一九一九年至一九二五年，共被使用了一百三十六次；共和的相對穩定時期一九二五年至一九三〇年，則只使用了九次；而一九三〇年至一九三二年，則使用了一百零九次，反映出在共和之初與一九二九年以後，因經濟危機所導致的困境（Gusy, 1991: 50-51）。一九三〇年到一九三二年國會開會天數與法律依據國會議決或是透過緊急命令發布的數目比較，請參見表3-1。

然而，對於憲法第四十八條而言，並非沒有限制性的賦予總統行使緊急命令權。首先，在憲法的精神上此一條文近似於警察權，也只有當「重大的、嚴重的」安全危機發生時，才得以動用。而其授權暫時終止一部分的憲法，並非授權總統用以制訂新的法令，僅能有權對於憲法適用的範圍加以改變（Gusy, 1991: 70）。換言之，不能視憲法第四十八條為授權總統改變憲法基本法意的途徑，亦即，不能透過憲法第四十八條來改變憲法的基本精神。其次，條文亦規定，總統實施緊急命令，必須獲得國會之追認，倘國會要求總統停止緊急命令的措施，依規定亦必須立即終止。這個限制讓國會仍舊保有對總統動用緊急命令權的制衡力量，必要時可以防止總統透過緊急命令權

表3-1 一九三〇年至一九三二年的國會開會天數與法律通過數目的比較

年代	國會開會天數	經由國會議決通過之法律數	經由總統緊急命令權發布之法律數
1930	94	98	5
1931	41	34	44
1932	13	5	60

資料來源：Möller（2004: 204）。

採行傷害憲法之措施。[20]即便如此，威瑪憲法第四十八條仍舊被視為「行政獨裁」的法源基礎，原因在於第一，行政權掌握了主動發動緊急命令的優勢，因為所謂的「公共安全與秩序」或是「必要措施」都是由總統來主觀界定；其次，緊急命令權依據憲法規定應該要有執行細則，但直至威瑪崩潰為止，國會都未能制訂執行細則，使得憲法第四十八條成為一個不完備的法源，而總統也得以在憲法原則之下擁有最大彈性使用該項權力；第三，依據憲法其他的配套設計，總統有動用緊急命令的權力，但政治責任卻由內閣承擔，造成總統「有權無責」的不對等狀態（Rossiter, 2002: 32）。基於這些原因，使緊急命令權成為此部憲法備受爭議的設計。

憲法中規範的總統與國會關係，是威瑪憲法與一般議會制國家或是總統制國家相比之下另一個較大的差異所在，這個部分也是凸顯威瑪憲法符合當代半總統制憲法的要素之一。若是依據議會內閣制的精神，總統由國會間接選舉產生，並且對國會不具有制衡力量。若是依據總統制的精神，總統雖由人民直選，但基於權力分立與制衡，總統無權解散國會。在威瑪憲法，卻出現異於兩者的設計。

首先，總統有權主動解散國會。威瑪憲法第二十五條的全文如下：

> 總統有權解散國會，唯相同原因僅能解散一次為限。新的國會選舉並應於解散國會六十日後舉行之。

依據此條文，總統可以主動解散國會，這賦予了總統對國會非常強而有力的制衡能力。總統不需要經由總理建議，也沒有其他附加條文的限制，就可以解散國會改選，這是普洛伊斯用以對抗「議會絕對主義」在憲法中的重要設計之一（Rödder, 1999: 14）。而此一條文的設計也是威瑪憲法與法國的議會內閣制以及與美國的總統制最大差異之所在（Nolte, 2006: 68）。同時，這項權力也被視為是總統用以解決政治僵局的工具之一，透過此一權力，總統可以在國會與政府出現衝突或僵局時，選擇解散國會進行改選，藉此讓人民在對立的兩造中直接做出政治決斷。[21]與此相對的，在威瑪憲法中也賦予國會罷免總統的力量，成為解決僵局時的雙向工具。威瑪憲法第四十三條規定了國會罷免總統的程序：

總統任期為七年，得連選連任之。

在任期屆滿前，總統若經由國會提請公民投票通過，則必須解職。國會提請總統解職公民投票的門檻為三分之二多數。若議會通過此一多數，總統應立即停止其職權。若公民投票否決罷免案，得視為一次新的總統選舉，國會並應隨即解散。

從條文中可以清楚發現，國會罷免總統與總統解散國會兩者在設計上的精神是相同的，最終的決斷都是交由人民的直接投票來決定。有所不同的在於，總統解散國會後，若新的選舉結果和解散前相同，總統不必因此去職。但議會罷免總統時，若在公民複決時不成功，議會必須因此而解散。故，人民作為政治紛爭的仲裁人，不是表現在政府與國會之間，而是總統與國會之間（Haungs, 1968: 30; Finger, 1923: 316），而依據憲法的精神，總統與國會都有權訴請人民進行裁決。在威瑪憲法實行的十四年間，國會中多黨林立，甚至連二分之一多數都不容易形成，遑論凝聚三分之二的多數，因此從沒有過議會罷免總統的案例。但是因為總統解散國會幾乎毫無限制，因此只要僵局發生，幾乎就以解散國會作為解決的途徑。威瑪共和的十四年間，國會共被解散了六次之多。[22]

總統與總理的關係是威瑪憲法另一個異於議會制或是總統制的憲法之處。在這個部分，儘管普洛伊斯強調威瑪憲法是以議會制為基礎，但基於總統擁有直接民意，並作為政治領袖，因此在威瑪憲法中賦予總統任命總理的自主且絕對權力。總統無須經由國會多數的同意，可以依其意志選擇總理並任命官員組織政府，這也被視為總統重要的權力與功能之一。憲法第五十三條規定如下：

> 總理由總統任免，並依總理之建議任免各部部長。

依據此一規定，總統依其意志任免總理，成為組織政府的過程中，獨立於國會之外的關鍵力量。普洛伊斯認為，總統透過對總理與其他官員的任命，落實其為國家元首的角色。[23]儘管總理與政府在國會通過不信任投票時仍須辭職，但組織政府的過程卻可以獨立於國會之外（Preuß, 1926: 387-388）。而總統也可以透過任命的過程中，發揮其政治上的影響力（Finger, 1923: 321）。雖然如此，總理領導的政府依憲法向國會負責，保留了議會制的重要設計。憲法第五十四條規定：

> 總理與部長，行使職權必須取得國會之信任。當國會對政府任何成員通過不信任投票時，該官員必須立即去職。

透過憲法第五十三條和第五十四條的規定，可以發現威瑪憲法對行政權組成過程的切割，既設計總統與總理的獨立任命關係，又保留總理與政府對國會負責的信任關係，成為威瑪憲法的特殊設計之一。這也造成總理及其領導的政府雙重依賴（依賴總統也依賴國會）的結構。韋伯認為，普洛伊斯的設計是將政府置於國會與直接民意（總統）的妥協之中（Haungs, 1968: 32）。總統對總理的任命，總理對國會的負責、再加上解散國會的整體設計，使得對於總理的任命以及政府的組成是一種由上而下，由總統為起點的政府組織過程，倘若出現行政與立法的衝突或僵局，再交由人民投票來進行裁量與決斷（Finger, 1923: 311）。

除了任命和解職的關係之外，憲法也規定了總理與相關部長對總統發布行政命令時的副署權，範圍甚至包括軍事方面，並在條文中規定，總理與部長因此而必須對政策負責。這個部分也將總統與總理的平衡關係以及行政權責任歸屬的問題做了規範。威瑪憲法第五十條對於副署權的規定如下：

> 總統的所有行政命令，包括軍事方面，都必須經由總理或相關部會的部長副署而生效，並經由副署而負政治責任。

由條文可知，此一規定使得總統的政治責任透過副署權的設計轉由總理與政府承擔。憲法設計的精神在於，總統的行政命令必須經由總理領導的政府相關部門副署同意，但現實的政治運作卻傾向一個情況，就是無論是總統或是總理領導的政府，其政策都將因此承擔政治責任。透過副署而使總理與部長承擔政治責任的設計，其原意固然是欲使總統免於因政治競爭也陷入政黨對立的僵局之中，同時也強調政府因為負擔政治責任而必須制衡總統的行政命令，但也由於此一規定使得總統在行政權的行使上呈現一種有權無責的狀態，再加上總統對總理有絕對自主的任命權力，更使得總理與部長的副署權不容易落實為制衡總統的行政權，反而在總統獨大之後，趨於為總統的行政命令背書的情況。

除了與國會（立法權）的關係、與總理（行政權）的關係之外，威瑪憲法的總統還擁有一項重要的權力，就是發動公民投票。在普洛伊斯的設計原意裡，憲法賦予總統發動公投的權力，和解散國會一樣，是總統提請人民解決政治僵局或衝突，以維持憲政運作的工具之一（Preuß, 1926: 388-389）。威瑪憲法第七十三條詳細規定了公民投票（Volksabstimmung），包括公民創制（Volksbegehren）與公民複決（Volksentscheid）的權力，其中關於總統的部分規定如下：

> 由國會議決的法律，總統得於公布前一個月內交由公民投票複決。關於預算、租稅與俸給等法律，只有總統有權交由公民複決。

不僅如此，憲法第七十四條也規定當國家的參、眾兩院（Reichsrat 與 Reichstag）對於有爭議的法案無法決議時，總統也得以提請公民複決，公民複決的結果也是解決立法權內部爭議的最後管道。憲法中關於總統對於爭議法案有權提出公民投票的規定如下：

> 參議院對於眾議院議決之法律有異議權。當參議院提出異議時，該法案應由眾議院重新表決，表決結果仍未能與參議院達成一致時，總統得於三個月內提請公民複決，若總統不提交公民複決，法案視為未通過。若眾議院以三分之二多數通過與參議院不一致之意見，總統應公布該法律或提交公民複決。

威瑪憲法不僅參考了美國的總統制、法國的議會內閣制，也在公民投票的部分，參照了瑞士的經驗（Finger, 1923: 176）。基於對直接民主的信仰，除了總統、國會由人民直接選舉產生之外，還設計了公民投票作為人民執行政治決斷的方式之一。而由公民直接介入政治決斷的時機，除了公民有權力連署發動複決與創制之外，就是總統與國會有權力發起之，[24]而總統擁有比國會更為主動的發起權，解決的範圍也包括總統與國會，以及參議院與國會之間對於法案的歧異。公民投票的設計再次強化了威瑪憲法直接民主的色彩，也呼應了普洛伊斯對於「政治衝突應交由人民決斷」的基本理念。透過公民投票，加上之前論及的總統解散國會或是國會罷免總統等設計，可以發現對於政治衝突的解決，總統或國會僅有「提出」仲裁之權，最終的決斷仍必須由人民直接裁決之。另一個意義則是透過這些權力的設計，強調總統透過人民選舉，作為獨立於國會之外的憲法機關（Stolleis, 2002: 115）。威瑪憲法所設計的總統，反映的是共和與民主的原則，可以在和總統有關的條文中發現公民自決、代表性與總統制憲法的特徵（Gusy, 1997: 98）。

國會與政府

除了總統之外，國會（Reichstag）與政府（Reichsregierung）是威瑪憲法對於中央政府的設計裡，另外兩個重要的核心組織。威瑪憲法以議會民主作為核心，關於國會的設計和一般議會制國家並無二致。在國會的組成方面，憲法第二十條規定，國會由德意志國會議員所組成，第二十一條規定，這些國會議員代表全體人民，秉持良知並且不受委託。在國會議員的產生方面，憲法第二十二條規定經由一般、平等、直接與秘密的選舉產生。[25]和總統一樣，國會議員的選舉辦法是由一般法律另行規定。依據一九二〇年四月二十三日通過的選舉辦法，國會議員採用純粹的政黨名單比例代表制所產生，參選的政黨或政治團體，每獲得六萬票可以在國會中取得一席代表，因此每一屆國會議員的總數會隨著選舉人數的不同而有所變化（Anschütz, 1960: 187-188; Gusy, 1997: 118）。[26]憲法第二十三條則是規定了國會議員的任期為四年，並規定選舉後的三十日必須召開第一次集會。威瑪憲法所規範的國會組成部分，和一般的議會制國家在精神上並無不同，只有用一般法律規定的選舉辦法有較大的差異，這也造成議會制和政黨體系和其他國家相較下，在運作上較大的不同，本書稍後將加以討論。在國會的解散方面，除了定期改選之外，如同在總統的部分所討論的，國會還可以經由總統的意志加以解散改選。

國會最大的功能除了議決法律外，較為重要的是和行政權的關係。這個部分包括憲法第四十三條罷免總統、第四十八條要求終止緊急命令權、第五十四條對內閣提出不信任案等。這些在先前討論總統職權的部分皆已論述過，此處不再贅述。除了和行政權的關係之外，在憲法中另外賦予國會幾項較為特殊的功能。首先是國會可以組成具有審議國會議員當選資格或是解決選舉訴訟的「選舉審查法院」（**Wahlprüfungsgericht**）。威瑪憲法第三十一條規定如下：

> 選舉審查法院由國會組成之，該法院審議國會議員是否喪失其當選的資格。
>
> 選舉審查法院由國會該屆選舉產生的議員，加上由行政法院院長推薦，總統任命的行政法院成員所組成。決議需經由三名國會議員以及兩名行政法院成員口頭審議而成。

選舉審查法院是具有政治司法功能的單位，雖然憲法規定是由國會所組成，但必須獨立行使其職權，不是屬於國會的組織，而是一個法律機構（**Anschütz, 1960: 210**）。選舉審查委員會因為具有改變國會議員數目的力量，具有審議選舉訴訟的權力，是威瑪憲法在國會的部分另一項特殊的設計。

除了眾議院作為國會之外，威瑪憲法另外因應聯邦制的架構也設計了參議院作為涉及聯邦事務的法律審議機構。依據憲法第六十條規定，另設立參議院以作為各邦的代表，處理中央的立法與行政事務。在組成上，參議院有較為複雜的設計，憲法第六十一條規定如下：

> 每一邦在參議院至少享有一席投票權。
>
> 較大的邦，每超過七十萬人增加一席，餘額超過三十五萬人者以七十萬人計算。另，不得有任一邦享有超過總席次五分之二以上的席次。
>
> 奧地利在加入德國後可享有加入參議院的權力，席次與人口比例相當。在正式合併前奧地利代表僅有發言權。[27]

參議院的組成，儘管在一致性的原則下強調每個邦至少享有一席，但在依據人口決定代表的配額下，各邦在參議院中仍享有不同的席次與影響力。在參議院擁有的權力方面，大致上說來比國會要小很多，大多數都是屬於意見權，而非實質的立法或是監督政府的權力。這些意見權包括憲法第六十九條規定，政府提出法律草案送國會審查前，須經參議院同意，但若參議院不同意，政府仍可將草案連同參議院反對的意見一併送審。另憲法第七十四條規定，參議院對國會通過之法律有異議權（Einspruch），此時總統與公民投票則扮演解決異議的兩個重要角色，這個部分可以參見前文在總統發動公民投票權的論述。由參議院的組成與運作來看，威瑪憲法儘管在形式上有兩個國會，一個代表全體人民，一個代表各邦，但在運作的原則與各自擁有的憲法權力來說，只有國會是威瑪憲法作為議會民主的核心與主軸。

最後一個部分是關於政府，這是威瑪憲法在中央政府組織上第三個扮演重要角色的憲政單位。在政府的組成上，如前所述，和總統與國會保持了雙向的互動。憲法第五十三條規定總理由總統任命，但第五十四條規定政府運作必須獲得國會信任。這兩個原則使得政府必須同時向總統與國會負責，也就是政府組成依據總統；政府解散依據國會（Gusy, 1997: 131-133）。關於憲法中涉及政府的運作，和總統與國會的關係，在前文關於總統的部分已經加以論述，在此不必重複敘述，以下將就這部憲法在中央政府的設計部分，與當代的半總統制加以比較其異同。

半總統制的憲法理論：威瑪與其他半總統制國家的比較

透過先前的討論可以得知，威瑪憲法在中央政府的組織上，無論總統或政府都擁有一定的行政權力，而總統與國會兼具直接的民意基礎，並且透過政府或公民投票作為兩個角色在互動上的平衡與仲裁。這符合了當前對於半總統制憲法的定義，被歸屬為半總統制的憲法有其論述上的基礎。然而，若僅就憲法條文來觀察，並對威瑪共和與當代半總統制的其他國家相比較，將會出現忽略歷史背景帶給憲法設計精神上的差異。在本書的第一章曾經提及，對不同國家的半總統制憲法進行比較時，不能迴避的是瞭解這些憲法條文被設計出來的原因，因為儘管在條文的比較上同歸屬於半總統制，但是因為設計的原理不同，將使相同的憲法架構有不同的運作可能，必須回到憲法設計的理念，可以釐清在相同的憲法條文背後，存在的不同意涵。以下從半總統制的三點定義分別討論威瑪憲法在設計的原理上，與其他半總統制國家的異同。

總統的產生

依據前文的討論，半總統制的第一項定義是擁有一個具有民意基礎，透過普選原則產生並且獨立於國會之外的總統。然而，這樣的總統在不同的半總統制國家有著不同的設計原因。以法國第五共和為例，一九五八年的修憲，法國基本上仍是基於議會制的原則，從第四共和的憲政基礎做調整，直到一九六二年透過公民投票將總統一職從選舉人團的間接選舉改為兩輪絕對多數投票制，至此在定義上才完全符合半總統制的條件。然而，總統的直選可以視為從一九五八年修憲以來，持續調整總統的定位的最後結果。法國第五共和的修憲，最初目的是在阿爾及利亞危機發生時，希望藉由修改憲法，賦予行政權對國會的制衡力量，以強化與穩定政府為目的，希望透過對議會制的調整來避免第四共和在議會制之下長時期的不穩定（Elgie, 1999b: 75）。由於總統仍無直接民意的基礎，一九五八年的修憲結果，首任總理德布雷（Michel Debré）仍視其為以議會制為基礎的改良（Keeler and Schain, 1997: 88）。[28]然而，在一九五八年到一九六二年之間，因為阿爾及利亞危機提供當時的總統戴高樂（Charles de Gaulle）擴大總統權力的機會，再加上戴高樂具有的領袖魅力，使得總統一職透過戴高樂本人的聲望在政治上具有舉足輕重的影響力。經過幾次的權力擴張後，由總統領導政治，尤其是國防與外交事務，成為解決阿爾及利亞危機的結果，而最終在一九六二年將總統一職從間接選舉改為直選，以賦予總統在政治領導這個角色上更強的正當性。[29]

從法國的例子顯示，總統直選作為半總統制的設計，第一任的總統戴高樂就解讀成是為了讓總統具有更強的正當性來領導政治，從一開始就將總統視為行政權的核心作為修憲的方向來逐步修改憲法。和威瑪的經驗相較之下，類似之處在於威瑪和法國第五共和都希望透過直選增加總統的正當性，可以在國家進入危難之際代表人民強化行政的權威，也可以透過總統的角色來改善議會制下國會主導的情況。兩者也分別以法國第三、第四共和為借鏡，希望透過直選的總統來穩定行政權。然而，在實際運作上，威瑪共和對於透過直選賦予總統正當性的原因，一開始是希望藉由總統直選，讓總統代表全體人民具有解決政治僵局的正當性，總統扮演的是一個仲裁者的角色，在一般的狀況下，仍是由議會制的運作邏輯作為憲政運作的基礎。而法國第五共和在戴高樂將總統一職解釋為實際政治的領導者之下，直接建立總統領導政治的憲政慣例，使得總統在共和的一般時期也是實質政治領導者，並藉由直選賦予其領導政治的正當性基礎。這是兩者對於總統直選的原則上最大的差異。

再以奧地利為例，奧地利在一九一九年面臨和威瑪極為類似的處境，第一次世界大戰的戰敗使得哈布斯堡王朝因此覆滅，第一共和也因而誕生。然而一九一九年三月所設計的憲法，基於擔心總統成為軍事獨裁者或是君主的替身，因此將總統一職設計為象徵性的元首，並且採用間接選舉。共和的首任總統海尼煦（Michael Hainisch）甚至戲稱：「我的權力所能干涉的範圍，只有我的圍巾而已」（Müller, 1999: 24）。然而，在一九二九年共和的穩定受到法西斯反民主與反議會力量的威脅，在憲法修正案中決定引進威瑪共和對於總統的設計，透過直選讓總統具有代表人民的正當性，並且賦予其解散國會的權力，以期總統能在法西斯的威脅下扮演捍衛憲法的角色（Welan, 1999: 36; Müller, 1999: 25）。聯邦總統在修憲後被賦予解散國會的權力，而不是組織政府的權力，更凸顯修憲的期望，是希望總統在議會制無法正常運作下才以人民代表的身分解決危機，而非在組織政府時就扮演政治領導的角色（Berchtold, 1998: 490-491），這個原則和威瑪憲法在設計時對總統一職的想像如出一轍。[30]一九四五年以後的奧地利第二共和，因為沒有再發生如一九二九年嚴峻的國家危機，因此也不再需要一個強勢的總統，儘管憲法沒有再修改總統的選舉方式，但歷任總統的候選人都強調當選後保持中立不干政的原則。而儘管憲法未曾修改，但一九二九年和一九四五年之後的憲法運作，卻出現兩種截然不同的類型（Welan, 1992: 38-40）。

和威瑪憲法相較之下，奧地利的經驗顯得有趣。奧地利在一九一九年所面臨的處境幾乎像德國的翻版一樣，哈布斯堡王朝在第一次世界大戰後覆滅，新的民主共和在戰敗中如危卵而生，然而威瑪在一開始就設計一個直選的總統，期望在危難之際總統能作為全民的代表捍衛民主；但奧地利則是憂心一個強權總統會成為君主的替身，在一開始設計一個象徵性而無實權的元首，直到國家出現危機時再修改憲法，調整總統的權力並且以直選賦予其代表人民的正當性。兩個國家在一九二九年面臨國家的危機時，都朝向建立一個更穩定、更具權威的行政權發展，奧地利在一九二九年增強了總統的權力，並修改總統的選舉方式為直選，在定義上滿足半總統制的條件；德國則是在一九三〇年透過總統的緊急命令權讓內閣負責的對象從國會移轉到總統，強化了行政權的一致性與總統的權威。

冷戰結束後，大量採用半總統制作為憲法架構的中東歐後共國家，在總統直選的設計上有著一些普遍的結構性因素。首先，多數的後共國家之所以展開民主化，是因蘇聯突然瓦解的壓力所致。在此情形下，這些國家的共產黨在民主化的同時仍舊保持強大的組織與力量，但是可預期的是將會因政治競爭的開放而持續喪失絕對的主導地位；相反的，反對力量雖在民主化時相較於共產黨仍舊薄弱，但可預見的是將會持續的成長。因此，對共產黨而言，有信心在民主化的初期經由直選贏得總統一職，所以在與反對力量談判制訂新憲法時，主張總統的直選。[31]再者，轉型初期由於政治場域的突然開放，可以預期的是多種的社會分歧將導致國會內的多黨林立，若採行議會制，會使政府陷入不穩定的危機，也不利於經濟上的同步轉型（Bunce, 1997: 167-169）。這些中東歐的後共國家，在總統直選的議題上，和威瑪憲法的設計原則大異其趣。採用總統直選的後共國家，考量的是藉由直選的總統重新獲得執政的正當性，並且帶領國家進行經濟轉型與民主化，完全不同於威瑪共和，希望讓總統透過直選取得直接的民意正當性，更能代表人民扮演政治上的仲裁者角色，或是當議會民主失靈時能夠扮演捍衛憲法的核心。

這些半總統制國家，在總統產生的方式上有著以人民直選為原則的相同設計，但是設計直選的細節卻各有所異，唯一類似的地方在於這些國家，無論是威瑪、法國、奧地利或是中東歐的後共國家，在新憲法實施的時候，國家都面臨內政或外交上的挑戰。威瑪和奧地利是時值國家戰敗甚至分裂之際、法國是面臨殖民地阿爾及利亞危機、而中東歐則是經濟轉型的關鍵時刻。在這個考量上，一個民選的總統可以在具有直接的民意基礎上，運用憲法賦予的權力帶領國家克服困境，是這些國家將總統設計為直選的共同因素。然而，在憲法的精神上，這些國家仍舊存在一個原則上的基本差異，就是總統是否被定位為國家政治的領導人？在威瑪的經驗上，從前文的分析可以發現，制憲者普洛伊斯的想像是設計總統搭配議會制為原則。普洛伊斯多次強調威瑪憲法以議會制為基礎的原則，而之所以設計一個直選的總統，是希望當議會制無法正常運作時，總統能夠在具有民意的基礎上解決僵局或是捍衛憲法，這個精神和奧地利在一九二九年的修憲背景較為類似。法國在精神上和實踐上從一開始就出現落差，隨著總統個人聲望以及所屬政黨在國會中擁有的多數，使得總統直選被視為總統依據直接民意領導政治的正當性來源。在實踐上，法國和中東歐國家的情況反而較為相似，後共國家設計一個直選的總統，是希望總統在具有民意基礎的條件下直接成為國家的政治領導人，而非「備而不用」的角色。[32]這個本質上差異，也將使得這些半總統制國家儘管在憲法設計上有著類似的外貌，卻有著迴異的運作結果，這一點可以在下一個部分關於總統的「實權」上進一步討論。

總統的「實權」

半總統制的第二個定義，是民選的總統在憲法設計上擁有能夠影響甚至改變憲政運作的實質權力。比較總統的權力是半總統制研究中相當常見的主題，但是多數的文獻集中在對總統權力的測量或條文的比較。事實上，基於對總統這個角色在憲法中的定位，若在設計的精神上就出現差異的話，相同的條文設計也會因現實的政治運作以及設計精神的不同而有不同的實踐情況。在第一章本書曾就半總統制的憲政運作做了部分的文獻回顧。其中，絕大多數的研究都是將總統視為研究中的自變項，也就是將總統的權力視為既定的變數，用以對半總統制進行分類研究或是討論其對半總統制運作的影響。[33]相較之下，較少有研究重新回到一部新憲法如何與為何針對總統的職權設計進行討論，或是討論在什麼樣的條件下會設計一部將實權總統搭配一個議會內閣制一起運作的憲法。回到這個問題本身，其重要性在於如果忽略設計總統職權背後的考量，只針對不同個案中，關於總統權力的憲法條文進行比較，將容易失去解釋問題或是解釋憲政運作的背景因素。換句話說，如果在不同的原因之下，對總統權力設計出相同條文，便將這兩個個案歸類為相同的半總統制，將難以正確解釋其憲政運作的差異。儘管制度扮演規約性的角色，影響某些政治行為的發生，但制度作為中介變項，其背後的自變項也應該一併被考慮進來。在這個前提下，威瑪共和的半總統制和當代許多新興民主的半總統制，在比較總統擁有的實權這個方面，具有一定程度的差異。

依據前文的討論，威瑪的總統在憲法的精神上，扮演的不是常態性的政治領導角色，而是在緊急狀態下、議會政治出現僵局或是無法運作的情況下，才被預期以全體人民代表的身分領導國家並解決憲政危機。在正常的狀態下，威瑪憲法仍舊強調議會制的運作基礎，總理才是政府的領導者，對國會負責並且負起政治責任。總統所擁有的權力，依照之前的討論，解散國會、發動公民投票等，是用以避免議會絕對主義，用以防止憲政運作向國會傾斜，或是避免因多黨體系造成國會運作的低效率，並造成內閣的不穩定。而憲法第四十八條，則是當國家陷入危機，總統得以動用的緊急權力，但權力的範圍不包括改變憲法的運作精神。就這樣的憲法精神來說，奧地利在一九二九年的調整，和威瑪憲法有異曲同工的情況。奧地利也是直到一九二九年，當憲政出現危機時，才修改憲法賦予總統更多權力與直選的正當性，以期總統能代表人民維持民主憲政的運作。因此，當憲政危機結束，奧地利的憲法再度回歸到議會制之上，而總統也恪遵憲法的精神，扮演中立的角色，在正常狀態下避免介入政治競爭，唯有當議會制再度失靈時，總統才能暫時性的發揮影響力。因此，總統被定位為一個替代的、儲備的、補充性的政治領導者（eine Ersatz-, Reserve- oder Nebenregierung）（Welan, 1992: 47）。

相反的，在法國或是中東歐其他的半總統制國家中，總統在憲法上所擁有的權力，不僅僅是當國家出現憲政危機時才具有影響力。更重要的是，這些國家的總統被視為一個常態的政治領導者，被視為在一般狀態下就具有負起政治責任的政治領袖，重要性甚至更強於總理。以法國為例，在一九五九年十一月，因應阿爾及利亞危機，強調國防與外交事務應該由總統領導（Keeler and Schain, 1997: 91），就總統在危機時期領導國家而言，這和威瑪憲法的精神並無二致，但不同的是，法國自此奠定了憲政慣例，此後總統成為國防與外交事務的常態性領導角色。一九六二年甚至透過公投修改憲法，賦予總統直選的民意基礎。法國一九五八年至一九六二年的發展，決定了第五共和的半總統制朝向總統與總理雙元領導的結構。在正常的憲政狀態下，政治就是由總統與總理共同領導，兩個角色共同分享行政權（Elgie, 1999b: 70, 77; Constantinesco and Pierré-Caps, 2006: 350）。

在中東歐的情況，新憲法中關於總統權力的設計，多數取決於前共黨和反對黨的談判過程。透過所謂的「圓桌會談」（Round Table Talks, RTT）模式，這些國家藉此決定總統的產生方式、總統的權力、憲法的架構、國會的選舉方式等等重要的議題（Elster, Offe and Preuß, 1998: 65）。[34]此外，就路徑依循的角度觀察，後共國家採用半總統制的新興民主國家中，如果在轉型期間或爭取獨立的期間存在一個具有領袖魅力的領導人（charismatic leader），也是新憲法的設計採用半總統制的重要因素之一。例如波蘭的華勒沙總統（Lech Wałęsa）（Bernhard, 1997: 186-190）；在立陶宛的藍茲貝爾吉斯總統（Vytautas Landsbergis）（Urbanavicius, 1999: 151）；[35]在斯洛維尼亞成功領導共產黨聯盟轉型，並且在新憲實施後連續兩屆的總統選舉在第一輪就獲得絕對多數而當選的的庫昌總統（Milan Kučan）（Cerar, 1999: 239）。[36]有些國家儘管不一定在轉型期間有魅力型領袖，但基於單一政治領袖權威的政治傳統，也會影響新憲法中賦予總統實權以作為行政權威的代表，俄羅斯就是此例（White, 1999: 221）。[37]在後共國家的經驗，透過圓桌會談或是共產黨與反對力量的談判來決定新憲法的方向，半總統制可以被視為一個常見的妥協結果。主要的原因在於對總統擔任政治領袖有一定的期望，這個期望可能是來自於獨特的領袖魅力或是政治傳統。而在野力量基於防止獨裁的再度發生，也會要求政府必須向國會負責，這樣的妥協就是半總統制的初步結構。

另一個值得比較的國家是芬蘭。芬蘭長期以來作為俄國的附庸公國，直到一九一七年趁著俄國十月革命之際才獨立出來。歷經一九一八年的內戰，芬蘭內部各政黨對於獨立後的第一部憲法該採取何種體制有著嚴重的歧異。右派的保守黨與瑞典人民黨基於聯合德國以對抗俄國的考量，在憲政體制的立場上聽從德國軍方的建議，主張君主立憲體制，甚至在一九一八年十月九日選出具有德國王室身分的赫塞（Karl Friedrich von Hesse）作為芬蘭完成獨立後的國王（Arter, 1999b: 49-54）。相較於此，左派的社會民主黨則是主張議會體制，希望在獨立的議題上獲得英、法等西方國家的支持。德國的戰敗使得君主立憲的政治體制變得不可能，取得西方戰勝國的支持成為芬蘭在獨立運動上最後的選擇。新的憲法於一九一九年六月表決產生，在妥協的結果下，決定以間接選舉的總統一職作為國家元首（Paloheimo, 2003: 222; Nousiainen, 1971: 148）。對於右派而言，民選的總統可以視為君主的投射，因此這個總統也被賦予相當程度的權力，尤其是憲法第三十三條規定，總統具有外交事務的絕對決策權。對於左派而言，也兼顧議會民主的原則，因此在總統之外，憲法也設計了一個向國會負責的政府，並且由總理領導。在行政權的設計上，芬蘭呈現一種典型的雙元領導，儘管這部憲法裡，總統是由一個三百零一席的選舉人團間接選舉所產生，但無損於總統在憲法裡作為國家元首以及領導政治的地位。到了一九九一年修改憲法，總統改由兩輪多數投票制直接民選，在各項指標上更符合半總統制的定義。芬蘭的個案和威瑪共和相較之下，相同之處在於新憲法對國家元首的重新定位。然而，芬蘭一九一九年的憲法將總統設計為間接選舉，並且由總統領導外交權，無論在產生方式和權責設計的原則上，都和威瑪大異其趣。

回過頭來比較威瑪共和的經驗，在總統擁有的實權上，如果僅就憲法條文做比較，只能觀察出總統擁有的權力有哪些差別。但對於為何在憲法上賦予總統這些權力，則可以看出威瑪和當前許多半總統制國家的相同與相異之處。相同之處在於，威瑪和法國、奧地利、芬蘭或是多數的後共國家一樣，在新憲法設計的時間上，國家都面臨一定程度的困境或挑戰。在威瑪是一九一九年的戰敗與分裂危機；在奧地利是一九二九年存在的反民主和反議會力量；在法國是一九五八年的阿爾及利亞危機；在芬蘭是脫離俄國獨立的關鍵時期；在後共國家則是一九九〇年代面臨的政治與經濟同時轉軌。這些因素使得新憲法賦予總統一定的權力，期望總統在危急的時刻能夠藉由人民的直選發揮領導國家的功能。然而，威瑪或是奧地利，和法國、後共國家相比較之下所不同的地方在於，威瑪共和強調議會民主的基礎。依據普洛伊斯的設計理念，正常狀態下政治的領導人是總理，而總統只有當國家出現危機或是議會制無法運作時，才扮演政治領導者的角色，而當憲政運作進入危機或是陷入僵局時，也表示總理失去領導的能力或是條件。就憲法的精神來說，威瑪都是呈現單元領導，只是在理想上具有從總理換軌到總統的可能。這和法國、芬蘭及後共國家在一開始的設計上就基於雙元領導，讓總統與總理兩人同時具有領導政治、肩負政治責任的原理，甚至主要是由總統來領導政治，有著很大的差別。

向國會負責的政府

半總統制的第三個定義，是除了一個直選的總統，其具有能夠影響甚至改變憲政運作的實質權力之外，另外也存在一個由總理領導，向國會負責的政府。和之前討論總統直選以及總統實權的背景一樣，在這個部分，如果只就憲法條文比較，只能觀察政府和國會、政府和總統的關係。然而，若從憲法設計的精神為切入點，則可以進一步比較威瑪和其他半總統制國家的異同。

在設計一個向國會負責的政府方面，威瑪和法國、奧地利有較為類似的設計原理。如本章一開始所討論的，威瑪憲法在設計上本來就是以議會制為主軸，然後設計一個具有實權的總統作為保障憲法正常運作的屏障。因此，基於議會制的精神，政府由總理領導，由國會決定去留，是威瑪憲法的基本精神。搭配民選與擁有權力的總統，形成了威瑪憲法半總統制的輪廓。在法國，一九五八年的修憲經驗，是以改良第三、第四共和的議會制為主要的想法。因此，憲法修正的方向是以穩定行政權為考量，在議會制為基礎的情況下建立一個有能力制衡國會的政府，這個憲法設計的精神和威瑪如出一轍。奧地利在一九一九年的憲法，更是直接設計一套議會制的憲法作為哈布斯堡王朝崩潰以後的第一部民主憲法。直到一九二九年，議會制面臨法西斯政黨反議會與反民主的威脅，才修改憲法賦予總統直選的民意基礎與權力，希望藉由代表人民的總統穩定憲政，捍衛民主憲法。即使如此，奧地利在一九二九年的修憲，幾個主要政黨仍舊強調政府的組成應該基於政黨政治，而非經由總統（Berchtold, 1998: 491, 493）。威瑪、奧地利和法國第五共和的憲法，其本質一開始都是以議會制為準則，直到實際運作上，法國經由戴高樂任內，面對阿爾及利亞危機時的擴權，並建立總統領導政治（尤其是外交與軍事）的憲政慣例；威瑪則是在興登堡任內，面對一九二九年爆發的世界金融危機，建立了總統內閣，使總理領導的政府負責的對象從國會轉為總統，瓦解了議會制的基礎。對威瑪共和、法國或是奧地利的經驗來說，設計半總統制憲法的邏輯是從議會制出發，隨著憲政發展搭配一個具有直選基礎與權力的總統。

芬蘭的情況則和威瑪有著較大的差異。在一九一九年的憲法，芬蘭基於議會制與君主立憲的妥協，設計了總統與內閣作為雙元的行政領導。在內閣的部分符合議會制的精神，也就是基於對國會負責的原則來領導政治，這是一個「一般性的政府」（general government）。但是也因為芬蘭特殊的處境，在獨立建國之際面對俄國強大的威脅，因而也賦予了總統在外交事務上的絕對權力。因此，對芬蘭來說，憲法設計是以議會制為藍圖，同時因應國家的需要而賦予總統權力。就這個經驗來說，芬蘭和法國的模式可以說是殊途同歸。儘管芬蘭總統因為現實政治的需要而握有很大的權力，但仍堅持議會制的基本原則，使得芬蘭在設計憲法時就具有雙元領導的特徵。芬蘭的模式是，向國會負責的總理是平日在政策執行上的領導人，但是像政策的整體策略，這種最重要的權力，卻是取決於總統身上（Nousiainen, 2001: 97-98）。就這點來說，芬蘭設計憲法的出發點類似於法國，但在總統與議會體系的關係上，則與後共國家的經驗更為相似。芬蘭的憲法設計，一開始就有雙元結構的構想，議會制的部分類似於威瑪和後共國家；而賦予總統權力的考量，則是類似於法國。不同於部分的後共國家，為了避免總統權力過大，搭配議會制以制衡總統，而是一開始就基於國家的需要而設計負有領導權的總統。

一部分後共國家的經驗則是在民主轉型，設計憲法的時候，就因為各種因素確立了總統領導政治的常態。[38]這些因素包括共產黨與反對黨在轉型時的協商結果，共產黨希望透過總統制的基礎維持轉型後的權力，而反對黨則希望透過開放總統選舉獲得更多的自由競爭機會。其次，後共國家面臨經濟與政治的同步轉軌，由一個穩定的行政核心來帶領政治將有助於轉型的成功與穩定，而在這個角色上，直選的總統比向國會負責的總理更有優勢。其他諸如顧及轉型後因為社會分歧將可能導致的疲弱國會；或是因資訊缺乏以及轉型時間短暫，通常是以地緣和歷史發展較接近的法國和德國為新憲藍本（Bunce, 1997: 167-169）；有些國家甚至基於魅力型領袖的影響，或是歷史上一個強而穩定的行政領導的傳統等因素，也是造成後共國家在民主化後，選擇一個強勢總統的原因。然而，基於對獨裁復辟的憂慮，加上反對黨期望透過國會獲得制衡的權力，在強勢總統之外，設計一個向國會負責的政府，以避免權力的過度集中，而這個藍圖就是半總統制的基礎。因此，對後共國家而言，設計半總統制憲法的邏輯是從總統制出發，在避免權力集中的情況下搭配一個向國會負責的政府。

總結以上的比較，在半總統制的設計上，威瑪和其他半總統制國家就設計的原因來說，本書歸納以下的異同：就設計憲法時面臨的客觀背景條件而言，威瑪和其他多數新興的半總統制國家一樣，在制訂新憲法之際，都面臨國家元首重新定位的問題。[39]威瑪共和和奧地利都是舊王朝崩解，新共和建立；芬蘭是脫離俄國獨立建國；而後共國家是共產黨獨裁的結束，民主政府的開始。其次，威瑪共和和其他制訂半總統制憲法的國家一樣，在轉型之際都面臨國家的困難與挑戰。威瑪共和是戰敗與分裂危機；奧地利是反議會與反民主的壓力；法國是阿爾及利亞危機；芬蘭是獨立、內戰以及與俄國的險峻關係；後共國家則是政治與經濟同步轉型的壓力。

儘管在客觀條件相似的情況下都設計了一部混合總統制與議會制的半總統制憲法，但仔細比較設計憲法的主觀考量後可以發現，威瑪共和、奧地利、法國、芬蘭或是後共國家的憲法理論仍然有著些微的差異，甚至可以說是不同的運作邏輯。威瑪共和的半總統制憲法，是以議會制為出發，總統是制衡國會的角色，但是只有當議會制無法運作或是進入緊急狀態時，總統才具有在非常態下擔任政治領導的能力。奧地利則是在新憲法上選擇議會制，直到一九二九年才因為議會制的危機而引進威瑪憲法的理念，將總統在憲法上的定位調整為一個制衡國會與危機領導的角色。威瑪共和與奧地利的憲法，雖然將行政權透過總統與政府做了二元化的設計，但這個二元化的依據不是總統與政府在行政權的分權分工，而是一種時間序列上的常軌與預備機制。基本上設計憲法時是以議會制為主，再輔以一個總統作為最後的考量。換言之，威瑪共和的憲法理論是預期建構一種在常態時以議會制為主軸的憲政秩序，只有當國家陷入危難才由總統領導政治。這是一種「垂直分時」式的半總統制憲法理論。

法國則是基於第三與第四共和的經驗，先是在一九五八年以議會制為基礎，調整一部分總統的權力，接著在實際的運作上，再經由阿爾及利亞危機使得戴高樂在任內建立了總統領導的憲政慣例，並且在一九六二年透過公民投票完成總統直選的修憲案，確立了總統作為政治領導的角色。[40]芬蘭和後共國家在這個方面的主觀考量則截然不同，芬蘭是希望藉由總統的領導，在外交事務上有一個強而有力的行政核心。而多數的後共國家在半總統制的設計上，一開始就是以總統作為政治領導為原則來設計，然後才是考慮到防止獨裁的復辟，在輔以一個向國會負責的政府，作為分權制衡的設計原則，形成了半總統制的架構。相較於威瑪憲法垂直分時式的半總統制，法國、芬蘭、部分後共國家等，則是一種水平分權式的半總統制。總統和政府是以一種分權分工的二元行政存在，兩者都被預期具有領導政治的正當性。關於設計背景、總統角色、憲法原則等異同，整理如表3-2。

這一節在半總統制的設計上，強調威瑪憲法的精神，和其他半總統制國家的差異，而非就條文內容進行比較。本書認為，憲法設計的精神和憲法條文一樣，是影響憲政運作的重要變數。更重要的是，從憲法設計的邏輯來比較，將更可以觀察出憲政運作的差異性，以及這部憲法在實施上和設計理念出現的落差，對新興民主所造成的影響。本書將在第四章與第五章對此加以討論。

小結：被視為半總統制的威瑪憲法

在威瑪聯盟的三個政黨主導下所通過的威瑪憲法，和威瑪共和建立的過程相似，具有濃厚的妥協味道（Boldt, 1988: 59）。新的共和是帝制時期時，社會中一部分代表市民階級的反

表 3-2 半總統制憲法設計與背景的比較

個案	設計憲法的背景	總統的產生方式	總統的憲政定位	半總統制憲政運作的原則
威瑪共和	戰敗與分裂危機	直接民選	國家元首與政治仲裁者	垂直分時式 常態時依循議會制，非常時期由總統領導
奧地利	戰敗與分裂危機	間接選舉改為直接民選	國家元首與政治仲裁者	垂直分時式 常態時依循議會制，非常時期由總統領導
法國	阿爾及利亞事件	直接民選*	國家元首與政治領導者	水平分權式的雙元行政領導
芬蘭	脫離俄國獨立	選舉人團改為直接民選	國家元首與政治領導者	水平分權式的雙元行政領導
後共國家	經濟轉型與政治轉型的同步	直接民選	國家元首與政治領導者	水平分權式的雙元行政領導

資料來源：作者自行整理。

*一九五八年的第五共和憲法，原本仍是規定總統由間接選舉產生，後來在一九六二年才透過公投改變為直選產生，滿足了半總統制總統直選的定義。

對力量，以及一部分代表勞工階級的反對力量相互妥協而成，而可以在新的憲法裡面發現社會民主和自由主義，同時又保有基督教與保守思維的色彩（Gusy, 1997: 78）。[41]不僅如此，德國從十九世紀以來的行政立法緊張關係，在威瑪憲法也僅是以一種妥協的形式保留下來。這種妥協的形式，就是將議會民主與總統代表的行政權威，透過垂直分時的方式安置在同一套憲政秩序中。也因此，威瑪憲法甚至被稱為一部「沒有政治決斷的憲法」（eine Verfassung ohne Entscheidung），是一個政治與社會妥協下的體系（Kolb, 2002: 20）。威瑪憲法的制訂，帶有三個德國發展過程所獨有的特徵，包括一個中產階級與政黨體系相對的結構；一個軍事上的戰敗與極為混亂的社會與政治關係；以及對一個集中當時各種不同憲法的優點於一身的渴望（Bracher, 1964: 13）。威瑪憲法中具有前兩項的妥協性，可以說是俾斯麥遺留下來的遺產，而第三個妥協的特徵，就是表現在總統制與議會制的兩種憲法之上，尤其透過對總統的角色分析，更可以清楚的將這個妥協性表現出來。

威瑪憲法裡所設計的總統，在理念上是作為國家元首，具有代表人民解決政治僵局的權力。然而，純粹就條文而言同時也具有政治領袖這個身分的空間。在政治領袖這一方面，從第二節討論的總統權力來看，威瑪憲法仍舊存在部分的疑義。首先，儘管憲法第五十五條規定政府由總理領導之，看似以總理為行政權的領袖。[42]但是總統透過對總理與官員的自由任免，加上總統行政命令的政治責任是由總理與政府經由副署而具體負責，可以使總統對行政權有更大的涉入甚至領導的空間。更甚者在於，憲法第四十八條緊急命令權的設計，賦予了總統一個最有力量的政治權力，就是「必要時」可以凍結部分憲法，強力執行其政治意志。儘管普洛伊斯的原始理念是將總統在憲政上的主要功能置於「組織政府」，而非領導政府（Preuß, 1926: 417），並且不斷強調議會民主才是威瑪憲法中的民主導航（Preuß, 1926: 426），但是具有直接民意的總統，藉由各種憲法賦予的權力介入政治運作的情形，在威瑪時期屢見不鮮，尤其在共和後期（一九三〇年之後）更為嚴重。從組織政府和緊急命令權可以看到威瑪憲法另一個行政與立法妥協的結構，那就是將主動的實施權力交由總統來執行，但將被動的撤銷與要求終止的權力，交由國會來執行。威瑪憲法作為半總統制憲法，總統和國會都有民意的正當性，組織政府和緊急命令權的設計，是將這兩個民意結構一起考慮進來，由總統握有組織與發動權，由國會擁有倒閣與終止權。這也呼應了在德國行政立法緊張關係的憲政傳統，以及行政優勢的潛在因素。這個問題在現實運作上，也受到之前所述，不同政黨對總統角色不同的認知，以及歷經威瑪之初幾屆政府難以基於國會多數而運作的影響後，讓總統往實際的政治領導人偏移。最終在一九三〇年發展出具有扭轉整個憲政理論的總統內閣（Präsidialkabinett），以至於最後的行政獨裁與民主崩潰。【43】

在發動政治裁決的這個部分，事實上才是普洛伊斯對總統一職在威瑪憲法中的主要期待。普洛伊斯認為，總統因為人民直選而具有代表人民的象徵地位，應該據此扮演維持憲政運作的核心角色。因此，主要的權力例如解散國會、發動公民投票、甚至發動緊急命令權，都是在憲法運作出現危機時得以使用的工具。其中，解散國會與發動公民投票，都不能將總統視為仲裁者，而僅是扮演發動仲裁的角色，真正的仲裁仍舊在於全體人民的政治決斷。這是普洛伊斯根據法國的經驗，參酌美國的憲法調整而來。也因為此，總統被視為憲法的守護者，因為當憲法出現危機時，總統有許多可以捍衛憲法，讓憲政持續運作的權力。【44】

最後，在結束本章以前，本書擬對二十世紀德國重要的憲法學家施密特（Carl Schmitt）對威瑪憲法的解讀做一討論。之所以探討施密特的觀點，一方面是因為施密特用以解釋威瑪憲法的幾部重要著作，是在憲法執行一段時間後所完成的，【45】這些憲法解釋參考了威瑪憲法頒布後實際運作的情況，加上施密特本人學理上的特殊性，使得他的學說不只對後來的波昂基本法，也對歐陸的憲法學說發展產生一定的影響。其次，施密特所發展的憲法理論與當代的憲政思潮之間有明顯的差異，可以用以提供檢視當代憲政主義發展的困境時另一個角度的素材（蔡宗珍，2003: 80）。然而，施密特對威瑪憲法的解釋，在當代被視為解讀威瑪憲法的其中一個分支，仍舊具有詮釋威瑪憲法的爭議。換言之，施密特的憲法觀點，有時甚至被視為補充該憲法之不足，或者「倡導」威瑪憲法在實踐上的應然面，而不全然代表威瑪憲法具體的內涵。從這裡也可以看出，威瑪憲法因為妥協性格而具有的多種實踐可能，也引導出多種憲法理論和憲法解釋的辯論。雖然如此，從施密特對威瑪憲法的解讀，不僅可以補充威瑪憲法在設計的理論上與憲政主義的對話，也可以看做是威瑪憲法實行將近十年後，作為理解憲法設計的精神面和憲法運作的實際面兩者之間出現落差的重要資料。

施密特認為，威瑪憲法中由人民直接選舉的總統，其職權必須在學理上所謂中立的（neutral）、斡旋的（vermitteln）、調節的（regulierend）與恆常性（bewahrend）的輔助之下被設計出來（Schmitt, 1931: 137）。[46]而這些特徵，都是總統作為憲法的守護者（der Hüter der Verfassung）所需要具有的條件。而依據當時德國所處的國內外環境，施密特進一步指出，沒有總統這個角色的話，要讓多元分歧的德國維持統一將無以為之。[47]總統也扮演協調各邦與各黨派的角色，特別是當國會中沒有辦法形成多數的時候，總統更要在政府與國會之間發揮斡旋的功能（Schmitt, 1931: 138-139）。由此可知，總統一職在威瑪憲法中，扮演的主要功能並不是領導政治、負起政治責任，而是居中扮演協調不同意見、維持憲政運作並保護憲政的存續。這和當代以法國或是後共國家為主要觀察對象所討論的半總統制，有著相當大的差異。

就憲法中政府體制的部分，威瑪憲法如同施密特所說，符合了當代憲法的重要精神，是一套權力分離與平衡（Trennung und Balancierung der Gewalten）的設計。透過權力分立讓行政與立法的權限分離，然後再透過一些聯繫取得之間的平衡（Schmitt, 1928: 186）。據此，施密特也同時認為，在威瑪憲法裡，以國會為主軸，同時具有國會領導、總理領導、內閣聯合領導以及總統領導等四種可能的相容性（Schmitt, 1928: 341）。其中，在總統領導這一方面，施密特認為威瑪憲法的總統存在兩種實踐上的可能。其一是作為實際上的政治領導者；其二是作為中立的政治裁決者（Schmitt, 1928: 350-353）。施密特對總統的正當性與憲法中的定位，明確的指出總統在憲法實踐上可能存在的兩種可能性以及其造成的混淆。其中，如果總統扮演的是實質上的政治領導人，那麼基於行政權的二元化，將可能導致二元對立的後果（也就是總統和國會多數所支持的政府分屬不同黨派時的共治）。儘管憲法仍設計可以由人民透過公民投票或是重新選舉國會來解決這個二元對立，但施密特明確指出，實際運作上人民不可能選舉一個領導人來製造更多需要裁決的政治糾紛（Schmitt, 1928: 351）。由此看來，總統擁有直接民意，作為中立的政治裁決者應更能符合憲法設計的本意。

事實上，總統的角色在設計憲法時的想像，和後來具體實踐上的落差，也正是威瑪憲法後來引發混亂的重要原因。施密特所強調的權力分離，主要在於行政權、立法權各自獨立行使其職權，而不是「分享」、「共享」的概念。因此，強調的是行政與立法各自的獨立性。而所謂的聯繫以產生平衡，則是指彼此在監督與權力的行使上，不因各自獨立而完全切割，而是透過一些制度的設計避免因行政與國會的歧見而使憲政運作停擺。整個架構就如圖3-1所示。

這樣個憲法架構，政府之間聯繫的精神在於透過相互之間的負責關係而把衝突解決的機制設計在裡面，而平衡的精神則表現在彼此的互相牽制，以避免任一單位在其擁有的職權上有破壞憲法的情況發生。就本章的分析而言，總統在權力分離的架構中，依據設計者普洛伊斯的理念，扮演的是當行政與立法兩項權力，因對立成為僵局，甚至使憲政無法運作時，提請人民仲裁的關鍵角色。同時，考慮

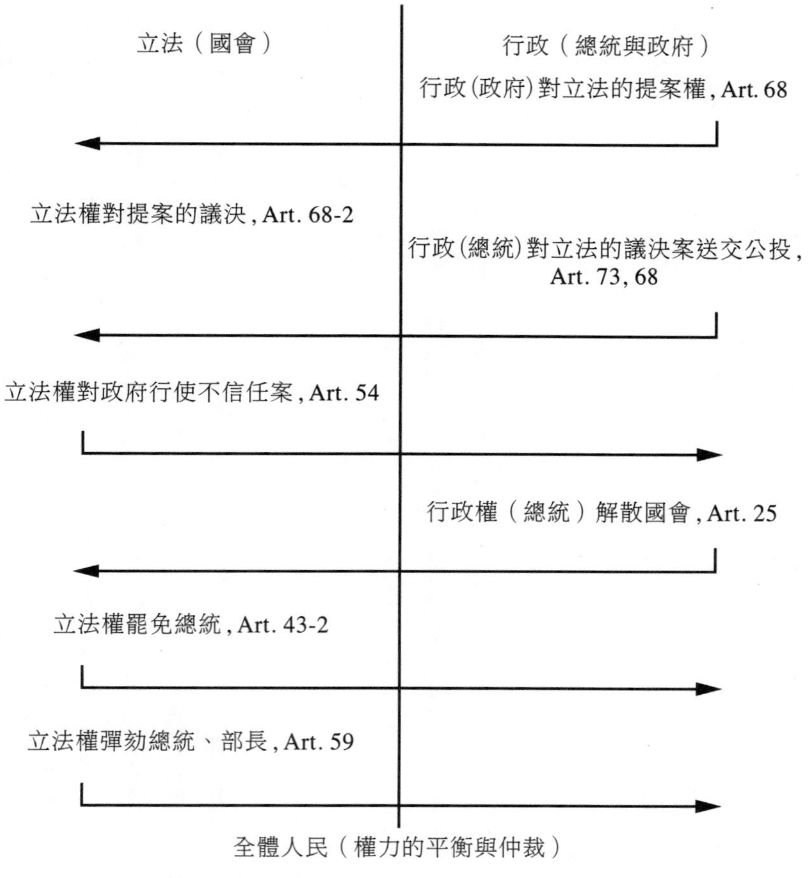

資料來源：Schmitt（1928: 197）。

圖 3-1　立法與行政權的關係與平衡

到總統仍有可能因各種因素而有不適任的情況，因此也賦予國會制衡的權力。而如果總統握有這些憲法上的重要權力，但扮演的卻是實質的政治領導者角色，那麼施密特所分析的行政權二元衝突，將更容易在這套憲法中傾向總統宰制的趨勢。威瑪共和後期就證實了這個情況。

從新制度論的角度來看，憲法作為一種制度，共識決與社會均衡是憲法正當性的必要條件（林繼文，2003: 41）。這是因為儘管一部憲法作為各種力量妥協的產物，如果產生過程沒有共識決，或是依憲法產生的社會秩序無法維持社會均衡，那麼憲法本書就容易更動，憲政慣例或是憲法解釋也無以為據（林繼文，2003: 66-67）。從這個角度來看，威瑪憲法的設計從共和建立開始就包含了各種力量的妥協，在取得共識的過程中，只能說獲得了過半數的同意。這不表示過半數的人都願意遵守，充其量只是過半數的人在己身的利益不被挑戰的情況下願意贊成它而已。在維持社會均衡的這個方面，更看到威瑪憲法的窘境，也是憲法設計的理論和實際運作出現落差的主要原因。威瑪憲法無法維持社會的均衡，也因為欠缺共識而沒有更動憲法本書的能力，使得憲法運作必須從條文裡的缺口有所突破，才被視為有運作下去的可能。[48]本章從威瑪共和的客觀環境與制憲者的主觀思考為背景，探討威瑪憲法基於特殊的情境之下被設計出來的內容和原因，站在較高的角度來看，這是屬於功能論的論述架構。然而，新制度論的論述途徑，也能夠提供這部憲法在實踐上遭遇困境的社會想像。本書認為，從功能論來說，憲法被期許解決當時德國的問題；從新制度論來說，憲法則是在欠缺共識下的情境產生。在實踐上，威瑪憲法也無法滿足功能論的預期，解決德國的困境；而從新制度論來說，威瑪憲法更因為無法維持社會均衡而導致最後的崩潰。

本章討論威瑪憲法的設計原則和背景，並且分析其架構。就設計的背景而言，受到客觀上德國面臨戰敗所導致君主體制的崩潰與分裂的壓力，以總統取代君主是不可避免的原則。再就設計者普洛伊斯的主觀想像而言，將總統設計為與國會制衡的代表，具有穩定國會制的功能，並以直選賦予其代表人民的象徵。這部憲法如同本章起始引用普洛伊斯本人所言，「威瑪憲法不是誕生於充滿幸運的陽光之中，而是誕生在國家戰敗與民族不幸的深淵之下」。從憲法的精神來說，威瑪憲法仍舊是以議會制為準則，而期望總統扮演國會與政府之間的樞紐，並以直選賦予其執行裁決權力的正當性。儘管威瑪憲法在條文上符合半總統制的各項定義，然而在設計的原則上，尤其針對總統的角色，本書認為威瑪憲法和其他當代許多半總統制國家的憲法仍舊有著相當大的歧異，簡而言之就是總統應視為憲政上的中立、超然角色抑或實際政治的領導者？在這個問題上，威瑪和其他的半總統制國家，尤其是當代以法國、後共國家為主要的經驗相較之下，則有著根本上的差異。威瑪憲法中的總統，具有仲裁與斡旋的權力是極為明確的，但其政治領導的角色則相對模糊許多。因此，總統與總理的關係將影響整個憲政體制的運作方向。如果總統僅發揮政治裁決的功能，將行政權完全由總理領導，將使憲政運作偏向議會內閣制的方向，這是制憲者普洛伊斯的期待。相反的，如果總統利用其政治領導的潛在權力，尤其動用緊急命令權以貫徹政治意志時，將使得議會政治徒具形式。一旦國會也無法凝聚多數與總統抗衡時，整個政治運作就會偏向總統制。

依據制憲的原意，威瑪憲法的憲法理論是一種垂直分時式的半總統制，總統被定位為「備而不用的政治仲裁者」與「緊急狀態的過渡領導者」。這樣的設計，是基於德國從十九世紀以來，以國會為國家最高主權象徵的議會制思潮出現後，持續與君主領導的行政優越體制的拉扯。最後在一九一九年受到短期事件的路徑依循下，呈現暫時妥協的結果。這樣的妥協，讓憲法同時設計了議會制的主張，卻也保留了行政權的完整。主要的原因就是代表行政權威的君主體制，是受到戰爭壓力才瓦解，在國內議會民主的力量尚不成熟，甚至需要與軍方合作才能填補君主體制瓦解後的真空所致。議會民主的基礎，是把行政權的正當性建立在國會之中，是一種行政與立法融合的架構。威瑪憲法做了垂直分時的二元行政，把行政權做了有條件的二元化，也就是平常時期總理領導政府的行政權、以及緊急狀態或非常時期總統領導或提出仲裁的行政權。這樣的二元化，以國家狀態作為總統和總理分權的依據，雖然總理的部分確實具有議會制的基本原則，但總統的部分也保留了行政權脫離國會的可能性。如前文所述，這是一個特殊的妥協產物，代表的是議會民主的不成熟，甚至是意味著社會中部分勢力對議會民主的不信任，在制度上遂預留了一個行政完整與優勢的架構。威瑪憲法這種垂直分時的半總統制，和杜佛傑所提出的半總統制在本質上有所差異，也就是對總統在整部憲法架構下的定位，與預期總統在憲政運作中扮演的角色。不僅如此，這樣的本質差異，也連帶的可以解釋在制度上如何造成威瑪共和半總統制不穩定的運作，以及其民主最後的崩潰，這更是本書第四章至第六章分析的制度前提。

注釋

【1】這部憲法，在國家名稱的決定上就帶有妥協的意味。依據一八七一年的憲法，因為德意志帝國的建立，因此在憲法上以 Reich 取代 Bund，憲法的名稱從僅具邦聯體制的「北德意志聯邦憲法」（die Verfassung des Norddeutschen Bundes）改為「德意志帝國憲法」（die Verfassung des Deutschen Reiches）。然而，一九一九年的威瑪憲法，國體已改為共和，社民黨與獨立社民黨一度主張將憲法命名為「德意志共和憲法」（die Verfassung der Deutschen Republik），但不被其他政黨所接受。為了保持國家完整，穩定新建立的共和，同時象徵德意志政權的延續性，社民黨也決議讓步，保留 Reich 的稱謂，憲法名稱和國家名

稱都未做更動，僅在憲法第一條規定："Das Deutsche Reich ist eine Republik"（Apelt, 1964: 89; Winkler, 2005: 103）。憲法第一條若用中文翻譯，則為「德意志『帝國』是一個『共和國』」。但實際上，威瑪共和的政治體制是共和而非帝制，只是在名稱上完全延續第二帝國的詞彙，由此也可以看出威瑪憲法在制訂時的現實環境，仍受到過去的政治力量相當大的影響。另一個問題在於，對中文來說，翻為帝國會使威瑪共和與德意志第二帝國在字面上出現混淆，但若翻為共和或聯邦，又會和後來的德意志聯邦共和國混淆，也無法凸顯制憲時其他政黨對 Reich 一詞的堅持。在中文著作裡，是否需要另外用新的詞彙來做區隔，在不同的作品中也有不同的處理方式。例如吳庚即認為應譯為「德意志聯邦」，但反對者認為會和後來的德意志聯邦共和國搞混。中國的錢瑞升則認為保留音譯，譯為「萊希」以避免爭議。劉鋒在翻譯的使用上，採用劉小楓的建議而使用民國，但吳庚則認為顯有不妥。為了避免類似的爭議，本書在 Reichspräsident, Reichstag, Reichskanzler 的中文翻譯上，均只譯為總統、國會與總理。關於吳庚、劉小楓等人對 Reich 一詞翻譯的看法，請參見劉鋒（2004：13, 45-48）。

【2】一八四八年五月十八日在法蘭克福召開的國民議會，具有的特殊意義就在於這是一個「德意志的國會」。雖然這個國民議會並沒有實質的權力，但這仍是德國議會政治史上重要的一個象徵。請見 Winkler（2002: 107）；而從該年的國民議會召開以及立憲以後，也逐漸建立行政立法二元化的傳統。請參見 Friedrich（1933: 185）。

【3】妥協性格不只在國家體制上具有議會主義與總統專制的混合，也可以在社會結構上看到自由主義與社會民主的妥協。請參見 Stolleis（2002: 90）。

【4】當然還有一種形式，就是採用瑞士的委員會合議制。但這種憲政體制在當時並未被考慮，因為太多分歧的政黨，難以在一個委員會中透過共識制訂決策。共和之初的過渡政府—人民代表參政會就有合議制的色彩，最終就是因為社民黨和獨立社民黨的歧異過大而失敗。當時對委員會制度的討論，請參見 Brunet（1922: 153-154）。

[5] 左派政黨獨立社民黨在主張建立社會主義共和失敗後，也在制憲會議中極力反對一個強權的總統，甚至主張不要總統一職，請參見 Brunet（1922: 153）；或 Rogers et al.（1932: 323）。

[6] 儘管在一九一八年到一九一九年之際，也有部分德國人希望德國有一個強勢的總統領導政局，但制憲會議基本的原則是建立一個以議會為核心的民主，因此像美國一樣的總統制在當時也沒有成為被考慮的方案。請參見 Brunet（1922: 155）。

[7] 有些學者認為，德國人民習慣於一個強大的行政領導，這是革命前第二帝國的遺續。而革命後，許多政黨明白，繼承這個行政權威的不可能是必須藉由妥協才能產生的聯合內閣，因此一個直選的總統就成為行政權威的象徵，也是具體的國家元首。請參見 Rogers et al.（1932: 323）。

[8] 立場偏中的中央黨，在這些議題上大多保持較為中立的態度，參見 Winkler（2005: 101-102）。內政上至多強調繼續維持德國的憲政主義以及自決，參見 Huber（1993: 197）。

[9] 原本社民黨甚至主張憲法表決應交付公投，但最後在國民議會的表決沒有獲得多數同意。

[10] 國家人民黨即使在威瑪共和建立後之後，於一九二〇年召開的黨大會上，仍舊決議其黨的基本原則是主張君主立憲（黨綱第四條），代表了各種保守勢力的妥協。請參見 Huber（1993: 159）。

[11] 威瑪憲法希望從調整總統職權來穩定議會政治，是受到法國第三共和混亂經驗非常大的啟示。憲法設計者普洛伊斯就曾直接表示，新憲法的任務就是避免重蹈法國的覆轍（Preuß, 1926: 387），甚至認為法國第三共和的憲法，不能使議會民主確實運作，原因在於總統只是議會的代表，而議會因多黨體系而難以運作（Preuß, 1926: 417）。其他相關討論亦可見 Finger（1923: 310）；Haungs（1968: 27）；Mauersberg（1991: 75）。

[12] 對於公民投票，各黨的立場比較分歧。左翼政黨包括社民黨和獨立社民黨，都主張作為直接民主的一部分，應設計公民投票，人民黨與部分的國家人民黨議員則表示反對。普洛伊斯最終將其寫入憲法，一方面是希望藉此讓社民黨減低對獨裁總統的疑慮，二方面也是基於直接民主的支持與對瑞士經驗的學習。

至於各黨對於總統直選與憲政角色的立場，本書稍後加以補充。

【13】韋伯與普洛伊斯同屬民主黨的領導者，在憲法第一版的草案中也受邀共同參與制憲的工作。請參見 Boldt（1988: 47）。

【14】詳細的內容可以參見 Max Weber（1919）"Der Reichspräsident."Berliner Börsenzeitung, 25 Feb. 1919。此外，普洛伊斯在草擬憲法時也向韋伯請益，當時韋伯就直接建議新憲法的總統應該師法美國，採用直選方式產生，才足以和議會相抗衡；請參見 Apelt（1964: 57）。而在最終憲法設計定案之後，韋伯認為威瑪憲法是一種「議會民主與直接民主的妥協」，而直接民主在政府由總統領導之下更加強化。請參見 Haungs（1968: 32）；Winkler（2005: 100）；Boldt（1988: 53）。

【15】關於這五次的審查與調整，請參見 Gusy（1997: 69-78）。在最終的表決中，三百三十七張有效票裡，由威瑪聯盟的社民黨、中央黨以及民主黨三個政黨投下了二百六十二張的贊成票，而極右翼的反對黨國家人民黨與人民黨，加上極左的獨立社民黨則投下了七十五張反對票，威瑪憲法以百分之七十七點七五的高支持率通過。請參見 Winkler（2005: 105）；Brunet（1922: 36）。

【16】威瑪憲法將立法權設計為雙國會制，一個是代表人民的眾議院（Reichstag），一個是代表邦政府的參議院（Reichsrat）。在全文中論及威瑪的國會或議會，除特別說明外，均是指眾議院而言。

【17】由於各政黨對總統的選舉辦法持不同意見，加上一九一九年複雜的形勢，考慮到總統選舉制度可能會再變革，因此當時決議不寫入憲法，而是用一般法律規定。請參見 Schiffers（1971: 159）。

【18】事實上，在一九二〇年，國會一度有修改總統直選的考量。社民黨曾考慮將總統一職改為國會選舉，起初也獲得民主黨的支持，威瑪聯盟中另一個政黨中央黨對此議題則無特定主張。然而，稍後在柏林發生短暫的卡普政變，在軍事政權迅速失敗後，民主黨認為這代表人民不支持軍事獨裁，也不宜在此時修改憲法，因此總統直選的原則最終並沒有被修改。請參見 Brunet（1922: 157）。

【19】最終的選舉辦法是在即將進行威瑪共和第一次總統選舉前的一九二五年三月十三日才在國會通過，選舉

辦法全文可參見 Anschütz（1960: 247-248）。

【20】這是憲法對緊急命令權的使用唯二的限制。其中國會是在分權架構下作為制衡的憲法機關，但關於緊急命令的使用時機和範圍，則是總統的自我裁量權。請參閱 Fromme（1999: 129）。

【21】總統用以解決政治僵局的另外一個重要權力是發動公民投票。這兩個權力被視為當政治上出現衝突或僵局時，總統代表人民化解僵局的工具。而無論是解散國會或是發動公投，最終解決衝突的依據仍在於人民投票的結果。請參見 Haungs（1968: 28）；或見 Preuß（1926: 388-389）。

【22】威瑪共和的十四年間，只有第一屆國會因任期屆滿四年而改選，其餘六屆國會都是因總統解散而改選，時間分別為一九二四年、一九二八年、一九三〇年、一九三二年七月與十一月，以及一九三三年。

【23】這個部分，普洛伊斯認為總統扮演的是「組織政府」的功能，而基於第五十四條的規定，總統的人事權仍有一定程度受限於國會的結構。雖然如此，對總統一職的認知如果不同，則總統的領導權將可以透過此一憲法條文而獲得強化。這是現實的政治運作，和憲法設計的理念，存在模糊與各自解釋的空間。本書在稍後討論威瑪憲法作為半總統制憲法的特徵時會再有討論。

【24】依據憲法規定，三分之一的國會議員通過，或由十分之一的公民連署，也有權發起公投。

【25】一般的（allgemein）、平等的（gleich）、直接的（unmittelbar）與秘密的（geheim）投票原則，是延續普魯士一八六九年的憲法精神，但實際的投票年齡從一八六九年的二十五歲調降為二十歲。這是社民黨在一八九一年的「艾伏特綱領」（Erfurter Programm）提出的主張，在革命後的一九一八年就已經達成共識，並在一九一九年的國民議會時具體實施。威瑪憲法則繼續沿用此一原則，請參見 Anschütz（1960: 186）。

【26】一九二〇的第一屆國會議員總席次為四百五十九席；一九二四年五月的第二屆為四百七十二席；一九二四年十二月的第三屆為四百九十三席；一九二八年的第四屆為四百九十一席；一九三〇年的第五屆為五百七十七席，到了一九三二年更增加到六百零八席。請參見 Anschütz（1960: 188）。

【27】關於奧地利的這一條款最終並沒有實施，在後來的凡爾賽和約第八十條，做出了德國與奧地利不得合併的限制條款。再依據威瑪憲法第一七八條規定，威瑪憲法不得與凡爾賽和約抵觸，因此此一憲法條文在凡爾賽和約簽訂後應屬無效。儘管如此，因為並沒有透過修憲程序取消此一條款，因此此一條文仍屬威瑪憲法的一部分。請參見 Anschütz（1960: 340-341）。由此一條文的爭議，加上希特勒後來以合併奧地利為目標之一，也可以看出凡爾賽和約對威瑪共和以及憲法的正當性造成極為沈重的負擔。

【28】一九五八年的修憲，其目的是建立一個理性的議會制，總統一開始被預期為中立的元首，而非政治領袖。只是隨著實際政治的發展，總統成為實際政治的領導人，與第五共和修憲的本意越來越遠。第一任總統戴高樂甚至直接表示，總統在行政權的行使有絕對優勢的地位，政府只是決策的執行者。顯見修憲後對總統直選的解讀，在法國不同於威瑪，是直接希望由總統來領導政治。請參見姚志剛（1994: 7-10）。

【29】一九五八年至一九六二年，戴高樂幾次在總統的擴權上挑戰在野黨，儘管在野黨多有責難，但基於解決阿爾及利亞事件，加上戴高樂本人的聲望，使得在野黨始終保持容忍，並且希望戴高樂執政時期只是法國歷史上的插曲。未料，最終的結果是修改憲法，總統領導政治成為第五共和最後的基礎。請參見 Keeler and Schain（1997: 90-94）。

【30】事實上，一九二九年修改憲法賦予總統強大權力之後，在一九三〇年總統米克拉斯（Wilhelm Miklas）就在預期國會改選可以贏得多數的情況下，不僅任命同黨的少數內閣，也立即動用了解散國會的權力。但是結果卻和總統的預期相反，基督教社會黨反而損失七個席次，這次解散國會後的失敗，也讓總統對解散權的使用上更加謹慎。在一九三三年連續三位國會議長請辭所造成的國會僵局危機時，總統就不再動用解散權，請參見 Müller（1999: 25）。一九四五年二次世界大戰結束以後，歷任總統就以虛位元首為訴求，不再有一九二九年以後出現強勢總統的可能。

【31】對於後共國家的政治菁英而言，轉型時期的利益不只是盡量維持己身的權力，同時也要防止其他勢力的

進入。就這個角度而言，總統制要比議會制容易達成這個目的。因此當舊政權的菁英在轉型時期呈現一致化時，很容易朝向總統主導的方向發展。透過總統直選重新取得統治正當性也成為其主張。請參見 Easter（1997: 189）。

【32】中東歐後共國家的情況並非都是一致。仍然可以區分為議會制為主軸或是總統領導為主軸的類型。Elster 等人就將保加利亞、捷克、匈牙利、斯洛伐克等國家，歸類為議會制為基礎的國家，而不是典型的半總統制。請參見 Elster（1998: 95）。

【33】包括有 Shugart and Carey（1992）；Roper（2002）；Metcalf（2000）；Frye（1997）；Bahro（1999）等。

【34】舉辦圓桌會議決定新憲法方向的國家包括波蘭、東德、捷克、匈牙利、保加利亞、羅馬尼亞。

【35】立陶宛在戰爭期間存在一位英雄式的領袖，即為有「布爾喬亞立陶宛的總統」（president of bourgeois Lithuania）之稱的斯曼托納（Antanas Smetona）。他的領導模式，影響立陶宛後來脫離蘇聯獨立時，對一位強勢領導人的想像。請參見 Urbanavicius（1999: 151）。

【36】就法國的例子來說，戴高樂也是在具有領袖魅力的優勢下主導第五共和的修憲。回到威瑪共和的例子上，雖然在一九一九年沒有這種魅力型政治領袖，但在一九二五年勝選的興登堡就有較強的領袖魅力，而威瑪共和總統權力在運作上的強化，也是在興登堡擔任總統任內。因此，魅力型領袖可以被視為是影響一個強權總統的重要變數。

【37】就這點來說，威瑪共和或是奧地利，在剛結束君主專制，首次實施民主共和，也有讓總統成為替代君主的角色這種意涵。Rogers 等人就認為，一個強大的行政權威，是德國在一九一八年革命前就存在的結構，這個行政權威在威瑪憲法中被投射到總統上面，透過直選來代表其作為國家領袖的象徵。請參見 Rogers et al.（1932: 323）。

【38】也有些國家在一開始是以議會制為主軸，並不希望總統有過多的權力。以匈牙利為例，憲法明確指出國民議會是國家最高的權力機構與民意的代表。保加利亞、斯洛伐克、捷克等國也有類似的憲法設計。請

參見 Elster et al.（1998: 95-102）。

【39】就此共同點來說，僅法國是例外。法國是已定位國家元首為總統，修憲是為了調整此元首的權力。

【40】法國歷史上沒有總統制的經驗，而第五共和前身的第三、第四共和也都是採用典型的議會制架構，因此第五共和的半總統制在運作上，國會扮演了不可或缺的角色。請參見 Constantinesco and Pierré-Caps（2006: 353）。相較之下，威瑪憲法是第一部議會制憲法，行政優勢的遺緒仍存，導致後來演變為架空議會成為行政獨大的體系。本書第六章會詳細說明。

【41】這些色彩正是威瑪聯盟幾個政黨的主張。社民黨強調社會民主；中央黨帶有濃厚的基督教色彩；民主黨則是標榜市民階級的自由主義。請參見 Gusy（1997: 66-69）。不僅憲法如此，連國旗的顏色都呈現出極為濃厚的妥協特徵。社民黨主張從一八四八年革命以來的黑紅金三色，而中央黨和民主黨則主張延續帝國時期的黑白紅三色，最終也是妥協的結果，依據憲法第三條規定，國旗顏色為黑紅黃三色，但海上船隻使用黑白紅的三色旗，在旗幟上方角落另標示黑紅黃以代表德國，呈現罕見的「一國兩旗」情況。請參見 Winkler（2005: 103-104）; Bracher（1964: 28）; Boldt（1998: 59）。

【42】威瑪憲法第五十五條規定，政府由總理領導之，並由政府自行訂定政府運作的處務規程（Geschäftsordnung der Reichsregierung），唯此一規程須經總統核可。

【43】關於總統在憲法上的定位，在現實運作時能否落實憲政設計的精神，成為威瑪憲法後來在運作上轉型的重要關鍵。本書將在第四章至第六章討論實際運作與崩潰時，總統的角色在實踐上和憲法設計的精神上，兩者之間存在的緊張，甚至是矛盾的關係。

【44】韋伯和普洛伊斯都認為國會應扮演德國邁向民主的核心角色，而總統是在向國會負責的總理之後，第二個，也是作為預備的，當國會無法形成有效的多數以組織政府後的行政權威。再次強調總統角色在威瑪憲法中備而不用的定位。請參見 Kennedy（2004: 157-158）。

【45】例如最著名的《憲法學說》（*Verfassungslehre*）完成於一九二八年、合法性與正當性（*Legalität und*

Legitimität）完成於一九三二年；《憲法守護者》（*Der Hüter der Verfassung*）完成於一九二九年等等。

【46】所謂的中立，係指總統角色應超脱於不同的黨派色彩之上；所謂的斡旋與調節，係指總統應扮演各政府機關、各政治力量、各政黨之間的協調者；所謂的恆常，則是指總統的任期應給予法律保障，並且有一定的時間性，不宜過短。

【47】以總統作為德國維持統一的象徵，也是制憲者普洛伊斯的主張，參見 Preuß（1926: 428）。

【48】這個缺口，就是憲法第四十八條。

第四章　威瑪共和的運作：一九一九年至一九三〇年

議會主義必須，也應該成為建立民主政治的導航。

——普洛伊斯，一九一九

威瑪憲法設計後的具體實踐，並沒有如設計者所預期，落實總統制與議會制理論上的優點。相反的，兩種制度實踐上的缺陷反而集中在威瑪共和短暫的十四年之間。憲法的設計，是為了解決現實的政治問題。然而，威瑪憲法一開始在設計時面對的艱困處境，直至共和結束，這些困難都未能順利解決，因此遺留下來的是希特勒以法西斯獨裁所領導的第三帝國取而代之。這些困難在國際上是凡爾賽和約帶來的恥辱和生存壓力；在國內則是共和成立時的片面妥協，而無實質的整合，所造成的政治不信任與破碎。具體反映在政黨體系上，出現多黨、零和競爭甚至反體制政黨的極端分化。威瑪憲法設計的精神，是以議會制的共識決為基礎，以總統制的中央權威為輔助，希望在實際政治上帶來穩定而有效率的民主運作，也希望藉此維繫德國的統一。但是在具體的實踐上，受到政治力量的分散與彼此不信任的影響，議會制強調的共識基礎難以被實踐。不僅如此，憲法中參考總統制所設計，作為備而不用的中央權威，反而在這些政治不信任與惡性的競爭中獲得了變相的發展與扭曲，終於成為行政獨裁的搖籃。本章接續前一章的憲法設計，討論威瑪共和在一九一九年至一九三〇年為止，實施「總統內閣」以前具體的政治運作。透過這一段威瑪憲政史的回顧，將可以發現威瑪共和在半總統制的憲政運作下，出現高度不穩定的狀態，而這也是一九三〇年以後，議會民主的精神被放棄，「總統內閣」實施的原因之一。

共和初期的外交困境：凡爾賽與一九二三年的魯爾危機

本書在第二章探討共和建立的過程時指出，威瑪共和基於妥協所致，承載了第二帝國的政治遺產，[1]不僅沒能利用第一次世界大戰對社會體系的衝擊進而改變社會結構，反而在妥協的過程中，加深了左右兩翼的對立，甚至連左派內部都產生難以彌合的矛盾。這些社會結構既有的分歧以及左派之間的對立，導致了威瑪共和時期在政治運作上的權力分化，再加上威瑪共和所面對的外交挑戰，更是政治運作上政府難以穩定存續的背景因素。這一章簡介威瑪共和在一九三〇年以前的憲政運作，可以從中看出威瑪共和在憲政運作上，政府組成的困難與存活時間的短暫。在憲政史的介紹上，再以一九二三年的魯爾危機（Ruhrkampf）為分野，將一九三〇年以前的憲政史分成兩個階段討論。以魯爾危機為分野的原因有二：首先是影響政府存續的危機來源不同。一九一九年共和成立到魯爾危機結束為止的憲政初期，影響憲政運作最主要的原因在於外交的困境，尤其是凡爾賽和約及其後續效應的衝擊。而一九二三年以後到一九三〇年為止，影響政府運作穩定與否的因素則在於各政黨對國內議題的分歧立場。可以說一九二三年以前是由凡爾賽和約的相關問題來左右政府的存續；而一九二三年以後則是國內的其他議題來影響政黨的聯盟。其次是政府運作的大環境穩定度相差甚鉅。一九二三年以前，共和草創，對外有締約壓力，對內也有反共和勢力的武裝抗爭，都對共和存亡造成莫大危機，聯合政府運作的環境非常不穩定。而一九二三年之後，隨著務實外交與「道威斯計畫」（Dawes-Plan）的實施，威瑪共和暫時解除了國際的壓力，可以專心於戰後的經濟重建或是解決國內的社會問題。相較之下，魯爾危機之前的政治條件比魯爾危機之後的政治條件要惡劣得多。

扼要的檢視這兩個階段的憲政運作可以發現，威瑪共和建立的初期，以議會民主為共識的威瑪聯盟雖然在制憲會議裡有著穩定多數的執政基礎，但革命遺留下來的社會分歧與破碎的政黨體系，卻再度受到外交因素的影響而持續惡化，威瑪聯盟也因為外交的壓力受到右派民族主義強烈的攻擊，不僅在第一屆國會選舉就失去多數，也埋下了日後右派反體制力量成長的遠因。第二個階段則在於魯爾危機結束後，以及道威斯計畫的實施，帶給威瑪共和短暫的外交穩定時期。直到一九三〇年的世界經濟大蕭條為止，威瑪共和歷經短暫穩定，這個時期在外交部長史特雷斯曼（Gustav Stresemann）「務實外交」為原則的領導下，憲政運作的外在壓力不僅稍微舒緩，國內的經濟與戰後重建也略見復甦。雖如此，內部分歧的結構並沒有隨之化解，尤其是對於戰敗的責任，以及戰後與列強的關係，始終是政黨之間相互攻擊的理由。在一九三〇年實施「總統內閣」以前，這段期間的威瑪共和在半總統制的憲政運作上，少數政府、內閣的短命與政治運作的不穩定是最顯著的特徵，而整個政治發展持續右傾的趨勢也日益顯著。

從政黨體系和總統的角色來觀察，一九三〇年以前的憲政運作也具有幾個顯著的特徵。首先，政黨體系雖然分歧，但卻仍然可以觀察出若干潛在陣營的對抗趨勢。第二章曾概略介紹威瑪共和幾個主要政黨的立場，簡要的說，這些政黨如果依據社會主義和資產階級屬性來排列，由左至右分別為：共產黨、獨立社民黨、社民黨、民主黨、中央黨、人民黨、巴伐利亞人民黨、國家人民黨、國社黨。而這些政黨中，社民黨、民主黨和中央黨是支持議會民主的主要力量；共產黨和後來希特勒領導的國社黨自始至終都以反對威瑪共和為訴求。其他的政黨像是左翼的獨立社民黨，雖然傾向蘇維埃社會主義，但不像共產黨一般以激進路線反對共和，而且該黨在一九二二年就和社民黨合併，支持者分別納入社民黨和共產黨陣營。右翼的人民黨、巴伐利亞人民黨和國家人民黨，則是傾向於恢復君主立憲，立場較為保守，但也不像國社黨一樣主張以暴力手段推翻共和。因此，我們可以概略的將這些政黨歸納為激進的反體制政黨（極左的共產黨、極右的國社黨）、溫和左派（一九二二年以前的獨立社民黨、社民黨）、溫和右派（民主黨、中央黨）以及右派（人民黨、巴伐利亞人民黨以及國家人民黨）。其次，這幾個潛在陣營之間，彼此欠缺合作組閣的可能性。以溫和左派及溫和右派為基礎的「威瑪聯盟」，一直是議會民主的基石，但卻沒有過半的穩定力量。從後文的敍述將可以發現，整個威瑪時期的政黨體系，在組閣的議題上始終陷入往左或是往右調整的困境。社民黨、民主黨和中央黨三個政黨雖然支持議會民主，但卻無法過半。往左邀請獨立社民黨，則聯盟內部的民主黨無法接受；往右邀請人民黨，又會遭到聯盟內部社民黨的反對。這構成了大多數時間威瑪共和是以少數政府為主體的一個基本窘境。

若再以總統角色來觀察威瑪共和的憲政運作則可以發現一個趨勢，那就是從艾伯特到興登堡的兩位總統任內，總統對於組閣、施政的影響力是持續增加的。艾伯特任內只有在一九二三年魯爾危機時動用較多的緊急命令權來授權政府遂行施政，但整體而言，艾伯特對於組閣多能保持超脱其所屬社民黨黨派的立場。相反的，第二任總統興登堡，在一開始雖然亦能維持中立的立場，但個人右傾的政治立場與軍人的背景，使得興登堡即使在沒有政黨屬性下卻不時想要影響政府的組成。[2] 總統對政府的影響，一直是比較半總統制憲政運作的重要變數。在威瑪的經驗裡我們發現，總統有很強而自主的制度條件和權力可以影響組閣，但威瑪憲法制憲之初，是以議會制為本質來設計，並不預期總統要主導政府的組成甚至領導施政。趨近議會制運作的憲法本質，在艾伯特任內大致上維持下來，到一九二五年興登堡當選總統之後，則開始出現細微的變化，直到一九三〇年出現總統內閣，徹底改變了威瑪憲法以國會為核心的本質，朝向行政獨裁來發展。以下以幾個重要的關鍵事件為分野，較細緻的來討論威瑪共和從一九一九年到一九三〇年的憲政運作。

共和初期的外交困境之一：凡爾賽和約

在第二章提到，一九一九年完成國民議會的選舉後，由社民黨、中央黨與民主黨三個政黨組成了威瑪聯盟，並組織威瑪共和第一任的聯合政府。儘管威瑪聯盟在國會裡擁有百分之七十八的絕對多數優勢，但這個聯盟本身是個基於妥協而非共識的內閣，是資產階級與社會主義的組合（ein bürgerlich-sozialistische Bündnis），彼此之間對於重要的政治議題仍然存在著很大的歧異（Bracher, 1964: 22; Winkler, 2005: 102）。[3]由塞德曼領導的威瑪聯盟，對外最主要的任務是和戰勝國簽訂和平條約，對內則是通過威瑪憲法（Winkler, 2005: 109）。其中，因為威瑪聯盟本身就是基於議會民主為共識所組成的聯合內閣，因此對內通過新憲法的困難並不高。但各政黨對於德國戰敗的原因沒有共識，如何處理戰後與列強的關係也極為分歧，因此，在和平條約的簽訂這一個任務下，則成為讓第一任政府雖擁有四分之三多數，卻依然迅速解散的直接原因。

一九一九年五月七日，德國代表團在沒有參與會議的情況下，於法國凡爾賽宮接過一本多達四百四十條的凡爾賽和約。西方的戰勝列強希望透過凡爾賽和約達到解除德國軍備，削弱德國經濟力量與整體國力的目的。依據和約，德國的常備軍在陸軍方面只能維持十萬人的規模，海軍一萬五千人，並不得發展空軍與潛艇。除此之外，依據凡爾賽和約規定的德國領土和戰前相較，德國將損失七分之一的土地、十分之一的人口、三分之一的煤與四分之三的礦藏，另包括海外殖民地。除了物質賠償外，第二三一條更明確將戰爭責任直指為德國及其盟邦，這意味著凡爾賽和約不是和平條約，而是對德國「發動戰爭」的懲罰內容（**Winkler, 2002: 399**）。凡爾賽和約與德國預期的平等條約相去甚遠，當塞德曼拿到和約時，在國民議會就直言他所領導的內閣不可能簽訂這份喪權辱國的條約。[4]然而，在列強以重新發動戰爭，並將直接進軍柏林與威瑪的威脅下，德國被迫要在接受凡爾賽和約或是繼續戰爭之間做一抉擇。威瑪聯盟的三個政黨——社民黨、中央黨與民主黨——於六月十八日召開內閣會議，表決是否接受凡爾賽和約。表決結果七名閣員贊成，七名閣員反對，這意味著威瑪聯盟無法在凡爾賽和約的議題上取得共識。[5]六月二十日，聯合內閣的總理塞德曼不願意背負簽訂和約的歷史罪名，向艾伯特總統請辭，威瑪聯盟僅一百二十八天即宣告下台。為了避免新生的威瑪共和因為內閣的分裂再加重其生存危機，總統艾伯特隔日立即任命威瑪聯盟的勞工部長鮑爾（**Gustav Bauer**）接任總理組織內閣，並由國民議會表決對凡爾賽和約的最後態度。[6]由於鮑爾本人傾向於簽訂和約，因此堅決反對簽約的民主黨全數退出鮑爾的新內閣，僅由社民黨與中央黨組織聯合內閣，威瑪聯盟也正式宣告解散。[7]六月二十三日，國民議會進行表決，結果以二百三十七比一百三十八的多數，通過授權予鮑爾內閣簽訂凡爾賽和約。[8]

威瑪聯盟儘管有著國會內高達百分之七十八的絕對多數席次為基礎，但是卻因為凡爾賽和約而無法發揮穩定政局的效果（**Kolb, 2002: 37**），不僅如此，更因為凡爾賽和約的簽訂，使得原本就對共和體制抱持懷疑的右派政黨，認定左派出賣了德國的利益，傳出了「背後一刀」（**Dolchstoß-Legende**）

的說法，認為左派政黨必須為德國的戰敗負責，加深了彼此的分歧與不信任。[9]一九二〇年二月，希特勒正式領導德意志工人黨（Deutsche Arbeiterpartei, DAP），幾個月後更名為「國家社會主義德意志工人黨」（Nationalsozialistische Deutsche Arbeiterpartei, NSDAP），右翼組織活動日益頻繁。凡爾賽和約對於裁減軍備的後續影響，也立即導致鮑爾內閣的解散。一九二〇年，鮑爾內閣依據凡爾賽和約執行裁減軍備的規定，引發遭到裁減的將領反彈。[10]三月十日，有「自由軍團之父」之稱的右翼將領呂特維茲（Walther von Lüttwitz）直接要求總統艾伯特解散國會改選，並停止執行國防部長諾斯克的裁軍命令，艾伯特斷然拒絕。三月十三日，呂特維茲與卡普等將領調動軍隊進入柏林，國防部長諾斯克緊急召集軍方將領，希望調動軍隊鎮壓，但不被軍方所支持。[11]在沒有軍隊奧援的情況下，鮑爾內閣倉皇撤離柏林，先轉往德勒斯登（Dresden），再撤往南邊的斯圖嘉特（Stuttgart），此為威瑪史上的「卡普政變」。[12]三月十三日，卡普被政變的軍團任命為總理，宣布威瑪憲法無效，並將國旗恢復為第二帝國時期的黑白紅三色旗，凸顯其對君主體制的緬懷。然而，軍團政府無法有效指揮技術官僚，社民黨和獨立社民黨等左翼政黨也呼籲工人進行抵制性的罷工，加上各地的國防軍陸續表態反對軍團政變，使得這次的政變僅維持三天就宣告失敗。三月十七日，卡普逃往瑞典，呂特維茲逃往匈牙利，鮑爾內閣重新回到柏林，政變宣告結束。然而，為了對政變表示負責，也在失去自己所屬政黨社民黨的支持下，鮑爾與諾斯克於三月二十六日雙雙請辭，第二任政府完成簽訂和約的任務，也在凡爾賽和約引發的軍團政變下結束，第二任政府維持了二百七十九天。三月二十七日，總統艾伯特任命原外交部長，社民黨籍的米勒（Hermann Müller）組閣，因為距離六月的第一屆國會選舉只剩兩個月，因此米勒內閣僅具象徵性的看守性質，實際上執政的意義並不大。

事實上，軍隊、左右翼政黨之間，彼此對威瑪共和的歧異與不同的主張一直都存在，凡爾賽和約只是提供了右翼的政黨與軍隊對這個新生共和加以攻擊的契機。加上左翼政黨從一九一八年以來因為對於革命路線的差異也難以整合，使得共和之初的威瑪聯盟，儘管有著看似穩定的多數基礎，事實上仍舊在政治力量過於分歧與國際壓力下難以穩定的運作。卡普政變所代表的另一個政治意義在於，原本與軍隊達成協議的社民黨，主導政府與戰勝國簽訂大規模裁軍的凡爾賽和約，引發軍方高度的不滿。儘管最終軍方不支持卡普政變，但從此次政變之後，社民黨完全失去對軍隊的領導權，而由塞克特（Hans von Seeckt）等將領所領導的國防軍，也開始與共和政府保持距離，成為影響共和穩定與否的一個重要變數。此次撤換國防部長之後，至威瑪共和結束為止，再也沒有出現過由社民黨籍的閣員出任國防部長一職的情況（Witt, 1987: 149）。由於威瑪共和的建立，是以社民黨和軍方的妥協為基礎，因此，軍方對社民黨的不滿，也成為日後軍方對共和體制無法徹底摒除疑慮，造成議會民主運作不穩定的原因之一。

一九二〇年六月六日，完成制憲與簽訂和約的國民議會結束其階段任務與任期，依據新制訂的憲法，國會舉行了第一屆的選舉。受到凡爾賽和約的影響，加上新政府處理卡普政變上的軟弱，這次選舉與國民議會的選舉結果相較之下，威瑪聯盟遭遇了嚴重的挫敗。社民黨、中央黨與民主黨三個政黨在選後的席次比率，從百分之七十八的絕對優勢一舉跌為百分之四十四點六，不僅重挫百分之三十四，甚至失去了代表過半的絕對多數。流失的選票往兩翼集中，保守的右派政黨與極左的獨立社民黨都獲得一定程度的成長，共產黨初次參選，僅獲得百分之二點一的選票。整個選舉結果以及與一九一九年國民議會的選舉結果比較，請參見表41。

一九二〇年的選舉結果，意味著在階級鬥爭之上建立的威瑪共和，並沒有隨著選舉化解階級間的對立（Winkler, 2005: 139），選舉結果使得四股力量在政治版圖上各自獲得穩固，分別是保守派（國家人民黨與人民黨，約獲得百分之二十九的選票）、基督教力量（中央黨，約百分之十四的選票）、自由派（民主黨，約百分之十的選票）以及社會主義（社民黨、獨立社民黨、共產黨，約百分之四十五的選票）（Wright, 2002: 165）。這個情況使得新政府的組成出現困境。原有的威瑪聯盟即使還願意繼續合作，席次也未能過半。威瑪聯盟如果往右尋找盟友，就必須選擇和人民黨合作，在社民黨與人民黨兩個政黨分別代表不同階級，加上卡普政變後，更加深社民黨對人民黨是否支持共和的疑慮，兩個政黨勢如水火的情況下，不可能存在同一個聯合內閣裡。威瑪聯盟如果往左，就必須選擇和獨立社民黨合作，相同的，獨立社民黨也不願意和代表資產階級的民主黨合作（Nolte, 2006: 93; Bergsträsser, 1952: 213）。獲得大幅成長的人民黨在是否加入政府組織的議題上也意見分歧，最終在史特雷斯曼的主導下，為了與極右的國家人民黨有所區隔，也為了避免下次選舉選票再次回流民主黨，因此主張往左小幅修正，同意組織資產階級內閣（Wright, 2002: 162-163; Huber, 1984: 145）。雖然如此，在政治力量極為分散，彼此又

表4-1 一九二〇年六月六日的第一屆國會選舉結果

政黨	得票率（%）		席次		席次率（%）	
社民黨	21.7（37.9）	-16.2	102（165）	-63	22.2（39）	-16.8
中央黨	13.6（19.7）	-6.1	64（91）	-27	13.9（21.5）	-7.6
民主黨	8.3（18.5）	-10.2	39（75）	-36	8.5（17.7）	-9.2
人民黨	13.9（4.4）	9.5	65（19）	46	14.2（4.5）	9.7
國家人民黨	15.1（10.3）	4.8	71（44）	27	15.5（10.4）	5.1
獨立社民黨	17.9（7.6）	10.3	84（22）	62	18.3（5.2）	13.1
巴伐利亞人民黨	4.4（X）	4.4	21（X）	21	4.6（X）	4.6
共產黨	2.1（X）	2.1	4（X）	4	0.9（X）	0.9
其他	3		9		1.9	
小計	100		459（423）		100	

說明：括弧內為一九一九年國民議會的結果，巴伐利亞人民黨與共產黨為首次參選。
資料來源：Kolb（2002: 308-309）；Michalka and Niedhart（2002: 276-277）。

難以合作的情況下，組織過半數的聯合政府非常困難。[13]最後，在社民黨採取不加入也不反對「資產階級聯合政府」的主張下，「容忍」了一個由中央黨、民主黨以及人民黨三個中間偏右政黨所組成少數聯合政府，由中央黨所屬的費倫巴哈（Konstantin Fehrenbach）出任總理（Winkler, 2005: 139; Kolb, 2002: 43; Wright, 2002: 167）。社民黨作為國會第一大黨，政治立場相較之下也較為居中，為了保持作為工人階級政黨的屬性，選擇不加入資產階級聯合內閣。也為了讓得來不易的共和體制能夠繼續運作，社民黨表明不會支持其他政黨對政府的倒閣案。

費倫巴哈政府上台後，第一個面對的主要問題，是在國際上和戰勝國對賠償金額的談判（Kolb, 2002: 43），這依舊是和凡爾賽和約有關。一九二〇年七月各國先決定了賠償總金額分配的比例，[14]一九二一年一月，於巴黎的會議中決定了賠償總額的絕對數字：高達二千二百六十億的金馬克。[15]三月八日，費倫巴哈政府對這個數字表示拒絕，法國立即派遣軍隊進入德法邊境的幾個大城例如杜塞多夫（Düsseldorf）、杜易斯堡（Duisburg）及魯爾工業區。在此同時，德國東部工業重地上史雷辛恩（Oberschlesien）地區的歸屬問題也趨於尖銳。[16]波蘭無視於當地居民公投表決願意歸屬於德國的結果，派兵進駐該地區，戰勝國對此情況給予默認，引起德國強烈不滿。聯合內閣中，較為保守的人民黨堅持必須拒絕波蘭佔領上史雷辛恩的結果。然而，列強於五月通過了「倫敦付款計畫」（Londoner Zahlungsplan），以軍事行動威脅德國政府接受賠償金額。[17]對於這個賠償計畫，費倫巴哈政府曾希望美國出面協調，但卻失敗。在無法接受賠償金額，無力爭取上史雷辛恩地區，也沒有外交援助的情況下，費倫巴哈於五月四日提出總辭，壽命僅三百一十五天。在賠償的議題上，極左翼的共產黨與極右翼的國家人民黨、人民黨表示反對接受此一賠償金額，社民黨、獨立社民黨與中央黨則表示為了避免受到軍事制裁而被迫接受，民主黨則是在此一議題上意見分歧。在費倫巴哈提出辭職後，社民黨無法選擇不加入新的內閣，艾伯特總統甚至以辭職作為壓力，要求社民黨參與組閣（Maser, 1987: 284-285）。最終社民黨與中央黨表示願意組織負責簽字賠償的政府，最後關頭民主黨也表示願意加入。五月十日，艾伯特任命由中央黨所屬的韋特（Joseph Wirth）出任總理，組織由社民黨、中央黨與民主黨為基礎的少數聯合內閣。威瑪聯盟再次組成，只是與前次相較之下，這次已經沒有國會的多數作為施政基礎。韋特原本希望人民黨也能加入政府，但在上史雷辛恩的議題上，人民黨不願意讓步，因此不同意加入新政府。國會則在五月十日對賠償金額的要求進行表決。最終的表決，以二百二十比一百七十二的結果決定授權新政府接受賠償金額與計畫（Winkler, 2005: 156-157; Huber, 1984: 197），威瑪聯盟的少數政府也透過此次國會的爭議，通過了象徵國會信任的表決。

費倫巴哈政府的解散，直接原因主要是賠款議題的壓力所致。資產階級聯合政府在社民黨的「容忍」下，雖然沒有國會多數，但仍有充分權力代表德國處理外交事務，但在賠款議題與上史雷辛恩的議題上，人民黨的立場是堅決反對接受，表態退出政府。同時，為了對賠款談判的失敗表示負責，在對內無法取得共識，對外無法為德國爭取有力的談判結果之下，費倫巴哈只能辭職下台。接續上台的威瑪聯盟，重新回到一九二〇年國會大選以前的合作基礎，也意味著儘管選舉結果對威瑪聯盟的三個政黨來說是失敗的，但各政黨的立場幾乎毫無轉變，在外交困境上也只有威瑪聯盟願意承擔簽約的責任，而再次組成具有與鮑爾政府一樣，身負特殊任務的聯合政府。從這幾次事件來看，另一個重要的意義在於，外交的困境重創了支持共和的主要政黨。人民對威瑪共和在外交處境的失望，反映在支持共和的幾個主要政黨於選舉上的挫敗，反而是極左與極右政黨接收了流失的選票，讓原本就欠缺共識的政黨體系，對立與分歧的結構更加嚴重。

接替費倫巴哈的韋特政府，背負接受賠償金額與解決上史雷辛恩爭議的責任，加上不久前鮑爾內閣簽訂凡爾賽和約，使得威瑪聯盟這個支撐共和的主要力量遭到右派民族主義政黨更嚴厲的批判。從接受倫敦付款計畫方案以後，威瑪聯盟飽受右翼政黨對「履行條約政策」（Erfüllungspolitik）的批判（Kolb, 2002: 47），甚至喊出懲罰「十一月罪人」（Novemberverbrecher）的口號（Maser, 1987: 290）。前財政部長，贊成簽訂凡爾賽和約，中央黨所屬的艾茲伯格（Matthias Erzberger），就是名列在十一月罪人的名單中，並且於一九二一年八月二十六日被極右翼組織「執政官」（Organisation Consul）刺殺身亡，[18]社會上一時之間瀰漫著對威瑪聯盟無法為德國爭取平等的待遇感到不滿的情緒，以及來自右翼政黨的攻擊。艾茲伯格遇刺身亡之後，工會、社民黨、獨立社民黨以及共產黨等左派力量，出現罕見的一致步調，發動大規模的遊行抗議右派組織的政治謀殺，社會上左右對峙的情況更加惡化。八月二十九日，艾茲伯格遇刺後三日，總理韋特在艾伯特總統授權下動用憲法第四十八條緊急命令權，暫時凍結了出版與集會的自由。這次緊急命令權短時間內略見成效，甚至解決了作為民族主義大本營的巴伐利亞邦（Bayern）與中央政府之間的緊張局勢（Winkler, 2005: 161-162; Huber, 1984: 209-213）。然而，左右政黨根深蒂固的對峙，加上因為外交危機而引發的衝突，仍舊導致韋特內閣最後的失敗。

十月二十日，戰勝國對上史雷辛恩地區的歸屬爭議做出決定，儘管三月時的公投結果，多數的當地居民主張歸屬於德國，但仲裁結果卻是將該區五分之四的地區，包括最主要的工業區域，劃分給波蘭；五分之一劃分給德國。這個罔顧當地居民公民投票結果的決定，是壓垮韋特內閣的最後一根稻草。對於是否接受此一決議，韋特內閣召開會議，各黨意見分歧，民主黨所屬閣員與中央黨的部分閣員當場宣布退出政府。十月二十二日，總理韋特只好請艾伯特總統宣布解散內閣，壽命為一百六十五天（Winkler, 2005: 166）。韋特內閣的解散，和塞德曼、費倫巴哈幾乎如出一轍，都是受到國際上對德國極為不利的會議與決策的壓力而下台。然而，這些國際上的挫敗並沒有帶給德國朝野團結對外的氣氛，反而更加深左右的對立，讓社會分歧的結構更加嚴重。

在韋特促請總統解散政府之後，組織一個新的政府出現僵局。社民黨希望組織有國會過半席次為基礎的聯合內閣，但是包括民主黨在內的中間偏右政黨，都不願意在上史雷辛恩的議題上和社民黨一起承擔責任。甚至連中央黨都表示不希望只有中央黨與社民黨兩個政黨組織內閣。而極左翼的政黨始終堅持取得完全的執政地位。面對這個情況，在艾伯特總統以辭職作為壓力的情況下，民主黨同意黨員以個人名義加入政府，但強調民主黨保持在政府之外的立場。十月二十六日，艾伯特再次任命韋特組織政府，內閣幾乎全部保留，民主黨譏諷韋特日前促請總統解散政府的決策為一場鬧劇（Winkler, 2005: 166; Huber, 1984: 221）。韋特的第二任政府，為了在外交上突破困境，在西方列強多次做出不利於德國的外交決策後，決定「冒險東進」，希望與俄國建立良好關係以打開外交封鎖的缺口。[19]一九二二年四月，在義大利熱那亞（Genoa）召開世界經濟國際會議，四月五日艾伯特總統授權韋特總理全權代表德國處理外交事務，韋特政府決議利用此次會議與俄國重新接觸。四月十六日，德、俄雙方代表在德國外交部長拉特瑙（Walther Rathenau）下榻的飯店房間裡舉行了「睡衣聚會」（Pyjama-Party），決定所有細節。隔日，德國外交部長拉特瑙與俄國外交部長奇茄林（Georgi W. Tschitscherin）在義大利北邊的拉帕洛（Rapallo）簽訂雙邊條約，主要內容包括兩國恢復外交關係；互相放棄戰爭賠款要求；並互相給予對方經濟最惠國待遇（Winkler, 2005: 168-169; Kolb, 2002: 47-48; Huber, 1984: 240-241）。拉帕洛條約的簽訂，在某個角度意味著德國與俄國聯手對抗西方國家，甚至在後來被視為一九三九年希特勒與史達林簽訂協約的前身。德國亟欲於凡爾賽和約的桎梏中尋找生機，和俄國合作確實震動了凡爾賽和約的基礎，但是這個與昔日敵人策略性的合作，也為德國帶來更多的災難。

一九二二年六月二十四日，極右翼組織「執政官」因為不滿政府與俄國的策略性合作，刺殺了身為猶太人的外交部長拉特瑙。這次政治謀殺和前一年艾茲伯格遇害一樣，引起了左派政黨極度的不滿，左右陣營的對立與衝突繼續惡化。六月二十六日，艾伯特總統和艾茲伯格遇害後一樣，動用緊急命令權暫時凍結聚會與出版自由，以防止更進一步的衝突發生。七月十八日，國會中除了國家人民黨、共產黨與巴伐利亞人民黨這三個極端政黨之外，以絕對多數通過了名為「保護共和法」（**Gesetz zum Schutze der Republik**）的特殊法律，禁止了極端組織的成立與活動（**Kolb, 2002: 50; Winkler, 2005: 175; Huber, 1984: 256**）。然而，政治與社會上左右翼彼此的不信任與仇視，已經到了水火不容的地步。[20]

拉特瑙的遇刺，引發了政黨體系的重組。在左派政黨，意外的提供了社民黨與獨立社民黨整合的契機。六月二十八日，社民黨向獨立社民黨喊話，呼籲合併以團結左派，共同創造執政的多數，對此獨立社民黨表示願意積極與社民黨合作。九月二十四日，在紐倫堡（**Nürnberg**）舉行的黨大會上，獨立社民黨與社民黨重新合併，完成兩個政黨形式上的整合。[21]在中間的自由派方面，中央黨與民主黨表示，願意加入未來的大聯合政府，但是必須也邀請人民黨共同執政，以避免左派力量在未來的政府中佔有絕對的優勢，不過這個提議並沒有被獨立社民黨，也未被後來的社民黨所接受。在右派政黨方面，出現的不是政黨整合，反而是分裂。在巴伐利亞，極右翼的組織「德意志人民工人協會」（**Deutschvölkische Arbeitsgemeinschaft**）正式成立，逐漸從國家人民黨脫離出來，最終也併入國社黨，強化反體制的力量。這次的政黨重組過程，左派的力量因為獨立社民黨分裂出去，分別加入社民黨與共產黨，強化了這兩個政黨的選民基礎。然而，左右對立的結構並未隨之改變，相反的，右翼政黨透過納粹黨的成立，使得左右對峙的局面更為尖銳。[22]從另一個角度來說，這次的政黨重組因為社民黨的基礎擴大了，這提供了由社民黨來主導，組織過半聯合內閣可能的想像。也因此，在韋特總理希望透過邀請人民黨所屬的史特雷斯曼入閣，擔任外交部長一職，一方面建立過半聯合內閣，另一方面藉此抗衡左派力量的擴張時，遭到社民黨拒絕。十月二十四日，基於社會對立的尖銳化，也避免因舉辦總統選舉而導致國家分裂的危機，國會內以社民黨、中央黨、民主黨、人民黨為主的多數政黨，以三百一十六比六十四的壓倒性絕對多數，通過延長艾伯特總統的任期至一九二五年的提案（Maser, 1987: 291; Wright, 2002: 196）。雖然如此，這個表決沒有營造大聯合內閣的氣氛，在獨立社民黨和社民黨剛完成合併的情況下，社民黨無法同意與階級屬性對立的人民黨合作組閣，儘管人民黨在史特雷斯曼的領導下，冒著分裂的危機同意服膺共和體制與韋特所提出的大部分施政綱領（Wright, 2002: 197）。在邀請人民黨與社民黨共同組織大聯合政府的希望落空下，十一月十四日，韋特第二任的政府提出總辭，壽命為三百八十四天。

新政府的組成再次出現僵局。艾伯特始終希望組成擁有國會過半的聯合內閣，中央黨、人民黨都表示可以參與組閣，但必須由該黨擔任總理一職。社民黨甚至堅決反對人民黨加入政府。對艾伯特總統而言，若由社民黨組閣勢必無法為其他政黨所接受，不僅少數政府難以成立，甚至可能導致倒閣的危機。若由人民黨的史特雷斯曼組閣，社民黨也堅決反對。在各政黨均不願讓步的情況下，艾伯特最後於十一月二十二日選擇了無黨籍的古諾（Wilhelm Cuno）擔任總理。古諾具有經濟長才，儘管帶有保守的立場，艾伯特仍認為無黨籍的身分，比從中央黨或人民黨挑選總理，更能為社民黨所接受，也希望借重其經濟專長妥善解決賠償問題（Wright, 2002: 198）。古諾是共和史上第一個無黨籍的總理，所組織的內閣也沒有政黨基礎，除了他本人以外，包括當時最重要的外交部長一職在內，還有四名閣員是無黨籍的身分。這次總理的選擇，完全由艾伯特總統決定，這可以說是在一九三〇年以前第一次的「總統內閣」（Winkler, 2005: 185）。雖然古諾本人是無黨籍的身分，但邀請人民黨出任經濟部與法務部兩個重要職缺，加上本人的保守色彩，使得古諾政府實質上具有往右移動的傾向。極右翼政黨國家人民黨首次在內閣的議題上表示支持，並認為這是右翼的勝利，希望順勢聯合人民黨一起對抗社民黨，不過並沒有為人民黨所接受（Wright, 2002: 198）。政黨的對立與衝突，顯然沒有因為總理古諾無黨籍的身分而有所解套。

共和初期的外交困境之二：魯爾危機

古諾政府上台後，最棘手的問題依舊是對外如何妥善處理賠款問題，以及突破德國的外交困境。古諾首先建議戰勝國，希望讓德國賠款的期限能夠延遲三或四年。對此延長賠款期限的提議，法國立即表示反對，一九二三年一月十一日，總理普恩加萊（Raymond Poincaré）更與比利時一起出兵進佔德國西部萊茵河地區的工業要地——魯爾工業區，以威脅德國依約償付賠款金額。法國和比利時的出兵，一方面是要求德國償付賠款，二方面也是對德國在一九二二年四月時，與俄國簽訂拉帕洛條約，意圖突破外交困境與挑戰凡爾賽和約的象徵性警告（Winkler, 2005: 186-187; Huber, 1984: 279-281）。魯爾法、比聯軍佔領魯爾區，在美國介入調停失敗後，引發德國威瑪時期最嚴重的外交與內政危機。魯爾危機和前幾次外交危機相比之下，有著較為重要的意義。首先，魯爾工業區是德國的工業命脈，法國和比利時進佔工業區，切斷了德國工業生產的來源，對德國當時瀕臨崩潰的經濟來說無疑是雪上加霜。其次，這是凡爾賽和約後，由法國與比利時發動的最大規模軍事入侵與佔領行動。從凡爾賽和約後，在外交談判一直以來處於弱勢的德國，在此時更遭遇領土被直接佔領的困境。魯爾危機的發生，在德國內部也引發了多層的效應。首先，德國無力在軍事上反擊，外交斡旋也宣告失敗，古諾內閣決定發動魯爾地區的罷工以抵制法國和比利時的佔領行動，並獲得國會多數的通過。為了支持魯爾地區的罷工行動，政府不僅失去魯爾地區的工業生產，更必須支付魯爾地區人民的生活所需，這引發了從戰時就開始的通貨膨脹，完全失去控制的結果。以德國馬克與美元的兌換來說，從一九二二年十二月的1 : 8,000，到了一九二三年四月漲到1 : 20,000，到了八月甚至飆到約一百萬馬克兌換一美元的地步（Kolb, 2002: 52）。再以生活必需品來說，在一九二三年九月三日，一公斤的麵包大約要價二十七萬四千馬克，馬鈴薯則是約九萬二千馬克。一個月內，到九月二十四日，一樣的一公斤麵包，已經飆到約三百萬馬克，馬鈴薯則是約一百二十四萬馬克（Winkler, 2005: 207）。頓時，德國的貨幣體系完全崩潰，鈔票成為廢紙，人民對政府失去信心。八月十一日，社民黨發動提案將進行對古諾內閣進行不信任投票，還沒進行表決，八月十二日，古諾就遞出辭呈，結束了這個沒有政黨合作基礎的內閣，壽命為三百零四天（Huber, 1984: 306）。

古諾辭職後，政黨結構沒有改變，但在共和面對最嚴重的生存挑戰時，這次社民黨不再堅決反對與人民黨合作。[23]八月十三日，艾伯特立即任命人民黨的領袖史特雷斯曼出面組閣。兩日後，社民黨、人民黨、中央黨、民主黨等四個政黨組成威瑪憲法實施後第一次擁有國會過半基礎的大聯合內閣。這次的大聯合內閣，左翼的社民黨和右翼的人民黨將其視之為依憲法執政的最後機會，如果失敗，將摧毀憲政的最後基礎，導致內戰或是獨裁。然而，左右對峙的結構仍然沒有因為大聯合內閣而化解彼此對對方的疑慮，左右翼政黨強行共組內閣的結果，反而是造成大聯合內閣異常短命的原因（Wright, 2002: 212）。史特雷斯曼上台後，朝向現實主義修正德國的外交政策。九月二十六日先宣布終止前內閣古諾的魯爾抗爭政策，繼續依約向法國和比利時支付賠款，同時也要求負責德國賠償事宜的國際委員會徹查德國的賠款能力，以爭取對賠償內容的調整（Kolb, 2002: 53）。雖然暫時穩住外交情勢，卻無力化解國內左右翼政黨的鬥爭，是史特雷斯曼的大聯合內閣最終無法運作的原因。在內部的歧見上，首先反映在工時議題的談判上。受到魯爾抗爭重創經濟的影響，史特雷斯曼有意將一九一八年革命後的每日八小時工時上限放寬，以刺激經濟的復甦。但這個議題挑動左翼政黨的敏感核心，社民黨基於勞工政黨的屬性，加上擔心若在工時的立場鬆動，將使得更左翼的共產黨有機會藉此接收不滿社民黨讓步的選民進而擴大基礎，因而對此提案堅決反對，兩黨談判破裂。史特雷斯曼有意提出「授權法」（Ermächtigungsgesetz）以擴大施政能力，而社民黨黨內的左翼力量堅決反對，並宣布退出大聯合內閣（Huber, 1984: 357-358）。十月三日，史特雷斯曼請辭，第一次大聯合內閣的嘗試竟然只有五十一天的壽命。三日後，艾伯特總統希望史特雷斯曼再次基於大聯合政府的原則重新改組政府，史特雷斯曼將原本人民黨所屬的經濟部長與社民黨所屬的財政部長均撤換為無黨籍人士擔任。[24]史特雷斯曼領導的第二任大聯合內閣，一開始本來在國會以三百一十六比二十四的絕對優勢通過了國會的「授權法」（Huber, 1984: 364），[25]看似有了大聯合的實際基礎，不過工時案還沒解決，又爆發各邦左右翼陣營對峙的激化，終於導致大聯合的徹底失敗。

史特雷斯曼結束魯爾抗爭的決策，引起極右翼民族主義大本營巴伐利亞的強烈反彈。延續反對社民黨加入政府的議題，巴伐利亞邦政府表示反對結束魯爾抗爭，應該與法國對抗到底，並且援引憲法賦予地方政府執行區域性緊急命令的權力，宣布在巴伐利亞進入緊急狀態。九月二十六日，史特雷斯曼獲得總統艾伯特授權，也以緊急命令反制，要求巴伐利亞結束地方性的緊急狀態。[26]正當中央與地方相持不下之際，中部的薩克森（Sachsen）也發生社民黨與共產黨兩黨聯合執政，並組織無產階級政團意圖控制地方武裝的事件。[27]基於對緊急命令的執行，史特雷斯曼派國防軍進入薩克森維持秩序，取締左翼的武裝團體，引起社民黨的強烈反彈。儘管史特雷斯曼總理有意維持大聯合政府，但社民黨於十一月二日要求政府一方面撤出薩克森的軍隊，另一方面也要求執行巴伐利亞的緊急命令時，史特雷斯曼卻予以拒絕。同日，社民黨宣布退出政府，大聯合政府也宣告失敗。十一月二十二日，在社民黨預計發動不信任投票之前，政府主動要求國會進行信任投票，國家人民黨、巴伐利亞人民黨、社民黨、共產黨投下了反對票，國會以二百三十一比一百五十六的多數否決政府的信任案（Huber, 1984: 430）。史特雷斯曼遂於隔日提出總辭。第二次的大聯合內閣更只維持了四十八天，兩次改組加起來，整個大聯合內閣實際的壽命也僅只有九十九天。大聯合內閣的執政，原因來自於魯爾危機的外在壓力。本來希望藉著國家的危機凝聚各黨的力量組織政府，但就結果而言，危機並沒有解決，左右政黨根深蒂固的對峙與不信任，持續導致政府內部的衝突。不只如此，在體制外左右兩個極端政黨更同時對威瑪共和進行挑戰，這些都是直接導致大聯合政府失敗的原因。一九二三年的魯爾危機，再次激化國內極左與極右勢力對威瑪共和的不滿。從共和建立到魯爾危機，短短四年內數次的政府更迭，近因固然是凡爾賽和約引起的種種危機，但結構上來說，各政黨的立場與主張差異過大，而且各自有著一定程度的社會基礎。依據一九二〇年的選舉結果，六個政黨的得票率加起來超過百分之九十，但是其中最大的政黨社民黨，竟然只有百分之二十一點七，這使得強調議會制為主軸的威瑪憲法，即使沒有外交壓力也都不容易運作（Gusy, 1997: 378）。一九一九年的制憲會議選舉，有效政黨數是四點一個。短短一年，到了一九二〇年，有效政黨數就上升到六點四個，這固然和選舉制度鼓勵政黨參選，也有利於小黨獲得席次的制度性因素有關，但究其根本，多黨體制仍舊是因為威瑪共和建立之初，分歧的社會結構，以及彼此無法整合的情況所致。政治權力分化的程度嚴重，而且彼此呈現零和的競爭，造成政府組成所需要的條件極為脆弱，只要一有重大議題引起政黨之間的裂解，就可能成為導致政府解散的危機。期間有幾任少數政府，更是基於社民黨對政府的「容忍」才勉強得以運作，這也是

表 4-2 一九一九年至一九二三年歷屆政府的比較

總理（政黨）	起迄時間（天數）	入閣政黨	刺激解散的外在原因	備註
Scheidemann（社民黨）	13-Feb-1919 ~ 20-Jun-1919 (128)	社民黨、民主黨、中央黨	凡爾賽和約引起內閣分裂（總理拒簽）	威瑪聯盟
Bauer（社民黨）	21-Jun-1919 ~ 26-Mar-1920 (279)	社民黨、民主黨、中央黨	卡普政變，軍拒執行社民黨命令	威瑪聯盟
Müller I（社民黨）	27-Mar-1920 ~ 08-Jun-1920 (73)	社民黨、民主黨、中央黨	國會舉行改選	看守內閣
Fehrenbach（中央黨）	25-Jun-1920 ~ 04-May-1921 (315)	民主黨、人民黨、中央黨	賠款議題與上史雷辛恩議題引起內閣分裂	資產級聯盟
Wirth I（中央黨）	10-May-1921 ~ 22-Oct-1921 (165)	社民黨、民主黨、中央黨	上史雷辛恩議題	威瑪聯盟
Wirth II（中央黨）	26-Oct-1921 ~ 14-Nov-1922 (384)	社民黨、民主黨、中央黨	政黨重組後，組織大聯合政府議題造成分裂	威瑪聯盟
Cuno (Independent)	22-Nov-1922 ~ 12-Aug-1923 (304)	人民黨、民主黨、中央黨*	魯爾抗爭	總統內閣
Stresemann I（人民黨）	13-Aug-1923 ~ 03-Oct-1923 (51)	社民黨、民主黨、人民黨、中央黨	工時議題導致社民黨、人民黨對立	大聯合內閣
Stresemann II（人民黨）	06-Oct-1923 ~ 23-Nov-23 (48)	社民黨、民主黨、人民黨、中央黨	因各地左右翼對峙激化，社民黨退出並倒閣	大聯合內閣

資料來源：作者自行整理。

*古諾內閣不具政黨合作的基礎，參與古諾內閣的閣員，雖具政黨背景，但均以個人名義參加組閣。此外，外交部與教養部也由無黨籍人士出任。

在一般的民主國家中極為罕見情況。這段期間內，儘管國會依憲法只選過一次，總統大選更因為擔心選舉造成國家分裂而停辦，但即使沒有選舉的刺激，各政黨依舊在主要議題上漸行漸遠。對峙與衝突的結果，增加了建立共識的難度，也把基於妥協而建立議會民主的脆弱基礎再度裂解分化。威瑪聯盟從一開始以「議會民主」作為公約數所建立起來高達百分之七十八的權力基礎，很快就受到外交挫敗的影響，使得社會上的各股力量加速裂解。國家的危機不僅沒有帶來團結，甚至強化了分裂的情況，成為後來威瑪憲法趨於行政獨裁發展的遠因。威瑪初期從一九一九年至一九二三年的歷任政府組成、存活天數，以及其解散原因的整理，請參見表4-2。

經濟重建與務實外交：道威斯計畫與大聯合內閣的失敗

由史特雷斯曼領導的大聯合政府雖然因為左右政黨在內政議題的歧見而失敗了，但轉任外交部長的史特雷斯曼繼續主導德國的務實外交政策。務實外交的目的是希望打破凡爾賽和約對德國的桎梏，讓德國重新回到國際社會，甚至恢復大國地位。在史特雷斯曼主導外交的時期，德國也順利在戰後的諸多限制中有所突破，而最主要的莫過於通過「道威斯計畫」，對戰後的賠償問題和德國內部的經濟重建問題有所改善。雖然如此，務實外交的具體作法，動輒引起左右政黨的疑慮，在內政問題稍微穩定之際，這個階段的政府更迭也因此未見緩和，政黨之間的競爭轉移到外交議題上。在這個時期的憲政運作有兩個特徵，其一是「容忍政治」成為組閣的常態。國會內的第一大黨社民黨，在概括承受簽訂凡爾賽和約的責任後，同時面臨了左、右兩翼政黨的挑戰。社民黨與極左的共產黨在革命時期就爆發的衝突並未解決，而與右翼在共和體制上的歧見又因為簽訂了凡爾賽和約而更加嚴重。左、右政黨均難以合作，社民黨本身距離組閣所需要的多數又相差甚遠，在這樣的情況下，要維持議會民主的運作只能透過對少數政府的容忍。因此，這個時期政府的組成，多建立在最大黨社民黨的「容忍」之下。造成的影響則是極為脆弱、存續不易的少數政府。第二個特徵是第二任總統興登堡上台後，總統介入政治運作的情況開始浮現。興登堡贏得總統選舉，使得威瑪的憲政運作出現右傾的趨勢。而在政府組成的過程中，與登堡一改過去艾伯特盡量維持中立的作風，逐漸透過總統的力量來影響政府的組成，脆弱的國會與日益強勢的總統，埋下了一九三〇年「總統內閣」出現的遠因。

經濟重建：道威斯計畫的實施

大聯合政府崩潰後，共和解體的危機迫在眉睫。然而，在當時也出現一些對共和有利的環境轉變，終究使得威瑪共和度過了一九二三年的危機。這些轉變包括：首先，立場保守，偏向右翼的國防軍沒有在塞克特將軍的意圖下於當時建立軍事政權，[28]極左與極右翼的極端力量對共和的挑戰也暫告失敗；[29]其次，大聯合政府對於通貨膨脹的控制暫時收到成效，準備展開經濟的重建工作；[30]第三，美國對於德國賠償問題重新擬定新的方案，使得外交困境暫時獲得抒解（Winkler, 2005: 241）。在情勢略有穩定的情形下，經歷多次基於政黨協商來組織政府的失敗，艾伯特總統希望組織一個基於「專家政治」，而不再是基於政黨協商的的內閣（Fachminister ohne parteipolitische Bindung）（Winkler, 2005: 241）。十一月二十九日，艾伯特任命中央黨所屬的馬克斯（Wilhelm Marx）出任總理，入閣的閣員其背景包括中央黨、民主黨、人民黨和巴伐利亞人民黨等幾個中間政黨。儘管喊出專家政治的口號，事實上這仍是一個需要由社民黨容忍才能存活的少數政府。馬克斯上台後，希望在國會先通過授權法以避開國會的混亂來解決財政與經濟問題，不過這個提議未獲社民黨的支持。對此，馬克斯建議艾伯特改採緊急命令權（憲法第四十八條）與解散國會來作為新政府施政的開始，新政府上台，面對的就是通過授權法或是解散國會的選擇（Huber, 1984: 451）。社民黨黨團擔心緊急命令權會讓社民黨的影響力完全被架空，轉而考慮接受授權法的提案。十二月四日，社民黨進行黨內表決，結果以七十三票比五十三票，通過了接受授權法的提案。十二月八日，授權法在國會進行表決，以三百十三票比十八票的絕對優勢通過了馬克斯政府的授權法提案，期限到一九二四年二月十四日。

在這段期間內，馬克斯內閣主要的階段性任務在於終止通貨膨脹與解決魯爾問題。對此，採取的措施是對內厲行多項的財政改革方案。包括延續史特雷斯曼擔任總理時期發行地產質押貨幣的政策，並且再另外發布延長工時、裁減工作人員的命令。對外則在轉任外交部長的史特雷斯曼領導下，重新與戰勝國展開對德國賠償問題的討論與解決魯爾問題。其中，在一九二四年四月九日提出的「道威斯計畫」，[31]重新規定了德國的賠償方式與內容，不僅成功抒解了德國的賠償壓力，更使德國在重新獲得外援貸款下展開了經濟的重建工作。然而，諸多經濟改革的政策中，關於工時的延長觸動了左翼政黨的敏感神經。由於社民黨與共產黨均認為工時的縮短是一九一八／一九年革命的重大成果之一，因此馬克斯總理想要藉經濟改革將工時重新延長，等於要左翼政黨放棄先前革命所獲得的成果。如果社民黨選擇讓步來接受此一改革，勢必造成工人階級背景的選民發生集體轉向支持共產黨的危機。因此，在授權法期限結束後，社民黨立即要求政府將延長工時與裁減人員的兩項命令終止。在彼此的協商失敗下，總統艾伯特於三月十三日接受總理馬克斯的建議解散國會，並訂於五月四日舉行改選。而內閣則運作到選後新政府改組前的五月二十六日。這也是威瑪共和憲政史上第一次執行解散國會的命令，選舉結果讓共和的基礎更加脆弱，而這次馬克斯內閣的壽命則是一百七十八天。

五月四日的改選結果，最大的贏家分別是左、右兩翼的極端政黨。在極右翼方面，國家人民黨的得票率從前次的百分之十五點一成長到百分之十九點五，成為國會內第二大黨。第一次參選的國社黨則獲得百分之六點五的得票率。兩個標榜反對共和的右翼保守政黨共獲得了將近百分之二十六的選票，比一九二〇年成長了約百分之十一。極左翼方面，獨立社民黨併入社民黨以後，選票卻沒有反映在社民黨的得票率上，而是流入了極左的共產黨。共產黨的得票率從一九二〇年的百分之二點一，一口氣成長到百分之十二點六，和右翼政黨一樣成長了約百分之十點五。這意味著反體制政黨在這次選舉中共獲得了約百分之三十八點六的選票，對威瑪共和來說已經足以構成挑戰體制穩定的多數。在其他支持議會民主的主要政黨部分，社民黨雖然維持國會內第一大黨的地位，就得票率而言，表面上是從百分之二十一點七小幅衰退到百分之二十點五。但如果考慮獨立社民黨的併入，其實際的席次等於從兩黨合併後的一百九十席大幅衰退到一百席，將近該黨選前握有席次的半數。而由史特雷斯曼領導的人民黨，在一路調整黨的立場往中央靠近的情況下，得票率從先前的百分之十三點九衰退為百分之九點二。民主黨則是從百分之八點三衰退到百分之五點七。另一個支持議會民主的主要政黨中央黨，則是幾乎維持平盤。這次的選舉結果與一九二〇年的比較，請參見表43。這次的選舉結果，政黨分化的程度持續升高。以有效政黨數而言，從一九二〇年的六點四個，再度提升為七點一個。不僅如此，選票從光譜中間往兩翼移動是最顯著的情況，極左和極右翼政黨在選票和席次上都獲得了大幅度的成長。社民黨雖然合併了獨立社民黨，但受到黨內多次意見不一，加上對大聯合內閣的反彈，失去相當大的選票，原本獨立社民黨的支持者，幾乎移往共產黨，是最大的輸家。

國會改選後，各政黨基於新的選舉結果開始進行組閣談判。由於國家人民黨躍升為第二大黨，因此具有影響政府組成的力量。對此，國家人民黨提出代表內閣參加「道威斯計畫」談判作為入閣條件，但沒有被其他政黨，包括總統艾伯特所接受（Haungs, 1968: 75, 80）。在艾伯特總統於六月三日任命原總理馬克斯組閣後，社民黨決議保持在野為優先，視新政府的立場決定「容忍」與否（Winkler, 2005: 263）。馬克斯總理第二次組閣，成員和第一次內閣完全一樣，只有原本以個人名義出任法務部的巴伐利亞人民黨籍閣員艾明格（Erich Emminger）退出政府。馬克斯所領導的第二次內閣，在改選後的最主要任務，是讓戰勝國於八月三十日在倫敦會議正式通過的道威斯計畫在國會內被接受，以完成經濟重建的準備工作。由於道威斯計畫一部分內容涉及德國鐵路的經營權問題，如果在德國要被接受，必須更動憲法，這需要三分之二的多數。此意味著馬克斯內閣如果要推動道威斯計畫，不僅需要社民黨的「容忍」，更需要右翼政黨的支持。在與右翼政黨立場接近的外交部長，人民黨籍的前大聯合內閣總理史特雷斯曼的遊說下，右翼政黨給予了三分之二多數所需要的基本票數，道威斯計畫通過國

表 4-3　一九二四年五月四日的國會改選結果

政黨	得票率（%）		席次		席次率（%）	
社民黨*	20.5（21.7/39.6）	-1.2/-19.1	100（102/190）	-2/-90	21.2（22.2/41.2）	-1/-20
中央黨	13.4（13.6）	-0.2	65（64）	1	13.8（13.9）	-0.1
民主黨	5.7（8.3）	-2.6	28（39）	-11	5.9（8.5）	-2.6
人民黨	9.2（13.9）	-4.7	45（65）	-20	9.5（14.2）	-4.7
國家人民黨	19.5（15.1）	4.4	95（71）	24	20.1（15.5）	4.6
國社黨	6.5（X）	6.5	32（X）	32	6.8（X）	6.8
巴伐利亞人民黨	3.2（4.4）	-1.2	16（21）	-5	3.4（4.6）	-1.2
共產黨	12.6（2.1）	10.5	62（4）	58	13.1（0.9）	12.2
其他	9.4	–	29	–	6.2	–
小計	100	–	472（459）	–	100	–

說　　明：括弧內為一九二〇年的選舉結果，國社黨為首次參選。
資料來源：Kolb（2002: 308-309）。
* 社民黨與獨立社民黨兩黨於一九二二年合併，括弧內的數字前者為社民黨一九二〇年的結果，後者為與獨立社民黨合併之後的情況。

會三分之二的多數，正式付諸執行。【32】德國獲得了西方國家的貸款，在魯爾危機獲得化解，也順利解決國家的分裂危機後，展開了經濟重建階段。從一九二四年至一九三〇年世界金融危機爆發為止這五年，也是眾多史家所謂的「黃金的二〇年代」（die goldenen zwangziger Jahre）（Nolte, 2006: 128）。

雖然經濟重建順利展開，但政治力量的分散在一九二四年改選之後往兩極化發展，增加了政府生存的難度。對馬克斯內閣的各政黨來說，組建聯合內閣各有條件，人民黨要求讓國家人民黨參加組閣，而民主黨則希望社民黨的加入。馬克斯本人則希望建立「人民聯合陣線」（Volksgemeinschaft），同時邀請國家人民黨和社民黨進入內閣。然而，政黨體系兩極化的發展，人民聯合陣線根本沒有組成的基礎，若單獨邀請國家人民黨或是社民黨任一黨，也都會導致內閣的分裂，如果以少數政府執政，在重大法案上也難以通過國會的半數，最終馬克斯內閣只好在一年內再次提出解散國會的要求，而新的選舉訂在十二月七日舉行（Winkler, 2005: 266-268; Wright, 2002: 297; Huber, 1984: 530），馬克斯領導的第二任內閣在十二月十五日總辭，壽命為一百九十六天。一九二四年對德國來說是一個國家重建的好時機，在解決魯爾危機與賠償問題後，國內左、右對峙的情況略微減輕，極右翼與極左翼在地方發動奪權與推翻共和體制的計畫也分別失敗，外援的進入與新的貨幣政策讓通貨膨脹、失業情況都獲得抒解。如果說一九二四年五月的選舉反映了魯爾危機以及賠償問題所導致的內部衝突尖銳化，那麼半年後，在一九二四年十二月的選舉，就是反映了上述這些對共和較為有利的情況。雖然左、右翼政黨對峙的基本結構沒有改變，但整體環境沒有再持續惡化，成功的維持了威瑪共和繼續依循議會民主運作的基礎。十二月的國會改選，選票兩極化的傾向稍微舒緩，幾個對議會民主體制採取支持態度的政黨都獲得比半年前較好的選舉結果。雖然如此，整體而言仍沒有回到一九一九年有超過七成選民對共和抱持期待的選票結構，對於選後的情勢發展也幾乎沒有影響（Kolb, 2002: 82; Wright, 2002: 300）。

這次改選的結果，極右翼的國社黨，選票流失了將近一半，得票率從百分之六點五衰退為百分之三，流失的選票只有少部分轉投給稍溫和的國家人民黨，其得票率只小幅成長，從百分之十九點五到百分之二十點五，是國會裡的第二大黨。眾多小黨之一，從威瑪共和建立時就強調單一議題的經濟黨，也因為經濟問題備受重視而獲得百分之三點三的選票。其他幾個中間政黨，人民黨、民主黨與中央黨，也是這段時期組建內閣的幾個主要政黨，在得票率上均小幅成長。維持議會民主最主要的力量，也是威瑪共和建立以來的第一大黨社民黨，終於結束幾次選舉每況愈下的局勢，得票率從百分之二十點五大幅回升到百分之二十六，持續維持國會第一大黨的地位。至於極左的共產黨，得票率則是從百分之十二點六衰退為百分之九。選舉結果與半年前的選舉比較請參見表4-4。

這次改選的原因是在於既有的國會結構無法組成穩定的多數聯盟以支持政府運作，然而，改選後的情況儘管權力分化的程度沒有持續惡化，但也沒有改變原有的分化程度。因此，在基本結構沒有改變的情況下，對於新政府的組成仍然不甚樂觀。如果要組成過半的聯盟，只有兩種可

表4-4　一九二四年十二月七日的國會改選結果

政黨	得票率（%）		席次		席次率（%）	
社民黨	26（20.5）	5.5	131（100）	31	26.6（21.2）	5.4
中央黨	13.6（13.4）	0.2	69（65）	4	14（13.8）	0.2
民主黨	6.3（5.7）	0.6	32（28）	4	6.5（5.9）	0.6
人民黨	10.1（9.2）	0.9	51（45）	6	10.3（9.5）	0.8
國家人民黨	20.5（19.5）	0.5	103（95）	8	20.9（20.1）	0.8
國社黨	3（6.5）	-3.5	14（32）	-18	2.8（6.8）	-4
巴伐利亞人民黨	3.7（3.2）	0.5	19（16）	3	3.9（3.4）	0.5
共產黨	9（12.6）	-3.6	45（62）	-17	9.1（13.1）	-4
其他	7.8	–	29	–	5.9	–
小計	100	–	493（472）	–	100	–

說　　明：括弧內為一九二四年五月四日的選舉結果。
資料來源：Kolb（2002: 308-309）。

能：包含社民黨與人民黨在內的大聯合內閣；或是包含國家人民黨與人民黨在內的「資產階級聯盟」（der bürgerliche Rechtsblock）。其中，人民黨佔據了關鍵的少數力量。選後展開的組閣談判，人民黨先於十二月十日表示，不會與社民黨在同一個內閣裡，而民主黨則表示該黨不支持以原有的內閣模式繼續運作。面對人民黨提議組成以右派政府為主的「資產階級聯盟」，包括馬克斯本人在內，中央黨則表示反對一個沒有左派政黨的內閣。對於大聯合政府難以組成的困境，國防部長，民主黨籍的蓋斯樂（Otto Geßler）甚至提出修改憲法，強化行政權以對抗無效率國會的提議（Winkler, 2005: 272）。最終，在史特雷斯曼的提議下，總統艾伯特要求原有的政府進行改組，於一月十五日任命無黨籍的路德（Hans Luther）擔任總理進行組閣的任務。[33]由於新總理路德本身右傾的立場，加上人民黨對邀請國家人民黨加入政府的堅持，最終參與內閣組成的政黨分別為中央黨、巴伐利亞人民黨、人民黨與國家人民黨。一直以來都參與政府組成的民主黨選擇與社民黨一樣，對政府的組成容忍，然後保持對政策的監督。[34]這是威瑪共和史上首次有國家人民黨加入的聯合內閣，整個政府和之前相較，呈現右傾的趨勢。

政治的右傾：第二任總統興登堡的上台

路德內閣組成僅一個月後，一九二五年二月二十八日，威瑪共和發生了一件影響後來整個憲政發展的意外：艾伯特總統因盲腸炎與腹膜炎不治而逝。新總統的選舉在三月立即舉行，這也是威瑪共和實質上第一次由全民直選總統。[35]在各黨都提出候選人的情況下，三月二十九日的第一輪選舉沒有候選人獲得過半數的選票。其中，代表保守而右傾的國家人民黨和人民黨參選的亞樂斯（Karl Jarres）獲得百分之三十八點八的相對多數，而代表溫和左派的社民黨參選的布朗（Otto Braun）則獲得百分之二十九的選票，代表中央黨參選的馬克斯則獲得百分之十四點五的選票，其餘小黨分別在百分之十以下。這個選舉結果基本上反映了各政黨在社會上的支持度，和國會選舉的情況相差不大。除此之外，這個結果也間接證明除了艾伯特之外，已經沒有第二個政治人物可以有跨黨派的支持基礎。[36]依據憲法及總統選舉辦法規定，第一輪沒有候選人獲得絕對多數的選票，將進行第二輪選舉。第二輪選舉不僅沒有限制參選人數，而且各政黨可以重新提出和第一輪不一樣的候選人。因此，在第二輪選舉進行前，偏向民主與偏向保守的兩個陣營便依據第一輪的結果進行磋商和整合，各自協調候選人。社民黨、民主黨與中央黨三個政黨在四月三日決定組成「人民聯盟」（Volksblocks），但候選人不是第一輪居第二位的布朗，而是由第一輪得票率僅百分之十四點五的前總理馬克斯（中央黨）代表參選。保守陣營對於人民聯盟的組成，明白如果不提出有鮮明背景的候選人加以對抗，將沒有勝選的機會。因此，右翼政黨人民黨、國家人民黨於四月七日組成了「帝國聯盟」（Reichsblocks），並改由前德意志帝國軍事統帥，一九一四年「坦能堡大捷」（Sieger von Tannenberg）的指揮官興登堡代表參選，巴伐利亞人民黨、國社黨也對其表示支持。兩個陣營的對立，人民聯盟是以威瑪聯盟為基礎，代表的是議會民主的基本原則。帝國聯盟則是在民族主義的基礎之上，號召反對威瑪共和與對昔日德意志帝國的緬懷者。在雙方選票基礎相去不遠的情況下，決定選舉結果的關鍵少數在尚未表態的共產黨。四月十一日，共產黨決定堅持獨立參選，高舉無產階級的口號，反對代表議會民主的人民聯盟，也反對代表帝國主義的帝國聯盟。四月二十六日第二輪選舉結果，帝國聯盟的興登堡以百分之四十八點三未過半數的相對多數，擊敗了代表人民聯盟，獲得百分之四十五點三選票的馬克斯，而共產黨提名的泰爾曼（Ernst Thälmann）則獲得百分之六點四的選票。兩次的選舉情況，請見表45。

這次的選舉結果，對威瑪共和後來的憲政發展產生深遠影響。從選舉的過程和結果來看，具有決定性影響的關鍵少數在於巴伐利亞人民黨和共產黨。對巴伐利亞人民黨而言，其立場原本就較為保守，加上其與中央黨在天主教、基督教立場上的差異，以及共產黨、社民黨在無產階級專政、社會主義共和上的矛盾，使得巴伐利亞人民黨選擇不加入第二階段的人民聯盟，而是加入帝國聯盟。共產黨則是基於反共和以及與社民黨從一九一八年就出現的嫌隙而堅持繼續參選。這兩個關鍵小黨一個加入帝國聯盟，一個堅決不加入人民聯盟，終於使得人民聯盟最後以些微差距敗選。因此，選舉結果可以說是勞動階級與天主教陣營分裂的結果。其次，由於第二階段時，兩個陣營的立場鮮明，以威瑪聯盟為基礎的人民聯盟標榜民主共和，以民族主義大旗為競選主軸的帝國聯盟則是反對威瑪共和，而第一次的全民直選是民主共和的失敗，也是極為諷刺的結果。興登堡帶著對過去德意志帝國的緬懷而勝出，加上一九一九年至一九二五年議會民主始終無法穩定運作的情況下，使未來總統的角色在籌組政府與政治運作上的影響力大為增加。

國家人民黨在威瑪史上首次入閣，加入路德政府的運作，以及興登堡在總統大選上的勝出，使得一九二五年的威瑪共和，整個政治氛圍出現往右傾斜的趨勢。依據路德與史特雷斯

表 4-5　一九二五年的總統大選

	第一輪（三月二十九日）		第二輪（四月二十六日）	
投票人數	39.226（百萬）		39.414（百萬）	
投票率	68.9%		77.6%	
候選人與所屬政黨得票率	K. Jarres（國家人民黨）	38.8%	P. von Hindenburg（帝國聯盟：國家人民黨、人民黨、巴伐利亞人民黨、國社黨）	48.3%
	O. Braun（社民黨）	29.0%	W. Marx（人民聯盟：中央黨、社民黨、民主黨）	45.3%
	W. Marx（中央黨）	14.5%	Thälmann（共產黨）	6.4%
	E. Thälmann（共產黨）	7.0%		
	W. Hellpach（民主黨）	5.8%		
	H. Held（巴伐利亞人民黨）	3.7%		
	E. Ludendorff（國社黨）	1.1%		

資料來源：原始資料為 Statistik des Deutschen Reiches，轉載自 Schulz（1987: 169）。

曼的外交佈局，在道威斯計畫獲得通過，國內的經濟與社會情況稍微穩定之後，下一步就是恢復德國在歐洲的強權地位，進一步挖空凡爾賽和約的基礎。一九二五年十月五日至十六日，歐洲列強在瑞士南邊的羅加諾（Locarno）召開會議，欲解決魯爾問題以及重新建立歐洲的新秩序。這次會議，德國在史特雷斯曼一直以來主張的務實外交下，對於戰後處於弱勢的地位有了重大的突破。會議結束所簽訂的羅加諾公約，主要的內容包括：為了取回魯爾地區的主權，德國以承認德、法、比三國現有邊界，並同意建立萊茵地區的軍事中立，換取法、比聯軍退出魯爾地區。此外，德國同意繼續依道威斯計畫支付賠款。其次，德國與波蘭、德國與捷克的邊境問題交由國際聯盟裁決。[37]最後，允許德國加入國際聯盟。羅加諾公約被視為一九一九年之後，對歐洲秩序最具有決定性與最重要的條約（Kolb, 2002: 70）。史特雷斯曼希望透過羅加諾公約讓德國先恢復在歐洲的地位，取得戰略上的自主權，然後再利用俄國與西方國家的衝突逐步架空凡爾賽和約。因此，在萊茵地區的讓步，繼續支付法國賠款等，都被視為權宜之計。但羅加諾公約簽訂之後，在國內再度成為各政黨之間衝突的起點。國家人民黨首先對萊茵地區的讓步與繼續賠款表示反對，共產黨也表示無法接受德國加入國聯，與法國、英國等西方國家交好。十月二十五日，在右翼支持者的群眾壓力下，國家人民黨的三位閣員宣布退出路德政府，「資產階級聯盟」解散。十一月二十七日，國會對羅加諾公約進行表決，以二百九十七比一百七十四的多數，通過了羅加諾公約。[38]國家人民黨因而宣布退出聯合政府，使得右翼政黨組成的資產階級聯盟也宣告失敗。完成了羅加諾公約的簽訂後，十二月五日，路德內閣提出總辭，右翼政黨的聯合內閣壽命為三百三十二天。

路德內閣總辭後，在任命總理組成新政府的過程裡，興登堡總統最初考慮由中央黨所屬的費倫巴哈再次擔任閣揆組閣，但不為其所接受。接著，十二月十四日也建議由民主黨所屬的寇赫．韋瑟

（Erich Koch-Weser）組織包括人民黨與社民黨在內的大聯合內閣，但因社民黨仍舊無意與人民黨一起組閣而失敗。興登堡總統最終遂於一九二六年一月十三日任命路德續任總理，組織第二次的內閣（Haungs, 1968: 101-103; Huber, 1984: 569）。在沒有社民黨與國家人民黨的參與下，路德第二次的組閣為只有人民黨、民主黨、中央黨、巴伐利亞人民黨四個小黨參與的少數政府。僅僅幾個月後，路德第二次的組閣也宣告失敗，導火線在於對「國旗法」的爭議。五月五日，興登堡總統批准了路德總理的提議，德國駐外使館得同時懸掛威瑪憲法所規定的黑紅黃德國國旗與黑紅白商船旗，增加了憲法妥協下所產生「一國兩旗」的適用範圍。事實上，對於國旗的爭議象徵著對共和體制或是帝國體制的認同，路德總理提議的國旗法，觸動了社民黨、共產黨、民主黨等幾個反對帝國體制政黨的敏感核心。[39]五月六日，社民黨馬上發動對內閣的不信任投票，但是未獲多數支持。僅六日後，五月十二日，由民主黨發動對總理路德的不信任投票，結果以一百七十六票贊成、一百四十六票反對、一百零三票棄權的情況下通過（Winkler, 2005: 311-312）。[40]無黨籍的路德總理第二次組閣標榜的中立政府，仍舊是因為共和與帝國的敏感議題而失敗，壽命僅一百一十一天。

民主黨所發動的不信任投票，是針對路德總理，並非針對整體內閣。因此在路德辭職後，興登堡總統希望既有的內閣能夠繼續運作，遂於五月十六日任命了成員中資歷最深、年紀最長、也曾經在路德之前兩次擔任過總理的馬克斯再度出任總理一職，繼續領導原有的內閣，所有閣員都獲得留任。為了避免再一次引發組閣危機，儘管新的國旗法照常實施，包括國家人民黨與社民黨在內的大多數政黨都在撤換總理的議題上表示同意（Haungs, 1968: 110）。馬克斯接任總理一職後，他知道在沒有社民黨或是國家人民黨兩大政黨中的任一黨加入下，這個政府無法長久穩定運作。在拉攏那個政黨入閣的議題上，人民黨反對社民黨入閣，主張邀請國家人民黨再次組成資產階級聯盟，而中央黨則希望社民黨加入政府組成大聯合內閣。在此同時，又發生了國防軍與俄國紅軍雙邊軍事合作計畫的爭議，社民黨對德俄的軍事合作嚴厲批判並堅決反對。[41]在這個議題上，雖然社民黨和俄國之間帶有社會主義的親近性，但對於兩國秘密外交、軍事合作及國防軍脫離政府私下與俄軍合作的趨勢，都使得社民黨對兩國軍事合作堅決反對。國防軍與俄國合作的事件也凸顯兩個問題，其一是軍隊在威瑪共和中的獨立性已經十分嚴重，證實了國防軍在共和體制下是「國中之國」（Staat im Staat）的特殊地位。其二是政黨之間的合縱連橫，受到現實利益的考量，有時候甚至可以和意識形態較遠的對象合作。在德俄秘密軍事合作的氛圍下，儘管馬克斯總理希望與社民黨合作共組大聯合政府，但仍無法得到多數政黨的共識，社民黨也因為國防軍與俄軍的合作計畫而於十二月十七日對政府提出不信任投票。在社民黨、國家人民黨與共產黨聯手下，表決結果以二百四十九票比一百七十一票通過不信任案，具有過渡性質的馬克斯政府因而提出總辭，壽命為二百一十五天（Huber, 1984: 604）。

社民黨基於不滿國防軍與俄國紅軍的合作計畫而發動倒閣，和總統興登堡重建國防的立場並不符合，甚至可以說完全相反。在馬克斯總理希望和社民黨合作組織大聯合內閣失敗後，興登堡在史萊歇爾（Kurt von Schleicher）的建議下，已經有意動用憲法第四十八條跨過國會的同意組織政府（Winkler, 2005: 320; Hubatsch, 1966: 111）。在聖誕節過後，各黨再次針對組織政府展開磋商。由於社民黨對馬克斯政府提出倒閣，因此包含社民黨加入的大聯合內閣已經不可能實現，剩下的兩個可能就是聯合國家人民黨組織向右傾的資產階級聯盟，或是再次組織一個沒有社民黨也沒有國家人民黨加入的少數政府。基於興登堡總統右傾的立場，加上國家人民黨也表示無意再「容忍」少數政府的執政，馬克斯總理於一月二十九日被任命為總理，並且組成了一個包含國家人民黨在內的資產階級聯盟（Wright, 2002: 393-394; Haungs, 1968: 123-131; Huber, 1984: 607）。這次的組閣，總統興登堡發揮了比以往更多的影響力，在組織聯合內閣的過程裡，總理馬克斯一度為了維持政府保持中間的立場，希望社民黨能對未來的少數政府給予容忍。儘管國家人民黨表示無法接受少數政府，但只要社民黨不支持倒閣，國家人民黨仍舊無法獲得通過不信任案所需要的多數。然而，興登堡總統直接對馬克斯表示，基於國家的利益，希望未來的內閣能夠建立在國會多數的基礎之上，尤其是建立一個包含國家人民黨在內的右傾聯合政府。興登堡總統在組閣議題上的介入，是威瑪憲法從議會民主「沈默轉型」（ein stiller Verfassungswandel）的一個象徵。自此之後，總統在組閣和政府施政上的影響力也與日俱增（Haungs, 1968: 131-134; Kolb, 2002: 86）。

第二次的資產階級聯盟在總統興登堡的期待與介入下組成，在執政初期，透過道威斯計畫、羅加諾公約等建立了德國較為穩定的外交環境，而內政上資產階級聯盟擁有過半的多數，因此出現了威瑪共和成立以來難得的穩定。儘管如此，內閣裡各政黨間的對立性仍然存在。經歷短暫的穩定之後，在幾個主要議題的決策過程裡，資產階級聯盟內部的齟齬越來越嚴重，而在野的共產黨、社民黨等左翼政黨也沒有停止對資產階級聯盟的攻擊。造成資產階級聯盟再一次分裂的議題是「學校法」，依據威瑪憲法第一四六條規定，人民受教育的權利不因宗教、經濟地位之不同而有所差異。這條憲法的精神，本是強調威瑪共和欲打破帝國時期存在的階級差異與宗教信仰對人民權利的限制，在執行時，卻意外造成天主教、基督教聯盟與民族主義政黨攜手合作，共同對抗以社會主義和自由主義為基礎價值的其他政黨（Winkler, 2005: 330; Kolb, 2002: 87）。在設立基礎學校的法律上，資產階級聯盟中的中央黨、巴伐利亞人民黨和國家人民黨主張維持天主教學校和一般學校的差異性，但人民黨則強調憲法精神在於建立一般學校，而非維持宗教的差異，民主黨和社民黨對人民黨的立場加以支持。由於涉及宗教議題，是中央黨與巴伐利亞人民黨兩個政黨的基本原則，在雙方不願妥協與讓步的情況下，一九二八年三月三十一日興登堡總統宣布解散國會，馬克斯第四次的內閣也宣告結束（Winkler, 2005: 331; Huber, 1984: 622）。外交議題穩定，內部幾個右翼政黨歧見較小，也具有國會多數，是資產階級聯盟執政的環境，因此維持了四百九十九天，是歷屆政府裡，少數可以執政超過一年的內閣。

議會民主的最後努力：大聯合內閣的組成與失敗

五月二十日舉行的國會改選，在經濟重建、外交穩定的氛圍下，強調社會主義的左翼政黨獲得成長，而以民族主義為訴求的右翼政黨則流失部分的選票。選舉結果只有三個政黨成長：社民黨從百分之二十六成長到百分之二十九點八；共產黨從百分之九成長到百分之十點六；另一個強調經濟議題的小黨——經濟黨則從百分之三點三微幅成長到百分之四點五。右翼政黨方面，國家人民黨從百分之二十點五下跌到百分之十四點二，流失最多；極右翼的國社黨則從百分之三微幅下滑為百分之二點六；人民黨則是從百分之十點一下滑至百分之八點七。其他幾個以議會民主為主要訴求的政黨，下跌幅度均相當小。選舉結果顯示，德國人民對於議會民主仍給予期待，而在外交情勢穩固之後，內部的經濟、勞工與社會議題更被選民所重視。選舉結果和前一次選舉的比較請參見表46。

這次的選舉結果，參與資產階級聯盟的所有政黨在得票率上都有所損失，對長時期以來採取在野，對中間政府保持容忍策略的社民黨而言，是再次取得執政重要的機會。有三個原因提供了社民黨組閣的誘因：首先，社民黨在選後維持了國會第一大黨的地位；其次，資產階級聯盟，尤其是最主要的對手國家人民黨在得票率的下滑；第三，社民黨在普魯士邦執政的成功經驗（Winkler, 2005: 334）。在這個情況下，社民黨決定利用這次的勝選由米勒出任總理組織聯合內閣。興登堡總統面對資產階級聯盟的敗選，已經不可能從立場較為接近的國家人民黨或是人民黨挑選總理。六月十二日，興登堡任命米勒為總理，並表示希望米勒在未來組織政府的考量上，「盡可能」的擴大組閣的基礎（auf möglichst breiter Grundlage）。對社民黨而言，有兩個較能被接受的組閣方案，其一是再次組織威瑪聯盟，然後以個人名義讓人民黨的史特雷斯曼續任外交部長；其次是組織一個社會主義的少數政府（Haungs, 1968: 149）。在興登堡總統與史特雷斯曼的要求下，米勒最後以社民黨、中央黨、民主黨的威瑪聯盟為基礎，再加上人民黨組成了一個擁有國會過半席次的大聯合內閣。[42]由米勒領導的聯合內閣，雖然和總統興登堡的立場不甚一致，但是和先前的資產階級聯盟一樣，有著國會多數的基礎以及外交上穩定的環境，有利於政府的存續與穩定。雖然如此，選舉結果並沒有帶來政黨體系的重組，儘管人民黨放棄與社民黨對抗的立場加入聯合內閣，但兩黨基本立場的差異仍然存在，尤其是對於經濟與社會政策（Kolb, 2002: 90）。[43]整個政治權力只有從右往左稍微移動，並沒有發生結構性的改變。換言之，各政黨在基本立場上的對立和矛盾，沒有在共同組成的大聯合政府中獲得化解。這個大聯合內閣，充其量仍是彼此妥協、容忍的產物。政黨之間的衝突與對立，在世界

表 4-6　一九二八年五月二十日的國會改選結果

政黨	得票率（%）		席次		席次率（%）	
社民黨	29.8（26）	3.8	153（131）	22	31.2（26.6）	4.6
中央黨	12.1（13.6）	-1.5	62（69）	-7	12.6（14）	-1.8
民主黨	4.9（6.3）	-1.4	25（32）	-7	5.1（6.5）	-1.4
人民黨	8.7（10.1）	-1.4	45（51）	-6	9.2（10.3）	-1.1
國家人民黨	14.2（20.5）	-6.3	73（103）	-30	14.9（20.9）	-6
國社黨	2.6（3）	-0.4	12（14）	-2	2.4（2.8）	-0.4
巴伐利亞人民黨	3.1（3.7）	-0.6	16（19）	-3	3.3（3.9）	-0.6
共產黨	10.6（9）	1.6	54（45）	9	11（9.1）	1.9
經濟黨	4.5（3.3）	1.2	23（17）	6	4.7（3.4）	1.3
其他	9.5	–	28	–	5.6	–
小計	100	–	491（493）	–	100	–

說　　明：括弧內為一九二四年十二月七日的選舉結果。
資料來源：Kolb（2002: 308-309）。

經濟危機發生後完全暴露出來。

一九二九年六月七日，西方列強針對道威斯計畫所擱置的德國賠償總金額的問題再度召開會議。會後決議修改了道威斯計畫的內容，將德國賠償的總金額和年限都做出了決議，並且恢復德國對鐵路、銀行與稅收的自主權。但因為時值世界經濟危機風雨欲來之際，以美國、英國為主的賠款貸款也決議停止。由於這個會議的主席是美國銀行家楊格（Owen D. Young），因此這個新的賠款計畫被稱為「楊格計畫」（Young-Plan）（Winkler, 2005: 347-348; Nolte, 2006: 163; Huber, 1984: 692-696）。楊格計畫通過之後，在德國再次引起政黨間的對立，聯合內閣因為收回經濟主權而認為應該接受楊格計畫，但右翼政黨則主張德國在賠償問題上應該堅持不接受戰爭責任與賠款。其中，加入大聯合內閣的人民黨在這個議題上出現黨內嚴重的分歧。十月三日，長時間領導人民黨往中間靠攏並主導整個德國外交政策的核心人物史特雷斯曼去世。在此之後，人民黨在胡根貝格（Alfred Hugenberg）的領導下加速往右靠攏，在財政、經濟與社會議題上偏離社民黨的主張，傾向於資本家的利益，與社民黨的衝突越來越多。在對楊格計畫的立場上人民黨也決議聯合國家人民黨、國社黨等右翼政黨堅決反對。十月二十四日，黑色星期五，紐約股市發生崩盤，引發了全球金融危機，德國首當其衝，各黨對金融問題與楊格計畫的衝突更形激烈。米勒總理認為，必須進行一次對政府擬定的財政計畫信任投票，以確保聯合內閣在財政計畫上的實施。十二月十二日，國會對大聯合內閣的財政計畫進行信任投票，雖然最終以二百二十二票比一百五十六票的多數獲得通過，但其中參與內閣的巴伐利亞人民黨投下棄權票、人民黨投下十四張反對票（另有二十四張贊成票）、社民黨內部更有二十八名議員轉向共產黨，不出席此次表決，大聯合內閣的分裂已經露出端倪（Winkler, 2005: 359; Kolb, 2002: 94）。

一九三〇年三月十二日，國會雖然通過了楊格計畫，但右翼政黨已經準備籌組一個沒有社民黨的少數政府，這個決定並獲得興登堡總統的支持。米勒總理本來希望獲得興登堡總統的授權，以憲法第四十八條的緊急命令來度過這次的金融危機，但是興登堡總統此時已經決意撤換總理，不僅沒有同意使用緊急命令，相反的，甚至準備以緊急命令作為組織一個右翼政黨聯盟少數政府的工具（Winkler, 2005: 373; Brüning, 1970: 156-161; Huber, 1984: 725）。三月二十七日，米勒總理失去總統的支持，也無法統整大聯合內閣分歧的意見，因而提出辭職，大聯合內閣宣告解散，執政六百三十七天。

社民黨的米勒總理所領導的大聯合內閣，最終仍在政黨的立場分化下宣告失敗，但人民黨在史特雷斯曼領導下往中間靠攏的態度，一度讓大聯合內閣獲得穩定的執政。在國會獲得過半的席次，加上外交情勢的穩定，也使得這次

表 4-7　一九二三年至一九三〇年歷屆政府的比較

總 理（政黨）	起迄時間（天數）	入閣政黨	刺激解散的外在原因	備 註
Marx I（中央黨）	30.Nov.1923~26.May.1924(178)	中央黨、民主黨、人民黨、巴伐利亞人民黨	因工時與裁員法欠缺共識，解散國會改選	資產階級聯盟
Marx II（中央黨）	03.Jun.1924 ~15.Dec.1924(196)	中央黨、民主黨、人民黨	無法組成政府，因組閣危機解散國會	資產階級聯盟
Luther I (Independent)	15.Jan.1925 ~05.Dec.1925(323)	中央黨、人民黨、國家人民黨	國家人民黨因反對羅加諾公約退出政府	資產階級聯盟
Luther II (Independent)	20.Jan.1926 ~12.May.1926(111)	中央黨、民主黨、人民黨、巴伐利亞人民黨	社民黨、民主黨等政黨因國旗法發動不信任投票	資產階級聯盟
Marx III（中央黨）	16.May.1926 ~17.Dec.1926(215)	中央黨、民主黨、人民黨、巴伐利亞人民黨	社民黨因國防軍與俄軍合作的議題發動倒閣	資產階級聯盟
Marx IV（中央黨）	29.Jan.1927 ~12.Jun.1928(499)	中央黨、人民黨、國家人民黨	學校法與宗教議題導致內閣分裂	資產階級聯盟
Müller II（社民黨）	28.Jun.1928 ~27.Mar.1930(637)	社民黨、民主黨、中央黨、巴伐利亞人民黨、人民黨	失業保險法、金融危機導致內閣分裂	大聯合內閣

資料來源：作者自行整理。

的大聯合內閣成為威瑪史上壽命最長的內閣。然而，最終仍因受到世界金融危機的挑戰，以及興登堡總統在關鍵時刻決定接受右翼政黨的建議，以憲法第四十八條為基礎，建立總統內閣，而使得這次的聯合內閣遭到解散。這也凸顯憲法賦予總統強大的力量，使其足以扭轉憲政運作的軌跡。大聯合內閣的失敗，與登堡總統所建立的總統內閣，是威瑪憲法半總統制大幅度轉型的開始。從此以後直至威瑪崩潰為止，國會幾乎失去任何影響力，威瑪共和的半總統制也轉型成為行政獨裁的類型直到崩潰。這個階段的政府組成、存活天數、結束原因請參見表47。

小結：威瑪共和議會民主的脆弱

這一章以敍述的方式回顧了威瑪共和從建立到一九三〇年為止的憲政史。小結這個階段的憲政運作，在威瑪憲法施行以後，政治的主軸依立憲的精神在於國會。第一任總統艾伯特盡量維持了超脱黨派的中立立場，也最小幅度的干涉憲政運作。然而，過於分歧的社會結構卻使得政黨林立，再加上這些政黨彼此合作的空間有限，甚至相互攻訐，以致於國會內要形成穩定的多數極為困難。威瑪共和建立的初期，建立在議會民主為共識之上的威瑪聯盟，雖有超過七成五的穩定多數，但影響憲政運作的關鍵分歧，卻非憲政體制而是在於外交上如何簽訂和平條約，這使得威瑪聯盟從一開始就被迫背負帝國戰敗的責任。而凡爾賽和約極為苛刻的內容，也使得這個聯盟背負「賣國」的罪責，來自右翼的保守力量，包括軍隊在內，始終以「十一月罪人」或是「背後一刀」的説法來對威瑪聯盟中的最主要力量——社民黨進行政治鬥爭。到一九二三年為止，軍隊的立場左右了政局的穩定，外交上喪權辱國的困境、內部的政變與動亂不斷，使得人民一開始就對威瑪的民主信心動搖。初期幾次的選舉結果下來，一方面是威瑪聯盟喪失了國會內的穩定多數，另一方面是奠定了政治分化的選民結構。如果依據意識形態大致可以將威瑪的主要政黨概略分為社會主義（共產黨、獨立社民黨、社民黨等三個政黨）、自由主義（民主黨、中央黨、巴伐利亞人民黨等小黨）與保守主義（人民黨、國家人民黨、國社黨等政黨）。在這之中，社會主義政黨因為共產黨與社民黨在革命時的嫌隙而導致左翼力量無法整合，而保守主義中的極端政黨對議會民主採取敵對態度，也無助於政治的穩定，因此只能仰賴自由主義的小黨在社民黨的容忍之下來組織少數政府。如果依據對議會民主的支持強度，則可以分為激進的反體制政黨（極左的共產黨和極右的國社黨）、溫和左派（一九二二年以前的獨立社民黨、社民黨）、溫和右派（民主黨、中央黨）以及右派（人民黨、巴伐利亞人民黨及國家人民黨）。由於意識形態和對體制的交錯分歧，使得政黨合作的基礎極為脆弱，歷任政府總是以中間幾個小黨為主體，然後進行向左或向右的拉扯，這是威瑪共和聯合政府組成的常態。將主要政黨依據對議會民主支持強度與否進行分類，並觀察一九三〇年以前這些類型政黨的得票率走勢，可得出如圖4-1所示，一九二〇年以後，溫和右派和左派的力量消退很快，而右派的力量

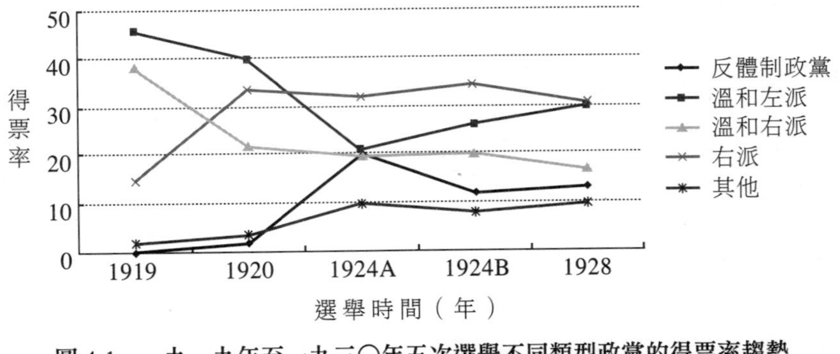

圖 4-1　一九一九年至一九三〇年五次選舉不同類型政黨的得票率趨勢

則是穩定成長；另一方面，反體制政黨開始在一九二三年以後持續保持一定的支持率的趨勢。

一九二三年通過魯爾危機以後，道威斯計畫的實行，暫時穩住了德國瀕臨破產的戰後經濟。雖然在內部因為經濟重建而重新見到繁榮的曙光，但分歧的結構卻未因此而軟化，左、右翼的衝突此起彼落。此外，興登堡在一九二五年當選總統之後，政治氛圍出現右傾的趨勢，以中間偏右政黨為主的資產階級聯合內閣，成為一九二三年到一九二八年為止的組閣常態。在這個時期裡，總統角色日益重要。制度上提供總統強大的力量，加上共和初期以國會為核心的憲政運作並不成功，再加上興登堡本身的政治立場與對君主體制的緬懷，使得憲政運作增加了更多的不確定性，尤其是總統的影響力大增，使得威瑪共和的半總統制從議會民主的常軌逐漸轉向總統主導的類型。第五章將以此為分析對象，回到制度設計與政治運作的特徵，討論威瑪半總統制在權力分化下的發展。

注釋

【1】這些政治遺產主要是因為俾斯麥以武力強力主導德國統一所產生的。具體內容請參閱本書第二章。

【2】關於興登堡總統逐漸發揮影響力，介入組閣過程的細節，本章稍後會做進一步討論。

【3】總統艾伯特與總理塞德曼原本也希望獨立社民黨一起加入威瑪聯盟，但獨立社民黨表示，無法接受社會主義和民主的革命成果與資產階級和軍隊共享而拒絕加入。這也顯示共和之初就存在階級間的信任基礎薄弱，彼此無法共事的情況。請參見 Richter（1997: 24-25）。

【4】一九一九年五月十二日，塞德曼在國民議會表示，「凡爾賽和約是令人不寒而慄、意圖謀殺德國的『巫婆之鎚』（Hexenhammer）」；甚至說，「誰簽訂這份和約，誰的手就會腐爛」；最後並表示，「作為德國

人，我們不可能接受這份和約！」全文請參見 Haffner et al.（2002: 91-92）。

[5] 贊成簽約的七名閣員包括政務委員艾茲伯格（Matthias Erzberger）、殖民部兼交通部部長貝爾（Johannes Bell）、郵政部部長吉斯伯茲（Johannes Giesberts）等三名中央黨閣員；以及政務委員大衛（Eduard David）、國防部長諾斯克、農業部部長施密特（Robert Schmidt）與勞工部部長鮑爾（Gustav Bauer）等四名社民黨閣員。反對的則為內政部部長普洛伊斯、國庫局局長哥泰恩（Georg Gothein）、財政部部長丹柏格（Bernhard Dernburg）等三名民主黨閣員；以及總理塞德曼、經濟部部長韋瑟、司法部部長藍茲柏格等三名社民黨閣員，再加上無黨籍的外交部部長柏克多夫．藍超（Ulrich Graf von Brockdorff-Rantzau），也是七名。請參見 Witt（1987: 138-139）。

[6] 鮑爾內閣期間，國民議會完成威瑪憲法的制訂，內閣並於八月三十一日在新憲法下宣誓就職，就另一個層面而言，鮑爾內閣可以算是威瑪憲法下的第一任政府。

[7] 至一九一九年十月，民主黨重新加入政府，共有三個民主黨成員出任聯合內閣的閣員。

[8] 對於要求德國對「發動戰爭」負責的第二三一條，以及要求交出包括德皇威廉二世、德軍將領興登堡、魯登道夫等「戰犯」公開受審的部分（第二二七條至第二三〇條）則不在國民議會同意的範圍內，請參見 Maser（1987: 252）。

[9] 這個「背後一刀」的說法，在一九一九年十一月曾由軍方將領興登堡與魯登道夫在國民議會公開提出（Winkler, 2005: 121; Kolb, 2002: 39; Wehler, 2003: 409; Huber, 1984: 37），直到希特勒上台之後甚至被視為政府的立場，可見共和之初即存在的左右分歧，直至威瑪崩潰都沒有化解。

[10] 諾斯克依據凡爾賽和約第一六〇條的規定，欲解散呂特維茲將軍（Walther von Lüttwitz）所統轄，由艾哈爾德（Hermann Ehrhardt）所指揮的自由軍團海軍旅，引起呂特維茲的不滿。

[11] 當時以塞克特（Hans von Seeckt）為主的主要將領，大多反對出兵，有些文獻指出反對的理由是「國防軍不打國防軍」，或是「軍人不打軍人」，Winkler 教授為此有所保留，Huber 教授則認為此理由是由歐文

（Adolf von Oven）與歐德蕭森（Erich Freiherr von Oldershausen）兩位將領，而非由塞克特所提出。但無論如何，塞克特主張軍隊在此次政變上保持中立，不接受政府調動鎮壓是眾多研究中提出確定的立場。請參見 Winkler（2005: 121）; Nolte（2006: 87-88）; Huber（1984: 56）。

【12】關於卡普政變，可參閱 Kolb（2002: 40）; Winkler（2005: 119-127）; Witt（1987: 145-148）; Wright（2002: 149-158）; Huber（1984: 44-93）; 或見郭恆鈺（1999a：52-54）。

【13】艾伯特原本授意米勒留任總理，並組織內閣。但米勒表示只願意和獨立社民黨組織聯合內閣，而獨立社民黨也強硬表示，如果社民黨要和獨立社民黨組織聯合政府，就必須由獨立社民黨的人士出任總理一職。在拒絕這個條件的情況下，意味著只有往右尋找盟友才有建立多數內閣的可能。六月十三日，社民黨幾乎所有具有領導地位的重量級人士包括塞德曼、米勒等前後任總理都表示反對社民黨與人民黨等右翼政黨合作組織聯合政府。在往左得不到支持，也不願意往右讓步的情況下，最後只好選擇退出組閣與退出政府的決定。請參見 Witt（1987: 151-154）。

【14】依會議決定，幾個主要國家獲得超過百分之八十的總額分配，分別為法國的百分之五十二、英國百分之二十二、義大利百分之十、比利時百分之八。請見 Kolb（2002: 46）。

【15】第一次世界大戰開戰前德國政府赤字為五十億金馬克，到一九一九年戰後是一千四百四十億金馬克。可見高達二千二百六十億金馬克的賠償金額，對德國而言可以說是相當難支付的一筆數字。

【16】上史雷辛恩位在德國與波蘭邊境，原本是德國重要的工業區，凡爾賽和約依據民族自決的原則，交由當地居民投票決定戰後歸屬於德國或波蘭。一九二一年三月二十日進行投票，在百分之九十一的投票率下，有百分之六十一的選票（七十一萬七千一百二十二票）主張歸屬於德國，百分之三十九（四十八萬三千五百一十四票）則主張歸屬波蘭。儘管公投有明確的結果，但戰勝國仍決定須由國際會議做最後決定。請參見 Huber（1984: 186）；或見郭恆鈺（1999a：68）。

【17】所謂的「倫敦付款計畫」要求德國每年支付二十億金馬克，外加百分之二十三的出口產值，第一筆付款計

畫必須於一九二一年八月三十一日前給付完畢。五月五日發出最後通牒，以佔領魯爾工業區為威脅，要求德國必須在六日內接受此一賠償金額與付款計畫。請參見 Kolb（2002: 46）；Winkler（2005: 155-156）。

【18】Organisation Consul 的領導人，就是原本要遭到裁撤而引發卡普軍團政變的海軍旅指揮官艾哈爾德。該組織的宗旨就是反猶太、反社會主義、反威瑪憲法、反共和，是標準的極右翼民族主義組織。請參見 Huber（1984: 208）；或見郭恆鈺（1999a: 75）。

【19】俄國於十月革命建立蘇維埃社會主義共和之後，與西方國家的關係一直以來都很緊張，與戰後的德國一樣，都屬於外交被封鎖的國家。儘管德、俄關係在威瑪之初也因為新共和對蘇維埃政權的防備而陷入僵局，但此時從重新建立關係的策略，可以說是對兩國都提供突破封鎖的機會。

【20】韋特總理在宣布緊急命令時，甚至在國會直接說出「敵人就在右邊！」的口號，左右的對立與衝突已經完全直接的暴露出來。請參見 Huber（1984: 256）。

【21】獨立社民黨因為立場在溫和的社民黨與激進的共產黨之間，在與社民黨合併的同時，黨內較為激進的支持者並未隨著兩黨合併而轉入社民黨，反而有較多的支持者因此流入共產黨。這個情況，在稍晚一九二四年五月的國會選舉裡，被完全反映在選票結構上。請參見 Vogt（1988: 136）。

【22】國社黨成立時，甚至喊出口號：「拉特瑙已死，但艾伯特和塞德曼還活著！」可見極右翼對左派政黨仇視之深。請參見 Maser（1987: 291）。

【23】社民黨對於是否加入人民黨領導的大聯合政府，於八月十三日進行表決，原本社民黨的議員表示贊成，而獨立社民黨併入的議員表示反對。最後結果，八十三比三十九的多數，同意社民黨加入政府。同日艾伯特就任命史特雷斯曼擔任總理，組織聯合內閣。請參見 Winkler（2005: 205）。

【24】原本的經濟部長為人民黨的羅梅爾（Hans von Raumer），財政部長為原本為獨立社民黨，之後合併入社民黨的西爾法丁（Rudolf Hilferding），後來分別撤換為無黨籍的寇特（Joseph Koeth）以及路德（Hans Luther）。

【25】這是威瑪史上第一次的授權法。基於授權法，政府不必經由國會同意即可頒行法律。後來希特勒就是利

用授權法獲得了全部政權。

【26】巴伐利亞事件，在史特雷斯曼下台後越演越烈，極右翼的民族主義份子在希特勒領導之下，於十一月八日發動「啤酒館政變」。希特勒以義大利法西斯「向羅馬進軍」成功奪取政權為典範，欲從巴伐利亞建立右翼政府，並且「向柏林進軍」，以推翻威瑪共和。這次政變雖然沒有成功，但是已經奠定希特勒所領導的國社黨推翻威瑪共和的決心。

【27】在左派，儘管全國層面上社民黨與共產黨難以合作，但在地方上卻仍有合作執政的可能。在薩克森與圖林根這兩個邦政府，依據選舉的結果就是由社民黨與共產黨共同執政。事實上，共產黨進入地方政府是依據蘇聯共產國際的指示，打算從地方政府著手，進行無產階級革命的佈局。在共產黨進入薩克森與圖林根的地方政府之後，便組織了「無產階級百人團」（Proletarischen Hundertschaften），擬先取得地方政府的武裝，再發動全國的革命。請參見 Kolb（2002: 53-55）；Winkler（2005: 224-227）。

【28】塞克特就是卡普政變時，拒絕執行當時總理鮑爾的要求，出兵鎮壓軍團政變的軍方將領。塞克特是典型的保守軍人，對共和體制抱持敵意，在他的領導下，軍方與政府的關係始終不甚密切。一九二三年的危機，受到極左與極右翼同時挑戰共和的影響，軍方雖然鎮壓了極左翼的無產階級百人團，也發現還不足以在當時建立軍事政權。

【29】極左的武裝革命就是薩克森與圖林根的「無產階級百人團」的武裝對抗事件；而極右的的武裝革命則是在巴伐利亞由希特勒發動的「啤酒館政變」。

【30】史特雷斯曼預計發行用土地質押的貨幣，取代既有的，但已經失去人民信任的金馬克，短時間內收到效果。新的貨幣獲得信賴，加上政府停止魯爾抗爭的政策，讓通貨膨脹得到控制。

【31】一九二三年十一月三十日，戰勝國成立兩個委員會調查並擬定德國新的賠償計畫。其中，由美國銀行家道威斯（Charles G. Dawes）為主席的調查委員會提出了新的賠償方案。這個賠償方案改變了戰後對德國一味要求賠償的態度，以重建德國，讓德國恢復賠償能力為主軸。因此，暫時擱置賠款總額的討論，

只規定每年德國足以負擔的賠款金額。更重要的是，美國、英國同意實施「賠償貸款」，協助德國解決通貨膨脹與經濟重建，使德國恢復賠款的能力。關於道威斯計畫，請參見 Kolb（2002: 67-68）；Wright（2002: 270-273）；Huber（1984: 511-514）。

【32】史特雷斯曼對國家人民黨提出保證，道威斯計畫通過後，將努力重組一個有國家人民黨加入的新政府。而國家人民黨在這次投票則給予三分之二多數所需要的基本票數，其餘繼續維持反對。請參見 Kolb（2002: 69）；Winkler（2005: 265-266）；Wright（2002: 292）。

【33】路德在回憶錄提到當時的情況，他認為由他這個沒有政黨背景的政治家擔任總理組閣，象徵著當時國會內的無政府狀態以及整個國家政黨體系的危機。請參見 Winkler（2005: 274）。

【34】但是基於需要與軍隊的關係維持穩定，國防部長仍由民主黨的蓋斯樂擔任。而社民黨對這次組閣則表示，「這是肆無忌憚的鬥爭行為」，基於反對右翼政黨尖銳而堅持的立場，社民黨也不會選擇進入政府。

【35】一九一九年由制憲大會選舉出擔任總統一職的艾伯特，經過一九二二年十月二十四日在國會表決的結果，決定延長其任期至一九二五年十月為止。原本就預計在一九二五年舉行第一次總統選舉的威瑪共和，因為艾伯特的病逝而無法透過全民直選來連任總統一職，成為間接促成興登堡當選繼任總統的意外變數。艾伯特的驟逝，甚至被視為是威瑪共和損失了一位中立的、保護共和的、保護自由價值的與象徵國家統一的元首。請參見 Huber（1984: 544-545）。

【36】雖然艾伯特沒有直接民選的基礎，但在一九一九年與一九二二年的國會選舉裡，艾伯特都獲得跨越黨派的壓倒性支持率。

【37】在這個問題上，由於俄國對波蘭覬覦已久，法國本要求一旦俄國與波蘭發生衝突，法國可借道於德國派軍進入波蘭。但基於德俄關係的維持以及德國本身的利益，此要求沒有被德國接受。這個結果使得波蘭完全暴露在德國與俄國的夾擊之下，成為第二次世界大戰的遠因。

【38】社民黨雖然反對路德政府，但為了避免因羅加諾公約失敗而導致再次解散國會改選的危機，在表決時是

投下贊成票。不過仍表示儘管國家人民黨退出政府，社民黨依舊不願意和人民黨組織大聯合政府。請參見 Haungs（1968: 96）; Winkler（2005: 310）; Huber（1984: 562）。

【39】黑紅黃三色旗為社民黨堅持自一八四八年革命的傳承，在威瑪憲法被指定為德國的國旗。而黑紅白三色旗則是第二帝國所使用的國旗。憲法曾因為妥協，而將黑紅白三色旗加上右上角黑紅黃的標示作為商船旗。如今擴大商船旗的使用範圍，具有對帝國體制緬懷的象徵性意義。

【40】贊成的政黨是民主黨、社民黨與共產黨，反對的政黨為人民黨、巴伐利亞人民黨與中央黨，國家人民黨則是棄權。

【41】德俄雙方的關係在拉帕洛條約後就持續加溫，國防軍和俄軍在政府之外保持秘密合作，包括德軍提供訓練和技術，而俄軍則協助生產受到凡爾賽和約限制所不能生產的飛機、坦克及毒氣裝備。和俄國關係的穩定以及軍事裝備的生產，是德國後來發動閃電戰入侵波蘭的重要基礎。請參見 Winkler（2005: 318-319）；郭恆鈺（1999a：129-133）。而社民黨反對的立場可以參見 Huber（1984: 602）。

【42】史特雷斯曼向米勒表示，作為黨的領導人，加上只有威瑪聯盟，將使得外交政策過於狹隘，他不可能在沒有人民黨參與組閣的情況下，以個人名義加入聯合內閣。興登堡也表示，希望社民黨組織一個多數的聯合內閣，而不是社會主義的少數政府。請參見 Wright（2002: 423）; Haungs（1968: 149）; Winkler（2005: 335）。

【43】人民黨放棄與社民黨對抗的立場而加入聯合內閣，在黨內自然引發相當大的爭議。一九二八年人民黨的黨主席選舉，與社民黨合作組閣與否就成為最受注意的議題。在此時，人民黨實際上已經分裂為兩個陣營，一個是史特雷斯曼所領導，主張往中間靠攏；另一個則為胡根貝格所領導，主張回到資本家與反共和的右翼立場。請參見 Wright（2002: 454 -456）。在加入大聯合內閣後，人民黨和社民黨針對重要的經濟與社會議題也屢次出現爭議，例如勞工失業保險的額度等。這些議題的衝突和後來的「楊格計畫」一起引爆，成為人民黨退出聯合內閣的原因。

第五章　權力分化與半總統制的憲政運作

倘若國家元首和政府首長兩個職務是由同一個人擔任的話，將是對這個國家的政治造成莫大傷害。這兩個制度性的機關，在執行上必須始終保持徹底的區隔。

——興登堡，一九三四
一份給希特勒總理的政治遺囑

透過第四章對威瑪憲政史簡短的回顧，可以發現威瑪的半總統制運作得極不穩定。史學家對造成威瑪共和不穩定政治運作的原因眾說紛紜，大致上都同意多黨體制是造成政府存續脆弱的原因之一。本書並不否定這樣的推論，但也認為只歸因於政黨體系並無法解釋其他同為多黨體制但運作穩定的半總統制國家，例如芬蘭。此外，本書也同意新制度論的學者所言，制度作為中介變項，必須視為與政黨、政治人物等行為者互動，對政治運作產生一定影響的必要變數。因此，本章將從兩個層次的「權力集散」為概念來討論威瑪共和半總統制的具體運作，並對其他國家加以比較。在此，本書所謂的權力集散可以從兩個層次來論述，其一是延伸政黨體系的變數，討論現實政治運作的權力集散；其二是納入制度這個變數，討論威瑪憲法設計中的行政與立法關係，以及選舉制度的效應。所謂現實政治運作的權力集散，觀察的指標可以再細分為兩個：首先是政黨體系分化程度的影響；其次是總統、總理與國會三者之間一致性與否對憲政運作的影響。而第二個層次所關心的制度設計權力集散則是討論憲法中的行政與立法關係，以及選舉制度這兩項制度性因素的影響。這四個變數裡，政黨體系和府、院、會三角關係是政治運作的外顯結果。而行政與立法的權責關係和選舉制度，則是法制面的變數。其中，選舉制度會影響政黨體系，而三角關係則會受到政黨體系和行政立法的權責設計共同影響。理論上政黨體系是選舉制度的後果，雖然可個別進行討論，但對於權力集散的影響則可以國會有無一個多數的結果來表示。此外，行政立法的權責設計方面，基於議會民主的原則，國會作為行為者是基本的常態，而行政權的設計如果過於優越，不管是偏向政府或是總統，都是一種較為分化的制度結構。相反的，如果制度設計是集中在國會，則是較符合議會制的常態。因此，化約為國會有無多數、三角關係與行政立法的制度設計之後，三個變數不同的權力集散組合，理論上會有八種不同集散程度的結果。本書認為，三個變數都呈現分化的組合，亦即國會無多數、三角關係分化、制度設計為行政優越這種組合，對政治運作來說提供了最不容易穩定的條件。相反的，三個變數都呈現集中的狀態，則是最有助於政治穩定。本章透過對威瑪的檢視，分別討論兩個層次、四個變數對權力集散的影響，並且論證威瑪共和在政治運作與制度設計都出現了權力分化，致使政府高度不穩定。此外，透過其他個案的檢視，也可以佐證不同程度的權力集散對政府穩定的影響。不僅如此，因為制度設計有傾向於國會或是傾向於行政的特殊性，因此無論穩定或不穩定，半總統制的運作都會出現換軌的情形，在本章中也將一併討論這個特殊性。

政治運作的權力集散：政黨體系與府院會三角關係

在簡短的回顧威瑪共和從一九一九年至一九三〇年的憲政運作後，這一章從兩個不同層次權力集散的概念來討論造成威瑪共和半總統制憲政運作不穩定、內閣更迭頻仍與短命的結構性和制度性因素。本節以第一個結構性的層次，亦即現實政治運作的權力集散為分析焦點，再分兩段來討論威瑪共和分歧、破碎、零和競爭的政黨體系；以及總統、總理與國會的三角關係，對憲政運作的影響。

分歧、破碎與零和競爭的政黨體系

第四章針對威瑪共和從第一任政府至一九三〇年總統內閣開始前的憲政運作做了歷史性的描述。目的在凸顯現實的政治運作中，威瑪共和在社會上所存在的權力分化，而這個權力分化的結構，一部分直接反映在破碎的政黨體系之上（Bracher, 1984: 58）。眾多的研究都認為，威瑪共和過於多元的政黨加上體系之僵硬，是造成議會民主難以運作的原因之一（Boldt, 1997: 43; Gusy, 1997: 378; Skach, 2005: 70）。而當我們進一步去檢視威瑪共和的多黨體系時，除了政黨數目繁多之外，彼此之間的競爭邏輯和政黨體系的特徵是不能忽視的部分。

晚近對於比較政黨體系的研究，最常看到的分類方式莫過於計算「有效政黨數」（effective party number），以政黨數目作為區分不同政黨體系的主要依據，並概略分成兩黨制與多黨制兩個類型，並以此為自變項，搭配選舉制度討論不同政黨體系對憲政運作的影響（Karvonen and Quenter, 2002: 132）。但事實上，對於政黨體系的研究，除了政黨數目之外，各政黨之間的競合模式也相當程度的影響了政治運作的穩定。薩托利在一九七六年提出對政黨體系分類的研究，認為應比較政黨之間的分化程度，加上意識形態距離來區分不同的政黨體系。依據薩托利的分類，除了兩黨制之外，較大的突破在於把多黨體系再細分為溫和的多黨制（moderate multipartism）、破碎的多黨制（segmented multipartism），以及極化的多黨制（polarized multipartism）等不同類型（Ware, 1996: 168-171; 吳文程，1996: 128-133）。據此分類，薩托利進一步認為，只有意識形態極化與分散的多黨體系才會危及民主的存續（Sani and Sartori, 1985: 335）。本書在薩托利的研究基礎上，觀察威瑪共和的政黨體系，若依據薩托利的分類，威瑪的政黨體系很顯然的屬於極化的多黨制。也就是一個以零和競爭為基礎，並帶有反體制政黨的多黨體系。進一步細分多黨體系為溫和、破碎或是極化的次類型是有其必要性的，因為若只以政黨數目做兩黨制和多黨制的二分法，則無法回答威瑪的多黨制和芬蘭、法國第五共和等國家的多黨制有何差別。而本書也認為，討論政黨數目固然重要，但依據政黨之間互動的邏輯觀察具體政治運作的特徵，更能準確的分析不同次類型的多黨制，如何對憲政運作產生不同的影響。

就權力集散的第一個層次來說，威瑪的政黨體系是多元分歧而且零和競爭的，不僅如此，其中更存在反體制性格的政黨，加深了政黨之間的不信任與對立。要理解德國的政黨發展，必須兼顧歷史的脈絡。威瑪多元的政黨體系，是許多歷史因素結合的產物。例如從一八七〇／七一年完成統一以來，中央與地方的緊張關係造成地域性政黨的出現（巴伐利亞人民黨）；一八四八年革命以來，勞動階級的集結造成左翼階級政黨的出現（社民黨）；宗教改革使得新教的成立，造成傳統的天主教力量也凝結組黨（中央黨）；傳統的自由主義在革命後的發展也凝聚了一部分的選民，尤其是知識份子和中產階級（民主黨、人民黨）；最後，受到俄國革命的鼓舞以致於極左的共產黨；受到戰敗的刺激以民族主義為號召的極右政黨（國家人民黨、國社黨）等。除此之外，更有一些區域性的小黨、依賴少部分政治人物的個人式政黨等（Pollock, 1928: 861-862）。盤根錯節的社會分歧，造成政黨之間的分化與極化。這些政黨雖然代表的利益不同，但在特定議題上有合作空間，例如社民黨和中央黨在帝國時期就已經存在，同時在第一次世界大戰期間，兩個政黨都是反對俾斯麥體制的政黨。這個歷史經驗提供兩黨在威瑪共和時期繼續合作的基礎（Neumann, 1986: 41）。又例如中央黨和巴伐利亞人民黨都是基於天主教立場，只是巴伐利亞人民黨強調巴伐利亞的地域性，因此在全國性的外交、內政議題上，兩黨立場幾乎保持一致（Bergsträsser, 1952: 212）。[1]有些政黨存在合作的基礎，也有些政黨存在零和競爭的主張。社民黨和人民黨在階級議題上對立，彼此水火不容，影響後來數次組閣的談判便是一例。又或是同為社會主義政黨的社民黨和共產黨，因為革命時期的武裝衝突而導致兩個左翼政黨的決裂等。不僅如此，這些政黨又分別在社會上具有穩定的支持基礎。支持議會民主體制最主要的政黨社民黨，在革命後首次舉行的國民議會選舉之後，再也沒有獲得超過百分之三十的得票率；在右翼代表民族主義的國家人民黨最多也只有百分之二十；天主教政黨、自由主義政黨，也都分別在百分之十至百分之十五之間。沒有任何單一議題的力量可以在國會形成穩定的多數，使得每屆的政府都必須以聯合內閣，相互妥協的形式來組成，即便如此，大多數都還是少數政府。此外，更嚴重的是這些政黨彼此的立場具有零和的特性，這種零和的競爭模式是受到德國長久以來的發展過程，以及一九一八年的革命沒有徹底改變社會結構所致。因此，除了階級屬性的左右競爭之外，還有君主體制與議會民主的競爭。這使得幾個政黨間，只有中央黨和民主黨比較中性，但可惜的是，這幾個政黨都只有百分之十左右的力量。這些政黨，在右翼的人民黨、國家人民黨和中間偏右的中央黨這幾個政黨之間，儘管可以在內政議題上達到共識，但在外交議題上卻充滿矛盾；而由社民黨、民主黨、中央黨、人民黨幾個政黨所組成的大聯合內閣則是正好相反，在外交議題可以有共識，卻在內政議題上無法妥協（Fulbrook,

1990: 171-172）。這個結構造成一個趨勢，就是依外交立場的共識為基礎所建立的聯合內閣，在遭遇內政議題時就會導致政府分裂；反之，依內政問題的共識為基礎建立的聯合內閣，在遭遇外交議題時就容易因此而分裂。

回顧第四章的敍述可以發現，在共和建立的初期到一九二三年的魯爾危機為止，影響政府組成與運作的主要變數在於德國的外交政策。在共和初期，儘管威瑪聯盟（社民黨、民主黨、中央黨三個政黨）基於議會民主的共識組成首次的聯合內閣，而且有超過七成的絕對多數，在正常情況來說可謂非常穩定。然而，首屆政府主要的任務不只是建立議會民主，也包括了解決德國戰後簽訂和平條約的挑戰。因此，在外交議題上民主黨和社民黨部分閣員的分裂，讓第一次的威瑪聯盟很快的就宣告失敗。一九二〇年的選舉，奠定了威瑪共和各主要政黨的選票基礎。對議會民主來說，這次選舉造成日後的困難在於兩個意義。首先是所有支持議會民主的政黨，也就是威瑪聯盟各政黨得票率的總和，從一年前超過七成的得票率，短時間內滑落至四成，甚至不到過半的基本門檻。第二個意義在於確立了威瑪共和幾個主要的政治板塊，而這幾股力量之間彼此趨於均勢，缺乏宰制力量，再加上有些議題彼此相互合作，有些議題卻又激烈競爭，成為政黨體系離心分化的基礎，這個結構性的分歧，比政黨數目眾多對民主造成的傷害實際上更嚴重。從日後的政治發展過程可以發現，這些政黨在組閣時可能基於部分共識而合組聯合內閣，但也很容易因為其他議題的分歧而導致聯合內閣的垮台。

在一九三〇年總統內閣出現以前，威瑪共和歷屆政府的組成模式大約有三種：由社民黨、民主黨、中央黨三個政黨，以議會民主為共識所建立的「威瑪聯盟」；由民主黨、中央黨、人民黨為主，減輕國家人民黨反對力道，並以資產階級的階級屬性為基礎所建立的「右翼資產階級聯盟」（**rechtliche bürgerliche Koalition**）；第三個是集合所有不反對威瑪憲法政黨的「大聯合內閣」（**große Koalition**）。

其中威瑪聯盟組成過四次；資產階級聯盟七次；大聯合內閣三次；另有一次看守內閣和一次總統內閣。在這三種模式裡，大聯合內閣因為有國會的多數，在議會民主的原則下依常理應屬較為穩定的類型。但受到成員裡人民黨與社民黨兩個政黨在社會階級屬性上的對立，而且是彼此不信任的惡劣關係，因此大聯合內閣的運作事實上十分困難。第一次和第二次的大聯合內閣就是因為兩個政黨階級屬性的對立，在內政議題上引起分歧，兩次內閣總天數加起來甚至不到百日。而第三次在一九二八年建立的大聯合內閣，到了一九二九年社民黨和人民黨在眾多經濟、財政與社會，屬於內政的議題上都出現分裂，內閣運作如同當時民主黨的國會議員斯托普（Gustav Stolper）所說，「聯合內閣的結盟基礎不是在於政黨，而在於部長個人之間。而存在於國會裡的政黨，沒有執政黨，只有反對黨」（Boldt, 1997: 45）。

在資產階級聯盟的這個類型下，則有兩種資產階級聯盟的次類型。一個是向右爭取國家人民黨的加入，組織過半的內閣；另一個是放棄爭取國家人民黨，但向左爭取最大黨社民黨的「容忍」來組織少數政府。七次的資產階級聯盟中，一九二五年總統改選以前有三次，都是社民黨容忍的少數政府。從一九二五年之後因為政治氛圍的右傾，四次資產階級聯合內閣中就出現了兩次包括國家人民黨在內的資產階級聯盟。這兩次有國家人民黨加入的資產階級聯合內閣裡，一次是因為史特雷斯曼務實外交的路線導致堅持民族主義，立場保守的國家人民黨反對而失敗，另一次則是因為宗教議題導致人民黨和中央黨兩個小黨的決裂。而其他五次由社民黨容忍的少數政府中，因為社民黨只是抱持「容忍」的立場，內閣的基礎非常薄弱，因此動輒引起內閣解散的危機。五次之中有兩次因為社民黨和聯合內閣立場相左而發動倒閣解散。另外三次分別是因為賠款與上史雷辛恩議題、工時議題以及一次因為國會改選。資產階級聯盟的脆弱，和大聯合內閣一樣，即使有資產階級的相同屬性，但這些政黨仍會因為宗教、工時、外交等議題而相互對抗，證明了即使階級屬性類似的政黨，受到零和、分化的競爭所影響，一樣無法組成穩定的聯合內閣。

另一種威瑪聯盟則是分析上最容易被等同於威瑪共和發展的聯合內閣。威瑪聯盟的成員是社民黨、民主黨和中央黨，也就是一九一八年德國革命之後，建立議會民主最主要的代表力量。這股力量在外交、內政、宗教等主要議題上的分歧都比較小，加上都信奉議會民主作為戰後重建德國政治體制的核心信仰，因此順理成章的在一九一九年制訂新憲後組成第一次的聯合內閣，並且獲得高達超過七成的選民支持。然而，七成選民對議會民主的期望卻不等於接受這個聯合內閣在外交議題上做出的決議。威瑪聯盟受到戰後在列強的壓力下簽訂凡爾賽和約的影響，直接被右翼的民族主義政黨攻擊成為背叛德意志民族的罪人。苛刻的凡爾賽和約完全悖離德國人民對戰後在平等的地位上建立和平的預期，反而在民生與經濟上帶來致命的壓力，使得當時代表德國簽字的威瑪聯盟理所當然的成為眾矢之的，不到一年的時間就失去了國會的多數席次，從一九二一年十月以後，除非再往右調整以爭取人民黨加入來組織大聯合內閣，否則以社民黨領導的威瑪聯盟就再沒有能力組織穩定的聯合政府。

除了這三種組閣類型各自有不穩定的因素之外，第一大黨社民黨多次無法領導組閣也是導致國會運作不穩定的原因之一。社民黨雖然始終保持國會內的第一大黨，但受到左派內部矛盾的影響，使得社民黨總是同時面對來自左右的挑戰，要由其領導組閣相當困難。對於左派而言，發生於一九一八年的革命創造了以社會主義為主的改革氛圍，但是受到革命期間左派惡性競爭，甚至出現流血衝突的影響，社民黨和共產黨在國家體制的路線上完全沒有交集，也沒有合作的空間。而右翼政黨基於階級屬性，無論是國家人民黨、國社黨或是人民黨，也都和社民黨或是共產黨保持對立。因此，對長時間作為國會第一大黨的社民黨而言，卻沒有可以支持其過半的結盟對象，只能選擇建立少數政府或是在野，這是威瑪共和的議會體系無法穩定運作的另一個重要關鍵。對於右派而言，國家人民黨和人民黨都對標榜議會民主的威瑪共和帶有敵意，儘管人民黨在史特雷斯曼的領導下，對威瑪憲法表示服從，但事實上該黨內部的保守力量一直都在，也在史特雷斯曼去世後扭轉了該黨的立場。國家人民黨和國社黨更是直接對威瑪憲法和共和體制表示反對。在威瑪之初，極左的共產黨或是極右的國社黨都曾利用魯爾危機之際，對威瑪憲法進行攻擊，對脆弱的聯合內閣而言，不僅要應付內部的競爭，也要對抗極端政黨對憲法的挑戰（Gusy, 1997: 386）。反體制政黨的存在，且具有基本的支持力量，也是威瑪共和破碎的政黨體系另一個特徵。因此，就威瑪的政黨體系而言，對議會民主的共和體制造成威脅的，不只是共產黨、國社黨等反體制政黨的存在，也包括了零和競爭、破碎而多元、無法組成穩定多數的政黨體系（Boldt, 1997: 46; Bracher, 1984: 84-85; Huber, 1984: 260; Karvonen and Quenter, 2002: 153）。[2]

在一九三〇年總統內閣建立以前，一共有十六任政府，除了第一屆國會選舉以前，以國民議會為基礎的三任臨時政府之外，其餘依據威瑪憲法而運作的則有十三任。在共和之初，以議會民主為共識的威瑪聯盟原本有著超過百分之七十八的穩定基礎，但短短一年之後，第一次國會選舉結果，威瑪聯盟就失去了國會多數。這是受到共和之初，新舊政治力量重新組合、國內與國外政治競爭的壓力以及部分力量對體制的不信任所致（Gusy, 1997: 372）。[3]威瑪聯盟在一九二〇年改選遭遇的重大挫敗，是對議會民主的嚴重打擊，代表的是以議會民主為共識所凝聚的力量，已經不足以形成提供政府運作需要的穩定多數，而必須向其他力量妥協。這使得魯爾危機之後，幾次大聯合內閣的嘗試，為了取得國會多數而必須向人民黨妥協，其結果反而是製造聯合內閣裡更多的衝突。這十三任政府裡，有社民黨加入的共五任，兩次是魯爾危機以前的威瑪聯盟，另外三次是有人民黨加入的大聯合內閣，都在魯爾危機之後。兩次威瑪聯盟的解散，雖然和政黨之間的立場有關，但主要原因仍在於對上史雷辛恩議題的接受與否。另外三次大聯合內閣，則都是人民黨與社民黨在聯合內閣中的齟齬與衝突。由此可見，威瑪共和政黨之間的分化程度，嚴重到無法組成一個有效的多數聯盟。

除了分歧、分化、零和競爭的政黨體系之外，威瑪共和還存在另一個破壞政黨政治，惡化政治場域裡權力分化的問題，那就是政黨政治的不完全。所謂政黨政治的不完全，意思是指除了政黨之外，另外存在其他足以影響現實政治運作的力量。由於威瑪共和是各種不同的新舊勢力妥協下的產物，舊有的權力結構並沒有因為戰敗或革命被解構，因而在威瑪共和保留了完整的力量，尤其是軍隊。在一九二〇年的卡普政變時，軍隊就展現了和政府不同立場的態度，在一九二三年極左與極右政黨分別對共和體制發動挑戰時，軍隊的影響力更形重要。當時的國防軍指揮官塞克特甚至已經有了以軍事威權政府取代共和政府的計畫（Albertin, 1997: 78）。政治運作繞開政黨，以個人或是其他形式的力量來影響實際政治，是威瑪共和議會民主運作不穩定的另一個因素。受到德國長久以來反對黨派（Antiparteienaffekt）、反對多元主義（Antipluralismus）的政治文化所影響，在威瑪共和時期，尤其是興登堡擔任總統之後，不是以政黨而是以個人來影響憲政運作的情況也日益嚴重（Lösche, 1997: 149-150）。與登堡代表昔日的帝國主義、傳統的容克階級以及軍人色彩（Hubatsch, 1966: 75），因此，他的當選也鼓舞了舊帝國體制下的軍隊、公務員、司法人員，對於議會民主共和體制的挑戰（Gusy, 1997: 388, 399）。[4]從這個角度來觀察，個人力量足以影響憲政體制的運作，也和半總統制特徵有絕對關係，這點將在下一節針對總統的角色做進一步討論。現實政治運作的權力分化，使得足以影響威瑪共和憲政運作的行為者，不只有複雜的政黨體系，更包含了軍隊、官僚體系、司法體系、甚至單獨的政治人物。不僅議會民主不容易維持穩定，共和體制的運作也不時遭遇困難和挑戰。

總統、總理、國會的一致或對立

現實政治運作下，權力集散的第二個觀察指標在於對總統、總理與國會三者之間的一致性進行比較。在第一章曾提過，由於半總統制的制度特徵，在於讓總統、總理和國會三者都具有影響憲政運作穩定與否的力量，因此觀察三者在現實運作下的一致性與否，是探討憲政能否穩定運作的重要變數。過去的文獻中也不乏以此作為比較半總統制運作的主要考量。綜觀威瑪共和在一九三〇年以前的憲政運作，總統、總理與國會三角關係的複雜也是一項顯著的運作特徵。三者之間的分化，就憲政發展過程來說，是一個中介變項。在威瑪共和因為社會結構的分歧、政黨體系的破碎，加上選舉制度作為極化發展的制度性誘因，導致了三者之間容易因分屬不同政黨而出現緊張的局面。而這三個行為者的緊張關係，也成為影響憲政運作穩定與否的觀察指標和變數，因此成為觀察權力分化的中介變數。討論威瑪共和在運作時總統、總理和國會三者相互分化的程度，不只兩任總統艾伯特與興登堡對政治運作介入的程度不一，造成複雜的總統與總理關係，就連總理領導的政府和國會的關係也經常不穩定。造成三者之間趨於分化的原因，一方面在於政黨體系的分化，尤其導致國會無法出現穩定的多數，以致於總統的影響力與日遽增。另一方面則在於制度提供了三者之間相互影響的空間。

在討論三角關係以前，威瑪的半總統制有一個比較特殊的地方，就是在於總統究竟是不是一個有影響力的行為者。在威瑪憲法憲法理論的討論時曾經提過，威瑪憲法在制度外衣上雖然是一個典型的半總統制，但在憲法理論上卻是一個垂直分時式的半總統制。在垂直分時式的半總統制之下，一般時期的政治運作仍是依循議會制的主軸。換言之，總統依照憲法精神，在正常狀態下並沒有被預期介入憲政。在這個情況下，討論三角關係就可以忽略總統一職，因為總統並不具有實質上影響政治運作穩定與否的特徵。雖然如此，總統被預期在國家陷入緊急危難，或是政府無法組成時，得以扮演政治領導的角色，此時總統才具有影響政治穩定的特徵。換言之，威瑪共和的半總統制，一個實質的、足以影響政治穩定的三角關係並不是常態，必須先討論總統成不成為一個影響政治穩定與否的行為者，然後再討論三角關係才顯得有意義。綜觀威瑪共和的憲政史，在總統介入政治運作的部分，兩任的總統在相同的制度下有不同的運作樣貌，也是受到總統是否介入政治運作有關。在第一任總統艾伯特任內（一九一九年至一九二五年），由於個人信守中立與超然於黨派之外，並不以政黨的領導人自居。再加上共和初立，憲法以國會為核心的精神仍受到重視，也準備加以實踐，因此總統這個角色影響憲政運作的穩定的比重，在三者之間相較之下比較輕，對於憲政運作的影響比較低（Mühlhausen, 1997: 310）。雖然在一九二五年以前只有共和之初的三任總理（包括一任看守內閣）和總統黨派一致，但由於總統介入政治運作較少，特別是艾伯特總統並不會以憲法第四十八條作為影響組閣，甚至主導組閣的工具（Richter, 1997: 234）。因此總統和總理關係是否一致對憲政運作的影響也較低，三角關係中總統一角的淡出，使得主要的變數仍在於政府是否能取得國會的多數。艾伯特自己也認為，依據普洛伊斯和韋伯的信念，總統一職應以建立社會民主為目的，必須中立於黨派之外，被視為工人階級與資產階級的橋樑，藉以建立新的共和（Mühlhausen, 1997: 262）。因此，在艾伯特任內，總統介入實際政治運作的情況並不顯著，憲政運作確實以原先預期要以議會制為核心精神來運作。[5]

然而，在第二任總統興登堡的作風上就開始有了轉變。一九二五年以後，興登堡總統開始從政府的組成上來影響政治，總統和總理的政治立場以及重大政策上的主張是否一致，也成為影響政府存續的變數之一。不僅如此，由於興登堡是軍人出身而非典型的政黨領袖或政治家，本人也沒有政黨的背景，因此會出現依據不同的議題而有與不同政黨立場接近的情況，這也是威瑪經驗較為特殊之處。在一九二五年選戰期間，興登堡就曾說過，過去作為一個軍人時，眼中只有國家，沒有政黨。如果當選總統，也會基於憲法而非政黨來履行職責（Haungs, 1968: 181）。在當選總統一職之後，興登堡跳過政黨的平台，直接以元首身分介入政治運作的程度明顯比艾伯特更多（Haungs, 1968: 131-134; Kolb, 2002: 86）。主要的原因除了主觀上興登堡的性格之外，還包括一些客觀的條件。[6]首先，過去幾年在艾伯特擔任總統期間，國會的效能不彰，政府更迭頻仍，政治運作不穩定提供總統介入的合理理由。其次，相較於艾伯特是由國會間接選舉所產生，興登堡具有直接民意的基礎，介入政治運作的正當性比艾伯特更充足。此外，興登堡個人的特殊魅力，致使一部分的人民選舉他作為總統，就是預期由他來解決一些威瑪的困境，提供了他影響政治運作的氛圍（Haungs, 1968: 184）。興登堡總統以個人的立場而非以政黨的立場積極介入政治，增加了政治運作上的不確定性。總統、總理與國會的三角關係只可能更複雜，也在一定的程度上減低了民主運作所需要的政黨政治之內涵（Lösche, 1997: 149-150）。如前文所述，一九二六年社民黨發動對馬克斯內閣進行不信任投票以後，興登堡總統就產生以憲法第四十八條來組織總統內閣的想法。在一九二八年的組閣議題上，興登堡總統積極介入，在與組閣政府立場趨近的情況下造成了短暫的穩定。一九二八年至一九三〇年則正好相反，興登堡總統和社民黨的米勒總理立場較不一致，因此政府運作也欠缺總統的支持。在一九三〇年經濟危機時，米勒總理希望動用憲法第四十八條來施政，但總統興登堡不僅反對，甚至表態希望聯合政府解散（Winkler, 2005: 373; Brüning, 1970: 156-161）。一九三〇年之後，總統更直接透過憲法第四十八條來組織政府，使憲政運作完全脫離議會制的精神。因此，可以說在興登堡擔任總統時期，不僅將三角關係中的總統這一角給凸顯出來，而且受到其超越黨派，以個人意志介入政治運作的影響，總統和總理的關係、總統和國會的關係都顯得比艾伯特時期來得緊張。就三角關係來說，艾伯特時期可以視為總統的淡化，因此呈現一個總統較弱，總理和國會較強的趨勢。無論是總統和總理或是總統和國會的雙邊關係，對憲政運作穩定與否的影響都比較弱。但到了興登堡時期，不僅總統介入政治的態勢較強，更因為總統以個人意志，而非政黨立場來影響政府，因此不僅三角關係中任兩角的雙邊關係都變成足以影響憲政穩定，更可以說總統和國會、總統和總理的關係也都比較緊張。

在政府和國會的關係上，如同前文所述，威瑪基於破碎與零和競爭的政黨體系，政府要在國會有穩定的多數極為困難。大多數時間都是組織少數政府，即使有多數聯合內閣，因為各黨分歧的立場，也難保政府的穩定。因此，一個經常的情況就是，聯合內閣是部長之間的妥協，而沒有政黨合作的基礎。造成少數政府經常性存在的另一個主要原因，在於歷次組閣時社民黨的態度。支撐共和的幾個主要政黨裡，社民黨雖然始終保持第一大黨，但領導組閣的次數並不多，甚至多次未加入聯合內閣，僅以「容忍」的態度來維持在野，與允許少數政府的組成，這使得少數政府成為常態，這個情形在一九二三年之後尤其普遍。歸納社民黨在組閣議題上由共和初期的主導，轉而為採取容忍、保持在野的幾個主要原因如下：首先，社民黨在概括承受簽訂凡爾賽和約的責任下，選民的支持率大為下降。一九一九年一月的得票率尚有百分之三十七點九，僅僅在一年以後，一九二〇年時的得票率就驟降為百分之二十一點六，此後就再也沒有超過三成。流失的選票中，有一部分到了同為社會主義政黨的共產黨上面。此後，面對共產黨的競爭壓力下，社民黨選擇與自由派甚至右派的政黨保持距離，寧願選擇在野，對少數政府抱持容忍的政策，維持政策主張的彈性，也因此大大降低了和右派政黨合作組織聯合內閣的意願。其次就是受到分化、零和競爭的政黨政治所影響，社民黨能夠選擇的盟友也相當有限。往左的結盟對象是共產黨，儘管意識形態相近，但在一九一八年革命時，兩個政黨的內戰造成無法彌補的傷害，使得兩個政黨在整個威瑪時期都處於敵對狀態。往右的結盟對象，有主張自由主義的民主黨和中央黨兩個政黨，而這三個政黨的聯合，也就是最初威瑪共和建立議會民主的核心力量——威瑪聯盟。然而一九二〇年之後，威瑪聯盟已經無力在國會中跨越半數，必須再尋求人民黨的合作來組織大聯合內閣，但人民黨和社民黨的關係卻又因為意識形態相左而始終處於緊張的狀態。因此，就政黨的立場和利益計算而言，社民黨的最佳選擇就是讓政府在自己的容忍之下組成，如此既可以防止右翼政黨的結盟，也能防止因為加入聯合內閣而讓選票繼續往共產黨流失的風險。不僅如此，社民黨成為容忍政府的關鍵力量，更能在重要政策上保持影響力和彈性。然而，這個情況也同樣使得政府和國會的關係極為脆弱，社民黨、共產黨、國家人民黨等在野政黨各有不同計算，少數政府動輒引起這些政黨的挑戰而被迫解散。就另一個角度來看，這也是一九三〇年以後興登堡總統欲脫離國會組織政府的結構性因素之一。

一九三〇年以後，興登堡總統決定組織總統內閣，讓總理領導的政府從對國會負責，轉為對總統負責。這個改變讓三角關係再度出現變化，主要的變化在於政府這一角。政府成為總統的執行者，使得政府和總統的關係變成一致，呈現總統、政府兩者和國會之間分立政府的局面。雖然如此，因為兩個民意之間的對立少掉政府折衝而更加激化，加上制度設計使總統可以在解散權和緊急命令權的交替使用下趨於優勢，使得三角關係即使再度簡化為二元對立，也是一種行政獨裁的結果，不僅無助於政府穩定，反而加速議會民主的崩潰。

在威瑪的例子上，總統、總理和國會的關係相當複雜。具有以下幾個特徵：首先，在艾伯特總統時期，雖然總統較不介入政治運作而使三角關係可以淡化總統的影響力，政治運作穩定與否取決於總理和國會的關係，也就是較趨近於議會制。但總理與國會的關係卻始終處於緊張的狀態，而使政治穩定亦受到總理和國會不一致的關係而脆弱，大多數時間的政府都接近於議會制底下少數政府的概念。其次，第二任總統興登堡當選以後，總統一職逐漸對政治運作產生影響力，使得影響政府運作穩定與否的行為者從兩個增加為三個。不僅如此，受到興登堡的軍人背景，沒有政黨基礎的情況下，總統和總理、總統和國會的關係只有轉趨於更複雜的情況。加上總理領導的政府和國會的關係仍舊脆弱，使得興登堡時期影響政治運作穩定與否的變數從雙邊關係變成三角關係，而且三角之間的信任度都不高，總統和總理之間有共治政府的味道；政府和國會之間有少數政府的問題；甚至總統和國會也呈現兩個民意分立的狀態。第三，少數、共治、分立的緊張狀態，使得興登堡總統在一九三〇年之後決定繞開國會直接組織政府。三角關係從一九三〇年起再度發生改變，雖然總統內閣化解了總統和政府不一致下的共治，卻無法化解政府和國會不一致的下的少數政府的危機，不僅如此，簡化為行政、立法的二元關係，相當程度的激化了總統和國會的對立。此時總統尋求制度賦予的優勢，相互使用解散權與緊急命令權，讓政治運作從脆弱的三角關係，轉軌成為總統主宰的行政獨裁局面。比較兩任總統、三個時期不同的三角關係，可以如圖5-1的所示。

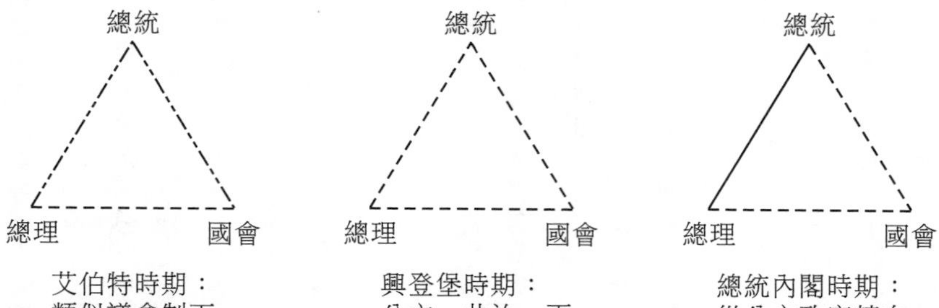

艾伯特時期：類似議會制下的少數政府

興登堡時期：分立、共治、再加上少數政府

總統內閣時期：從分立政府轉向為行政獨裁

說　明：－·－·－ 表示關係薄弱；－－－ 表示關係緊張；——— 表示關係一致。

資料來源：作者自繪。

圖 5-1　艾伯特時期、興登堡時期以及總統內閣時期的三角關係

小結：政治運作的權力分化

這一節以政治運作的兩個層面來討論威瑪共和憲政運作的權力集散，這兩個層面分別是政黨體系和總統、總理、國會的三角關係。在威瑪的經驗上，就這兩個層面而言，凡是具有影響政治運作穩定與否的主要角色上，威瑪共和的條件都是不利於一個穩定的政治運作。這些代表著現實政治運作的權力元素，彼此之間處於分化與不穩定的狀態，和下一節要分析的政治制度設計相互影響，互為因果的惡化著威瑪共和半總統制的極化發展。

就威瑪的政黨體系而言，不僅在有效政黨數的數字上呈現多黨體系，更重要的是，這些政黨之間分歧的議題複雜交錯，使得彼此之間有些可以合作，有些又具有零和競爭的特徵，造成的結果是，相互合作以組閣的基礎很脆弱。再加上極左和極右兩端各有反體制政黨的存在與持續的成長，成為威脅著共和體制與議會民主的極端力量。脆弱、分化、零和競爭與反體制的政黨體系，連帶使得憲政運作中總統、總理和國會三者之間的三角關係也變得十分不穩定。在第一章的表1-5中，依據總統、總理、國會之間幾種可能的三角關係歸納了幾種半總統制的次類型，如果以威瑪的經驗來說，則是始終處於三者之間關係紛亂的不穩定類型。值得一談的是，威瑪經驗的特殊之處，在於艾伯特與興登堡前後兩任總統對介入政治運作的態度迥異。若我們回到第三章威瑪憲法的設計精神來看，總統一職在憲政中是被預期作為一個政治裁決者。其政治領導者的角色，只有當議會民主難以運作時才取代總理而為之。因此，一個特殊之處就在於當第一任總統艾伯特努力遵循憲法精神，維持中立與不介入政治運作時，意味著總統實質的憲政影響力較為薄弱，影響憲政運作穩定與否的變數就在於國會與總理的關係。此時儘管總統與總理所屬的政黨不一致，也不至於對憲政運作產生嚴重的影響。然而，當第二任總統興登堡將總統的權力運用在影響議會民主運作的基礎時，總統一職就讓三角關係具體呈現，此時也增加了威瑪共和在憲政運作上多變的可能。事實上，從前文對威瑪共和憲政運作的討論中也證實，興登堡在當選總統之後，逐漸開始運用其憲法賦予的權力來影響政治，尤其是組閣過程，使得政府組成出現右傾的趨勢，最終在一九三〇年甚至決定讓政府負責的對象從國會轉移到總統，架空了國會的權力而讓威瑪的半總統制轉變為行政獨裁的結果，這個過程將在下一章進一步討論。

吳玉山認為，造成半總統制出現不同次類型運作的變數有三個，分別是總統的權力、總統與國會的關係以及政黨體系（Wu, 2000: 1）。在這三個變數之中，威瑪的特殊性在於依據其憲法理論，總統在正常狀態下對政治影響的程度並不顯著。雖然客觀上有著憲法賦予的諸多權力，但仍須切割總統在國家正常狀態與非正常狀態下對政治運作有不同的影響造成的差異。換言之，威瑪的經驗凸顯了總統角色在半總統制架構下可強可弱的特徵，這個可強可弱的差異性，不僅取決於客觀的制度設計，也受到總統主觀的介入所影響。這也是本書在第三章強調威瑪憲法憲法理論對雙元行政採用垂直分時，與當代多採用水平分權二元行政的半總統制之間顯著的差異。總統的權力客觀上的比較是制度設計的差異，主觀上的比較則是總統介入的時機和程度。以威瑪的個案來看，半總統制要受總統的影響而轉軌則必須要客觀上賦予總統較強的主導權，而主觀上總統也有意動用這些權力來影響憲政運作。這兩個條件缺一不可，才能讓總統這個角色有意義的進入三角關係，無論是討論權力大小，或是討論三角關係才顯得完備。而政黨體系的討論，就威瑪的經驗也得知，從政黨競爭的邏輯、分化的內涵和程度（是否趨於零和甚至反體制）來補充對政黨體系的比較，可以瞭解除了政黨數目之外，其他亦足以影響政黨體系穩定與否的可能。

總結威瑪共和在政治運作上權力分化的情況，政黨體系是複雜的歷史背景、社會結構、再加上下一節所要繼續討論的選舉制度共同影響所致。造成的結果是一個零和競爭、破碎多元而且存在一些以反體制為目標的極端政黨的多黨體制。而總統、總理、國會的三角關係中，國會受到破碎的多黨體制所影響，已經難以產生一個穩定的多數，連帶使得總理和國會之間的關係相當脆弱。而總統的立場從第一任總統艾伯特的維持中立，逐漸轉變為第二任總統興登堡對政治的介入，甚至到一九三〇年以後繞開國會來領導政府的組成。這也是為什麼興登堡的當選，被一些德國學者視為憲政運作出現「沈默轉型」的原因（Kolb, 2002: 84-85）。在政治運作上，政黨體系、府院會三角關係間的權力分化，是主觀上、歷史背景、社會結構再加上個別政治人物的性格所致。然而，沒有制度設計的客觀條件，政治運作的權力分化也不至於惡化或是讓憲法理論轉軌。下一節從客觀制度設計來討論賦予政治運作權力分化的制度性條件。

制度設計的權力集散：政府體制與選舉制度

對威瑪共和權力集散的第二層討論，在於對制度實踐的分析。本節延續第三章對威瑪共和半總統制憲法的特徵，討論兩個部分的制度影響，首先是憲法中對於總統、總理與國會的設計如何被實踐，其次是總統與國會的選舉制度對總統產生、政黨體系形成的影響。就政治制度而言，是一個影響憲政運作客觀的條件因素，雖然制度不會直接導致憲政運作的轉型，但若沒有制度作為行為的條件，憲政運作的特徵或轉型也難以發生。制度有其規則，但必須透過個體行為者的行動才能產生或者發生變遷（林繼文，2003: 40）。這一節將分析的焦點置於制度本身，討論威瑪憲法的政府體制與選舉制度，如何與破碎化的政黨體系共同產生影響，催生了一九三〇年以後的行政獨裁。

政府體制：總統、總理與國會

在第三章提到，威瑪憲法的主要精神是將總統設計為政治裁決者的角色，但也同時具有政治領導的可能。總統在憲法中的定位，作為行政權內部與總理的關係，或是作為行政權的一部分與國會的關係，是威瑪憲法在當代與傳統的議會制或是總統制憲法相較之下最具有革命性的設計之處（Haungs, 1968: 31）。然而，對於總統的定位在實踐上與設計理念上出現的落差，卻是威瑪憲法從議會制的主軸轉軌成為行政獨裁的主要原因。這其中，總統的解散國會權（憲法第二十五條）、總理的人事權（憲法第五十三條）以及緊急命令權（憲法第四十八條）在現實政治運作偏離憲法精神的情況下，再加上國會因破碎化的政黨體系而導致的疲弱，是造成憲政換軌的核心原因。

在解散國會權的設計上，依憲法設計的精神而言，目的是當政府與國會出現僵局時，總統除了撤換政府以外，也可以透過解散國會，讓選民對國會改選以作為政治裁決的手段。換言之，解散國會應是總統在「有條件」的狀態下所行使的一項裁決性權力，而不應被視為總統用以影響甚至主導組織政府的權力。這個部分的設計搭配國會對政府的不信任投票，而在制度上形成國會與政府解決歧見的雙向設計。[7]在議會制國家，這也是在制度上解決政治僵局的主要設計。威瑪憲法的實踐上，總統因為擁有解散國會的主動權，這使得就行政權的角度而言，能夠發動解散國會以解決政治僵局的權力來源從總理移到了總統身上。雖然總理仍舊可以建議總統解散國會（Anschütz, 1960: 197），但總統也可以依據其自由意志，在憲法的規定下行使解散國會的權力，這使得行政與國會的關係出現較為分化與多種可能的權力設計。制憲者普洛伊斯的原意在於當政治僵局出現時，由總統代表人民行使解散國會的權力。這個所謂的僵局，由總理依據政府與國會的關係來認定顯無疑慮，但從總統的角度而言，若要主動發動解散權，則只有總統欲介入政府運作的情況下才有可能。

在威瑪共和實際的憲政發展過程中，一九三〇年的總統內閣出現以前，威瑪共和一共出現三次總統解散國會的情況。兩次用以解決政府和國會之間的歧異，另一次是因為有重大政治議題待決，而將即將舉辦的國會選舉技術性稍微提前。這三次的解散，過程都是由總理建議總統行使解散權，是依據威瑪憲法基於議會制的精神而實施，而且目的都是解決行政、立法的爭議，就其實踐的精神而言較無爭議。但總統將此項權力逐漸用作影響政府組成，甚至主導政府的情況，在一九三〇年的總統內閣之後完全展現，也破壞了將解散國會權視為解決僵局，而非介入政府組成的精神。解散國會權在一九三〇年前後，使用目的上的差異，將在下一章進一步比較。一九一九年至一九三〇年之間所出現的三次解散國會，其時間與原因請參見表5-1。

雖然在一九三〇年以前沒有出現過用以影響政府組成的解散案例，但實際上卻出現過總統以此權力意欲影響政府組成的情況。這可以看出總統具有解散國會的主動權力，實際上確實形成潛在的力量，足以影響憲政運作的常軌。而因為解散權的主動設計，使得總統「有能力」透過解散權的自主性對國會和政府組成產生影響，也確實造成制度上的權力

表5-1 一九一九年至一九三〇年總統解散國會的時間與原因

時 間	解散原因	總統／總理	發動者
13-Mar-1924	授權法時期政府頒行的法案在授權時期結束後遭到國會多數否決。	艾伯特／馬克斯	總理
20-Oct-1924	組織聯合政府出現僵局，無法依國會現有結構組成能運作的政府。	艾伯特／馬克斯	總理
31-Mar-1928	重大議案待決，技術性提前國會選舉，由公民議決政黨的政策主張。	興登堡／馬克斯	總理

資料來源：作者自行整理。

分化。這不僅超脫了制憲者的期待，也是後來總統直接依其意志主動解散國會以領導政治的前兆。在介入議會政治的部分，總統因為有主動的解散權，因此可以跳過總理或與總理合作直接在政策制訂或是政治決議上給予國會壓力。一九二四年八月，道威斯計畫的通過與否在國會有著嚴重分歧，在德國是否授權外交部接受該計畫的表決前，艾伯特總統就曾表示，如果國會否決了道威斯計畫，就會執行解散國會的權力（Winkler, 2005: 265）。雖然最終國會不是因為總統的要脅而通過了該計畫，也沒有發生解散國會的情況，但確實看出總統有用此權力影響國會決策的潛在力量。此外，一九二六年底至一九二七年初，在組織政府的過程中，興登堡直接要求總理馬克斯必須基於國家的利益組織一個過半的聯合內閣，目的在於讓立場接近的國家人民黨加入政府。興登堡甚至接受史萊歇爾的建議，準備動用憲法第四十八條來組織政府，並且「把解散國會的命令放在口袋裡」（**Auflösungsordere in der Tasche**），隨時準備執行（Winkler, 2005: 320）。最終並成功的影響了馬克斯總理，放棄了社民黨願意給予容忍的少數政府，而是組織了有國家人民黨加入的資產階級聯盟。

基於解決政府與國會的僵局，解散國會權的使用應以行政權、立法權出現僵局為前提。換言之，這不是政府組成的過程中所應被援引的權力，而是政府組成後，政府與國會的立場有嚴重衝突時，透過總統發動政治裁決的一項設計。然而，在實際的憲法運作過程中，卻出現總統以解散國會作為介入政府組成或是政策議決的工具，凸顯了總統藉以介入政治運作，將制度上潛在權力分化的設計實踐出來。關於總統透過解散國會以作為政治領導而非政治裁決者的角色，在威瑪憲法轉型為行政獨裁的類型之後更為明顯。

其次，在總統的人事權上，威瑪憲法較為模糊與開放式的設計，更讓憲法在具體實踐上產生權力分化的影響。威瑪憲法第五十三條明訂，總理以及據其建議的部長由總統任命並免職之。依據威瑪憲法在憲法理論上是以議會制為主軸的精神，總統任命總理依憲法精神應根據國會的政黨結構，以任命國會多數政黨或多數聯盟的政治領袖為原則。然而，憲法並未明確的在此對總統人事權做出規範，僅再由憲法第五十四條規定總理及各部部長向國會負責的相關規定。在典型的議會制國家，總理與文武官員由國家元首任命是憲法規範，但這僅具有形式上的意義，事實上國家元首仍無選擇總理的自由意志。然而，威瑪憲法在人事權和政府的組織上，保留給總統一定的選擇權，儘管由不信任投票補充了政府向國會負責的設計，但總統依據憲法仍可以在國會「不拒絕」的情況下保留一定程度而且自主的人事權（Anschütz, 1960: 313）。這仍然使得總統在政府組成的過程上產生一定的影響力，尤其是國會結構受到破碎化的多黨體系所影響，難以形成明確多數「拒絕」總統的任命，更成為威瑪憲法在制度上另一個形成權力分化的可能性。

在組織政府的過程裡，威瑪憲法透過獨立的兩個條文來將政府組織以及政府運作與去留做了兩個階段的規範。第五十三條是組織的過程、第五十四條則是運作和解散的依據。如此一來，雖然其憲法理論是依據議會制為主軸，但畢竟將政府組成與運作的正當性做了切割，而且兩者之間不排除存在衝突的可能（Huber, 1993: 48）。威瑪憲法草擬者普洛伊斯曾針對這個部分做出解釋，他認為政府交由總統組成，是證明其為國家元首的象徵，也是總統應有的自主權力（Preuß, 1926: 388）。不僅如此，在實際運作上也出現總統詮釋憲法，將組閣權視為總統權力的案例。一九二二年十一月的組閣過程裡，艾伯特總統選擇古諾出任總理的結果，是展現總統在組織政府過程中具有極大影響力的例子。艾伯特總統在韋特總理辭職後，各黨對未來的總理人選均有所堅持的情況下，依其意志選擇無黨籍的古諾出任總理。在回覆國家人民黨的領袖黑爾葛特（Oscar Hergt）對總理人選的建議時，艾伯特總統在信裡的第一句話就措辭強硬的強調：「依據憲法，對總理的任命以及依據總理的建議來組織政府，是總統的自由選擇。這個意思是，在目前的情況下，這是屬於我的權力。」[8]也因此，古諾內閣被視為是一九三〇年以前，第一個具有總統內閣意義的政府。此外，第二任的總統興登堡則屢次在政府組成的議題中展現比艾伯特更強的主導性（Haungs, 1968: 104）。在其當選之後，對組閣的議題始終提出其看法，甚至直接介入。一九二六年五月在政府組成的過程中，在總理的選擇上就有其自身的考量。當路德總理因國旗法爭議而下台後，興登堡總統原先屬意立場保守，與軍隊關係良好的國防部長蓋斯樂出任總理，在本人拒絕的情況下才選擇馬克斯出任總理一職。如果當時蓋斯樂接受興登堡總統的任命，左右政黨的對峙可能會因此加劇（Haungs, 1968: 113-114）。一九二六年十二月，興登堡總統也曾經兩度致函建議當時的總理馬克斯選擇塞克特出任警察長（Reichskommissar）一職。[9]一九二七年一月，興登堡也再次針對政府組成的議題上致函馬克斯總理，要求組織右翼的多數聯合政府。[10]

威瑪憲法對於政府組成與運作的設計，是依據一九一八年十月憲政的議會制精神。雖然要求政府必須在國會的信賴為基礎下運作，但在組成的過程中卻不是依據國會的選擇，而是依據總統的意志（Gusy, 1997: 105）。國會對政府的監督，在組成過程中只有被動同意與否的影響力，而沒有主動的選擇權力。在一般的議會制國家裡，政府向國會負責的具體運作，是從組成、運作到解散，都是由國會決定。可能要求由國會選出總理，再由元首任命；也可能要求總理在被元首任命後，必須先取得國會信任才能開始運作。雖有細微的差異，且憲法條文必然規定由總統或君主來任命，但在總理產生的過程中，無論是同意或是直接選出，都代表政府組成是來自於國會的意志。威瑪的特殊性在於，憲法把政府組成視為一個階段，把政府運作和解散視為另一個階段，兩個階段各自獨立。在組成的階段上，依據的是總統的權力；而運作與解散階段則是來自於國會的信任。不僅是憲法本身的設計在條文上就存在這樣的特徵，制憲者的理論詮釋，或是後來的具體運作，都證實了威瑪憲法在這個部分和典型的議會制存在差異的特殊性。這個特殊性使得總統透過制度設計成為影響政府組成的權力來源之一，也使得威瑪憲法在政府組成的設計上再度出現權力分化的結構。這個情況，在一九三〇年之後更為顯著，本書將於第六章進一步討論。

最後，是關於總統的緊急命令權。威瑪憲法第四十八條，賦予了總統繞開國會與政府，直接施政的憲法法源，必要時甚至得以動用軍隊的力量。緊急命令權的設計，在憲法的精神上主要在於總統面對國家遭遇公共安全與秩序的威脅時，得以動用非常的力量維護公共安全與秩序。就其精神而言，是屬於警察權的一種；就其適用範圍而言，必須被限制在所欲對抗的緊急事件之範圍內（Anschütz, 1960: 280）；而其目的則僅在於回復緊急狀態之前社會的公共安全與秩序（Richter, 1997: 219; Rossiter, 2002: 62）。換言之，憲法第四十八條不能被視為憲法自我防禦的依據，也不能被用作改變憲政精神的法源（Bracher, 1984: 48）。不僅不應被總統用來作為與國會多數的意見不一致時，強行施政的依據，更不應被用為變更憲法精神，架空議會民主的依據。然而，憲法第四十八條的設計仍舊有「不完全」的缺陷。首先，所謂的「必要措施」以及「公共安全與秩序」在定義上極為模糊，幾乎被視為總統或政府單獨詮釋的範圍，擴大了總統使用此一條文的彈性。其次，憲法第四十八條欠缺執行細則，雖然該條文最後一款明訂其執行細則應另由法律規定，但直到威瑪共和崩潰，國會都沒有將執行細則制訂出來。第三，對於緊急命令權使用的權責設計是分開的。總統有執行權力，但依據憲法負責的對象是內閣。換言之，總統在使用該權力時，是一個有權無責的狀態，無形中增加了總統的力量（Rossiter, 2002: 32）。加上國會在破碎化的政黨體系下難以形成絕對多數來否決總統的緊急命令，使得憲法第四十八條在威瑪憲法的實踐上成為行政獨裁的搖籃。

憲法第四十八條的設計，在威瑪共和有特殊的背景條件。為了避免南部的分離運動，確保德國的統一與一致，加上德國當時面對內外的險峻環境，透過緊急命令權都可以發揮維持國家統一與強化行政力量處理危急狀態的功能（Bracher, 1984: 47）。然而，憲法的精神受到現實政治運作高度權力分化的影響，緊急命令權反而成為政治鬥爭的工具，成為政府、國會在不同陣營對峙下，行政權用以強行施政的依據。更重要的是，因為第四十八條本身的彈性太大，提供了緊急命令權擴張的基礎（Watkins, 1939: 18-19）。緊急命令權加上解散國會的設計，在制度上雖然也搭配國會的否決與不信任等予以制衡，但破碎與分化的政黨體系，使得制衡的精神無從實踐。議會制下由國會監督政府的精神不僅無法落實，反而變成總統與政府透過緊急命令權與解散權控制國會的情況（Gusy, 1997: 111; Bracher, 1984: 51）。緊急命令權在具體的使用上，從一九一九年至一九三二年為止，共有二百五十四次。其中一九一九年至一九二五年有一百三十六次，大多數集中在一九二三年處理魯爾危機與通貨膨脹的議題上。一九二五年至一九三〇年，是緊急命令權使用最少的階段，僅有九次，其餘一百零九次是在一九三〇年之後（Gusy, 1997: 112）。當然，緊急命令權的使用會因為時機、具體內容以及對象上的差異而對憲政秩序有不同的影響，其中總統使用的次數和總統影響政治程度看似相關，但仍有內涵上的差異。首先，如果總統在使用的實質意涵上都吻合警察權的內涵，也就是如前所述，僅用於維持或恢復公眾秩序與安全，那對於政治運作而言並不算過度的介入，而且無礙於憲政運作的原則。相反的，如果總統是使用緊急命令權來改變憲政運作的常軌，那麼即使只有一次，都足以視為總統運用制度權力強烈的干預了政治的運作。在這樣的比較基礎下，可以看出艾伯特總統雖然在一九二三年大量動用緊急命令權，但仍不會招致總統干預政治運作的批判，但與登堡總統在一九三〇年以緊急命令權改變政府和國會的關係，則是實質的改變了憲法的原則，以致於被視為國會遭到架空，趨於行政獨裁轉型的開始，甚至被視為是透過緊急命令權開啟了新的憲政秩序（Richter, 1997: 209, 234, 257）。

就制度而言，緊急命令權和解散國會權一樣，雖然在一九一九年至一九三〇年之間沒有對議會民主發揮關鍵性的影響力量，但制度設計與現實的政黨政治相互作用下，這兩項制度設計成為一九三〇年之後，憲政轉型為行政獨裁的重要依據。

本書第三章曾就德國憲政傳統的發展特徵指出，十九世紀以來持續發展的行政與立法二元化的緊張關係，在威瑪憲法裡以妥協的方式被「擱置」，總統與國會成為兩個民意基礎的來源。就憲法的制度設計來說，政府組成與解散的權力分由總統與國會享有，緊急命令權的發布與終止也是分由總統與國會享有，都是這個二元化架構下的產物。然而在這個架構下，就這兩項條文來說，總統擁有的是主動的、積極的行政權力，而國會則是消極的、被動的制衡權力，使得威瑪憲法所代表的憲政秩序，潛在著一種「議會制下，總統統治的共和」（parlamentarische Präsidentschaftsrepublik）（Huber, 1993: 49）。雖然在一般的行政事務與政治領導上，這部憲法的原則是希望總統扮演備而不用的角色，但制度的設計終究提供了權力分化的潛在可能。而這個潛在可能更因為國會始終受到分化的政黨體系無法形成有效多數而疲軟的影響，使得行政權，尤其是總統，具有實踐憲法時的實際優勢。當國會長期無法以穩定的多數維持憲法預期的憲政運作時，總統的個人作為及其對憲法的解讀，就成為憲法實踐上的重要依據。當總統決意透過制度賦予的潛在優勢介入政治運作時，這部半總統制憲法就可能在制度不變，但實際上卻換軌為行政獨大的情況。威瑪憲法分化而且利於行政的制度設計，成為興登堡總統開啟憲政「沈默轉型」的制度性條件。

就政府體制的制度設計來看，制憲者普洛伊斯兼採總統制與議會制的精神，希望用總統制的中央權威維持國家的統一，並在必要時可以防止因議會制無法運作時所可能出現的無政府狀態與混亂。然而，這些混合的設計，卻造成政治場域中權力分配的分散。總統、國會、總理彼此可以制衡，在國會有明確多數的情況下，能否使總統制與議會制的優點一起發揮尚且無從得知，更何況威瑪共和受到政黨體系分化的影響，國會在政府架構中極為疲弱，因此這些設計反而成為日後總統與總理建構避開國會或甚至控制國會以施政的行政獨裁之依據。

選舉制度的影響：國會與總統

除了制度設計提供權力分化的誘因之外，選舉制度也對權力分化的政黨體系和憲政運作產生重要的影響。在國會的選舉制度方面，採用不設門檻的純粹比例代表制，並且對政黨主張沒有限制。依據一九一八年國民議會時的選舉將德國劃分為三十五個選區，政黨可以在不同選區中提出名單，每獲得六萬張選票得當選一名議員（Schanbacher, 1982: 83; Anschütz, 1960: 188）。[11]不僅如此，為了避免過多被浪費的選票（Reststimmen），也特別增加兩個規定。首先，各政黨在每個選區以六萬票為除數分配完席次之後，不足六萬票的剩餘票數可以透過政黨為單位將全國各選區的剩餘票數相加，若得票總數超過三萬票，該黨可以在總席次上增加一席。其次，若政黨或團體在全國任一選區內，都無法獲得六萬票的門檻，在各選區當然就不會取得席次，雖然如此，如果該黨在全國的總得票數超過六萬張以上，並在所有選區中任一個選區跨越三萬張選票的門檻者，亦可在總席次上取得一席（Gusy, 1997: 118）。這個純粹比例代表制，並且避免浪費選票的選舉制度，不僅無法鼓勵國會朝向限制小黨，獎勵大黨而有利於形成穩定多數，最顯著的影響反而就是造成政黨體系的分化、極化以及非制度化（Skach, 2005: 41）。由於不設立分配席次的門檻，甚至基於避免浪費選票所另外設計的額外席次，使得加入國會的政黨數目極為眾多。此外，也因為政黨可以在任何一個單一選區提出名單，更鼓勵了地區性小黨的存在。[12]

沒有任何限制，接近純粹的比例代表制，讓德國歷史發展上原本就多元分化的社會結構，徹底的表現在政黨體系之上。就國會中取得席次的政黨數目來說，一九二〇年至一九二八年四次國會選舉的有效政黨數分別為六點四、七點一、六點二與六點一，而在國會中獲得席次的政黨數目則是在十至十五個之間（Gusy, 1997: 118），以一九二八年的選舉為例，一共有二十九個政黨提出名單，而有十四個政黨取得席次進入國會（Pollock, 1929: 861）。可見在這種選舉制度下，政黨體系分化以及小黨林立的程度。[13]就政黨的立場來說，無論各種主張都有機會在國會取得發言權，包括了反對議會民主、反體制的政黨。在純粹比代表制的選舉制度之下，選票確實充分反應在政黨的席次上，達到相當高的比例程度。圖5-2是依據一九二〇年至一九二八年之間的四次選舉，以幾個主要政黨作為樣本，將其得票率與國會內的席次率做一個時間的迴歸分析。從結果顯示，得票率的係數趨近於一而截距接近

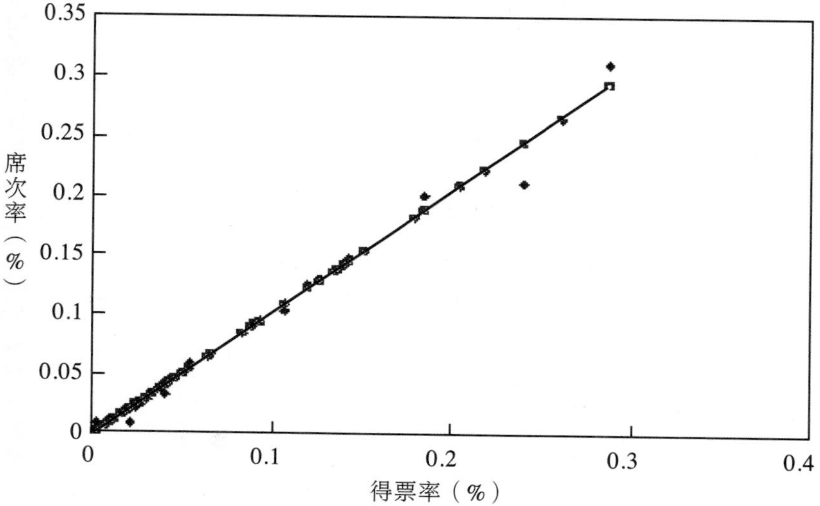

Y（席次率）=1.025X（得票率）＋0.0002
R平方：0.992732；顯著值：1.27E-47

圖 5-2　一九二〇年至一九二八年主要政黨的得票率與席次率迴歸分析

於零，表示得票率和席次率之間的高等比例性，遭到浪費的選票或不等比例的情況在此制度下幾乎完全沒有。

在本章的第一節討論了威瑪共和在政治場域裡極為分化的權力結構，表現在政黨體系上，受到制度的鼓舞更加顯著。如此充分反映選票比率的選舉制度，鼓勵了小黨、區域性政黨、極化政黨的政治參與，而極為分化的政黨體系則造成國會運作的疲弱。國會選舉制度對權力分化的影響，在這裡可見一斑。

在總統的選舉制度方面，一九一九年二月二十一日，憲法草案的第四版本中提出了總統直選的構想，具體的制度上有幾種不同的草案。第一種建議是兩輪投票制（Stichwahl），反對者認為，依據德國當時政黨體系的破碎，進行第二輪的投票是將總統的決定權取決於少部分人的手中。這將是產生一個「不合乎比例性」（unverhältnismäßiger Einfluß）的影響。第二種建議是採用相對多數的選舉制度。雖然可以避免兩輪投票的弊端，但不等比例性的問題卻仍在。依據當時德國的多黨體系，仍舊會選出一個只有部分群眾基礎的候選人來擔任代表國家的總統一職。第三種建議是讓選民在第一輪就圈選心中的第二偏好。如果首輪沒有候選人獲得絕對多數，就再計算第二偏好的選票。不過此種制度不夠透明，也不能擔保選民會真正的依據其支持的對象投票。結果可能不是選出人民心裡支持的對象，而是取決於政黨的黨紀、政黨之間的協商等因素。最終，也就是第四種議案，決定採用開放式的兩輪投票，不僅在第二輪允許新的參選者，而且最後的當選者是依據第二次投票的相對多數而非絕對多數。同時，考慮到選舉制度可能會再變革，因此不寫入憲法，而是用一般法律規定（Schiffers, 1971: 157-159; Anschütz, 1960: 248; Brunet, 1922: 158-161）。然而，受到政黨體系破碎化的影響，總統很難自選舉中獲得絕對多數的支持，儘管直選的設計確實提高其職位的正當性。始料未及的是，總統一職的權力和其政治上的影響力，卻也因為多黨體系而反而被強化（Schiffers, 1971: 186），但作為全體人民的代表，卻難以從制度中獲得實現。凱爾森（Hans Kelsen）在與施密特針對誰才是憲法守護者的議題辯論時就指出，從現實情況來看，總統就難以脫離政黨而滿足其被預期的中立性，甚至在選舉結果都不容易產生一個絕對多數，來支持總統的正當性（Kelsen, 1931: 44）。確實，除了第一任總統艾伯特是由國民議會選舉產生，在一九二五年與一九三二年兩次的總統選舉裡，從來沒有候選人能在首輪獲得絕對多數，而興登堡總統甚至在一九二五年的第二輪選舉中，也只獲得百分之四十八點三的相對多數而當選。

威瑪共和的總統，反映了共和與民主的原則，可以在總統一職上發現公民自決的代表性與總統式的民主（Gusy, 1997: 98）。其中，公民自決的代表性透過特殊的「兩輪相對多數決」的選舉制度，並無法確保總統的產生具有絕對多數的民意。相反的，總統選舉制度不僅開放第二輪給新的候選人參與，並且以相對多數決定當選者，更刺激了政黨之間在選舉過程中的分化，而非合作。

小結：制度設計的權力分化

從威瑪憲法中關於中央政府行政與立法之間的權責設計可以發現，憲法本身以議會制為基礎，但為了避免如同法國第三共和在多黨體系下，議會絕對主義所造成的混亂與無效率，因而加重了總統的權力，以強化對立法權的制衡，在行政權與立法權之間期望得到均衡。在行政權方面，總統作為制衡國會的角色，擁有主動的解散權（憲法第二十五條）和緊急命令權（憲法第四十八條）；在國會方面，則保留了議會制下對政府的不信任投票（憲法第五十四條），以及彈劾、罷免總統的設計（憲法第四十三條、第五十九條）。此外，行政權內部也希望以總統的人事權（憲法第五十三條）以及總理與部長的副署權（憲法第五十條）達到均衡。最終，無論總統解散國會後的改選、國會提請公民複決來罷免總統，或是在爭議法案上總統和國會均有提出公民投票的權力等，都是意味著用盡憲法工具之後，最終的裁決在於人民的仲裁。整體的架構正如制憲者普洛伊斯所設想，是一套行政與立法之間、行政權內部的均衡體系。然而，這套體系下卻仍舊潛藏著個別的優越與利益歸屬。

首先，依據施密特的觀點，威瑪憲法希望落實的是一種均衡狀態，在行政與立法的兩造，只要任何一方的權力獲得強化，另一方也必須要有對等的權力設計，以免平衡的均勢被破壞（Schmitt, 1928: 196）。然而，總統的解散國會權和緊急命令權都沒有在實施上的具體限制條件，但國會無論是對總統的罷免案或對政府的不信任投票，卻有國會內的門檻限制，其中要提請罷免總統的公民複決案，更須有高達三分之二的多數。在形式上雙方都具有制衡力量，但在執行上卻出現行政權優越的趨勢。其次，在政府的組成上，威瑪憲法賦予總統的是主動的人事權、而賦予國會的則是被動的信任權。意即，國會在政府組成的過程中，只有被動的否決能力，而無主動的組織能力。[14]儘管憲法也在第五十四條做了關於國會信任的相關規定，但第五十四條包含兩款內容，卻有不同的政治影響。依據威瑪憲法第五十四條第一款規定，總理或各部長在行使職權時必須獲得國會信任。第二款則是由國會決議不信任時，總理或個別部長必須辭職。在此，第一款並未明確規範總理與部長之任命，需以何種方式取得國會之信任？若是以第二款反面證成並延伸解釋，亦即「國會之不信任案未通過時，表示國會之信任」。將使政府組成的範圍更加擴大。施密特認為，在具體實踐上，若明確指出組成政府必須獲得國會以信任投票的多數同意而為之，將使少數政府無法成立。但相反的，著重於第二款並延伸解釋，將使少數政府得以在國會無法發動不信任投票的情況下獲得存在的可能（Schmitt, 1928: 343）。[15]第三，在總統的緊急命令權部分，憲法雖然規定可以經由國會的要求而終止緊急狀態，但這裡再次強調的是國會對緊急命令被動的終止權，而非主動的同意權。依據威瑪憲法，若國會對緊急命令權提出終止的要求，則總統利用緊急命令權頒布的的法令將失效。相反的，在國會提出終止要求的表決上若無法獲得多數同意，則該總統的緊急命令將被視為有效（Gusy, 1997: 111）。這裡是規定了失效的條件，而非有效的條件，因此其法律的利益再度歸屬總統所有。如果憲法的規定是「總統宣布的緊急命令，必須經由國會以多數同意的追認而生效」，則國會才會獲得較為均衡的力量。從以上的討論可以發現，儘管威瑪憲法強調行政與立法的均衡，但事實上當行政與立法出現衝突時，憲法的優越與利益是歸屬行政權所有，尤其是總統。而當國會無法形成有效多數時，行政權凌駕於立法權之上的情況，就更為顯著，這也是下一段討論選舉制度帶來的權力分化之影響。

在選舉制度這個部分，是造成國會疲弱，在憲法架構中使國會更無法對行政權制衡的另一個重要的制度因素。從前段的分析可以發現，國會的制衡力量在憲法中多以被動的角度來設計，一旦國會又無法形成有效的多數，將使得制度上權力分化的利益盡歸行政權所擁有，也就是促成行政獨裁的有利條件。施密特認為，威瑪憲法預設德國的議會民主必須透過政黨國家（Parteienstaat）的模式而得到實現。在這個過程中，因為政黨扮演將利益與意志轉換為政策的行為者，因此政黨應保持適度的彈性，以避免意志和利益在轉換與融合的過程的中遭遇太多阻礙（Schmitt, 1931: 87）。然而，國會的選舉制度加上多元的社會結構，使得德國的政黨體系呈現極度的破碎，彼此甚至具有對立與零和的性質。這使得德國的議會民主，必須透過極為脆弱的政黨聯盟來實踐。而在這個脆弱的多數聯盟裡包含著異質性的外交、經濟、文化與社會政策，使得整個體制呈現出來的是一個「不穩定的政黨聯盟國家」（ein labiler Koalitions-Parteien-Staat）（Schmitt, 1931: 88）。在此，國會的選舉制度扮演中介變數，激化與加速政黨體系的破碎，有著制度上的影響力。透過幾乎等比例且沒有門檻的比例代表制，社會上任何的力量都獲得機會取得席次而進入國會。不僅如此，政黨也因為選舉制度造成席次與得票率等比例的效應，而在政黨的主張上保持強硬的態度。因為組織政府而必須要有的妥協，反而在下次選舉上造成選票流失的困境。從一九二〇年至一九二八年的四次選舉以及多次組閣過程裡可以發現，社民黨的策略就是保持強硬的立場，寧可選擇在野對政府保持容忍，也不願與人民黨合作以避免選票向共產黨流失。而民主黨、人民黨等政黨，則因為屢次進入聯合政府，在個別議題上的妥協而使得選票分別往社民黨或是國家人民黨流失，反而一再弱化聯合內閣的穩定度，也更加強化左右對峙的基礎，不利於強調共識精神的議會民主。

在總統的選舉制度上，雖然採取兩輪投票，但是第二輪採用相對多數而且開放式的投票制度，並無法保證總統的當選一定具有過半的民意基礎。然而，在憲法的設計上，總統卻是被預期作為人民的代表，應該超脫於政黨之上扮演行政與立法之間的仲裁者。一九一九年的艾伯特總統是由國民議會間接選舉產生，一九二五年第一次使用這個選舉制度所選舉出來的興登堡總統，是受到第一輪選舉結果的影響，而從右翼政黨聯盟中新推舉的候選人，事實上在第二輪也只獲得了百分之四十八點三的相對多數，距離獲得百分之四十五點三得票率的馬克斯只有百分之三的多數。然而，在憲法設計的行政優越下，加上國會因破碎、零和的政黨體系而疲弱，使得總統在未過半的民意基礎下擁有難以制衡的力量。

制度設計上的權力分化，在中央政府的部分已具有行政權比立法權擁有更多潛在的優越設計，加上選舉制度具有分化政黨體系、強化政黨對立的效果，而使得國會更難凝聚有效而穩定的多數聯盟。兩個層面的制度設計都往強化行政、弱化國會的方向發展，使得威瑪憲法被預期的行政與國會間的平衡無法具體實踐。布拉赫分析威瑪共和崩潰的原因時認為，威瑪的總統在歷史的傳統、現實的需要以及第一任總統艾伯特的形象下，建立了總統為共和的最高領導人與守護憲法的地位。但是在國家法律現實的運作與發展，以及經歷公開的辯論下，以政黨為運作核心的議會政治在國家遭遇危難時臣服於總統之下。而共和的第二任總統興登堡也從憲法的保護者角色，搖身一變而成為現實政治的號召者、憲法的改革者（Reformator der Verfassung）（Bracher, 1984: 44-46）。制度雖不是促成兩任總統不同性格的原因，但卻提供興登堡總統制度上的條件，建立一個繞開國會制衡，具行政獨裁特徵的體制。更諷刺的是，這個總統並沒有全體人民的代表性，在選舉制度設計下，這個總統僅具有無法超脫政黨、無法具有中立色彩的相對多數為基礎。

半總統制的實踐：威瑪與其他半總統制國家的比較

第一節與第二節的討論，分別從實際的政黨政治運作，總統、總理與國會的三角關係兩個政治運作層面，以及政府體制的制度設計，與選舉制度等兩個制度層面探討了威瑪共和不穩定的半總統制運作。以下從相同的角度，以政黨體系、三角權力關係，憲法設計與選舉制度等兩個層次的比較，來討論威瑪共和其他半總統制國家在運作上的一些異同。

政黨體系分化程度的比較

半總統制的憲政運作是以國會、總統和政府為三個核心，彼此間的互動產生多變的次類型。其中，國會的運作取決於不同類型的政黨體系。政黨的數目雖然可能是影響國會運作是否容易建立多數的條件之一，但非決定國會運作穩定與否的關鍵變數，主要的關鍵仍在於是否能在國會建立一個有效而穩定的多數。在政黨體系影響半總統制運作的研究上，已經累積了一些成果。大致上說來，一般咸認為多黨制下的半總統制在其他條件相同的時候，會比兩黨制下的半總統制傾向於不穩定的政治運作。[16]本書大致同意這個結論，但認為從威瑪的經驗上除了政黨的數目外，亦須從政黨的分化程度來進一步補充政黨體系這個比較上的指標。政黨體系的分化程度，除了從政黨數目外，亦必須觀察政黨間的競爭程度。以第一節威瑪的經驗為例，趨於零和競爭，缺乏穩定合作基礎的多黨體制，是國會無法形成一個穩定多數以運作的結構性原因，若只觀察政黨數目則不足以呈現這個情況。除此之外，以政黨體系的分化程度較能解釋的僅在於國會運作的穩定與否這個部分。換言之，觀察半總統制的各種次類型，必須再搭配其他的變數一起討論。本書先以憲政運作的穩定與否為依變項，討論政黨體系的分化程度對憲政穩定的影響，下一個部分再結合其他的變數討論半總統制的轉型或是換軌等問題。

在其他的半總統制國家中，政黨體系的分化程度也確實影響了半總統制的運作。政黨體系分化程度較低的半總統制國家，政治運作便相對穩定，典型的例子如奧地利。奧地利在一九四五年第二次世界大戰以後，其國會選舉的結果大致上呈現兩大政黨（SPÖ與ÖVP）主導的結構。觀察一九四五年至二〇〇二年為止的十八次國會選舉，其選舉結果的有效政黨數平均為二點五五個，而各政黨之間也沒有零和的競爭情況，所有政黨都有相互合作，共組聯合內閣的可能，甚至是選舉中彼此競爭的兩個主要大黨，也都經常組成大聯合內閣。奧地利歷屆政府的組成概況請參見表5-2。

趨於集中的政治權力，如果選舉結果直接在國會有單一政黨贏得多數，那麼政府的組成以及國會的運作是相當明確與穩定的。這個情況出現在一九四五年至一九四九年、一九六六年至一九七〇年及一九七一年至一九八三年（Müller, 1999: 29）。即使沒有單一政黨在選舉贏得過半席次，在非零和的

表 5-2 一九四五年以後奧地利政府的組成概況

時 間	總 理	組閣政黨	政府類型
27-Apr-1945 ~ 20-Dec-1945	Karl Renner	SPÖ-ÖVP-KPÖ	全政黨內閣
20-Dec-1945 ~ 11-Oct-1949	Leopold Figl	ÖVP-SPÖ-KPÖ	大聯合內閣
08-Nov-1949 ~ 28-Oct-1952	Leopold Figl	ÖVP-SPÖ	大聯合內閣
28-Oct-1952 ~ 25-Feb-1953	Leopold Figl	ÖVP-SPÖ	大聯合內閣
01-Apr-1953 ~ 14-May-1956	Julius Raab	ÖVP-SPÖ	大聯合內閣
29-Jun-1956 ~ 12-May-1959	Julius Raab	ÖVP-SPÖ	大聯合內閣
16-Jul-1959 ~ 03-Nov-1960	Julius Raab	ÖVP-SPÖ	大聯合內閣
03-Nov-1960 ~ 11-Apr-1961	Julius Raab	ÖVP-SPÖ	大聯合內閣
11-Apr-1961 ~ 20-Nov-1962	Alfons Gorbach	ÖVP-SPÖ	大聯合內閣
27-Mar-1963 ~ 02-Apr-1964	Alfons Gorbach	ÖVP-SPÖ	大聯合內閣
02-Apr-1964 ~ 25-Oct-1965	Josef Klaus	ÖVP-SPÖ	大聯合內閣
19-Apr-1966 ~ 03-Mar-1970	Josef Klaus	ÖVP	單一政黨多數
21-Apr-1970 ~ 19-Oct-1971	Bruno Kreisky	SPÖ	單一政黨少數
04-Nov-1971 ~ 08-Oct-1975	Bruno Kreisky	SPÖ	單一政黨多數
28-Oct-1975 ~ 09-May-1979	Bruno Kreisky	SPÖ	單一政黨多數
05-Jun-1979 ~ 26-Apr-1983	Bruno Kreisky	SPÖ	單一政黨多數
24-May-1983 ~ 16-Jun-1986	Fred Sinowatz	SPÖ-FPÖ	聯合內閣
16-Jun-1986 ~ 25-Nov-1986	Franz Vranitzky	SPÖ- ÖVP	大聯合內閣
21-Jan-1987 ~ 09-Oct-1990	Franz Vranitzky	SPÖ-ÖVP	大聯合內閣
17-Dec-1990 ~ 11-Oct-1994	Franz Vranitzky	SPÖ-ÖVP	大聯合內閣
29-Nov-1994 ~ 18-Dec-1995	Franz Vranitzky	SPÖ-ÖVP	大聯合內閣
12-Mar-1996 ~ 20-Jan-1997	Franz Vranitzky	SPÖ-ÖVP	大聯合內閣
28-Jan-1997 ~ 04-Feb-2000	Viktor Klima	SPÖ-ÖVP	大聯合內閣
04-Feb-2000 ~ 28-Feb-2003	Wolfgang Schüssel	ÖVP –FPÖ	聯合內閣
28-Feb-2003 ~ 11-Jan-2007	Wolfgang Schüssel	ÖVP –FPÖ	聯合內閣
11-Jan-2007 ~今	Alfred Gusenbauer	SPÖ-ÖVP	大聯合內閣

資料來源：Welan（1999: 93-94）；後四任政府為作者補充。

政黨體系下，也能夠組織一個穩定的過半聯合內閣。[17]奧地利趨於集中化的政黨體系，這是因為戰後社會結構的分歧較單純，沒有出現如威瑪共和一般，破碎、極化而又零和競爭的政治權力分化，這是國會能夠穩定運作的原因，政府沒有一任是因為國會的不信任投票而下台（Müller, 1999: 29-30）。在歷屆政府幾乎都可以取得國會穩定多數的情況下，提供了奧地利的半總統制有效運作的穩定條件。

再以芬蘭為例，芬蘭在一九一九年以後的半總統制運作，在分化的政黨體系情況下，不易組成穩定的多數，政府更迭和威瑪共和一樣頻繁。有一句諺語形容芬蘭的社會結構有著極為分歧的政黨政治：當兩個芬蘭人聚在一起，會有三種政治意見被表達出來（Arter, 1987: 39），可見芬蘭的社會結構在政治議題上的高度分歧。在一九八三年以前，除了一九三二年至一九三六年的基維梅奇（Toivo Mikael Kivimäki）內閣，以及一九七二年至一九七二年的索沙（Taisto Kalevi Sorsa）內閣外，沒有出現政府和國會一起做滿任期的情況。從一九一九年至一九八三年，在六十四年裡撤換了五十八任的政府，扣掉前述兩任和國會一起任滿任期的政府，剩下的五十六任政府，平均每任政府的壽命只有三百七十一天。而在一九八〇年代初期起，芬蘭的國會逐漸朝向三黨政治發展（Nousianinen, 2001: 102），有利於國會的穩定運作，也提供了後來一九九〇年代憲政轉軌的條件。芬蘭政府早期更迭頻仍，和政府在國會裡是否掌握多數有關。在一九三〇年以前的十任政府裡，只有艾利克（Rafael Erich）內閣是多數，其餘九任均是少數政府，這個趨勢隨著政黨體系朝向穩定發展而逐漸改變，到一九八〇年代以後，不再有少數政府。芬蘭多數政府的比例請參見表5-3。

這個趨勢是受到芬蘭政治運作的權力集散所影響。芬蘭的社會結構是由三股階級力量所形成，分別是上層階級代表的保守力量、勞動階級代表的社會主義力量及兩者之間的中產階級所代表的自由主義力量。這個結構和威瑪很像，不僅如此，在建國初期受到內戰的關係，政黨之間的歧見相當深，彼此競爭極為激烈。受到芬蘭存在廣大農民力量影響，獨立之後在社會主義路線上，農民也組織起來成為重要的政黨力量（Agrarian Party），左翼則分裂為社會民主黨（Suomen sosialidemokraattinen puolue）和激進的共產黨，政黨的背景和結構幾乎和威瑪如出一轍（Nousiainen, 1971: 28）。在分歧的社會結構和政黨體系下，只有資產階級政黨願意在議會制的體系下組織政府，其餘極端的政黨則欠缺在議會民主的制度之下組織政府的意願（Anckar, 1992: 158），[18]發展的背景和威瑪非常相近。芬蘭的政黨體系到二戰結束為止，陸續受到獨立、內戰、兩次世界大戰以及先天社會結構的分歧所影響，導致在戰後的體系也形成高度的破碎化，使得政治運作的權力極為分化，沒有單一政黨可以在國會取得過半力量，極端政黨更有著反對議會民主的主張，造成國會運作的疲弱，也造成政府組成與存續的困難（Arter, 1987: 50-51; Nousiainen, 1971: 37）。到了一九六〇年代，社會分歧的情況出現結構性的變化。經濟發展的都市化造成人口離開農村往南移動，社會發展造成藍領階級的增加，選民的地域屬性與階級屬性雙雙改變，影響了政黨的主張與立場。社會結構愈加趨於同質性的發展，使得政黨之間競爭的零和性逐漸減低。堅持極化的主張只會持續喪失勞動階級與中產階級的選票（Nousiainen, 1971: 97）。一九六六年社會民主黨重新加入內閣，政黨之間建立起以共識為主的決策模式，

表 5-3 芬蘭多數政府的比例與發展趨勢

年代	比例（%）	年代	比例（%）
1920-30	16	1960-70	70
1930-40	48	1970-80	79
1940-50	86*	1980-90	100
1950-60	59	1990-今	100

說明：一九九〇年至今的資料為作者補充。
*受到一九三九年至一九四四年芬蘭和蘇聯「冬季戰爭」的影響，芬蘭在此一時期籌組的是包含所有政黨的大聯合內閣，但也因為戰爭而使內閣不同於常軌的運作，無法和一般時期一起比較。
資料來源：Anckar（1992: 159）。

以合作代替對抗，使政治權力從分化趨於集中。儘管政黨的數目並未因此而減少，[19]但是政黨之間的合作卻使得在國會內籌組有效的多數成為可能，也提供了議會民主發展所需要的基礎（Anckar, 1992: 163-167; Arter, 1987: 65-66）。

法國是另一個在數目上呈現多黨體系，但是政黨之間非零和競爭，甚至趨於兩個集團的案例。第五共和除了一九五八年至一九六二年以及一九八八年至一九九三年之外，其餘的政府都能在國會取得多數。法國第四共和是歐洲議會民主史上有名的混亂、無效率及政府短命的個案。這是受到破碎化、零和競爭的政黨體系所影響，甚至也存在反體制政黨，而導致議會民主運作的失敗。但在一九六〇年代，法國和芬蘭有著類似的發展過程，受到戰後工業化、都市化和社會發展迅速的影響，中產階級大量增加，不只改變了選民結構，也連帶影響了政黨之間政治競爭的邏輯。政黨間競爭的零和性降低，意識形態與政策立場都較為溫和，使得儘管仍是多黨體系的法國第五共和，政黨間仍可組成具有國會多數為基礎的中間偏左或是中間偏右的聯合政府（Skach, 2005: 73-75; 劉淑惠，1994: 191-192）。儘管法國第五共和的政黨體系仍舊是左右兩翼壁壘分明，沒有像奧地利一樣所有政黨都有合作組閣的可能，但歷屆政府大多能在中間偏左或是中間偏右組織過半的聯合內閣，仍是屬於較為集中的權力形態。第五共和行憲以來，只有在一九六二年發生過一次的倒閣，政府和國會的關係比起第四共和要穩固許多。政治權力運作的面向上，法國第五共和也比威瑪共和更趨於集中，呈現非零和競爭的多黨體系，這是法國半總統制穩定運作的條件之一。

在後共國家的經驗上，憲政運作的情況各有所異，難以歸屬於同一類型。但大致上說來，多數採用半總統制的後共國家，政府更迭的頻率偏高，政治穩定的個案屬於少數。從一九九〇年至今，大多更換超過十任以上的政府，例如，烏克蘭包括代理政府在內一共更換了十七任的政府；波蘭則是更換了十四任的政府；俄羅斯也更換了十任的政府。描述這些後共國家的輪廓，大致上造成政治衝突的分歧線在於政府的不同部門、政治與國族動員、和極化與體制外的手段對民主正當性的破壞（Protsyk, 2003: 1077）。而社會內過多的分歧結構，例如種族、都市與鄉村、共產與非共產主義等，也造成權力的分化，形塑分化的多黨體系，不利於國會內穩定多數的形成（Bunce, 1997: 168）。就政黨體系而言，多數的後共國家還停留在發展與轉型的階段，因此政黨體系的變遷、選舉的不確定性極高，甚至政黨體系還在調整，尚無法反映社會分歧的結構（McAllister and White, 2007: 197）。主要的原因在於大多數的後共國家，政黨的競爭是因為國家體制轉型而獲得開放，並非在既有的政黨基礎之上追求體制的轉型。不僅如此，政黨還在尋找選民支持的基礎，也在彼此之間尋找結盟的對象（Elster et al., 1998: 132）。這個背景使得政黨的立場和主張，以及彼此之間的合作和競爭都經常變化，反覆不定，也提高了政府存續的困難。

以烏克蘭為例，社會結構的分歧、政治權力的分化、政黨體系的易變等，是造成憲政運作不穩定的幾個重要原因。從一九九一年起的十任政府裡，沒有任何一任政府有政黨聯盟的基礎，而高度分化與非制度化的政黨體系，也是造成強勢總統的結構性因素之一（Protsyk, 2003: 1078-1079; Wilson, 1999: 260）。烏克蘭政黨體系的非制度化，是造成政黨體系脆弱易變的原因，這也是其他後共國家例如俄羅斯，所經常遇見的問題。造成政黨體系非制度化的原因，很大的部分是因為共黨專政造成市民社會的軟弱，使得市民社會與民主轉型後的政黨體系出現落差（Thames, 2007: 461）。在波蘭，社會結構分歧與分化的政治權力也反映在分化的政黨體系之上。在一九九一年至二〇〇七年，六次國會選舉後的有效政黨數，平均為五點四個，其中一九九一年的大選更高達十一點四三個。不僅如此，在波蘭的多黨制裡，也缺乏較顯著的大黨，使得政黨的解組和重組頻仍，更造成國會的不穩定

（Bernhard, 1997: 190-199）。保加利亞和斯洛維尼亞的半總統制在後共的半總統制國家中相較之下是趨於穩定的案例，保加利亞從一九九一年至今更換了六任政府，而斯洛維尼亞從一九九一年至今則是五任。從政治運作權力分化的角度來比較，保加利亞和斯洛維尼亞雖然也是多黨體系，但是國會有一個或兩個較大的政黨主導，而且政黨體系是兩個聯盟的競爭，而非零和的破碎化政黨體系。這兩個國家的例子裡，國會大多能在多黨體系中組成過半的多數聯盟，這也提供了憲政運作趨於穩定的條件（Elster et al., 1998: 140-141; Ganev, 1999: 131; Cerar, 1999: 251）。

透過政黨體系的比較，可以觀察政治運作權力分化的程度，主要則在於不同政黨體系對國會多數形成的影響。如前所述，國會有無多數不只是影響政治運作穩定與否的一個指標，更是半總統制下立法能否制衡行政的主要依據。這和國會內的政黨數目雖有相關，但非必然。理論上雖然兩黨制比多黨制更容易形成有效的多數，但不表示有效政黨數多，就沒有能力形成一個國會的多數。和政黨數目相較之下，更主要的指標在於國會內有無建構穩定多數的可能性，而這不是單由政黨數目就可以判準的。當然，兩黨制的政黨體系或是由兩大黨掌握國會大多數的席次，相較之下顯然較有利於國會形成穩定的多數，例如奧地利和一九七〇年代以後的芬蘭。但多黨制的體系，如果是趨於兩個聯盟的競爭，事實上也有形成穩定多數的可能，例如法國第五共和、保加利亞、斯洛維尼亞。權力分化最嚴重的情況，就是紛亂、缺乏主導政黨、甚至彼此零和競爭或是存在反體制政黨的多黨體系。這種權力分化的結構，導致國會形成穩定多數的困難，也提高政府存續的難度。國會一旦沒有多數，只有兩種可能：其一，如果政府堅持要取得國會的信任，則必然造成政府的不穩定，例如烏克蘭、波蘭、法國第四共和；其二，如果政府決定繞開沒有多數的國會，則易形成政府行政獨裁的契機，例如威瑪共和。

總統、總理與國會三角架構的比較

總統、總理和國會的三角關係，是半總統制國家在政府架構上影響政治運作的重要變數。在這三者彼此的互動上，以國會有無穩定多數，再考慮總統、總理與國會多數（若有）其所屬政黨或是政治聯盟的一致性與否，可以產生五種不同的比較類型。第一種是當總統、總理和國會多數一致時，屬最穩定的一種類型，即使制度將行政與立法或是行政之間做了制衡的設計，透過同黨或是同一政治聯盟的協商下，三者的立場也會因為基於一致的狀態而使憲政運作趨於穩定。至於行政權是由總統或是由總理領導，則依據黨內的權力分配或是總統在憲政慣例上的定位而決定，這種類型表現出來的是一致多數政府。第二種情況是總理與國會同屬一個政黨或多數的聯盟，而與總統不一致。因為行政權的二元且不一致，因此是典型的「共治」基礎，一般而言，憲政運作會傾向由總理領導。當然，在民主尚不穩固的國家，總統也可能透過民粹或制度的巧門與政府和國會對立，但這已非政治制度或常態下所能分析的範圍。在這個類型下，因為國會有多數，也和政府同一陣營，所以政治運作也較為穩定，是半總統制下特有的共治型政府。第三種類型是總統和總理的一致，但和國會多數不同陣營。在半總統制的憲政架構下，要出現這種情況必須要有制度上的條件，例如政府組成過程中國會沒有主動權，或是總統有比國會更具優勢的力量來組織政府。在政府組成後，國會雖然有不同陣營的多數，卻容忍政府的存在而不予以倒閣。這種情況是行政權的部分為整合，但和立法權對立的模式，這個模式在總統制之下則是典型的分立政府。第四種情況，是總統和總理屬於同一政黨或聯盟，而國會也沒能形成穩定的多數。這個情況和上述第三種情況類似，差別只在於國會有無明確的多數。在國會沒有能力形成多數的情況下，政府的存續雖然相比之下較為容易，但政策也難以在國會被推行。這個架構是立法權的分散，因為國會的混亂，所以即使總統主導，政治也難趨於穩定，是屬於一致型的少數政府。最後一種是總統、總理分屬不同政黨或聯盟，而國會也沒有穩定的多數，這也是半總統制下權力結構最為分化的類型，不只行政權內部二元化，行政和立法的關係也不穩定，而國會更是分散無穩定多數的架構。在這個類型下，因為政治的高度分歧，政府沒有國會支持也和總統立場不一致，國會則沒有多數聯盟或政黨，政府存續相當困難，甚至對整體的憲政發展都形成不利的條件。[20]上述的幾種比較狀況如圖5-3所示，或可參見本書第一章表1-5。

從上述幾種三角架構的關係，可以討論現實政治運作不同個案的經驗。以奧地利為例，戰後的奧地利政府，無論是大聯合聯合內閣或是單一政黨組閣，總統所屬的政黨幾乎都能在政府裡。[21]因此，儘管總統和總理不一定同一政黨，也算是同一陣營，長期以來都是屬於第一種政治穩定的類型。此外，奧地利由於總統大多在任內遵守憲法設計總統為政治領導預備者角色的精神，因此實際上對政治運作的影響力也不大。在這個情況下，三角關係著重於國會和總理的關係，使得政治運作比較單純也比較穩定。再以芬蘭為例，一九八〇年代以前，芬蘭政府更迭之快並不亞於威瑪共和，主要的原因就在於國會內沒辦法形成有效的多數。因此，總統、政府和國會的三角關係只可能是第四種總統和總理一致而國會分散；或是第五種總統、總理不一致，再加上國會分散的最混亂類型。然而，在總統有權任免總理，而國會無法形成有效多數的情況下，這個時期的政府和總統立場較為趨近，總理扮演的是總統授命「看守內閣」的角色，也就是第四種的政府類型。一九六六年國會大選之後，總統克寇能（**Urho Kekkonen**）成功的整合中間偏左的力量，組成了一個以中央黨（**Suomen Keskusta, Kesk**）與社民黨（**Suomen Sosialidemokraattinen Puolue, SDP**）為主的聯盟，並在國會出現穩定的多數。從一九六六年至一九八七年為止，總理一職除了一九七〇年至一九七一年、一九七五年至一九七七年兩

國會有多數時：

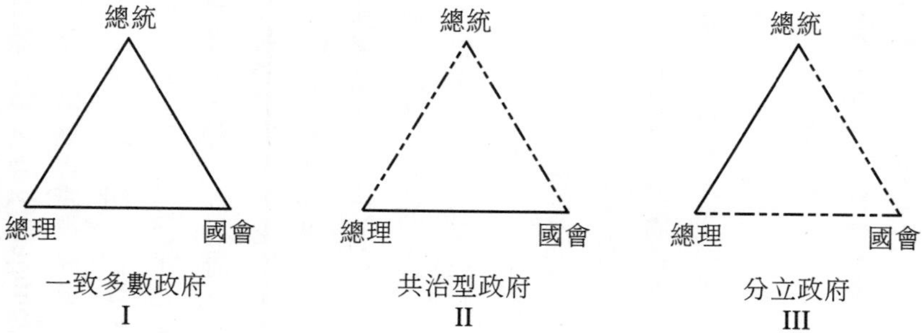

國會無多數時：

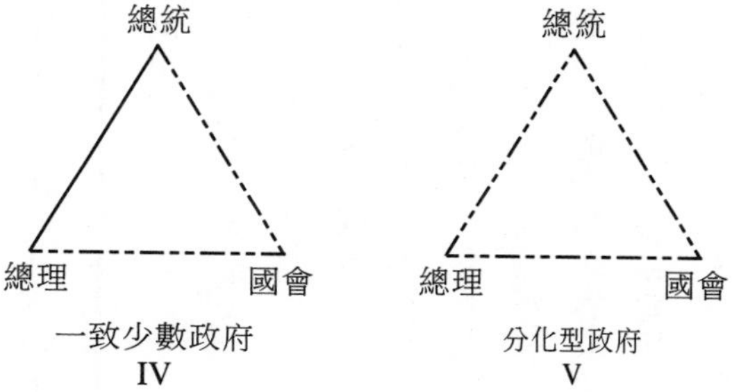

說　　明：實線為同一黨派或聯盟，虛線為不同黨派或聯盟。
資料來源：修改自 Wu（2003: 7-8）。

圖 5-3　半總統制下的總統、總理、國會三角關係

次分別由中央黨的卡亞萊能（Ahti Karjalainen）以及米圖能（Martti Miettunen）擔任以外，其餘都是由社民黨的人士擔任，整個時期都處於總統和政府屬於同一陣營並且幾乎都能夠在國會內獲得多數的穩定情況。一九八七年之後，政府組成依據國會多數為基礎，芬蘭的憲政也開始轉軌，領導政府的角色逐漸由總統轉為總理，到了二〇〇〇年之後，總統更透過修憲大為降低其政治的影響力。芬蘭的經驗從一開始屬於國會無多數，總統和總理一致的第四種類型；在一九六〇年代至一九八〇年代則改變為總統、總理和國會多數屬於同一陣營的第一種類型；最後再換軌為類似奧地利以總理為實質政治領導，總統的影響降低，讓三角架構著重於總理和國會的情況。

法國的經驗在上述幾種次類型之間轉換的情況非常明顯。由於第五共和的國會都能形成有效的多數，並且和總理一致，因此觀察的指標就只在於總統和總理的關係。[22]在這之中，一九八六年至一九八八年、一九九三年至一九九五年及一九九七年至二〇〇二年，出現了三次的共治，是處於第二種類型。其餘除了一九八八年至一九九三年在共產黨支持但不加入左派政府而介於第四種和第一種之外，幾次政府都是總統、總理和國會多數同一陣營的類型。在後共國家的部分，烏克蘭的情況和一九六六年以前的芬蘭接近，由於憲法尚未制訂，總統與國會對總理競逐掌控權（Protsyk, 2003: 1077），加上國會因為破碎化的多黨體系而不容易形成穩定的多數，因此總理的影響在三角關係中比較脆弱，甚至扮演的是當總統和國會競爭時，總統「保護盾」（Wilson, 1999: 265）的角色。在憲法明確規範三角關係的權責以前，烏克蘭的憲政運作可以歸類為第四種，總統和總理一致而國會分散的類型。即使是在一九九九年當選的庫奇瑪（Leonid Kuchma）以及二〇〇四年當選的尤申科（Viktor Andriyovych Yushchenko）兩位總統，也都以無黨籍身分參選，雖仍有政黨的支持，但總統和總理之間的關係依舊缺乏政黨作為整合的平台，和一九二五年以後的威瑪共和較為類似。而在國會裡，直到二〇〇二年的選舉後，才逐漸形成穩定的多數，並且和總理亞努科維奇（Viktor Yanukovych）一致，也與當時的總統庫奇瑪合作，帶來稍後兩年較為穩定的政局。二〇〇二年至二〇〇四年的烏克蘭，由於國會多數、總理和總統關係良好，即使總統並無黨派，仍可歸屬於第一種類型。二〇〇四年以後，新當選的總統尤申科在任命了兩任的看守內閣（兩任均由阿薩洛夫 [Mykola Yanovych Azarov] 擔任總理）之後，才於二〇〇五年和蒂莫申科（Yulia Volodymyrivna Tymoshenko）合作，亦即烏克蘭著名的「橙色革命」（Orange Revolution），並在國會多數支持下，短暫的處於第一種一致多數政府的類型，但同年九月就宣告拆夥。二〇〇六年，總統尤申科和有國會多數支持的總理亞努科維奇關係緊張，在二〇〇七年宣布解散國會。改選的結果，亞努科維奇所屬的地方黨（Party of Regions, PR）雖仍維持國會第一大黨的實力，但總統尤申科和蒂莫申科合作，並組織一個過半的聯合政府，由蒂莫申科出任總理，使得三角關係短暫的進入第一種類型：一致政府的穩定狀態。雖如此，尤申科和蒂莫申科的合作非常短暫，總理和總統之間的齟齬不斷，使得結盟形成的一致政府在一年後即告瓦解。二〇〇八年十月，總統尤申科再度解散國會，新的國會結構和政府組成，仍舊非常脆弱且不穩定。烏克蘭總統、總理與國會混亂的三角關係，一部分原因在於國會難以形成多數，另一部分原因則在於總統無黨籍的身分，在國會尋求合作伙伴的易變性高，使得三角關係中總統和國會的關係始終較為脆弱。此情形類似於一九二五年以後的威瑪共和。

在保加利亞，因為國會裡政黨體系較為穩固，也多能形成有效的多數，總理也多依據國會多數而任命，因此三角關係的類型只有第一種或第二種的情況。一九九一年至一九九六年，民主力量聯盟（Union of Democratic Forces, UDF）所屬的總統哲列夫（Zhelyu Zhelev）任命過三任政府，分別是同黨的狄米托夫（Philip Dimitrov）、無黨籍但為總統經濟顧問的貝羅夫（Ljuben Berov）（Ganev, 1999:

131）及一九九五年任命社會黨（Bulgarian Socialist Party，BSP）的維德諾夫（Zhan Videnov）。這三任政府中，前兩任是屬於第一種類型，而一九九五年的國會選舉由社會黨勝出，因此任命社會黨的維德諾夫出任總理，屬於第二種共治政府的類型。一九九六年，因為經濟改革的問題，總理維德諾夫宣布解散國會，改選的結果由科斯托夫（Ivan Kostov）所領導的民主力量聯盟再度贏回多數，加上總統選舉也是由同黨的斯托亞諾夫（Petar Stoyanov）勝出，因此至二〇〇一年為止，總統、總理與國會多數的關係，皆屬於第一種一致多數政府的類型。二〇〇一年保加利亞總統改選，社會黨的珀爾瓦諾夫（Georgi Parvanov）當選總統，國會的部分則是由「全國運動黨」（National Movement for Stability and Progress, NMSP）贏得一百二十席，剛好半數的席次，並且和「人權與自由運動黨」（Movement for Rights and Freedoms, MRF）合組聯合內閣。直到二〇〇五年為止，保加利亞的政府類型是屬於第二種的共治型政府。二〇〇五年，國會改選的結果再度由社會黨勝出，籌組多數的聯合內閣，政府類型再回到第一種一致多數政府。斯洛維尼亞的情況則類似於奧地利。總統的角色在斯洛維尼亞的憲政架構中影響力比較輕，三角架構中影響憲政運作穩定的在於國會與政府的關係。從一九九〇年開始，一直都是由國會選舉後的第一大黨來組閣。此外，獨立以後選出的第一任總統庫昌雖然是無黨籍的身分，但和烏克蘭以及一九二五年以後的威瑪相反，總統恪遵憲法的精神，在政府組成與政治運作過程中和奧地利總統一樣保持中立，因此雖然憲法提供總統影響政治運作的可能，但斯洛維尼亞一直依循議會制的基礎運作至今。在上述的分類中，由於總統角色不重，加上國會有能力形成多數來組織政府，因此都較接近於第一種的一致多數型政府。比較總統、總理與國會的三角關係可以發現，國會是否有穩定多數，以及總統的介入情況是影響三角架構最大的兩個變數。國會的部分，和前文所討論的政黨體系分化程度有必然關係，而總統的部分，則可以從下一部分制度的制約來做進一步的比較。在三角架構中也可以發現，總統、國會和總理的一致性與否，也是政治運作的權力分化不能忽視的一個變數。

制度設計的比較

政治權力的分化直接影響的是政治運作的穩定與否，並不必然造成行政獨裁或是崩潰。制度設計是否提供了憲政轉軌的條件，也是必須分析的變數。在半總統制的憲法結構裡，總統是連結國會與政府的角色，也是比較憲政轉軌的焦點之一。不同的憲法條文，提供總統、政府和國會彼此互動時不同的制度基礎，是憲政運作轉軌與否的另一個指標。儘管半總統制的三個定義是共同的制度特徵，但從細部的條文比較，仍可以觀察憲法裡是否具有潛在的行政優越。

在奧地利的部分，總統擁有自主的人事權。依據奧地利聯邦憲法（Österreichisches Bundes-Verfassungsgesetz, B-VG）第七十條規定，總統任命總理，並且在不需要副署與建議的情況下宣布總理的解職或政府的解散。但依據憲法第七十四條也同時規定，政府與部長在國會以多數通過不信任投票時必須去職。就憲法的設計而言，奧地利總統的人事權和威瑪共和的總統一樣，有高度的自主性，國會只有被動的否決權力。但運作上因為奧地利國會有穩定的多數，因此總統的人事權實際上被限制在國會的多數，只有當國會無法形成多數時，總統才成為組織政府的最後依據（Müller, 1999: 29）。相較之下，威瑪共和則是因為國會裡沒有多數可以否決總統的人事布局，因此總統對政府組成的自由意志得以避開國會的制衡而發揮其影響力。在解散國會的部分，依據憲法第二十九條規定，奧地利的總統和威瑪共和的總統一樣，也具有主動且限制甚低的解散權。[23]解散國會的權力在一九三〇年曾經被米克拉斯總統使用過一次，但總統所領導的政黨在改選後反而敗選，使得後來的總統對這項權力的使用格外謹慎。第二次世界大戰之後，奧地利穩固的政黨體系，更成為實質上限制總統使用解散權的原因。也因為如此，憲法的精神是將解散國會視為解決行政和立法衝突的工具，而非總統介入政治的手段，在奧地利也得以實踐。【24】奧地利總統和威瑪共和的總統不一樣的地方在於，奧地利憲法沒有賦予總統實施緊急命令的設計。威瑪憲法第四十八條被視為行政獨裁的搖籃，而奧地利憲法沒有類似的設計。儘管如此，奧地利憲法的制度設計，就人事權、解散權而言，是具有行政優越的趨勢。奧地利的總統被比喻為「具有統治與治理能力的民選君王」，就政治與歷史而言，總統也比總理更為重要（Welan, 1992: 48）。依據奧地利憲法的設計，總統獨立於國會之外，也擁有影響憲政運作的權力，使奧地利憲法具有議會制與總統制的精神，可以稱這部憲法為「議會式的總統民主」（parlamentarische Präsidentschaftsdemokratie）或稱為「議會式的總統共和」（parlamentarische Präsidentschaftsrepublik）（Welan, 1999: 34-35），是典型的半總統制。然而，在戰後奧地利憲法的實踐上，總統扮演的角色落實了「替代的、儲備的、補充性的政治領導者」的精神。在政黨體系穩固，議會民主得以運作的情況下，奧地利的總統多能恪遵政治中立，超脫於政黨之上的原則（Müller, 1999: 44-45），而使憲政運作較趨近於議會制。從奧地利憲法設計的特色與實際運作的經驗也顯示，不能單獨的只以總統權力大小或是總統、國會、政府三者彼此之間在制度上的關係來作為比較半總統制不同運作類型的變數。制度設計只是提供憲政運作的平台，有了權力分化的制度設計，不能就直接推論其造成不穩定的憲政運作。但如果沒有趨於分化的制度設計，透過合憲的手段來進行憲政轉型也難以發生。

芬蘭的憲法在二〇〇〇年經歷了重要的修改，幾乎所有的政黨都支持將憲法往議會制的方向做調整（Nousiainen, 2001: 105）。比較二〇〇〇年修憲前後的不同，可以發現制度設計從行政權的優越往國會集中的重大差別。以政府組成的規定為例，依據修改前的憲法第三十六條第一款，總統在與國會不同黨派「協商」後並依國會的信任來任命政府官員。第三十六條第二款則規定，失去國會信任的官員必須解職。然而，在憲法內卻沒有對所謂的「國會信任」另以單獨條文做進一步的規定，換言之，總統享有對人事權較高的主動性。這個部分在二〇〇〇年的憲法則做了重大的調整。依據新的憲法第六十一條規定，總理由國會選舉並由總統加以任命，各部會首長則依總理建議由總統任命之。而憲法第四十四條並規定，政府必須在國會提出施政報告，國會並得依此對政府或個別部長進行信任投票。第六十四條則規定總統必須對無法獲得國會信任的部長加以解職。這一組規定明確的將組織與解散政府的權力移轉到國會手中，總統在政府組成過程中完全虛位化。此外，芬蘭在制憲時的內戰，以及與前蘇聯的複雜關係，外交環境較為特殊。為了保持決策的穩定與應變所需要的效率，總統在舊的憲法架構中和美國、法國第五共和的總統一樣，握有外交上相當自主的權力（**Arter, 1987: 106; Arter, 1999b: 53-54**）。依據第三十三條規定，芬蘭總統主導外交決策，包括對外戰爭或是締結和約。而實際上，芬蘭的總統一直以來也確實扮演外交決策的核心角色。新的憲法則在總統的權限上做了大幅度的限制。依據新憲法第五十八條規定，總統的權力只剩下人事任命的被動權、國會非定期的特殊改選之發布權、特赦權以及涉及艾蘭島（**Åland Islands**）自治區的相關權限等。新的憲法依據議會制的原則進行調整，就制度上的權力分化而言，從較趨於行政優勢的原則，調整為較集中於國會，尤其是總統的角色。

法國第五共和憲法的設計，是另一個在制度上趨於行政優勢的案例。依據第五共和憲法第八條，總統任命總理，並依總理建議任命各部部長。憲法第四十九條、第五十條則規定國會能以不信任投票決定政府的去留。這個設計和威瑪共和，奧地利以及二〇〇〇年以前的芬蘭一樣，讓總統扮演組織政府的角色，再搭配信任投票的設計，希望落實議會民主的精神。在實踐上，法國則較類似於奧地利，因國會有穩定的多數，故總統往往依據國會多數來執行這項權力。除此之外，憲法第十二條賦予總統解散國會的權力，在第五共和的憲政史上，這項權力曾被使用五次，【25】其中一九八一年、一九八八年與一九九七年，都是總統當選後立即解散有一個與自己不同陣營多數的國會，希望透過改選讓國會多數和新的總統同一陣營。這項權力的具體實踐上與第五共和希望用此解決國會與政府的衝突並不一致，但在實踐上，這卻成為第五共和由總統主導或是左右共治等不同次類型換軌運作的依據。另外，法國第五共和的總統和威瑪共和的總統一樣，擁有緊急命令權。略有不同的是，依據憲法第十六條規定，法國在總統宣布進入緊急狀態時，國會必須自動集會並且不得解散，在這裡的設計強化了國會對總統的制衡權。在實踐上，如果國會無法形成多數，將和威瑪共和一樣，即使強行集會也難以有效制衡總統。

後共國家的憲法設計，在細節上各有不同。烏克蘭在一九九二年經由公民投票決定獨立以後，至一九九六年為止都未能制訂一部憲法。在這段期間內，總統與國會爭奪對政府的控制權，加上政黨體系的混亂，使得國內的政局非常不穩。在這段期間內，首任的總統克拉夫齊克（**Leonid Kravchuk**）在其兩年半的任內就更換了四任政府（**Wilson, 1999: 263**）。【26】第二任的總統庫奇瑪也在其九年的任期內更換了六任政府。【27】一九九六年六月二十七日至二十八日，新的憲法在國會內通宵討論並以三百一十五比三十六的絕對多數表決通過，烏克蘭自此進入半總統制的制度建立階段。依據新的憲法，總統和國會的權力分別得到確認。在政府組成的部分，烏克蘭總統依據憲法第一〇六條第九款與第一一四條規定，得以在國會以絕對多數的同意下任命總理，並可依總統意志加以解職，或接受總理的辭職。此外，憲法第一一五條也規定，在國會通過不信任投票的情況下，政府須提出總辭。烏克蘭依據這幾條規定，在政府組織的過程不同於威瑪共和、奧地利、法國與二〇〇〇年前的芬蘭。國會雖然不能直接選舉總理，但除了被動的不信任投票令其去職外，更在總統任命總理時就規定必須要獲得國會絕對多數的同意方為有效。解散國會的部分，憲法第一〇六條第八款規定，當國會無法於會期開始後三十日內有效集會，總統得加以解散。但依據憲法第七十七條也規定，總統有權決定在規定的國會任期之外召開特殊的國會選舉。依據憲法第八十三條與第八十五條也規定，當總統宣布緊急命令或頒布特別法時，國會必須於兩日內集會，並對總統的緊急命令或特別法進行追認。由以上的討論可以看出，烏克蘭的憲法最終在國會和總統兩造做出了妥協，儘管是典型的半總統制國家，但權力設計上總統和國會都有對政府的決定權，而尤申科總統也嘗試透過建立主動解散國會的憲政慣例來建立在憲法裡較為優越的地位。[28]烏克蘭的憲政長期無法穩定運作，是受到制度設計上的分化再加上政黨體系的分化所致。值得一提的是，烏克蘭於二〇〇六年修改憲法，依據修憲，總理改由國會選舉產生，總統解散國會的權力也增加限制。烏克蘭能否藉由修憲逐漸往議會制調整，值得觀察。

在後共國家中也有制度設計較為集中的案例。以保加利亞為例，在組織政府的程序上有詳盡的規定。憲法第九十九條第一款規定，總統必須任命國會裡第一大黨提出的總理候選人來嘗試組閣。第二款則規定如無法成功組織政府，七日後則任命第二大黨提出的總理候選人來組織政府。第三款繼續表示，在第二大黨也無法組閣的情況下，總統得任命國會裡其他少數政黨的人選嘗試組閣。第四款規定，在國會內沒有政黨可以組閣的情況下，總統可以和國會諮商以任命總理。最後，第五款則規定，在上述方法均無法組成政府時，總統可以任命看守內閣，並解散國會重新選舉。由此看出，在任命總理與組織政府的過程中，總統的角色迥異於威瑪共和、奧地利、法國、二〇〇〇年以前的芬蘭、烏克蘭等國，其所扮演的是完全被動的角色，而較接近於二〇〇〇年以後的芬蘭，是由國會來主導政府的組成。不僅如此，憲法第八十九條也做了不信任投票的規定，將政府的負責對象明確的規定為國會。總統對解散國會的命令，限制在只有當國會無法組成政府的時候方得執行，也大大限制了總統介入政治運作的機會。在組織政府上處於被動的總統，在法案上則擁有否決權。依據憲法第一〇一條規定，總統可以退回國會通過的法案，但國會只需再以絕對多數表決通過，不需要更高的反否決門檻就可以再次呈請總統簽署發布。最後，在緊急命令權的部分，依據憲法第一〇〇條第五款規定，總統動用緊急命令權時，國會應立即集會對總統發布的緊急命令進行追認作為合憲的依據。

斯洛維尼亞有著類似於保加利亞的憲法設計。依據斯洛維尼亞憲法第一一一條規定，國會以絕對多數選擇總理，並由總統任命之。若國會無法以絕對多數選出總理，總統得以解散國會改選。此外，依據憲法第一一六條與第一一七條的規定，國會可以對政府進行不信任投票，政府亦可以對國會要求進行信任投票。當國會通過不信任投票或不通過信任投票時，必須以絕對多數選出新的總理，否則總統得以解散國會。總統也只有在上述三種情況時得以被動的解散國會。依據這些憲法的相關設計，可以看出總統在組織政府以及解散國會這兩項權力上的被動與限制。在緊急命令權方面，依據憲法第九十二條規定，發布緊急命令或是進入戰爭狀態，也是國會的權力。若總統在國會休會時期動用此項權力，國會也必須集會對總統的緊急命令加以追認。因此總統足以影響憲政運作的各項權力，在憲法都做了被動的設計及諸多的限制（Cerer, 1999: 242-245）。保加利亞和斯洛維尼亞的總統在憲政上的影響力，不論是組織政府、解散國會、法案否決權甚至是緊急命令權的部分，和威瑪共和、法國、烏克蘭、甚至是奧地利等半總統制國家相較之下，這些權力不僅被動，且限制較多，憲法的權力結構上比較集中於國會而非總統或是行政權。上述幾個國家和威瑪共和在憲法設計上的比較，請見表54。

觀察不同國家的憲法規定，可以發現同樣是半總統制的原則，在細部的條文上仍有足以影響憲政運作的不同設計。半總統制的制度特徵，是在行政權二元化的基礎上再搭配與立法權的互動而出現總統、總理與國會三角互動的架構。在這個架構下，總統的權力設計有著較多不同的可能，也成為影響半總統制憲政換軌的重要變數。

但事實上，總理和國會信任關係的不同設計，在不同的案例上也證明足以影響憲政運作的穩定與否。因此，觀察制度設計的不同，除了比較總統的權力以外，也不能忽視總理和國會的關係。在政府組成、不信任投票、解散國會以及緊急命令這幾個重要指標上，可以比較制度設計的集中程度，觀察其優勢是偏向於行政權或是國會，而這正是制度對於憲政換軌或是運作的穩定程度所提供的客觀因素。制度設計的不同，不一定直接造成憲政運作的換軌或是穩定與否，但制度設計卻形成與行為者互動的客觀條件。換言之，沒有制度的特定條件，有些憲政換軌的機會也不至於出現。

表5-4 憲法中關於總理的產生、解散國會、信任設計與緊急命令的條文比較

國家	總理產生	解散國會	信任設計	緊急命令或其他
威瑪	總統任命	主動	國會與政府發動	國會僅有否決權，無同意權
芬蘭修憲前	總統任命	主動	國會發動	外交權決策由總統主導
芬蘭修憲後	國會選舉總理	被動	國會發動	無
奧地利	總統任命	主動	國會發動	無
法國	總統任命	主動	國會與政府發動	國會有同意權和否決權，並不得解散
烏克蘭[a]	總統任命，但須經國會同意	主動	國會發動	須經國會同意
保加利亞	由國會最大黨開始依序嘗試組閣	被動	國會發動	須經國會同意
斯洛維尼亞	國會選舉	被動	國會與政府發動	須經國會同意[b]

[a] 烏克蘭於二〇〇六年修憲，新憲規定總理由國會選舉產生，而總統的解散國會權變成被動。

[b] 後共國家民主化後，設計憲法中的緊急命令權時，多以處理政治問題的手段來解決。一般來說，會受到政治力量的拉扯、國家主權明確與否、立法權的完整與否等變數所影響。匈牙利和斯洛維尼亞的例子可以參見Ganev（1997: 601）。

資料來源：作者自行整理。

選舉制度的比較

國會與總統的選舉制度是扮演影響政治競爭與造成不同政黨體系的另一個制度性因素。就政治運作的權力分化而言，政黨體系的分化與否，固然是受到政黨的立場、歷史與傳統因素或是政黨競爭的過程所影響，但選舉制度造成的機械效應已經在政治學中獲得證實，是對政黨體系形塑極為重要的中介變數。[29]在國會的選舉制度方面，最重要的兩個觀察指標就是使用比例代表制分配的席次數目、選票轉換為席次的計算方式，以及是否有分配席次的門檻設計。在第一個指標部分，有些國家採用兩票制，並且席次分配在比例代表的部分和小選區簡單多數決的部分不一定各半，甚至多數席次以小選舉區產生，而比例代表產生的席次僅佔少部分。理論上來說，依據比例代表制所產生的席次如果越多，越能鼓勵多黨體系的形成。此外，雖然都屬於比例代表制，但選票轉換席次的計算方式卻有細緻的差異。越能符合比例性的計算方式，越鼓勵小黨，也就越有利於多黨體系的形成。在第二個指標部分，設計得票率的門檻是為了阻止得票率過低的小黨進入國會。因此，完全不設門檻當然就利於小黨在國會獲得席次。總的來說，依比例代表制產生的席次越多、選票轉換為席次的計算方式越接近一比一、再加上不設門檻的限制，將最有利於形成一個多元而分化的政黨體系，也就容易造成一個分化的權力結構，自然就不利於政治運作的穩定。相反的，如果比例代表制搭配小選舉區，甚至以小選舉區簡單多數決為主，再加上門檻的設計，一方面限制小黨進入國會，另一方面也鼓勵政治勢力在選前就進行整合，則有利於提供一個兩黨制形成的制度條件，也較有利於形成一個政府存續所需要的多數。

以奧地利為例，選舉制度曾於一九七〇年和一九九二年做過兩次改革。一九七〇年將席次從一百六十五席增加為一百八十三席，一九九二年則將當選辦法做了三階段的修改。奧地利採用的是比例代表制，並有得票率百分之四的分配席次門檻。按照奧地利一九九二年修訂之國會選舉法（Nationalrats-Wahlordnung, NRWO）規定，全國分為九邦和四十三個小選區，在小選區與邦級選區的前兩個階段採用黑爾基礎（Hare System）分配政黨得票，在全國的第三階段採用 d'Hondt 的計算方式。選民在選票上圈選支持政黨，並可依其意志決定是否圈選小選區與邦選區的特定候選人。如果特定候選人獲得選舉辦法中另外規定的門檻票數，可以直接當選，剩下的席次再依照三個階段進行分配。奧地利的選舉制度雖然複雜，但大致上來說符合比例代表制有利於小黨，就制度造成的機械效應而言具有利於多黨體系的影響。但就比例性而言，威瑪每六萬票配一席，再加上有餘數加總後的彌補席次，比例性仍舊比奧地利高。另一個和威瑪不同的是，奧地利有百分之四的當選門檻，將過小的政黨排除於國會之外，也有效的減少了小黨影響政治運作的可能。因此，雖然也是比例代表制，但對政黨體系而言，對多黨體系的催化效應仍舊比威瑪低得多。在總統的方面，奧地利採用的是兩輪絕對多數決，如果有候選人在第一輪選舉就獲得過半的選票則直接當選，若沒有候選人獲得過半選票，則由前兩名候選人進入第二輪。和威瑪共和不一樣的是，第二輪因為只有前兩名參選，所以當選者一定具有絕對多數的基礎。此外，奧地利的總統選舉也不允許新的參選人在第二輪參選，減低了選舉不可預測的變數。奧地利封閉式的兩輪絕對多數決不同於威瑪的開放式兩輪相對多數決，不只加強了總統在得票率上必然獲得絕對多數的正當性基礎，也因為只能有兩個候選人進入第二輪的限制，使得第一輪和第二輪的空檔裡，必然促使各政黨加速整合。經過整合的選舉過程，有利於政黨的合作，也就有利於形成較為穩定的政治運作。奧地利無論是國會的選舉或是總統的選舉，在和威瑪共和相較之下，制度設計都比較有利於形成一個趨於穩定的政黨體系，也就有利於政府的穩定。

芬蘭依據一九二八年制訂的國會法第四條第一款規定，國會選舉採用比例代表制分配席次，並將全國分為十二至十八個選區。在細部的規定上，採用 d'Hondt 的比例代表制，並且不設分配席次的得票率門檻（Arter, 1987: 56-57）。在無門檻的限制下，此制度鼓勵小黨參選，無助於政黨的整合與政治權力的集中化發展。一九七八年起，芬蘭修改選舉制度，允許政黨聯合提出候選人名單，雖增加了小黨獲得席次進入國會的可能，但更重要的是，聯合提名的制度提高小黨整合的誘因，讓政黨的破碎化大為降低（Arter, 1987: 57）。因此，在一九八〇年以後，芬蘭的政黨儘管仍處於多黨制的結構，但彼此之間合作的機會大為增加，減低了政黨分化的力量。在總統的選舉制度上，芬蘭曾歷經修改。依據一九一九年的憲法規定，芬蘭的總統採類似於美國選舉人團的選舉制度，由三百零一張選舉人票間接選舉所產生。這個制度有可能造成候選人在得票率較低，但選舉人票反而較高的情況，因此對於總統的正當性而言，未必會因選舉而帶來穩定的基礎。在一九八八年改為兩輪多數決之後，總統採用直接選舉產生。候選人若在第一輪過半就宣告當選，若無候選人直接過半，則得票率較高的兩位候選人進入第二輪選舉，在第二輪必然有一位能獲得絕對多數當選總統。兩輪絕對多數決的選舉制度不同於威瑪的兩輪相對多數決，在第二輪時勢必造成各政黨間的合作與結盟，這對政治權力的分化而言，也有降低零和性與造成穩定的制度性效果。就芬蘭而言，國會與總統的選舉制度，在一九八〇年代前後分別有所調整，而制度性的誘因帶來政黨在選舉時的合作，有助於政黨的結盟，降低政黨體系的不穩定與破碎化。一九八〇年以後的芬蘭，在選舉制度的改革上，提供了半總統制穩定運作的重要基礎。

再以法國為例，選舉制度除了一九八五年修改為比例代表制並在一九八六年使用過一次以外，其餘都是採用單一選區兩輪相對多數決。進入第二輪選舉的候選人，必須在第一輪獲得百分之十二點五的選票以上，如果沒有候選人或只有一位候選人滿足此一條件，則得票率較高的前兩位進入第二輪選舉。雖然第二輪是採用相對多數，但第一輪定下百分之十二點五的高門檻，有效的讓法國的政黨體系在兩輪之間進行整合，有助於政黨之間的合作，避免零和競爭與破碎化的發展。兩輪相對多數的設計，讓小黨在第一輪獲得議價能力，但在第二輪必須選擇結盟對象，因此使得法國的政黨體系在多黨制之下呈現兩個聯盟競爭的趨勢，就政治運作的權力分化而言，制度扮演的是讓政治運作趨於穩定的角色。總統的選舉制度方面，和國會非常類似，採用的是兩輪絕對多數決。在第一輪選舉若有候選人直接獲得過半的選票即可當選，若無，則以得票率較高的前兩名進入第二輪。兩輪絕對多數決的總統選舉，產生政黨間進行結盟的效應，和奧地利、芬蘭一樣，都有助於政黨之間的合作與結盟，而不是像威瑪共和兩輪相對多數的選舉，甚至開放新的候選人加入第二輪，無助於政黨的結盟和合作。將法國一九六二年至二〇〇二年的歷次選舉主要政黨的跨時迴歸分析，得出與威瑪（圖5-2）很不一樣的情況如圖5-4。

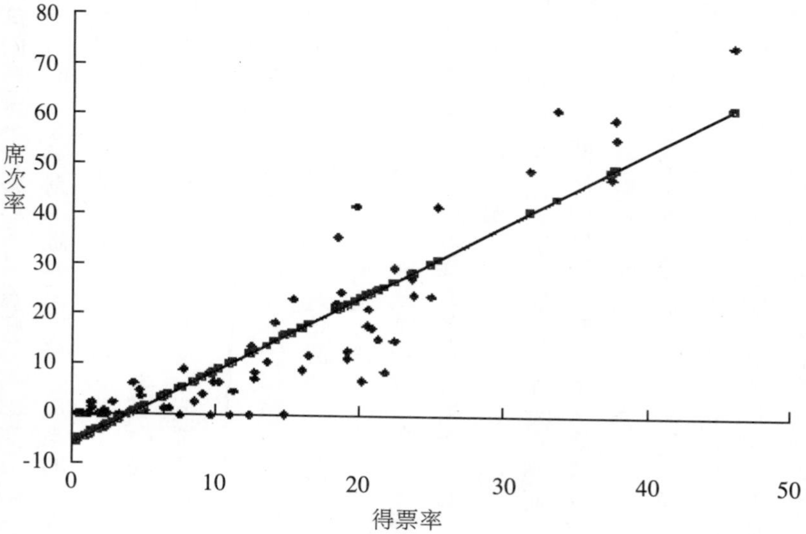

Y（席次率）=1.469X（得票率）-6.021
R平方：0.829171；顯著值：5.89E-29

圖 5-4　一九六二年至二〇〇二年法國主要政黨的得票率與席次率迴歸分析

圖54的意涵顯示了兩輪絕對多數決有利於大黨的結果。大多數的政黨在得票率高於約百分之三十以後，在席次率上將有比得票率更高的席次率。相對的，在得票率版百分之三十以下的政黨，最終獲得的席次往往低於其得票的比率。結果也顯示，這個制度對大黨而言有顯著的選舉紅利。另一方面，截距為負值，更顯示出選舉結果對小黨的不利，平均要能跨過大約百分之六點零二的得票率門檻，才能有機會在最終獲得席次。當然，這是一個趨勢性的分析，並不是絕對的情況，但制度對小黨的抑制效應非常明顯。

在後共國家的部分，烏克蘭的選舉制度經歷三次重大的變遷，在一九九〇年和一九九四年的兩次選舉，全國分為四百五十個小選區，採用兩輪絕對多數決。到了一九九八年改採混合制，二百二十五席在個別的小選舉區以相對多數決產生，另外二百二十五席則採用比例代表制，在比例代表制的部分則設有百分之四的得票率門檻（Wilson, 1999: 273）。烏克蘭因為社會分歧嚴重，在單一選區的部分獨立參選人的影響一直很大，一九九八年在小選舉區以無黨籍身分獨立參選而當選的有一百四十五席，二〇〇二年則有九十五席，造成國會的混亂。為了改善此一辦法，到了二〇〇六年再次修改選舉辦法，將所有四百五十席全數改採為比例代表制，並降低門檻為百分之三。就制度效應而言，烏克蘭三次修改選舉辦法都是朝向有利於小黨參選的方向。在一開始的兩輪絕對多數；之後改為兩票制，其中單一選區採相對多數，比例代表制則設百分之四門檻；最後再改為全數的比例代表制，門檻再降為百分之三。在二〇〇六年的選舉，政黨聯合參選的情況普遍，在比例代表制的制度效應下，得票超過百分之三的政團數二十一個，其中包括三十五個政黨；二〇〇七年則是二十個角逐席次的政團，政黨數更增加為四十二個。雖然解決了獨立參選人的問題，但也帶來了小黨林立的情況。保加利亞採用的是 d'Hondt 的比例代表制，並且以百分之四為門檻，避免政黨體系過於分化（Ganev, 1999: 129）。

斯洛維尼亞則是在憲法第八十條規定，依據比例代表的原則，在百分之四的門檻設計下來分配國會的席次。兩個國家都使用門檻限制，以避免過多小黨進入國會，使政治運作過於分化。總統選舉也是一樣，保加利亞在憲法第九十三條規定，總統以兩輪絕對多數決選出，斯洛維尼亞在憲法第一〇三條第二款規定，獲得絕對多數的候選人當選總統。[30] 總統的部分，烏克蘭、保加利亞、斯洛維尼亞等國，和法國、一九九八年以後的芬蘭及奧地利一樣，都是採用兩輪絕對多數決。在總統選舉牽引國會選舉的趨勢下，這些國家的政黨體系已經逐漸朝向兩個聯盟的結構發展，不過相較之下烏克蘭國會的選舉制度門檻較低，加上分化的社會結構，刺激小黨的參選，仍舊對烏克蘭政黨體系的整合與穩定有較為不利的影響。

選舉制度對政黨體系具有機械性的影響，向來被視為形塑政黨體系的核心變數之一。透過以上比較，也發現這些半總統制國家，無論是總統選舉或是國會選舉，不同選舉制度下確實也形成了迥異的政黨體系。總結以上的比較，在這些國家裡，奧地利、保加利亞、斯洛維尼亞的選舉制度以百分之四的門檻來避免過多小黨進入國會，烏克蘭則是百分之三。芬蘭雖然沒有門檻限制，也造成一個多黨的體系，但聯合競選的規定卻增加政黨合作的空間，即使在多黨制之下也避免過於破碎的零和競爭。法國以兩輪絕對多數決作為國會選舉制度，在制度上就設計第二輪選舉，提供政黨整合的制度性誘因，並縮小極端政黨進入第二輪選舉獲得席次的可能。和這些國家的國會選舉制度相較，威瑪共和是最鼓勵政黨分化的純粹比例代表制，在完全不設門檻的限制下，純粹比例代表制在制度上也提供了政治權力分化的發酵空間。在總統方面，多數的半總統制國家都採用兩輪絕對多數決。和威瑪的開放式兩輪相對多數決相較之下，因為只有前兩名候選人可以進入第二輪，並且勢必造成絕對多數的結果，增加了總統的正當性以及第二輪選舉時的政黨合作。相較之下，威瑪在第二輪仍採用相對多數，對政黨而言，降低互相合作的誘因，而開放式的提名，更在第二輪時讓個別政黨有更換候選人重新參選的機會，也刺激政黨之間的競爭和分化。對於這些國家國會和總統的選舉制度比較，請參見表5-5。

小結：權力分化下的半總統制

半總統制的憲法結構，是將行政權二元化為總統和總理，以及分別建立這兩個行政權各自與國會的關係。因此，建構起來就是總統、總理與國會三者互動的的三角架構。儘管在第三章時，本書提出垂直分時與水平分權兩種二元行政的概念，但這兩種二元行政都能夠和國會建構一個三角關係，只是討論的結構不盡相同。要討論或比較三角架構的穩定，則必須從彼此的關係以及三者在

表 5-5　國會與總統的選舉制度比較

國家	國會選舉制度	門檻	備註	總統選舉制度
威瑪共和	純粹比例代表制	無	無固定席次	開放式兩輪相對多數決
奧地利	三階段政黨名單比例代表制	4%	有候選人優先選擇條款	封閉式兩輪絕對多數決
芬蘭	政黨名單比例代表制	無	1978年起可聯合競選	選舉人團，1988年起採封閉式兩輪絕對多數決
法國	兩輪相對多數決	12.5%	1986年採比例代表制	封閉式兩輪絕對多數決
烏克蘭1998年以前	兩輪絕對多數決	X	X	封閉式兩輪絕對多數決
烏克蘭2006年以前	兩票制：兩輪相對多數與比例代表制	比例部分4%	X	
烏克蘭2006年以後	比例代表制	3%	可聯合競選	
保加利亞	政黨名單比例代表制	4%	可聯合競選	封閉式兩輪絕對多數決
斯洛維尼亞	政黨名單比例代表制	4%	X	封閉式兩輪絕對多數決

資料來源：作者自行整理。

憲法中組成的過程、定位以及彼此的權責關係切入。其中，因為國會是一個透過政黨來發揮影響力的行為者，因此國會內有無穩定多數便成為國會在三角關係之中另一個值得討論的問題。在這之中，本書分為兩個層次來討論這些變數對半總統制穩定與否的影響，這兩個層次就是政治運作以及制度設計這兩者的權力集散程度。政治運作的權力分化，關心的是分化的政黨體系以及總統、總理、國會三角關係的一致性；制度設計的權力分化則是關心三角架構中的制度性潛在優勢是集中於國會或是行政權。另外則是關心選舉制度對政黨體系分化的催化。透過這兩層權力分化的分析，可以對國會是否有能力組成多數、總統介入的機會與可能、以政府存續的穩定度甚至是憲政換軌的可能性來做相互的比較。

研究後共國家或是半總統制的文獻，大多得出類似的結論，就是總統的權力越弱或是限制越多，越有利於政府的存續與穩定（Roper, 2002: 253-272; Metcalf, 2000: 660-685）。而加入政黨體系或是國會運作的變數，也有一個較為一致的結論，就是兩黨制或國會有清楚的多數，有利於政府的存續（吳玉山，2002: 235; Wu, 2000: 13; Lin, 2002: 62-65）。透過威瑪共和以及其他一部分半總統制國家的憲政運作經驗可以發現，這兩個趨勢確實存在，但是必須更精確的進一步分類，或是進一步尋找更上游的結構性因素。首先，在政治運作方面，用政黨數目作為分析的變數無法解釋有些多黨制的半總統制也能有穩定的憲政運作，有些則否。因此本書以權力分化的概念進一步區分是否為零和競爭的多黨體系。在較為破碎與分化的多黨體系下（威瑪共和、烏克蘭、一九八〇年以前的芬蘭等），較難組成國會多數，政府存續的難度將高於權力較為集中的多黨體系（奧地利、一九八〇年以後的芬蘭、法國第五共和、保加利亞、斯洛維尼亞等）。其次，本書以制度設計的權力集散將總統權力大小的概念做延伸，觀察權力設計的集中程度。這是因為在信任投票的部分可能也存在不同的設計，而這個設計雖然無關總統的權力，但卻也影響政府的穩定與否。[31]在設計上，政府與國會之間的信任關係具有「雙向」的可能（Huber, 1996: 269），這個部分的設計在半總統制之中保留了議會制的精神，因此在制度設計上和議會制國家一樣，有多種的樣貌。依據信任投票的發動權歸屬（內閣有無發動權），以及不信任投票的門檻高低（一般的不信任投票或是建設性不信任投票兩種），[32]不同設計會對政府存續的難易度產生不同影響（沈有忠，2005: 46）。由於半總統制的制度特徵就是行政權的二元化為基礎再搭配與國會的關係構成的三角結構。因此，本書將分析的概念以制度設計的權力分化，討論憲法設計的潛在優勢集中在國會或是在行政權來做比較，可以補充只觀察總統權力的不足。

本章所討論的四個變數，分別是政黨體系、三角關係、行政立法的制度設計以及選舉制度。其中選舉制度對政黨體系的集散具有機械效應的影響，而政黨體系的集散表現在國會裡則是影響國會是否有能力組成一個穩定的多數，進而影響政府運作的穩定以及三角關係。而在行政立法的制度設計方面，就憲法理論來說，無論是哪一種憲政體制，議會民主下的國會都會有一定的權力基礎。因此，如果行政權也被賦予強大的權力，甚至比國會還有優勢的權力，運作上就有和國會衝突的機會，而傾向權力分化的情況。如果再搭配政黨體系的分化、三角關係的分化，政府運作就呈現最不穩定的狀態。相反的，政黨體系如果集中，三角關係也趨於一致，制度設計也避免行政優越的情況，政府運作就容易穩定。[33]

兩個層次的權力分化，也可以視為主觀與客觀的條件一起比較。政治運作的權力分化指的是政治場域中角逐政治權力的行為者（主要是政黨），彼此之間是否零和競爭或是可以在制度內穩定互動，這是主觀的政治運作條件。另一個政治運作的權力分化則在於總統與政府、國會的立場是否一致。制度設計的權力分化指的是政治行為者依循的規則，是否有造成行為者之間特定的優勢或是提供政治運作進一步裂解的可能。政治制度扮演的是中介變項，必須和政治行為者互動才有政治影響。因此，制度設計的權力分化可以視為客觀的政治條件。在本書的分析架構中，兩者同時的互動，產生多種不同的可能。依據第一章所述的分析架構，這些不同的組合如表5-6所示。

在前文的分析中可以發現，威瑪共和多數時間基於政治權力的分散，加上制度設計趨於行政優越，只要總統透過制度發揮影響力，半總統制的憲政運作就會屬於VI或VII的型態。如果總統落實憲法的精神，即使在憲法裡有著較優越的制度設計，卻能夠維持中立而不涉入政治，憲政運作就會屬於II或III，甚至是IV。但在這個架構裡，制度畢竟提供了換軌的可能，因此讓威瑪共和從一九三〇年以後，在完全合乎憲法的情況下進入VIII的類型，直到崩潰。奧地利在一九二九年修憲之後，曾經短暫的處在VII的類型。在第二次世界大戰後，所有的總統都堅持中立與超越黨派的立場，因此半總統制的憲政運作是在I和II之間轉換。事實上，奧地利和威瑪共和一樣，在制度上屬於行政優越，有著轉換到V或VI的可能，但在政黨體系穩定以及長時間累積的憲政慣例下，至目前為止都沒有換軌的情況。芬蘭在一九八〇年代以前，在制度設計偏向行政優勢的情況下由總統主導政治運作，如果國會也

表 5-6　政治運作與制度設計權力分化下的半總統制

政治運作		制度設計	
		集中於國會	趨於分散（行政優越）
	三角關係集中 國會有多數	多數一致政府／偏內閣制 I	總統主導／偏總統制 V
	三角關係集中 國會無多數	少數一致政府／偏內閣制 II	總統主導／偏總統制 VI
	三角關係分散 國會有多數	多數分立政府／偏內閣制 III	總統與國會對抗／共治 VII
	三角關係分散 國會無多數	少數分立政府／偏內閣制 IV	總統獨大（準行政獨裁） VIII

資料來源：作者自繪。

能形成多數，就在V的類型；如果國會沒有多數，就在VI的類型。在一九八〇年代以後，總統逐漸淡化其影響力，甚至到二〇〇〇年修改憲法讓制度的優勢集中在國會，因此和奧地利一樣，也開始往I或是II的類型來轉軌。法國則是在政治運作的集中而使國會有能力形成多數，並且搭配行政權優越的制度下，在V和VII的類型中轉換。烏克蘭在政黨體系趨向整合，而制度設計往行政權傾斜的情況下，憲政運作從一開始的VIII，慢慢往VII和V做轉換。保加利亞和斯洛維尼亞在憲法設計的優勢集中於國會，而國會中也能形成多數的情況下，運作的類型在I和III之間，但多數時間是在I的穩定類型。

能夠影響半總統制運作的變數很多，從政治運作權力分化的角度來比較，可以觀察政府的類型；而從制度運作的權力分化，則可以觀察轉軌的趨勢。從威瑪的經驗來看，政治運作的部分無論是政黨體系的破碎或是三角關係的脆弱，都是趨於較分化的結構。在制度設計的部分，則是提供行政優越的條件。這兩個層次的分化，都是從一九一八年開始，甚至更早就已經存在，只是換了一個制度外衣被保留下來。在社會結構上的分歧、行政權與立法權的不對稱，相互影響成為憲法設計的客觀條件，也成為憲法運作的結構性背景。在第三章曾提及，威瑪憲法是一部妥協下的產物，這個妥協過程就是水平的納入了各種力量和主張。在政治運作上，妥協的結果影響的是分歧、零和、反體制的政黨體系，甚至連政黨政治都不夠健全。在制度設計上，妥協的結果則造成議會民主和行政權威的緊張性沒有根本的瓦解。基於這些原因，憲政運作長時期處在國會少數、總統與政府分立或是總統獨大的情況。儘管憲法的常軌如本章一開始所引用普洛伊斯的看法，是預期在議會制的基礎上運作，但在政治運作與制度設計都趨於分化的情況下，為了維持國家的統一，最終轉入行政獨裁的結果。在下一章將繼續討論威瑪共和在政治運作分化的情況下，如何在制度的條件內轉軌為行政獨裁的類型，並且造成最後的崩潰。

注釋

【1】雖然中央黨和巴伐利亞人民黨在全國性的議題立場一致，但巴伐利亞是右翼政黨的大本營，因此在巴伐利亞，巴伐利亞人民黨也強調民族主義，反對社民黨等左翼政黨和社會主義的色彩濃厚。這凸顯出中央黨、巴伐利亞人民黨、社民黨三黨之間，既合作又衝突的特殊關係。請參見 Bergsträsser（1952: 212）。

【2】在這裡，反體制政黨的存在對政黨體系分化程度與民主運作穩定與否而言，有著弔詭的影響。其弔詭之處在於，因為反體制政黨具有反議會民主的特徵，因此對存在反體制政黨的政黨體系而言，分化的政黨體系反而較能沖淡反體制政黨對議會民主的威脅。相反的，如果存在反體制政黨，而政黨體系又集中的話，意味著社會上可能就傾向於區分為反體制政黨與體制內政黨兩大陣營。此時，一旦反體制政黨獲得多數，反而是終結議會民主的結果。因此，如果存在反體制政黨，政黨體系集中，即使政治穩定，但不一定有利於議會民主。如果所有政黨都支持議會民主的主張，則政黨體系越集中，越有利於議會民主的政治穩定。

【3】威瑪聯盟面對國內外的壓力而導致短短一年後就失去國會多數，這些壓力在國際上是指凡爾賽和約，在國內則是指卡普的軍團政變。而自此之後直至威瑪終結，以議會民主為共識基礎的威瑪聯盟，就再也沒有在國會中掌握過過半的絕對多數席次。

【4】帝國時期的司法體系保存至共和，也對共和的運作產生影響。在一九二四年分別對巴伐利亞、薩克森等左右翼極端份子暴動的審判裡，司法體系展現了兩種截然不同的態度。對共產黨發動的暴動，處以死刑者超過百人，而對於希特勒和魯登道夫領導巴伐利亞政變的審判過程，整個法院，包括法官在內都充滿著對共和的敵視，最後魯登道夫無罪釋放，而希特勒也只被輕判五年，實際監禁六個月。希特勒就是在這六個月完成他最重要的一本著作 *Mein Kampf*（《我的奮鬥》），並且決定未來出獄後改以合法手段取得

政權以推翻威瑪。審判過程請參見 Fischer（1995: 159-162）；郭恆鈺（1999b: 106-109）。

【5】雖然如此，艾伯特也不是完全將總統一職虛位化，在其任內也曾出現過堅持總理任命權的主動與自主（一九二二年的總理任命案）或是意欲以解散國會權（一九二四年的道威斯計畫）來對政府組成和重大法案產生影響。只是這幾次的經驗一方面並不違背當時政治上的主流氛圍，另一方面總統的立場其實和國會的意見相去不遠，因此並未凸顯出總統以這些權力對抗和自己意見不一致的國會，所產生的政治效應。關於艾伯特這兩次略為強勢的表現，後文會再有討論。

【6】興登堡保留了君主體制時期，德國軍官的傳統精神。包括了像是責任、忠誠、穩重、廉潔等。但不具有議會民主運作下，政治人物所需要的政黨意識、憲政精神等。可參閱 Hubatsch（1966: 81）。

【7】依據威瑪憲法，當總統以及其政府與國會的多數出現衝突時，有三種可能的解決方式：1. 解散政府；2. 依總理建議撤換部長；3. 總統在總理副署下解散國會，新國會並對政府進行信任投票。請參見 Anschütz（1960: 199）。

【8】在這次的總理任命過程中，國家人民黨、艾伯特總統以及被任命總理的古諾對當時組織過半政府的困難曾經透過信件彼此交換意見，期間都展現總統在這次任命過程中的主導性。黑爾葛特、艾伯特與古諾三封信的全文，請參見 Blachly and Oatman（1928: 105-107）。

【9】塞克特即為一九二三年卡普政變時，拒絕國防部長諾斯克出兵要求的將領。塞克特政治立場極右，對共和體制敵視，在一九二三年之後，被任命為國防軍指揮官，是德軍最高指揮官。在他的領導下，德國國防軍始終和共和政府保持距離。一九二六年，因穿著帝國時期的軍服出席公開場合引發輿論與社民黨等政黨的撻伐而遭到撤換。塞克特曾數度訪問中國，出任當時蔣介石領導的國民政府軍顧問，並在中德軍事交流上，提供蔣介石在國共內戰中非常多的具體建議。請參見郭恆鈺（1999a: 128-129）。而興登堡致函建議馬克斯選擇塞克特出任警察長的兩封信函全文，請參見 Hubatsch（1966: 255-256, 269）。

【10】興登堡總統寫給馬克斯總理的信件全文，請參見 Hubatsch（1966: 264-265）。

【11】此選舉制度的計畫是由民主黨籍的內政部長寇赫．韋瑟在一九一九年十一月時所制訂，一九二〇年四月二十七日頒布施行，過程請參見Schanbacher（1982: 84-86）。依據這個制度，因為每達六萬張選票即可分配一席，因此每屆當選的國會議員總數會依投票人數不同而有所異。請參見Gusy（1997: 117-118）。

【12】巴伐利亞人民黨就是以巴伐利亞為主的地區性政黨。該黨憑藉在德國南部巴伐利亞地區極為深遠的天主教傳統所支持，巴伐利亞人民黨儘管只有在巴伐利亞地區提出名單，仍舊在國會中佔有百分之三至五不等的席次率。

【13】有效政黨數和實際獲得席次進入國會的政黨絕對數目出現一倍左右的落差，意味著有很多沒有太大影響力的小黨也在國會內取得席次。

【14】事實上，制憲者普洛伊斯一開始就是希望由總統扮演組織政府的角色，並認為這是總統作為國家元首的象徵與實質意義，也是總統最重要的功能。請參見Preuß（1926: 388; 417）。

【15】不僅如此，總理有權發動信任投票，也增加政府存活的可能性。因為總理可以在有利於政府的時機要求國會對政府的信任與否進行表決，若國會無法否決，也可延伸解釋為取得國會之信任。例如米勒內閣於一九二九年以財政法案作為發動信任投票的依據。

【16】在第一章文獻檢閱的時候，曾經就部分討論政黨體系與半總統制運作的文獻做過檢閱。例如Wu（2000）；吳玉山（2002）；徐正戎、呂炳寬（2002）；李鳳玉（2001）等。這些文獻除了政黨體系以外，也關心府會關係、總統權力等。當控制其他變數一致時，在政黨體系這個面向上，共同的結論在於多黨制不利於半總統制的穩定。

【17】唯一的一次例外是一九七〇年SPÖ的克來斯奇（Bruno Kreisky）政府。這是因為在一九六六年的國會選舉，ÖVP單獨過半，組成戰後首次單一政黨過半內閣。因此在一九七〇年改選時ÖVP做成決議，選後若敗選將不加入聯合內閣。選舉結果SPÖ小幅度勝選，克來斯奇邀請ÖVP共組聯合內閣遭拒，遂建議總統任命其為總理，組織少數政府。這也是奧地利戰後唯一的一次少數政府。請參見Müller（1999:

33）；Welan（1999: 57）。隔年 SPÖ 旋即贏得多數，也再度成為多數政府。

【18】芬蘭的右翼政黨在內戰後力主君主立憲，其中以瑞典人民黨（Svenska folkpartiet）最具有影響力。請參見 Arter（1999a: 50）。

【19】一九六六年至一九九九年為止，九次國會選舉後的有效政黨數平均為五點一八個，仍屬多黨體系。

【20】在理論上還有第六種類型，也就是總統掌握了國會的多數，但和總理不一致。但這種情況在半總統制的憲法架構下，並沒有發生的邏輯。因為總理只可能依據總統或國會產生，如果總統和國會多數一致，不可能任命立場相左的總理。因此這個類型在實際上沒有出現的合理性。

【21】有兩次例外，一次是一九六六年至一九七〇年，當時的總統喬納斯（Franz Jonas）是 SPÖ，但因為國會選舉是 ÖVP 單獨過半，因此由 ÖVP 的克勞斯（Josef Klaus）組閣。另一次是二〇〇四年至二〇〇七年，總統是 SPÖ 的費雪（Heinz Fischer），而政府是由 ÖVP 和 FPÖ 組成的中間偏右聯合內閣，由 ÖVP 的雪瑟（Wolfgang Schüssel）擔任總理。

【22】一九八八年至一九九三年是特殊的情況。一九八八年的選舉結果，社會黨獲得百分之四十七點八的選票，雖然沒有過半，但在共產黨採用支持但不入閣的主張下，得以組織少數政府。

【23】奧地利憲法第二十九條第二款也規定，國會也可以表決是否在任期屆滿前提前選舉下一屆的國會。因此，總統和國會都有解散國會要求改選的權力。

【24】一九八六年至一九九二年間擔任奧地利總統的瓦德海姆（Kurt Waldheim）曾因為政府提出他在戰爭期間加入納粹而具有爭議性的報告，一度有意解散國會改組政府，但因對憲政運作影響過鉅，因此最後沒有執行這項總統所擁有的權力。請參見 Müller（1999: 46-47）。

【25】第一次是在一九六二年，戴高樂欲推動總統直選的憲改，引起國會倒閣，戴高樂以解散國會由民意決定。第二次在一九六八年，戴高樂總統面對左派陣營的成長，以及社會的動盪時，以解散國會透過改選來獲得更高的正當性，解決衝突和社會問題。第三次和第四次分別是一九八一年與一九八八年，密特朗

（François Mitterrand）兩次在當選總統之後，為了避免共治而立即解散國會改選。第五次在一九九七年，席哈克（Jacques Chirac）總統錯估形勢，本欲避免一九九八年改選後可能出現的共治，因而提早解散國會進行選舉，但改選結果右派仍然敗選，反而提早進入共治。這幾次解散國會，請參見呂炳寬、徐正戎（2005，327-349）。

[26] 分別是福欽（Vitold Fokin）至一九九二年十月；庫奇瑪至一九九三年九月；次維希斯基（Yukhym Zvyahilsky）至一九九四年五月；以及瑪索爾（Vitaliy Masol）至一九九五年三月。

[27] 分別是馬諸克（Yevhen Marchuk）至一九九六年五月；拉薩雷科（Pavlo Lazarenko）至一九九七年七月；普斯托登科（Valeriy Pustovoitenko）至一九九九年十二月；尤申科至二〇〇一年五月；其納克（Anatoliy Kinakh）至二〇〇二年十一月；以及亞努科維奇至二〇〇五年一月。

[28] 依據憲法規定，總統是否擁有主動的解散權仍舊存在爭議。二〇〇七年四月二日，尤申科總統宣布解散國會改選，引起國會多數的強烈反彈，並進入憲法法院裁決。在與反對黨談判後，雙方最終同意改選。這次解散議會的過程，是否會成為烏克蘭總統擁有主動解散議會權力的憲政慣例，也值得繼續觀察。

[29] 這個機械效應就是著名的「杜佛傑定律」（Duverger's law）。依據杜佛傑於一九五一年、一九五四年提出來的理論，杜佛傑定律包括一個法則和一個假設，分別是單一選區相對多數決的選舉制度傾向於兩黨制的發展；而比例代表制的選舉制度則有利於多黨體系的形成（此為法則）。這個定律後來更補充了兩輪多數投票制，有助於溫和的、結盟式的多黨體系之發展（這是假設）。請參見 Duverger（1959: 217, 239）。

[30] 斯洛維尼亞沒有在憲法裡做出若無候選人在選舉時獲得絕對多數時的後續規定，但依據選舉辦法，是採用兩輪的絕對多數決，憲法裡規定的絕對多數，成為當選的必要條件。

[31] 不同的信任投票設計，會影響政府存續的難度。例如，如何計算不信任票？政府可否發動信任投票？不信任案通過後國會是否也必須解散等等。不同的制度設計有不同的政治效應，這不只在半總統制國家才

有，在議會制國家也有一樣的情況。請參見 **Huber**（1996: 269-282）。

【32】國會倒閣門檻高低的指標很多，包括計票方式、通過門檻或其他條件。建設性不信任投票也是其一種倒閣門檻較高的設計。

【33】但必須要強調的是，本書在此推論的政府穩定，無關於民主的存續。如果一個政府享有穩定運作的條件，但它的立場是推翻民主共和，那對民主的傷害反而是最直接的。只能說在一般狀態下，若沒有堅持反體制的政黨，那麼政府穩定與否才會和民主的存續呈現高度的相關性。

第六章　威瑪共和的崩潰：一九三〇年至一九三三年

由政府決定的法令可以不受憲法的限制，亦不因眾議院與參議院這兩個機關的反對而失效。

——授權法第二條，一九三三

威瑪憲法的實踐，在一九三〇年發生了重大的轉折。原本以議會民主為基礎的憲政運作，政府施政的正當性是來自於國會。但從一九三〇年起，這個正當性的基礎從國會轉移到總統手上，憲政運作的軌跡從議會制的原則轉移成偏向總統制來運作。憲政換軌的原因本是希望透過總統內閣建立一個不受國會拘束的穩定政府，以解決一九二九年爆發的全球經濟危機。但在連續幾個總統內閣也無法穩定運作的情況下，經濟危機再衍生為政治危機，最終並且導致了威瑪共和崩潰的結果。威瑪憲法在一九三〇年以後的實踐，已經遠遠脫離了憲法的理論與對憲政秩序的預期。長時間以來，受到政黨體系、府院會關係、制度設計分化的多層影響，政府的更迭頻仍，以議會民主為基礎的憲政秩序無以落實。從一九三〇年開始，受到非制度性的外部因素刺激，政府效能低落、政治不穩定的問題再度惡化。此時，總統利用制度本身的缺陷，透過緊急命令權與解散國會權的相互使用，致使行政獨裁開始萌芽。總統內閣的建立，使得議會民主的崩潰幾乎無可避免，剩下的只是何時與如何崩潰的問題。

本章將分成三個部分，第一節與第二節以威瑪的憲政史為主，焦點置於威瑪共和在一九三〇年以後，總統與登堡與一部分的政治人物如何在爭權奪利的過程中，透過合乎憲法條文但不合乎憲法原則的措施，架空了國會的監督。最後，看似回到議會制的軌道，實則將威瑪共和交到了希特勒的手上。在這個時期，憲政秩序朝向行政獨裁發展所憑藉最重要的兩項憲法權力，就是憲法第二十五條的解散國會權，以及憲法第四十八條的緊急命令權。第三節則是透過非制度性因素與制度性因素的相互影響，來歸納威瑪共和半總統制崩潰的原因。回到第三章對威瑪憲法的憲法理論來看，威瑪憲法所欲建立的一種以議會制為主體的政治秩序，在一九三〇年以後受到相當嚴重的扭曲。這個扭曲的過程，在於當外部危機發生時，總統依其意志而非依照憲法原則來動用憲法賦予的權力，結果則是架空了國會，並且造成行政權力無法受到監督的獨大。在這個情況下，如果獨大的行政權具有反體制的意圖時，甚至會帶來民主崩潰這個最嚴重的結果。為了反證這個論點，本章的第四節將透過個案的比較來討論半總統制的憲法理論與實際，以及外部危機等因素對半總統制轉出的影響。在個案上，本章選擇以芬蘭作為比較的對象，並且分成兩個問題來回答。選擇芬蘭的主要原因如下，其一是芬蘭和威瑪有很多的相似性，兩個國家不僅都是在一九一九年設計出半總統制憲法；此外，兩個國家的政黨體系也都相當分化，甚至在一開始也都有議會民主和君主立憲的主要歧異；最後，兩個國家的憲法就條文來看，對於行政權具有潛在優勢的設計有著高度的相似性。基於這些相似的背景和原因，在透過比較欲回答的兩個問題上，首先是針對威瑪共和與芬蘭第一共和（一九一七年至一九三九年）的比較，這個部分回答的問題是，為何社會分歧嚴重、也遭遇外部危機、制度設計一樣傾向行政優勢的半總統制，在威瑪是民主崩潰，但在芬蘭則是挺過了危機並延續民主？其次，相較於威瑪共和走向民主崩潰的結果，芬蘭如何在一九八二年開始，先是在憲政秩序的具體運作上，逐漸朝向議會制運作，然後在制度條文上也朝向議會制調整，最終並於二〇〇〇年的修憲，設計了一部在原則上與實際內容上都傾向議會制的新憲法？在比較上，本章從非制度性因素與制度性因素兩類做切入。所謂的非制度性因素包括，威瑪與芬蘭兩國在一九一九年以後的外部危機與內部分歧的持續發展；而制度性因素則是回到第三章對垂直分時與水平分權兩種半總統制憲法設計理論的比較為基礎，探討其實際運作與憲法理論的落差，以及制度使用對體制轉型的影響。透過這樣的比較，希望對半總統制的運作結果，也就是制度的下游部分能夠有所啟發。

總統內閣：布呂寧的組閣與失敗

在米勒領導的大聯合內閣解散之前，內閣中的國防部辦公室主任（Chef des Ministeramtes im Reichswehrministerium）史萊歇爾將軍就曾經建議興登堡總統動用憲法第四十八條直接施政，這樣總統可以在不破壞憲法的原則下實質領導政治（Winkler, 2005: 362-363; Nolte, 2006: 181; Brüning, 1970: 145）。[1]一九三〇年三月，米勒領導的大聯合內閣解散之後，總統興登堡不再尋求由國會中第一大黨社民黨領導組閣，並於三月三十日任命中央黨所屬的布呂寧（Heinrich Brüning）出任總理一職，象徵總統內閣的開始。[2]事實上，在一九二三年的經濟與外交危機發生時，首任總統艾伯特也曾經繞開國會協商，逕自任命無黨籍的古諾為總理組織政府。但艾伯特任命的總統內閣及其運作，是一個以緊急命令權為工具的過渡性政府，加上古諾本人也是無黨無派的立場，擔任總理組閣在國會內並無太大爭議。更重要的是，在總統內閣施政期間，國會的監督權並沒有因而被架空，國會仍舊保有終止政府緊急措施的權力，行政和立法之間的制衡關係沒有因此被破壞（Huber, 1984: 736）。然而，一九三〇年興登堡任命布呂寧擔任總理組織總統內閣時，其用意就是希望由總統繞開國會的監督來直接領導政治。因此，新任的總理布呂寧曉得，賴以施政的不是混亂的國會，而是總統的支持，執政的基礎就是憲法第四十八條。[3]更有甚者，從接下來的發展過程可以發現，興登堡所建立的總統內閣，其施政不是依賴國會的信任，如果遇到國會阻攔或是有不同的意見，就由總統動用解散權來強行施政。這個運作的方式使得國會的監督權受到破壞，議會民主的原則也嚴重扭曲。儘管依據史萊歇爾與布呂寧等人的建議所建立的總統內閣，是多種計畫妥協的結果。其用意不在於建立一個與國會對抗的政府，而在於把政府從頹傾的國會中獨立與重新建立起來；不在於建立總統獨裁，而在於讓政府合作的對象從具有直接民意的國會轉為也具有直接民意的總統，讓政府從總統的緊急命令權與解散國會的瓶頸之中重新組織起來；最後，總統內閣也不在於排斥國會建立多數的可能，只是解決政府和一個「容忍下的多數」（Tolerierungsmehrheit）一起工作的情況（Bracher, 1984: 274）。雖然如此，布呂寧於四月一日在國會發表的施政演說時仍強硬表示，他領導的政府將是最後一次嘗試與國會磋商來解決現存的政治歧異。針對布呂寧的組閣，堅守議會民主立場的社民黨旋即發起不信任投票案，四月三日表決結果，二百五十三票反對，一百八十七票贊成，否決了這次的不信任案，贊成倒閣的是社民黨和極左與極右翼兩個反體制政黨——共產黨和國社黨。這個表決結果意味著其他長期以來依循議會民主的精神而運作，甚至是除了社民黨之外，其他幾個主要的組閣政黨，都間接表示了對總統內閣的接受，也使總統內閣反向解釋為獲得了國會多數的信任（Winkler, 2005: 377; Huber, 1984: 754）。

布呂寧政府上台後，最主要的任務當然就是帶領德國撐過世界金融危機。[4]對於布呂寧政府的財政改革建議案，興登堡曾公開宣示，將不惜動用憲法第四十八條讓總理獲得執行經濟改革的權力。雖然如此，國會仍然在七月十六日以二百五十六票比一百九十三票的差距否決了布呂寧政府對提高失業保險與降低公務員所得的兩項財金改革方案。在興登堡總統授權下，同日布呂寧就發布兩項緊急命令以強制執行經濟改革。兩日後，國會依據憲法所賦予對緊急命令的追認投票展開表決，結果社民黨、共產黨、國社黨及三十二席的國家人民黨議員，共二百三十六票投下反對票，另有兩百二十二票支持，表決結果國會要求政府撤回兩項緊急命令。[5]對於這樣的結果，總理布呂寧遂建議總統興登堡動用憲法第二十五條來解散國會予以反制（Winkler, 2005: 379-381; Nolte, 2006: 174; Kolb, 2002: 133; Hubatsch, 1966: 113; Huber, 1984: 767）。依據布呂寧的回憶錄，他認為這次解散國會，不僅是讓全體公民對兩項緊急命令權同意與否的表決，更是一場由人民對於「徒具形式而無意義的議會主義」信任投票（Brüning, 1970: 182）。這兩次在國會裡的表決，有另一層重要的意義，那就是一手建立共和與議會民主的社民黨，選擇與反對共和體制的國社黨和共產黨合作，以絕對多數來否決布呂寧內閣的施政。當然，社民黨反對的是總統內閣與緊急命令權，但共產黨和國社黨則是自始至終都反對共和與民主體制，此次聯手否決總統頒布的緊急命令，卻等於為反對共和的勢力敞開大門，這或許是社民黨始料未及的情況。

國會遭到解散之後，新的選舉在九月舉行。受到憲政體制長期以來效能不彰，加上國家再度因世界金融危機而遭遇重大危機的影響，這次選舉最大的受益者就是極右翼政黨國社黨，以及另一個反對共和體制的極左翼政黨共產黨。在高達百分之八十二的投票率下，總席次上升為五百七十七席。而選舉的結果，長期反對共和體制的國社黨從原先的十二席一舉增加了九十五席達到一百零七席，成為國會中的第二大黨。若再加上極左的共產黨所獲得的七十七席，反對共和的力量在國會中一共囊括了一百八十四席，已經佔了總席次五百七十七席中的百分之三十一點八九，遠比選前的百分之十三點四四（四百九十一席中的六十六席）成長了百分之十八點四五。就得票率而言，除了這兩個政黨以外，沒有其他任何一個政黨在這次選舉斬獲比以前更多的選票，可以說是共和力量的慘敗，反共和力量的一大勝利。這次的選舉結果，在意義上來說，對於共和是一次重要的打擊和轉捩點，因為就結果而言，反對共和體制的選民突破了三成，象徵對共和體制失望與放棄的力量足以影響憲政體制的持續運作。無論是國社黨或共產黨都直接表示，不會與任何政黨合作組閣。因此，新政府必須嘗試在僅存約百分之七十的席次中組成，更增加組織一個多數政府的難度。曾經有組閣經驗的三種聯盟，也都無法達成過半的目標。[6]國會於一九三〇年選前與選後的席次與得票率比較請參見表6-1。

造成這樣的選舉結果是多種因素同時發生影響的。[7]其中，世界金融危機的發生使得德國經濟體系從戰後重建以來再次遭到嚴重打擊，甚至持續惡化，是這次選舉中，選民對共和失望的原因之一（Nolte, 2006: 169; Fischer, 1995: 227-228; Heiber, 1993: 171）。此外，希特勒充分利用經濟危機帶給人民的恐慌，並利用國社黨嚴密的組織與動員，在社會上製造一個「德國需要一個政治強人」的氛圍，也是國社黨在此次選舉中大幅成長的原因之一。國社黨的大幅成長，也意味著納粹的動員突破了過去所及的範圍，不再只是限縮於南德巴伐利亞的區域性力量，而正式成為全國性的大黨。[8]另一層意義則是，這次選舉究其原因仍舊在於國會對總統使用緊急命令權授權政府繞開國會逕行施政的反對。總統動用解散國會權來反制國會的反對，使得選舉具有由人民直接對總統內閣進行信任投票之意味。更有甚者，依據布呂寧對選舉的解讀，更將此次選舉視為人民對國會信任與否的投票。在這個意涵的背景下，選舉結果是長期以來支持議會民主的幾個政黨全面下挫，反體制政黨則大幅成長，也象徵著不受國會監督的總統內閣，獲得了人民的同意。透過選舉奠定了總統內閣的憲政原則，是正當化了總統改變憲政秩序的作為（Huber, 1984: 738）。憲法原則不再只是「沈默轉型」，更是直接在條文不變的情況下，從議會民主的原則轉軌為不受監督的行政領導模式。

一九三〇年九月，國會改選後的組閣危機再現。如前所述，就客觀條件而言，國會裡仍然無法依據新的選舉結果來組織具有多數基礎的聯合內閣。社民黨雖然仍舊是第一大黨，但卻無法與其他小黨合組聯合內閣。獲得大幅成長的國社黨取代國家人民黨成為國會的第二大黨，其立場強硬，堅持獲得全部政權而不願意加入聯合內閣。就布呂寧的主觀意願而言，他也不願意往左或是往右進行組閣的磋商，但希望社民黨與國家人民黨能夠支持他的改革計畫，以憲法第四十八條來進行施政（Huber, 1984: 788）。[9]最終，社民黨衡量選舉結果與政局的發展，決定對布呂寧內閣採取容忍的態度。為了避免組閣危機擴大成為共和生存的危機，也為了避免組閣僵局成為國社黨顛覆共和的工具，社民黨更做出了兩項決定：今後不支持由國家人民黨、國社黨或共產黨這三個政黨所發起關於反對緊急命令的表決，也不支持倒閣案（Kolb, 2002: 134）。由於社民黨只給予消極的容忍而非積極的支持，因此布呂寧內閣雖然無法獲得授權法凍

表6-1　一九三〇年國會選舉結果前後各主要政黨的席次比較

政黨	得票率（%）		席次		席次率（%）	
國家人民黨	7（14.2）	-7.2	41（73）	-32	7.1（14.9）	-7.8
國社黨	18.3（2.6）	15.7	107（12）	95	18.6（2.8）	15.8
人民黨	4.5（8.7）	-4.2	30（45）	-15	5.2（9.2）	-4.0
經濟黨	3.9（4.5）	-0.6	23（23）	0	4.0（4.5）	-0.5
中央黨	11.7（11.9）	-0.2	68（62）	6	11.8（12.6）	-0.8
巴伐利亞人民黨	3.0（3.9）	-0.9	19（16）	3	3.3（3.3）	0
民主黨	3.7（4.9）	-1.2	20（25）	-5	3.4（5.1）	-1.7
社民黨	24.5（28.7）	-4.2	143（153）	-10	24.8（31.2）	-6.3
共產黨	13.1（10.6）	2.5	77（54）	23	13.3（11）	2.3
其他	10.3	–	49	–	8.5（5.6）	–
小計	100	–	577（491）	–	100	–

資料來源：原始資料為Statistisches Jahrbuch für das Deutsche Reich（1933: 539）；轉載自Möller（2004: 330-331）。

結國會來施政，但也等於獲得社民黨的默許，在一定程度內獲得執政的穩定與自主性（Huber, 1984: 796）。就這樣，在社民黨為了避免更糟糕的情況而改變對總統內閣的態度下，由布呂寧領導的總統內閣開啟了一連串的財政與外交改革。

一九三〇年十二月，在學界與社會上針對總統內閣的組成、緊急命令的使用、解散國會等事件，曾經就憲法第四十八條的適用性範圍展開一連串討論。主要的爭議在於經濟危機是否足以視為緊急命令發布的適當依據？也就是國家是否因經濟危機而面臨「緊急狀態」（Notwendigkeit）？這原本是一個透過社會氛圍釐清憲法原則的機會，也是重新檢視威瑪憲法在實踐上的問題，尤其是憲法第四十八條的具體適用範圍。但在這波的討論中，受到艾伯特在一九二三年成功的透過緊急命令來化解魯爾危機和經濟危機的影響，因此也期待總統內閣能順利解決一九三〇年的經濟危機。在這個情況下，憲法第四十八條在憲政上的具體問題並沒有被解決，只是針對一九三〇年的案例做了個案式的討論，而且討論結果甚至放寬了緊急命令權的使用範圍（Huber, 1984: 803-804）。經過實際的運作、社民黨的容忍及辯論後塑造出接受總統內閣的氛圍，總統內閣正式在一九三〇年底成為威瑪共和此後政府運作的依據，制憲之初以議會為核心的理論也自此失去實踐的可能。

一九三二年三月，總統任期屆滿將進行改選。希特勒挾著國會選舉大幅成長的氣勢，決定參選總統，希望提早達成「以合法程序獲得全部政權」的目的。為了防止希特勒當選總統，支持共和體制的幾個政黨，決定不推出候選人，將選票集中在興登堡身上。對社民黨等政黨而言，興登堡雖然立場保守而且明顯傾右，但無論如何也比主張廢止威瑪憲法的希特勒當選要來得好。衡量當時政局，也唯有集中支持興登堡才能壓制國社黨與希特勒盛極一時的氣焰。因此，這場總統選舉，並不是在各政黨彼此提名候選人的競爭中進行，實質上是一場贊成與反對希特勒當選總統的表決。除了共產黨也堅持提出候選人之外，社民黨等政黨等於是為了反對希特勒才消極的支持興登堡，其策略和一九三〇年九月以後對總統內閣的消極容忍如出一轍。[10]經過兩輪的投票，興登堡最終以百分之五十三的絕對多數連任成功，儘管如此，這次的總統改選仍舊無法阻擋希特勒在隔年的執政。一九三二年三月的總統選舉，興登堡以超過半數的絕對多數勝選。但這個勝選並不表示議會民主的勝利，因為即使是興登堡也都對威瑪共和都沒有好感。選舉競爭是在兩個強化行政權的代表之間進行（Bracher, 1984: 397），而老邁穩重、代表緬懷君主體制的興登堡最終勝過了領導反體制政黨、激進反對議會民主的希特勒，贏得了選舉。選舉結果請參見表6-2。

一九三二年總統大選的選舉結果，鼓勵了布呂寧總理做出壓制希特勒與國社黨的決定。由於在總統選舉期間，國社黨的兩個附屬武裝團體「衝鋒隊」（Sturm Abteilung, SA）與「黨衛軍」（Schutzstaffel, SS）以武力在各地進行對反對者的傷害與破壞活動，影響社會秩序甚鉅。因此，在興登堡勝選之後，總理布呂寧於四月十三日建議總統透過憲法第四十八條，以緊急命令權發布了對衝鋒隊和黨衛軍兩個組織的禁令（Kolb, 2002: 140; Winkler, 2005: 454; Huber, 1984: 945-947）。動用緊急命令權強行禁止衝鋒隊與黨衛軍的活動，使得布呂寧政府和國社黨正式決裂。布呂

表6-2 一九三二年的總統選舉

	第一輪（三月十三日）	第二輪（四月十日）
投票人數	43.949（百萬）	44.064（百萬）
投票率	86.2%	83.5%
候選人與所屬政黨得票率	Hindenburg（中央黨、社民黨、民主黨、人民黨、巴伐利亞人民黨） 49.6% Hitler（國社黨） 30.1% Thälmann（共產黨） 13.2% Duesterberg（國家人民黨） 6.8%	Hindenburg 53.0% Hitler 36.8% Thälmann 10.2% 國家人民黨讓支持者在興登堡（Hindenburg）與希特勒（Hitler）之間由自投票

資料來源：原始資料為Statistik des Deutschen Reiches，轉載自Schulz（1987: 169）。

寧原本希望透過緊急命令權來壓制國社黨以武力為手段，影響四、五月分在各邦舉行地方政府改選的可能，但四、五月的地方政府改選，國社黨在全國各邦反而獲得更大幅度的勝選，有些邦甚至不用透過聯合內閣，即單獨贏得了邦政府的執政地位。面對國社黨聲勢的持續上揚，先前建議興登堡總統組織總統內閣的軍事顧問史萊歇爾將軍，在此時建議總統興登堡改弦易轍，以懷柔的方式取代壓制，組織一個更右傾的總統內閣來換取國社黨的容忍與合作。興登堡總統接受史萊歇爾的建議，決定組織更右傾的內閣，並且將尋求容忍的合作對象由社民黨轉為國社黨。對此，撤換將國社黨視為眼中釘的總理布呂寧，成為新政府換取國社黨容忍的必要條件（Winkler, 2005: 468; Kolb, 2002: 140; Brandt, 1998: 188）。

一九三二年五月八日，史萊歇爾和希特勒達成協議，為了換取國社黨對總統內閣的支持，將撤換布呂寧改由巴本（Franz von Papen）接任總理一職，並且取消對衝鋒隊與黨衛軍的禁令。不僅如此，也同意希特勒的要求，將在新政府組成後解散國會進行改選（Kolb, 2002: 143）。在此同時，布呂寧又提出東普魯士的土地經濟改革政策，主張回收傳統地主的土地並發放給失業農民，以減低區域性的失業與經濟壓力。這個政策雖然迎合社民黨和左翼政黨的立場，但是和興登堡一貫的保守主張卻背道而馳。此時興登堡總統也已經決定撤換總理。五月十二日，雖然國會以二百八十六票比二百五十九票的多數否決了國社黨和共產黨提出的不信任案，意味著布呂寧仍舊擁有國會容忍的基礎（Huber, 1966: 476）。但是當布呂寧建議總統興登堡以緊急命令權執行此一政策時，反而遭到總統的拒絕。五月三十日，布呂寧提出辭職，原因不是在於國會的反對，而是因為總統的不信任。巴本接任總理，威瑪共和進入了最後半年的權力鬥爭時期。[11]

布呂寧所領導的總統內閣之所以失敗，究其原因固然包括了國防軍內部由史萊歇爾將軍策劃的陰謀、東普魯士的土地經改政策與興登堡總統相背，以及在外部來自國社黨的壓力等。但就客觀的制度因素來說，總理的去留在一九三〇年起就獨立於國會之外，由總統一人決定其任免，乃是總統內閣運作的最大特徵（Huber, 1984: 972-973）。如果換個說法，布呂寧所領導的總統內閣則可以視為威瑪共和所有內閣中最強勢、也是最脆弱的政府。強勢的原因在於總統內閣獨立於國會之外，可以不受國會的制衡，以緊急命令權搭配解散國會權來強行施政；最脆弱的原因則在於這樣的內閣同時也失去國會的保護瓣，其去留完全由總統個人意志來決定（Winkler, 2005: 475）。在布呂寧組閣的過程中，國會裡部分政黨還一度反制而引來解散改選的結果。但在撤換布呂寧的決定上，出現相反的情境，國會否決了不信任案，但總統執意撤換政府，證明了政府的去留完全是由總統來決定，國會對內閣存續與否已經沒有任何影響力。就這層意義而言，威瑪共和其憲政運作以議會制為主軸的原則，至此已經完全過渡為由總統主導的行政獨大模式，國會的存在幾乎不具實際意義。

總統內閣的失敗：希特勒的執政

布呂寧內閣總辭後，總統興登堡在沒有諮詢國會最大黨社民黨的情況下，馬上任命巴本組織第二任的總統內閣。巴本銜命組閣，象徵威瑪共和持續遠離憲法所欲建構的憲政秩序，行政權和逐漸被架空的國會之間，衝突更加劇烈。威瑪共和的「政黨國家」原則，也破壞殆盡（Gusy, 1997: 411）。不僅如此，巴本保守、右傾的立場也表現在他的組閣名單內，十位主要的閣員中有五位貴族背景、兩位財團代表。對於這個內閣，社會期待不高，加上國會因解散而改選在即，巴本政府在這個意義上成為一個過渡內閣。如同先前史萊歇爾和希特勒達成的協議，這次的總統內閣在國會裡仍然沒有政黨基礎，也是一個以容忍為基礎的內閣，只是尋求容忍的對象從社民黨換成國社黨。為了換取國社黨的容忍，交換的條件是解散國會，並且解除對衝鋒隊與黨衛軍的禁令。興登堡總統與史萊歇爾將軍的計畫，是希望在解散國會後到舉行改選的這段期間內，在沒有國會干擾的情況下推行改革的政策，希望在短時間內以成功的外交和內政問題的改善，來換取國會改選後的穩定與繼續執政的可能（Huber, 1984: 985）。而國社黨則是希望延續自一九三〇年以後的氣勢，繼續衝擊共和體制，透過一次又一次的選舉尋求在國會單獨過半的機會，以達到完全執政的目的。此次協議與國社黨對巴本內閣的容忍，可說是雙方各自進行利益計算下的妥協結果，對雙方而言都是一個過渡政府，根本沒有穩定的基礎。

巴本於六月二日組織政府開始執政後，總統興登堡馬上在六月四日宣布解散國會，而巴本也於六月十六日解除了對衝鋒隊的禁令。此後在沒有國會的情況下，陸續透過緊急命令執行一連串的經濟政策。國會遭到解散，而改選尚未舉行，因此，行政權獨大的情況在巴本內閣時期比布呂寧內閣時期更加嚴重，在短時間內，甚至沒有政黨可以發揮對政府的影響力。雖然如此，各政黨在改選前的激烈鬥爭，仍惡化了這個行政獨大的政府穩定。國社黨在衝鋒隊禁令解除後，四處發動武裝的暴力行為來競選。單以普魯士地區計算，在禁令解除後半個月內，一共有八十六人因武力鬥毆而死亡，其中包括國社黨成員三十八人，共產黨成員三十人（Winkler, 2005: 490）。在社會秩序受到嚴重破壞下，巴本於七月二十日，在國會改選前以緊急命令權解散了由社民黨執政的普魯士邦政府。這個動作有兩層意義，由於普魯士是極具象徵地位，也是具有共和發展指標的地方政府，由中央政府動用緊急命令解散該邦的政府，是對聯邦體制嚴重的打擊，甚至具有君主體制或中央權威復辟的味道；其二是被解散的政府是由社民黨所領導的，此舉無疑也鼓舞了反對議會民主的力量（Winkler, 2005: 503; Huber, 1984:

1025-1026）。在此議題上，因為國會已遭到解散，尋求憲法管道反對這次緊急命令須等到改選之後，若直接訴求人民反對政府的緊急命令，則可能招致與國社黨以及與國防軍的武裝衝突。因此，為避免內戰爆發，社民黨領導的地方政府並未與中央對抗，而是接受解散的要求，但這只是繼續助長國社黨的氣勢。這次使用緊急命令權，不但未收到成效，反而惡化了共和瀕臨崩潰的危機。

一九三二年七月三十一日進行國會改選。受到社會高度對立的氣氛所影響，這次改選投票率高達百分之八十四點一，是一九二〇年以來投票率最高的一次（Winkler, 2005: 505）。改選結果完全不符合與登堡總統所預期，相反的，國社黨獲得了大幅成長，一舉在國會內拿下二百三十席，終於超越了社民黨成為國會裡的最大政黨，得票率為百分之三十七點三。[12]社民黨小幅衰退，從一百四十三席降為一百三十三席，得票率則為百分之二十一點六。在短短四年內，國社黨從一九二八年的十二席、百分之二點六的得票率，成長了十幾倍，終於成為國會裡的第一大黨。若再加上友黨國家人民黨，以及同樣以反對議會民主為主要訴求的共產黨，得票率更接近六

表 6-3　一九三二年七月的國會選舉結果

政黨	得票率（%）		席次		席次率（%）	
國家人民黨	5.9（7.0）	-1.1	37（41）	-4	6.1（7.1）	-1
國社黨	37.3（18.3）	19	230（107）	123	37.8（18.6）	19.2
人民黨	1.2（4.5）	-3.3	7（30）	-23	1.1（5.2）	-4.1
中央黨	12.5（11.7）	0.5	75（68）	7	12.3（11.8）	0.5
巴伐利亞人民黨	3.2（3.0）	0.2	22（19）	3	3.6（3.3）	0.3
民主黨	1.0（3.7）	-2.7	4（20）	-16	0.7（3.4）	-2.7
社民黨	21.6（24.5）	-2.9	133（143）	-10	21.9（24.8）	-2.9
共產黨	14.3（13.1）	1.2	89（77）	12	14.6（13.3）	1.3
其他	3	–	11	–	1.9	–
小計	100	–	608（577）	–	100	–

資料來源：Kolb（2002: 308-309）。

成。這意味著已有約六成的民眾用選票表示對議會體制的不滿（Junker, 1994: 70）。這次選舉結果和一九三〇年的選舉結果比較如表6-3。

這個選舉結果，雖未達到國社黨直接過半的目的，但也已經讓國社黨有充足的成本和總統興登堡進行政治勒索。重要的是，兩個反體制政黨席次的加總超過了國會的半數，這使得任何一個政府即使有總統的支持，都依舊面臨隨時被倒閣的危機（Bracher, 1984: 535）。興登堡總統只能選擇繼續解散或是屈服於反體制政黨。原先在協議中，國社黨以改選和解除武裝禁令換取對總統內閣的容忍，如今改選的目的已經達成，國社黨順利成為國會最大政黨，立即改變其態度，不僅不再容忍巴本的政府，甚至要求總統與登堡交出組閣權（Kolb, 2002: 144）。面對新的選舉結果與國社黨的大幅成長，興登堡總統提出建議，邀請希特勒以擔任新政府的副總理一職加入內閣，並和希特勒共同執政。但這個提議不為希特勒所接受，因為希特勒一心所要的，就是取得「全部政權」。[13]新政府沒有在選後組成，而巴本在完全失去國會的支持，甚至連容忍也沒有的情況下，在八月三十日新國會開議前從興登堡總統手中取得了一張沒簽署日期的解散國會令，準備在日後用以對抗國會。九月四日、五日，巴本總理發布兩項經濟法案的緊急命令。九月十二日，國會進行由共產黨發起對巴本內閣的不信任投票，在投下的五百六十張選票中，一共有五百一十二張贊成倒閣，只有四十二張反對，六張棄權。對此結果，巴本只好在興登堡總統早就授權的情況下，宣布解散才剛集會開議的新國會（Winkler, 2005: 522-523; Kolb, 2002: 145; Huber, 1984: 1096; Junker, 1994: 70）。

此次的解散國會，具有憲政上的爭議。主要在於國會被解散前通過的倒閣表決，能否因為國會的被解散而自動失效？如果不行，那麼巴本內閣事實上也應該在九月就宣布解散，而不是等到改選後再視情況決定去留。對於這個爭議，行政權顯然傾向依改選結果來決定改組與否。因為從新國會開議時，總統就已經授權解散，顯見行政權已經打算在沒有國會的情況下施政。但事實上，對於此次倒閣、解散國會的爭議上，由於決定倒閣的國會甫於七月選舉產生，實際上代表最新的民意。加上表決過程並無嚴重的程序問題或違憲爭議，因此解散政府的決議不會因為稍後對抗性的解散國會而失效（Huber, 1984: 1099）。換言之，政府雖然解散了國會，巴本政府也應該在倒閣案通過之後自動解散。然而，從宣布解散國會到實際改選的兩個月期間，巴本政府不但繼續施政，甚至提出修改憲法的議題。[14]威瑪憲法以國會為核心的精神，在一九三〇年以後嚴重扭曲。總統內閣不僅架空了國會的監督，到了一九三二年可以說已經完全獨立於國會之外，議會民主的崩潰、行政獨裁的發展也加速進行。

一九三二年十一月六日，舉行了半年內的第二次國會選舉，由於和上次改選只差三個月，改選的意義不大，選舉結果的變化也不大，兩次選舉結果之比較可見表64。這幾次選舉的政黨競爭邏輯，都已經不是議題的爭辯，而是一種對議會體系是否繼續維持的對抗（Huber, 1984: 1136）。一九三〇年以後，反議會民主的力量受到內部政治動盪與外部經濟危機的威脅而持續增長，但這次國會選舉則是略微止住反體

表6-4 一九三二年十一月國會選舉結果

政黨	得票率（%）		席次		席次率（%）	
國家人民黨	8.3（5.9）	2.4	52（37）	15	8.9（6.1）	2.8
國社黨	33.1（37.3）	-4.2	196（230）	-34	33.6（37.8）	-4.2
人民黨	1.9（1.2）	0.7	11（7）	4	1.9（1.1）	0.8
中央黨	11.9（12.5）	-0.6	70（75）	-5	12（12.3）	-0.3
巴伐利亞人民黨	3.1（3.2）	-0.1	20（22）	-2	3.4（3.6）	-0.2
民主黨	1.0（1.0）	0	2（4）	-2	0.3（0.7）	-0.4
社民黨	20.4（21.6）	-1.2	121（133）	-12	20.7（21.9）	-1.2
共產黨	16.9（14.3）	2.6	100（89）	11	17.1（14.6）	2.5
其他	3.4	–	12	–	2.1	–
小計	100	–	584（608）	–	100	–

資料來源：Kolb（2002: 308-309）。

制政黨的迅速成長。國社黨過激與過於強硬的路線使其損失百分之四的選票，席次略降為一百九十六席，選票轉移到略微溫和的友黨國家人民黨上。國家人民黨成長約百分之三，席次成長到五十二席。左翼方面，社民黨因為屢屢放棄社會主義的立場，得票率再次衰退到百分之二十點四，席次降為一百二十一席，選票移轉到更左的共產黨上面，共產黨因此成長約百分之三，席次增加到一百席。

這雖然是國社黨從一九三〇年以來得票率和席次第一次降低，但希特勒仍舊拒絕與登堡的建議組織具有國會多數的聯合內閣，堅持由他擔任總理一職，並由國社黨單獨領導政府。對此，就算再次解散國會也已經無法解決政治僵局。十一月十七日，巴本提出辭職，總統與登堡雖接受其辭職，但也同時考慮各種組閣的可能性，包括再次由巴本組織總統內閣，或是由希特勒組織一個有政黨基礎，接受國會監督的聯合內閣。【15】在希特勒堅持取得全部政權的要求下，與登堡總統考量到依據當前局勢，撤換總理也不會有更好的局勢，必須要用其他的途徑來尋求執政的可能。十二月一日，由總統與登堡、國防部長史萊歇爾將軍及已經辭職暫任看守內閣總理的巴本舉行會議，討論新政府與未來政局的走向。在會議中，為了對抗國社黨的杯葛，巴本提出了組閣條件，以更激進的對抗方法來施政，就是由總統宣布戒嚴，在國防軍的後援下凍結國會和政黨的一切行為。總統與登堡雖然同意，但國防部長史萊歇爾將軍卻加以反對，因為史萊歇爾認為，強行凍結國會和政黨活動，無異與國社黨徹底決裂。在國社黨已經擁有自己的武裝下，此舉勢必引發內戰，更嚴重的也有可能使德國東邊的國防洞開，引發波蘭的入侵（Kolb, 2002: 146; Note, 2006: 219; Brandt, 1998: 190）。史萊歇爾並且主張，利用國社黨稍微下挫的時候，對該黨加以分化，爭取該黨以僅次於希特勒的領導人史特拉瑟（Georg Straßer）為首，不滿希特勒的國社黨成員支持來執政（Junker, 1994: 84）。與登堡總統雖然在主觀上比較信任巴本，也比較希望採用巴本的建議徹底進行與國社黨的對抗，但在國防軍的壓力下，最終仍舊同意了史萊歇爾將軍的建議，於十二月二日任命了史萊歇爾將軍為總理。

史萊歇爾上台後，依計畫預計邀請國社黨的史特拉瑟出任副總理一職。但在十二月八日、九日，國社黨召開的領導人會議中，希特勒成功的說服了黨內其他高層的幹部，決議國社黨全黨在是否加入政府的議題上，繼續堅持「全部政權」或是「徹底在野」的方針，並且解除了史特拉瑟的所有黨職，因此，史萊歇爾分化國社黨的計畫宣告失敗（Kolb, 2002: 147; Huber, 1984: 1181）。在此同時，前總理巴本因為反對史萊歇爾組織政府，不惜轉變態度尋求與希特勒的合作。一九三三年一月二十二日，一場沒有信任基礎的協議，如同史萊歇爾在一九三二年五月與希特勒的協議以達成撤換布呂寧的翻版，再次由巴本與希特勒之間上演，這次對付的對象反而是上次與希特勒進行協議的史萊歇爾。這次的協議中，巴本同意由希特勒擔任總理，由他擔任副總理，讓國社黨組織總統內閣（Huber, 1984: 1239-1240; Winkler, 2005: 580）。在史萊歇爾分化國社黨的計畫失敗之後，興登堡總統接受了巴本的提議，決定任命希特勒為總理，希望國社黨加入政府，也能讓新政府組成的重新有機會獲得國會多數的支持。達成協議後，國社黨預計於一月三十一日提出倒閣案。對此，史萊歇爾希望總統解散國會予以反制，一月二十六日，興登堡總統拒絕了史萊歇爾解散國會的要求，也象徵著終止了對史萊歇爾的信任。兩日後，一月二十八日，史萊歇爾在倒閣前辭職，執政時間僅僅只有兩個月。一月三十日，興登堡總統任命希特勒為總理。至此，距離希特勒一直追求的「全部政權」，僅差一步之遙。

興登堡總統在此時放棄已運作三年的總統內閣，決定回到議會制的原則，任命國社黨的領導人希特勒為總理，這當中有幾個原因。首先，巴本從中的穿針引線，讓興登堡總統認為巴本可以有效監督希特勒的執政。巴本在一九三三年一月起，數次會商希特勒，說服希特勒和他合組內閣。同時，他也說服了興登堡，讓總統願意由希特勒組閣。在巴本分別對兩方的遊說下，打破了之前興登堡和希特勒在改選後組閣議題上的僵局（Will, 2004: 124）。其次，史萊歇爾分化國社黨的策略失敗，不僅未能淡化國社黨的勢力，反而讓希特勒鞏固了在黨內的地位。再加上一九三二年九月的解散國會，並未能如預期收到效果，反而讓國社黨穩住四成得票率的影響下，此次史萊歇爾建議總統解散國會就不被興登堡總統所接受，也影響了興登堡總統繼續組織總統內閣的意願。在此情況下，興登堡總統的選擇已經比一九三〇年時少了很多。要不就是選擇和已經有潛在多數的國會對抗；要不就是接受巴本的建議由他來監督希特勒的執政。而興登堡總統最終仍選擇了後者。興登堡總統雖然同意希特勒組閣，但並未完全交出人事權。其中，被視為象徵武裝最後防線的國防部部長一職，興登堡總統仍舊堅持必須由他來選擇（Will, 2004: 126）。

希特勒上台執政之後，旋即要求總統興登堡解散國會，以尋求獲得修改憲法的多數。興登堡也希望透過改選做最後的努力。三月五日，進行國會最後一次的改選，國社黨拿下二百八十八席，高達百分之四十三點九的得票率，加上友黨國家人民黨的五十二席（百分之八的得票率），已經在國會中超過半數（總數為六百四十七席，半數為三百二十四席）。巴本與總統興登堡已經無力加以制衡。在距離修改憲法所需要的三分之二門檻仍有一段差距的情況下，希特勒先以二月發生的國會縱火案為由，取消了所有共產黨籍與一部分社民黨籍國會議員的資格。[16]三月二十四日，在只有剩餘的社民黨議員反對的情況下，國會以四百四十四票贊成，九十四票反對的表決結果，通過了象徵威瑪共和議會民主正式終結的「授權法」（Ermächtigungsgesetz）。至此，正式經由國會多數的表決，終止了國會的運作，實質上結束了威瑪共和從一九一九年制憲後僅十四年的議會民主。威瑪共和最後一個階段的政府組成、存活天數、結束原因請參見表6-5。

一九三四年八月二日，興登堡總統以八十七歲高齡溘然而逝，在其單獨寫給希特勒的政治遺書中寫道，「……如果國家元首一職與政府領導者同屬一人，將對於國家的政治造成莫大傷害。這兩個職位也必須總是保持區分的狀態。因此我的遺願是，在我死後讓德國回到君主立憲的體制，由霍亨佐倫這個擁有百年光榮歷史的王室，繼續帶給德意志民族幸運與幸福的未來」（Hubatsch, 1966: 383）。在興登堡總統死後，希特勒沒有舉行新的總統選舉，更沒有迎回霍亨佐倫的王室。而他自己也沒有以總統的身分自居，而是以德意志民族的「領袖」（der Führer）將國家元首的地位與一切行政大權統一到他個人的身上，威瑪共和至此在形式上也宣告終止。

威瑪的崩潰：制度與非制度的影響

前兩節以政治史的方式，回顧了威瑪共和在一九三〇年開啟的總統內閣，及其運作的過程，到最後希特勒的上台與共和的結束。對於威瑪共和的短命，一直以來都是眾多史學家、政治學家所關心的議題，尤其是因為接著威瑪共和崩潰後的政權，是一個以極端民族主義為訴求，窮兵黷武的法西斯政權。搜尋威瑪共和崩潰的原因，固然有相當多可以切入的面向，在這些面向裡，也絕非只有單一解釋可以

表 6-5 一九三〇年至一九三三年的三任總統內閣

總理（政黨）	起迄時間（天數）	入閣政黨	解散的外在原因	備註
Brüning（中央黨）	30-Mar-1930 ~30-May-1932（729）	無	國社黨的壓力	總統內閣
Papen（無黨籍）	02-Jun-1932 ~17-Nov-1932（168）	無	共產黨發動不信任投票與國社黨的壓力	總統內閣
Schleicher（無黨籍）	02-Dec-1932 ~28-Jan-1933（58）	無	國社黨的勝選	總統內閣

資料來源：作者自行整理。

回答威瑪崩潰的原因。就新制度主義的角度而言，制度所扮演的是一個中介變項。因為制度本身沒有生命，也沒有自我實踐的能力，因此相同的制度搭配不同的政治條件，甚至搭配去實踐他的不同行為者，皆會有不一樣的制度後果。我們所關心的，就是在於威瑪的各種條件如何與制度產生互動，而導致最終民主崩潰的結果。基於此，本節接續威瑪史的回顧，分成非制度與制度兩個部分，來探討威瑪共和失敗的原因。

在非制度的部分，威瑪共和從建立以來就持續存在的經濟問題、外交問題及政治場域裡存在的妥協性問題，從來都沒有徹底被解決過。威瑪共和從一開始就是一個基於妥協而產生的議會民主，沒有能力從根本上化解這個共和存在的外在危機。這些問題甚至持續惡化，成為激化政黨對立、造成政府脆弱短命，以及誘發半總統制在制度上從議會民主轉軌為行政獨裁的結果。這個情況不只在一九一九年至一九三〇年造成歷任政府的短命，更在一九三〇年之後提供了行政權擴權的機會，造成議會民主被破壞的情況。在制度的部分，威瑪共和的憲法架構，所欲建立的是一個以議會制為主，搭配民選總統為一預備行政核心的憲政秩序。然而，因為這樣子的憲法理論未能獲得實踐，加上憲法設計的不完全性，[17]使得潛在的行政優勢得到發酵的機會，最終發展出行政獨裁的結果。威瑪憲法的憲法理論雖然是以議會民主為核心，但一九三〇年以後的實際運作卻無法落實，在制度上主要的缺口就是憲法第四十八條以及憲法第二十五條。非制度性因素加上制度的缺口，造成行政權獨大的發展，而這個行政權最後到了希特勒的手上，成為終結威瑪議會民主的最後一個轉折。

非制度的影響：經濟、外交危機與共和的妥協性

一個民主政權的崩潰，當然是由很多的原因共同造成。本書關注的焦點，雖然是在權力集散與半

總統制憲法的互動，但對於非制度面的影響仍有必要在此做一背景的討論，而這些非制度性的因素，透過政治運作和制度設計的權力分化，不僅是威瑪共和政府運作不穩定的原因，也是造成威瑪的半總統制最後崩潰的非制度性因素。透過這樣的理解，才能較為全面的瞭解威瑪共和在半總統制運作上的困境，及其最終失敗的主要原因。基本上來說，威瑪共和崩潰的原因大致可以歸納為以下幾個原因：1.經濟層面上，威瑪面臨的賠款和戰後重建的壓力；2.制度層面上，潛藏著獨裁的可能性，及其後來的實踐；3.社會層面上，支撐議會民主的中產階級相對薄弱；4.意識形態的層面上，十九世紀以來發展成熟的威權傳統，有利於獨裁者的掌權；5.極左與極右政黨的反民主論述，獲得一定程度的民間支持；6.獨裁者對群眾心理的搧動；7.一九三〇年至一九三三年政治人物鬥爭的結果（Bracher, 1983: 119）。在布拉赫歸納的這些原因中，第二點關於制度層面的問題，是本書對半總統制憲法設計所關注的變項。其餘六點，有些也已經是中介變數，例如群眾心理、薄弱的中產階級等。而究其結構性因素而言，非制度的變項大致上可以歸納為外交、經濟與社會的影響。這三個結構性的危機，是威瑪共和建立時甚至建立前就存在於德國，且迫切需要克服的問題。在第三章的推論中，這些問題甚至可以視為威瑪憲法設計出一個潛在的強權總統的原因之一。也因為這些危機無法在威瑪共和的十四年間獲得解決，甚至舒緩，造成這部憲法最後失去人民的信心，以致於在最後選舉時，反體制政黨反而獲得多數選民的支持而取得了政權。

在外交壓力的部分，從前文政治史的回顧即可發現，受到第一次世界大戰戰敗的影響，新政府在外交上要對帝國戰敗的責任概括承受。努力使德國繼續維持國際間平等的地位和尊嚴，不但直接影響人民對政府的支持與否，其手段與方法也造成政黨間的對立和衝突。如同第二章所言，第一屆內閣肩負的任務，就是對外處理戰敗問題與對內制訂一部新憲法。而首任的新政府雖有國會內百分之七十五以上的穩定席次，最終仍然因為外交上無法對凡爾賽和約產生共識而垮台。外交危機對威瑪的影響，包括了特殊議題直接或間接促成政府的解散，以及形成一些政黨對立的結構性因素。在直接與間接導致政府解散的部分，扣除最後希特勒的兩任政府之外，其餘十九任政府中，有七任是因為外交議題導致聯合政府的垮台，[18]超過總數的三分之一。在導致政黨之間出現結構性對立的部分，外交一直是將主要政黨切割為不同陣營的核心議題。不僅如此，外交議題造成另一個層次的影響在於，它將支持議會民主與否和處理外交困境成功與否的兩個問題透過政黨被綁在一起。亦即，選民對議會民主的支持與否，會受到外交談判的成果而反映在選舉結果上。這個現象在共和開始的第一年就造成對後來議會民主發展無法彌補的傷害。共和開始的第一年，以議會民主為訴求的威瑪聯盟，在超過百分之七十五的席次率上開始執政，這本是一個對奠定議會民主極為穩定的基礎，但卻受到背負凡爾賽和約的影響，這三個政黨在國會裡席次的總和在一年之內就暴跌到只剩四成，連過半的席次也不到。威瑪聯盟在一九二〇年選舉的失敗，主要的原因是大多數人民對凡爾賽和約的不滿，而非對議會民主的不滿。但選舉結果卻造成主張議會民主的主要政黨喪失了多數的席次，連帶影響了日後議會民主的發展。

不僅如此，威瑪共和的建立，是軍隊與社民黨妥協的結果，在當時共同的目標是打擊極左派的蘇維埃革命。在共同目標被擊敗之後，軍隊與社民黨合作的誘因降低，再加上社民黨領導的政府簽訂凡爾賽和約，裁軍賠款的內容為軍隊所無法接受，自此社民黨失去軍隊的支持，而高舉民族主義大旗的右翼政黨則和軍方立場較為一致，彼此維持密切的關係直到威瑪的終結。[19]在外交議題的刺激下，軍隊立場和民族主義等問題，時常成為國會裡影響政府運作的關鍵變數。由此可知，外交議題不但直接迫使超過三分之一的內閣解散，也讓以議會民主為共識的威瑪聯盟從一開始就陷入少數的困境；更讓國防軍，這個一開始本來扮演著穩定共和的角色，在共和之初就轉變立場，對威瑪共和產生敵意。一九三〇年以後，外交問題並沒有減輕，對總統內閣一樣造成穩定與否的壓力。一九二九年，道威斯計畫中延遲討論德國賠款問題的期限到期，戰勝國對於賠款問題重新與德國進行交涉。對於賠償問題提出新的決議，名為「楊格計畫」。楊格計畫實際的內容歸還了德國鐵路經營權、關稅決定權等象徵主權自主的經濟方案，也同意撤出萊茵地區的佔領軍，實質上是對德國恢復正常國家來說的一大突破。雖然如此，楊格計畫也同時決議德國必須分五十九年期，每年賠償約二十億的金馬克（Huber, 1984: 695）。這對瀕臨崩潰的德國經濟來說是一個天文數字，而且仍舊意味著將戰爭責任加諸在德國身上。德國右派政黨雖然歡迎經濟權力的自主，但卻堅決反對賠償金額。在楊格計畫談判期間，外交部長史特雷斯曼病逝，其領導的務實外交路線也宣告暫停，楊格計畫引起右派更大的反彈，直到透過公民投票通過了楊格計畫為止。此外，布呂寧領導的總統內閣，在一九三一年通過了「德奧關稅同盟」，原本希望減輕德國的經濟壓力，卻引來國際對德、奧兩國漸進合併的疑慮，並要求終止此一計畫。[20]德奧關稅同盟的事件，也重創了總統內閣解決外交問題的能力。

到威瑪崩潰為止可以看出，與第一次世界大戰有關的外交問題，將德國的政黨嚴重分裂。右派政黨堅決反對為戰爭負責，也反對一切形式的賠償與裁軍，只要涉及此相關議題，都會因為政黨意見的分歧，甚至國際力量的介入，而造成政府的不穩定，無論是國會容忍的內閣或是總統內閣皆然。在本書第五章曾提及，威瑪共和議會民主出現的權力分化中，有一大部分表現在政黨體系的破碎化。外交壓力雖然不是造成政黨體系破碎化的根本性、原生性因素，但卻是讓分化的政黨體系趨於零和競爭的重要議題。受到外交議題的影響，一方面弱化威瑪聯盟（社民黨、民主黨和中央黨），這個支撐議會民主最核心的力量，在社會上的選票基礎；另一方面也是因為外交議題屢屢讓德國人民感受到不平等的對待，而鼓勵了保守的、軍國主義的、民族主義的及威權式的政黨。不僅如此，更因為外交議題，讓威瑪共和概括承受了戰敗的責任，人民直覺的把凡爾賽的恥辱和威瑪共和結合在一起，始終提供了反體制政黨存在與動員的社會基礎。因此，就政黨體系分化的角度而言，外交的困境，不只加深政黨分化的程度，同時也讓反體制政黨、保守政黨從中獲得成長的機會。

在經濟壓力的部分，可以發現主要是和外交困境相互影響的。德國國家的經濟體系，原本在戰爭動員的過程中就已經相當緊繃。戰爭結束之後，貨幣和物資的賠償成為壓垮德國經濟體系的最後一根稻草。僅僅在德國與列強協調賠償金額總數和賠償方法的斡旋過程，就造成費倫巴哈政府在一九二〇年的解散。一九二三年法國和比利時聯軍進佔魯爾地區所造成的魯爾危機，是造成經濟壓力第一次爆發的外交事件。[21]古諾政府處理魯爾危機的對應之道（不抵抗但不合作的經濟癱瘓手段）雖然獲得人民在政治上的支持，但這是基於民族的情感與對敵國的仇恨心理所致。現實的情況則造成了經濟上的大災難。不合作政策癱瘓了魯爾地區的經濟，造成了失控的通貨膨脹與失業問題，除了也導致古諾政府的解散之外，對威瑪共和致命的影響在於，經濟危機破壞了國家所需要的市民社會的支持與合作。社會中原本就已經相當脆弱的中產階級，在經濟危機中大量破產，對國家失去信賴，轉為支持極右與極左的反體制的政黨（Bookbinder, 1996: 166）。當時，艾伯特總統動用憲法第四十八條來解決經濟危機，在國會各政黨同仇敵愾的情況下，緊急命令權的使用並不是和國會對抗，因此沒有從經濟危機延伸為憲政危機。雖然如此，一九二三年的經濟危機，已經再次削弱了中產階級的力量，對議會民主而言，造成了腐蝕社會基礎的影響。

魯爾危機最終是在外交斡旋下，以道威斯計畫的通過暫時結束。[22]隨著道威斯計畫的實施，威瑪共和的經濟危機也暫時獲得舒緩。短暫的穩定也反映在之後的選舉結果上。一九二八年的選舉中，社民黨獲得一九二〇年之後少見的大幅度成長，而兩個極端的反體制政黨也紛紛衰退，意味著部分民眾重拾對威瑪共和的期待。可見整體經濟的好壞對選民投票行為而言，仍有一定程度的影響。然而，被戰爭破壞的經濟體質，根本上的困境並沒有被徹底解決。社民黨雖然於一九二八年再度取得執政地位，但一九三〇年的全球金融危機，帶給威瑪共和比魯爾危機更嚴重的破壞。德國的經濟體系不僅還沒從魯爾危機的破壞中完全復原，又因為這次的金融危機而帶來更嚴重的後果。以失業人口統計為例，一九二八年一月的失業人口約為一百八十六點二萬人，這個數字到了一九三〇年一月，成長了將近一倍，約為三百二十一點八萬人；到了一九三二年一月，更上升到約為六百零四點二萬人，失業率達到百分之四十三點七，已經是一九二八年的三點三倍（Bookbinder, 1996: 166; Peukert, 1987: 252）。在資本財貨（capital goods）生產的指數上，一九二八年至一九二九年尚能從一百成長到一百零三，但從一九二九年起便迅速下跌，分別是一九三〇年跌至八十一、一九三一年跌至六十一、一九三二年跌至四十三，不到一九二九年的一半（Peukert, 1987: 251）。這些資料都顯示出，一九三〇年的金融危機帶給德國超過一半的經濟損失。

一九三〇年以後的經濟危機，大規模的失業人口與原先右派的選民轉向支持國社黨，並具體表現在稍後幾次的投票結果上。希特勒高舉解決經濟危機與失業問題的口號得到選民的支持。根據調查，在一九三〇年，有三分之一的國家人民黨支持者、四分之一的人民黨與民主黨支持者、七分之一的無黨派者、甚至約十分之一的社民黨支持者，轉而支持國社黨（Kolb, 2002）。選民結構受到經濟危機影響而發生的轉變，直接影響威瑪共和議會民主的運作，成為國社黨最後取得政權的基礎。第四章曾透過圖4-1顯示不同類型政黨在得票率上的僵化，而一九三〇年以後這個僵化的結構出現轉變，反體制政黨成為唯一，也是大規模成長的政黨類型，其他幾個類型的政黨則出現規模不等的衰退。透過圖6-1可以看出在一九三〇年以後的變化。

經濟危機是危及政府執政正當性的最直接指標之一。依據威瑪共和的經驗顯示，經濟危機對政府的穩定而言造成最直接的衝擊。戰爭和一九二三年的魯爾危機，已經造成威瑪的經濟體質瀕臨崩潰邊緣。雖然中間歷經短暫的穩定，但並未解除隨時崩潰的危機。一九三〇年以後，再度受到世界金融危機的牽連而更加惡化，終於摧毀了中產階級、勞工階級對議會民主的支持與期待。市民社會支撐議會民主的臍帶，在經濟危機中被切斷。社會上大規模的失業人口，不再期待威瑪共和，並透過選舉出現向兩邊極化的現象，尤其是極右翼的國社黨系統性的接收了大部分右派以及一小部分左派選民的基礎。對威瑪共和的政黨體系而言，經濟危機和外交困境發揮了類似的效果，也就是促使政黨分化更激烈，並加速兩個反體制政黨的成長。最終，經濟危機摧毀議會民主所需要的選票基礎，威瑪的崩潰至此成為時間上和形式上的問題。

最後是威瑪共和具有的妥協特性，從一開始就影響著議會民主的穩定，到最終也扮演摧毀共和的變數。在政治場域上始終存在多方面力量的妥協，對德國來說，從統一建立帝國開始，直到威瑪崩潰為止，一直是從未解決的問題。因為嚴重的社會分歧，威瑪共和從一開始就是在各方力量的妥協之上，而不是在解決分歧後而建立的。[23]這種妥協特性具體表現在很多地方上，包括憲法的名稱與架

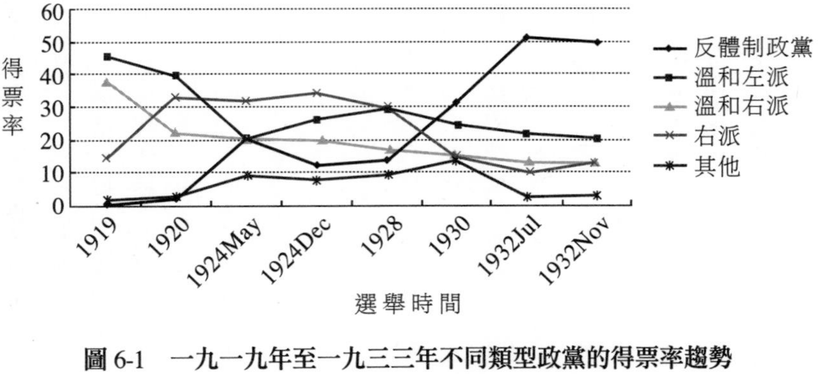

圖 6-1　一九一九年至一九三三年不同類型政黨的得票率趨勢

構、中央與地方關係或是政黨之間的合作等。前文曾論及，威瑪共和社會分歧的情況，透過純粹比例代表制的選舉制度而反映在政黨體系之上。分歧的政黨體系無法形成有效多數，但透過妥協卻製造了罕見的「容忍政治」，甚至成為威瑪共和期間絕大多數的政府形式。這種具有妥協性格的政黨體系，不是透過化解政黨之間迴異的意識形態，作為積極的組閣條件；而是透過一種「預防」的心態，在擔心議會民主崩潰下，不得不然的消極作為。因此，妥協性的組閣，只能暫時避免被倒閣的危機，基本上仍舊沒有多數執政的基礎。一九三〇年以後，因為政黨體系再度發生轉變，反體制政黨，尤其是國社黨拿下接近過半的席次，這個情況使得即使是容忍政治都變得困難。一九三二年以後，希特勒強硬的立場，或是以容忍交換解散國會的策略作為，使得這種妥協至多只能延緩，而不能徹底解決希特勒遲早要執政的結果。

共和的妥協特性，除了表現在政黨體系的容忍政治以外，也可以從軍隊的立場中觀察。在整個共和期間，軍隊始終扮演著左右共和穩定的角色，而且在第一次世界大戰中，傳統的軍隊體系並沒有被解散，始終維持獨立而且強大的影響力。這使得在威瑪共和期間，軍隊彷彿「國中之國」（Kolb, 2002: 192），任何舉措都足以影響政府的存續與否，例如一九二〇年鮑爾內閣的解散、一九二六年馬克斯內閣的解散等，都和國防軍有直接的關係。一九二一年三月，國會制訂「國防法」（Reichswehrgesetz），希望維持軍隊在憲政運作中的中立（Hürten, 1987: 82）。透過制訂法令來要求軍隊中立，凸顯軍隊潛藏著介入政治的可能性。而從後來的發展來看，這個努力也沒有成功。軍隊和共和的妥協關係，使得軍隊具有影響威瑪共和存亡與否的角色。一九二〇年代軍隊和社民黨的緊張關係，造成多次政府的改組。一九三〇年以後，軍隊和國社黨的關係呈現另一種緊張，原因在於興登堡總統並不信賴希特勒組織政府，而興登堡則始終是軍隊的象徵。即便如此，軍隊在威瑪共和最後兩年裡，再次和希特勒達成妥協，共同合作改造德國，以避免內戰的發生。[24]這個情況就像回到一九一九年，軍隊和社民黨達成妥協走向議會民主一樣。軍隊的立場動輒影響共和的存亡，一九一九年因為和軍隊的妥協，社民黨才得以建立議會民主，而一九三三年，軍隊又再一次透過妥協，讓希特勒取得了政權。

最後，存在於中央與地方的緊張關係，也是共和另一個層次的妥協特性。威瑪共和的中央與地方關係，並不是一個和諧穩定的狀態，相反的是一個緊張的關係，這種緊張的關係從一八七一年德國統一時就已經存在。如同本書第二章所述，一八七一年的統一，是建立在普魯士的軍事統一之下，而不是各邦對於統一問題水到渠成的自然發展結果。因此，當德意志帝國遭遇軍事挫敗之後，建立新共和之際，中央與地方的關係就再度成為新憲法必須解決的問題。一九一九年制訂威瑪憲法時，趨於一個強勢中央的憲法草案受到南部幾個邦強烈的反彈，[25]即使是以聯邦制為架構通過憲法之後，中央與地方的關係，尤其是巴伐利亞和普魯士的問題仍舊牽動著政府的穩定與否。例如一九二三年就發生巴伐利亞邦政府和中央對立的情事。[26]這次地方與中央的緊張關係，也直接導致了史特雷斯曼領導的大聯合內閣，也是威瑪共和第一次大聯合內閣的嘗試以失敗結束。一九三〇年之後，一直以來都是由社民黨領導的普魯士邦政府，和右傾的中央政府關係日益緊張。一九三二年，巴本政府用緊急命令權接管普魯士邦政府，聯邦體制遭到破壞，國社黨在普魯士的力量也因此獲得鼓舞和發展。威瑪共和最終雖然不是崩潰於地方和中央的對抗，但從幾次事件來看，威瑪共和未能解決中央與地方的緊張，只是維持脆弱的妥協關係，是對共和的慢性傷害。

本書在第二章指出，國際上戰敗的壓力與國內各種力量的妥協是威瑪共和誕生的背景，可以視為德國欲解決戰敗問題與對內維持國家完整的結果。而第三章亦曾經就威瑪憲法設計的時空背景與目的進行討論。其中，設計一個強有力的總統，具有兩個主要的意義。首先，全民直選的總統取代德皇，可以繼續作為德國統一與完整的象徵；其次，總統具有一些實權，可以作為當議會民主無法運作時，扮演捍衛憲法與國家主權的角色。然而，從非制度因素的發展來看，無論是外交危機、經濟壓力或是妥協特性，威瑪共和都沒能解決國內的分裂危機，也沒能解決國際上戰敗的壓力。戰爭造成帝國體制的瓦解，但主要的政治力量沒有因而解組。議會民主的共和建立在一個暫時性的妥協之上，分歧的結構造成議會民主在非制度上無法避免的脆弱。而總統的角色，更在議會民主搖搖欲墜之際，因為制度的缺陷，而開啟行政獨裁的大門。雖然行政權獨大的過程是為了建立一個穩定的政府，但是國會被架空之後，權力一旦由反體制政黨所掌握，議會民主也隨之終結。簡單的說，威瑪共和面臨外交與經濟議題的壓迫是外生的，社會分歧與妥協結果是內在的。這使得非制度因素的條件，已經讓威瑪誕生在一個先天不良，後天失調的脆弱基礎之上。議會民主無力解決這些困境時，使得威瑪共和的正當性大為衰退，若再加上制度的誘導與催化，原本具有強大權力，被預期在危急時刻扮演捍衛憲法角色的總統一職，相反的成為朝向行政獨裁轉型的關鍵角色，最終更導致議會民主的崩潰，並走向一個法西斯獨裁政權的結果。

制度的影響：緊急命令與解散國會權的使用

第五章本書將權力集散以四個指標觀察，論述威瑪共和在運作上政府極為脆弱、政治極為不穩定的原因。其中，分化的政黨體系是基於歷史遺緒，再加上選舉制度以及前一節所論述的諸多非制度性的因素相互催化所致。就制度性因素而言，除了選舉制度造成政黨分化之外，憲法中對於行政與立法的權責設計，在實踐上未能落實制憲時的理論，甚至走向行政獨裁，是另一個重要的原因。暫時回到第五章的理論架構裡可以發現，權力分化的兩個層次中，在制度設計的權力分化方面，包括選舉制度或行政與立法關係，是加速或提供政治運作權力分化的變數。制度本身是中立的，雖然具有設計時的預期與理論，但仍須視行為者的實踐意志或是非制度因素的條件，才會發揮制度後果。制度之所以重要，不在於制度本身必然導向某些政治後果；但是如果沒有制度作為基本條件，某些政治後果也不會發生。因此，本節從制度性因素切入，將制度作為中介變項，討論制度如何與非制度性因素搭配產生效果，來觀察威瑪共和最終走向行政獨裁的結果。在這之中，緊急命令權和解散國會權這兩項權力被超脫憲法設計時的預期而遭到濫用，致使威瑪憲法的憲法理論無法落實，是最主要的兩項制度條件。

回到憲法理論來看，威瑪憲法應是一部以議會制為核心，將民選總統定位為預備角色的憲法。行政權雖然二元化，但依據憲法理論而言，是一種僅限於特殊時間與狀況下的換軌。不管是緊急命令權或是解散國會權，總統使用的時機和限制都相當明確。雖然如此，受到實際上權力結構分化的影響，國會沒有能力提供政府運作所需要的多數，更沒有能力防禦總統透過憲法的不完全性來影響政治。在這個情況下，總統的擴權行為，在實際運作上失去制衡的依據，純粹取決於總統個人的意志。威瑪憲法在一九三〇年以後的實踐，已經完全偏離憲法理論對憲政的規範，陷入理論與實際的巨大落差之中。這個結果，就是國會遭到架空，行政權獨裁，以及最後法西斯政黨的執政。

在一九三〇年至一九三三年總統內閣運作的過程中，可以發現一個顯著的特徵，即總統動用解散國會權與緊急命令權這兩項憲法權力的頻繁。總統屢次使用這兩項權力並不是導致威瑪共和崩潰的指標，重要的在於總統屢次動用這兩項權力的動機和制度影響。總統內閣運作的正當性，在於讓政府負責的對象從國會轉移到總統，這已經改變了以國會為憲政運作主軸的精神。此後，總統屢次以解散國會和緊急命令使內閣免受國會的監督或是繞開國會來施政，更是將憲政運作的軌道轉換成以總統為核心的行政獨裁之上。

在解散國會的部分，從一九三〇年總統內閣組成開始，至一九三三年希特勒上台後為止，一共使用過四次。其中，一九三〇年和一九三二年九月這兩次解散權的使用，分別是因為國會要求撤回緊急命令權和通過不信任案，因此解散國會加以對抗。而一九三二年六月的解散，是為了換取國社黨對新的總統內閣的支持，而一九三三年一月，則是希特勒計畫修憲的手段。由此可以看出，這四次的解散國會，一九三〇年的使用尚可以視之為訴請民眾直接對動用緊急命令權正當性的裁決，[27]但爾後三次則為施政上的利益交換籌碼或是用以避免國會監督的工具。尤其是一九三二年九月，甫選出三個月的新國會以五百一十二票比四十二票的壓倒性多數要令總理去職，而總理竟然動用解散國會權解散一個三個月前才選出的國會，完全破壞了解散國會權使用上的正當性。誠然，解散國會是總統對解決政治僵局的合憲選擇，但這次動用解散權的背景，是一個兩個月前才完成改選，擁有新民意的國會，而其原因更是反對一個超過百分之九十，壓制性多數的表決結果而進行反制型的解散，已經使得議會民主的原則在總統個人的權威之下完全毀壞（Huber, 1984: 1100）。事實上，從一九三〇年總統內閣的實施以後，使用解散國會權來進行政治裁決的意義已經不大。幾次解散與改選的過程中，主要辯論的焦點已經在於是否繼續支持一個有名無實的議會民主。如同當時的總理布呂寧在一九三〇年解散國會後所言，新選舉的意義在於由人民決定議會民主的去留。而此後以反對議會民主為訴求的國社黨與共產黨兩個政黨，屢屢在改選中獲得越來越高的選票支持，象徵著希特勒「在體制內反體制」的策略大獲成功。這造成一個最弔詭的結果，那就是當興登堡在一九三三年讓憲政運作的基礎從總統內閣再度回歸到議會體制的同時，也就是議會民主的終結之時，因為當時議會的多數力量，已經是由反體制的國社黨所主導。

除了不當使用解散國會權之外，緊急命令權的濫用也是威瑪憲法被破壞的關鍵之一。回顧制憲的過程可以發現，對於緊急命令權的設計，事實上多有顧慮。依據普洛伊斯的原意，憲法第四十八條是總統在國家面對緊急危難時，用以維護國家安全與社會秩序的權力。由於對獨裁的防範，因此對緊急命令權的設計也經過多次的辯論與修正。當憲法草案在一九一九年一月被提出時，關於緊急命令權是分成兩項來設計。在第一次的草案中提到，當國家的自由狀態無法透過憲法或是一般法律被實踐時；或是當社會的公眾安全與秩序被破壞或被威脅時，總統得以在武力的協助下恢復國家秩序。這時的原創版本甚至沒有提及總統有權凍結部分憲法。而為了避免「自由狀態」可以被解釋的範圍過大，也為了避免這個權力被過度運用，在二月時把緊急命令權使用的時機限制在只有當社會的安全與秩序遭到破壞時；並且限制總統只能對特定幾條憲法加以凍結。最終的憲法定案，更是規定了國會加以否決的制衡能力。[28]從緊急命令權三次的調整來看，分別對使用時機、凍結憲法範圍、國會的否決能力加以更明確的規定，顯見制憲時對緊急命令權的防範，也證明這項權力在憲法中被關注的程度。此外，三次修改都朝向限制行政權的擴張來看，其法條的精神詮釋為類似於警察權、裁判權，而不具有用以改變憲法基礎、變更憲法精神的正當性，被視為不得不設計，卻也不得不防範的行政權力。換言之，依據制憲者與大多數代表在一九一九年的預期，總統使用緊急命令權，不能據此改變國家為共和的狀態，以及政府運作的基礎結構，僅在於有限的範圍內維持國家的安全與秩序，甚至要接受國會多數的同意與監督。另一層意義在於，緊急命令權的使用目的，在於使社會的安全與秩序獲得「恢復」，即使所謂的社會安全與秩序可能在政治操作下有不同的解讀空間，但「恢復」的意義仍使得動用該權的最終目的，在於讓情況回到原狀，而不是另外創造新的政治局面（Richter, 1997: 219）。然而，一九三○年依據總統的緊急命令來施政的總統內閣，事實上是在憲法條文對使用時機和使用範圍做最寬鬆解釋下的產物。首先，國家是否因為經濟蕭條而進入緊急狀況是一個模糊的範圍，這引來使用時機上產生對社會安全與秩序危機是否有不當之解讀。其次，繞開國會組織政府是否為解決經濟危機必要之措施？亦即，使用的手段不是警察權，而是有政治目的，且這個政治目的也不是恢復憲政運作的常態，而是創造新的憲政範例。援引該條文來組織一個向總統負責的內閣，事實上已經是改變了憲政運作的原則。也因此，這個舉措被視為一種憲政上「沈默的轉型」。究其使用的時機、手段與目的而言，都與緊急命令權的設計原意大相逕庭。一九三〇年透過緊急命令權的使用作為總統內閣施政基礎的結果，已經徹底改變政府運作的基本精神，將政府負責的對象從國會移到總統，政府施政的依據，不再來自於國會的同意或容忍，而是總統，使得議會民主的精神遭到破壞與終止。

另一個扭曲憲法理論的地方在於，總統後來更以解散國會來反制國會對緊急命令權的監督。儘管憲法賦予國會對緊急命令權的追認權，以及對內閣提出不信任與要求下台的權力，但從前文的討論可以發現，社民黨對總統內閣的不信任案沒有獲得國會多數的同意，而和共產黨與國社黨聯手，以絕對多數通過對緊急命令權立即終止的要求，卻招致總統以解散國會的反制，反而在改選中讓反對共和體制的共產黨與國社黨獲得大幅的成長，終於導致議會民主與共和體制的崩潰。憲法第四十八條、第二十五條在一九三〇年以後的使用，無論是使用時機、過程、以及和立法權的互動上，都已經違背了該項憲法法條在設計時的精神與原意。在總統內閣之下，國會對於緊急命令權的制衡，連消極的、被動的制衡權力都徹底喪失（Fromme, 1999: 133）。在共和之初，首任總統艾伯特在一九二三年魯爾危機、通貨膨脹與瀕臨內戰邊緣的時刻亦有授權政府動用緊急命令權以解決經濟和社會危機。當時憲法第四十八條的使用，符合憲法設計者的預期，是以恢復社會秩序和安全為目的。在一九二四年到一九二九年之際，因為經濟的穩定，緊急命令權被使用的次數相對的非常少。一九三〇年之後，再一次的經濟危機提供了總統動用緊急命令權的時機，而這個階段的發展，緊急命令權不是被用來恢復社會秩序與安全，而是用來變更憲政精神，用來提供政府繞開國會監督的手段，成為通往行政獨裁的合法性工具（Rossiter, 2002: 59）。

至此，我們可以發現，憲法所賦予總統的重要權力，無論是緊急命令權、發動公民投票或解散國會，在制憲的時候都是用以寄望總統能在未來基於扮演代表人民捍衛憲法的角色上，用來解決憲政危機，讓憲法得以持續運作的重要力量。在總統的角色定位上，直選而賦予實際的權力，使總統有多重的象徵。一方面作為直選的國家元首，可以代表德國的統一與完整；另一方面從法國第三共和的經驗，希望透過賦予總統重大的權力，特別是解散國會權，用以抗衡國會，強化政府的穩定力量，避免議會絕對主義。更有甚者，關於憲法第四十八條緊急命令權的設計，是當國家陷入災難，憲法無法被履行時，總統得以透過軍事力量介入政治運作的強大力量。總統同時扮演這些角色，使得總統的關鍵力量得以左右整個憲法的發展。總統在憲政運作中，有各種力量面對各種狀況，可以在憲政陷入僵局時扮演發動仲裁的角色（憲法第二十五條、憲法第七十三條）；可以在憲法無法被履行時扮演捍衛憲法精神的角色（憲法第四十八條）。無論是憲政僵局或是國家遭遇憲政運作的危難，總統都被視為化解危機的角色。然而，在現實政治的發展上，總統卻動用這些權力用以繞開國會強行施政，進行對抗一個沒有穩定多數的國會。一九三〇年三月，與登堡總統拒絕米勒總理緊急命令權的要求，卻反任命沒有政黨基礎的布呂寧組織政府，並以緊急命令權為施政基礎，這是總統動用憲法權力破壞憲政精神的第一步。再者，當布呂寧的政策無法獲得國會多數同意時，總統再次以解散國會作為總統內閣的後盾。一再地改選，加上政府對經濟危機的束手無策，超過六百萬的失業人口，都是導致人民對議會民主、共和體制的失望，進而促使選民往兩翼極化，造成極右翼與極左翼政黨的成長，最終導致共和體制的崩解。[29]憲法第四十八條雖然設計了國會得以要求終止的保護瓣，但實際運作下，國會因為欠缺多數的組成，而使憲法第四十八條，再加上解散國會的權力，讓總統反過來得以凌駕國會，成為領導政府的角色（Gusy, 1997: 111）。威瑪憲法下的總統，依其設計之原意是一個預備的、中立的、跨越政黨之上的政治仲裁者，但是在實踐上，卻意外扮演了終止議會民主精神，與間接造成行政獨裁的角色。總統所擁有的權力，不僅沒有落實代表人民守護憲法的精神，反而成為破壞憲法與促使行政獨裁的關鍵推手。

一九三〇年至一九三三年的憲政經驗，將威瑪憲法以議會制為基礎的憲政秩序扭轉為一個以行政權為核心的憲政秩序。就現實的政治運作來說，固然因為權力分化或是非制度因素的影響而導致立法權與行政權之間的權責關係無法有效建立。但興登堡總統對憲法第四十八條、第二十五條的運用，則是在法制的層面上也將立法與行政之間的權責切斷，徹底建構了新的憲政秩序。對半總統制而言，保留國會對行政權的監督，或是保留行政權對國會負責的精神，是該制度運作的基本條件。威瑪共和在一九一九年至一九三〇年之間，政府雖然更迭頻仍，憲政運作高度不穩定，但仍舊保持了國會對行政權的影響力。雖然沒有組織政府的能力，但國會仍舊有權力決定政府的去留。[30]但在一九三〇年之後，在憲法條文未更動的情況下，透過對憲法超越其制訂理論的實踐，新的憲政秩序架空了國會的權力，運作出行政獨大的結果。這個結果雖然不是直接指向民主的崩潰，但只要這個獨大的行政權落到反體制政黨手上，實質上也結束了威瑪共和半總統制的民主運作。甚至可以這麼說，一九三〇年至一九三三年的憲法實踐，替希特勒的獨裁統治架設好了一個軌道。一個行政獨裁的體系已經建立，只等希特勒最終進入、掌握這個體系。[31]

從另一個角度來看，威瑪共和在一九三〇年至一九三三年最特殊的經驗，就是半總統制出現了兩次的轉軌。第一次是一九三〇年開始的行政權獨大，這是透過憲法第四十八條與第二十五條的交相使用，以及國會持續的疲弱所致。這一次的轉軌雖然看似為了化解危機而不得不然的作為，但這個轉軌僅是維持了民主憲政的空殼，民主政治的實際內涵已經被嚴重破壞。第二次的轉軌則是在一九三三年，一個看似從行政獨裁轉回議會原則的過程，但這個過程轉軌的背景，其一是過去三年已經建立了行政獨大的憲政秩序；其二是國社黨堅持反體制的立場。因此，這一次的轉軌，並沒有在憲政秩序上回到議會民主的常軌，反而是已經建立的行政獨裁，加上反體制的政黨掌權，而導致半總統制的崩潰。從這個論述過程來說，威瑪最終的崩潰，有兩個關鍵點。一個是關於憲法的理論在實踐上走向行政獨裁的過程；另一個是國社黨在選舉中取得了第一大黨的地位。這兩個關鍵變數相加之下，導致了最終的民主崩潰。

從總統的角度來看，威瑪共和的總統一職，在歷史的傳統、現實的需要，以及第一任總統艾伯特的形象下，建立了總統為共和的最高領導人及其守護憲法的地位。但是在國家法律現實的運作與發展，以及經歷輿論的論證之後，以政黨為運作核心的議會政治，在國家遭遇危難時也臣服於總統之下。而共和的第二任總統興登堡在實踐上讓總統一職從憲法的保護者角色，搖身一變而成為現實政治的號召者、憲法的改革者（Bracher, 1984: 44-46）。儘管在整個威瑪共和時期，國家面對的挑戰從未停止，但兩任總統的態度以及使用憲法賦予權力的時機與方式，卻直接影響共和的憲政運作。布拉赫比較兩任總統後認為，首任總統艾伯特面對一九一九年至一九二三年的困境與危機，扮演協調者的角色，度過民主的危機。而興登堡則是在新的危機出現時，選擇繞開國會，透過憲法賦予的權力來強化行政力量，以尋求解決（Bracher, 1987: 133）。危機社會確實需要一個更不受約束的專業行政，但是威瑪的經驗卻呈現另一種結果：行政獨裁的基礎被強化，政黨與議會政治式微了。更甚者，在憲法的原則之下，威瑪從民主走向了一個凌駕於國家與社會之上的群眾獨裁（Bracher, 1987: 136-138）。這裡所指的憲法原則，就是指總統利用了憲法所賦予的權力，尤其是指憲法第四十八條與第二十五條，使其從制憲者普洛伊斯期待的守護憲法的角色，相反的變成了間接造成終結、毀壞憲法的角色。

本節從非制度因素與制度性因素交相論證威瑪半總統制崩潰的原因。在這個過程裡，非制度性因素要有制度的催化才會導致行政獨裁的結果，或至少是一個手段合法的轉型結果。而制度的存在如果沒有非制度性因素的導火線，也不一定會導致議會民主的轉軌甚至崩潰。這樣的論述證明了，威瑪共和半總統制其憲法架構作為中立、中介變項，必須與其他因素合併討論，才能得到半總統制轉軌，甚至民主崩潰的結果。

在理論意涵上，半總統制是一個行政二元的體系。然而，不管是水平分權或是垂直分時的行政二元架構，國會的監督與制衡都是必要條件。從行政二元的角度來說，因為其中一元是無須對國會負責的總統，一般來說，危機社會都容易導向總統這一元的行政權擴權的發展。此時，維繫民主的關鍵就在擴權的結果是總統主導，但保留國會對政府的影響；或是不僅是總統主導，更架空了國會制衡的力量。在威瑪的情況來說，對半總統制崩潰造成關鍵影響的變數，不在於總統擴權，因為這甚至也是垂直分時的憲法理論所預期的過渡階段。重要的是，威瑪的總統其擴權的方式是架空國會，扭曲憲政理論，製造了行政獨大的體系。而扮演給予摧毀民主臨門一腳的角色，則是反體制政黨接收這個透過制度缺口被創造出來的行政獨大體系。從威瑪的經驗可以看到，憲法的設計原先是希望透過制度設計帶來民主政治以及解決共和之初的非制度性問題。但是一個充滿了妥協性的共和，加上持續惡化的外部危機，再搭配一段扭曲憲法理論的實踐結果，最終造成了半總統制的崩潰。

半總統制的延續與轉出：威瑪與芬蘭經驗的比較

威瑪共和的半總統制憲法，因為制度與非制度因素的交互影響，在一九三〇年開始和憲法理論所欲建構的憲政秩序出現巨大落差。不僅無法解決當時德國所面臨的國內外困境，最終甚至轉軌為一種行政獨大的憲政運作，然後由反體制政黨接收了這個憲政秩序，再結束威瑪的民主共和。這是當代所有實施半總統制憲法的民主國家中，轉型為法西斯獨裁政權的極少數，也是代表性案例。在第一章本書曾提過，就半總統制憲法的實踐而言，其下游研究在於憲法實踐下的穩定、轉型或崩潰。威瑪共和是一個民主崩潰的典型個案，另外也可以在其他國家中看到一個轉型為趨近議會制的典型個案，那就是芬蘭。[32]欲凸顯威瑪共和因為憲法的實際運作與設計理念出現落差而導致民主崩潰的結果，芬蘭是一個非常好的對比個案，原因包括：首先，芬蘭的半總統制憲法，其設計的時間、背景都和威瑪相當類似。[33]但對於半總統制憲法的設計理論，以及預期建構的憲政秩序有所差異。這樣的架構提供一個「最大相似法」的比較研究基礎。其次，在相似的背景之下，芬蘭和威瑪共和有著完全相反的結果。芬蘭一開始也是受到權力分化的影響，加上外部危機的困擾，政府更迭頻仍，不穩定的情況不下於威瑪。但芬蘭不僅度過一九三〇年代開始的經濟危機，延續了民主政體，更在一九八〇年代開始，陸續解決權力分化的問題，使得議會民主趨於穩定。到了二〇〇〇年甚至做了憲法改革，大規模朝向議會制轉型。

據此，本節以芬蘭為比較的個案，進行兩個問題的比較。第一，在國內外的政治環境與結構相似的情況下，芬蘭的半總統制在憲法理論與實際運作上和威瑪有所差異，而這些差異如何使芬蘭沒有像威瑪一樣在一九三〇年代崩潰？第二，芬蘭的半總統制在哪些條件下從半總統制趨於議會制轉型？在比較上，也是關注於非制度因素和制度因素的互動，尤其是憲法理論和實踐是否出現落差，及其對民主運作危機的影響。關於第一個問題，芬蘭在一九二〇年代面對的國內外客觀環境，並不比威瑪和緩，但透過不同的憲法理論之實踐，使芬蘭可以度過民主崩潰的危機。而第二個問題相較於威瑪的崩潰而言，更可以看到權力分化的趨勢減緩，導致議會民主運作更加穩定的結果，甚至出現議會化的轉型。

芬蘭第一共和的半總統制運作：半總統制在危機中的延續

威瑪共和半總統制的崩潰，主要原因在於行政權利用外部危機的發生來架空國會並且擴權，將憲政秩序從議會中心轉軌為行政獨大，最後再因為反體制政黨透過選舉成為第一大黨，接收了這個獨大的行政權力而終結民主。這些條件歸納起來就是本章第三節關於非制度與制度因素的討論。也就是外部危機、內部權力分化，以及在制度上關於總統權力設計的缺口。以下也從這三個變數來檢視芬蘭第一共和順利度過一九三〇年代經濟危機的過程。

首先是非制度面的因素。芬蘭建國之際，主要的外部危機在於對俄的外交關係。和威瑪不同的是，外交議題的重要性對芬蘭而言，是如何處理一個新興獨立國家與過去統治母國的關係，但對威瑪來說，卻是要解決戰敗的問題。此差異性最大的影響在於，對芬蘭來說，獨立建國的價值高於一切，因此即使對俄的險峻關係，或是對體制的辯論造成政黨體系的分歧，但卻沒有催生力量強大的反體制政黨。[34]相較之下對威瑪來說，議會民主概括承受了戰敗與和約，因此反對承擔戰敗責任的極端政黨，自然也反對這個被視為接受恥辱的議會民主。對於外部危機是否造成反體制政黨，成為芬蘭與威瑪兩國是否潛藏摧毀民主力量的差異。在沒有反體制政黨的威脅下，芬蘭雖然因內部社會結構的歧異而形成一個紛亂的多黨體系，政府也因此脆弱不堪，但終究沒有出現足以讓民主崩潰的反體制力量。相反的，威瑪則是因為外部危機催生反體制政黨，再因為危機的惡化而使得反體制政黨有了執政的基礎。就這個角度來看，芬蘭和威瑪一樣的地方在於，這兩個國家都因為政黨體系分化而使政府更迭頻仍極為脆弱，但芬蘭反體制的力量始終微弱，因此即使憲政運作極為不穩定，也不至於有反體制力量摧毀民主的憂慮。

其次，在一九三〇年出現的外部危機方面，威瑪是受到持續存在的戰敗、賠款壓力，再加上當時突然出現的國際經濟危機，而使經濟體系幾乎徹底崩潰。但對芬蘭來說，一九三〇年的世界經濟危機，雖然也造成傷害，但卻沒有像威瑪那麼嚴重。主要的原因當然還是在於威瑪共和受到凡爾賽和約的傷害後，經濟重建大規模依賴國際經濟援助，而芬蘭在當時的工業化程度偏低，經濟體系主要以一級產業（primary industries）為主，和世界經濟體系就沒有那麼深的依賴。這個情況具體反映在幾個象徵性的經濟指標上。以失業率來說，一九二九年至一九三二年這三年間，威瑪共和的失業率平均值為百分之十七，但芬蘭只有百分之四；再以GDP的衰退率來說，威瑪衰退了百分之十五點七，但芬蘭只有衰退百分之五點九。在大多數的歐洲國家之中，威瑪的受創程度都屬於比較高的；芬蘭則正好相反，不僅受創程度較低，甚至在主要國家之中表現都是最好的。幾個主要國家比較，請參見表6-6。

總的來說，芬蘭遭遇的外部危機和威瑪一樣，都可以細分為外交與經濟壓力兩個層面。就外交危機而言，芬蘭是獨立後如何處理和原先統治母國的外交關係；威瑪則是戰敗後如何處理和戰勝國之間的和約與賠償問題。雖然都是外交困境，但威瑪的外交困境加深了政黨的分化，尤其是刺激了極右翼反體制政黨的出現。而芬蘭則相沒有因外交問題催生出反體制政黨，這是兩個國家面對外部危機的第一個差異。就經濟危機而言，威瑪共和因為仰賴世界經濟維持其戰後的重建，因此一旦發生世界經濟危機，對已經十分脆弱的經濟體系而言造成嚴重的打擊，不但在政治上衍生出政治危機，政府對經濟危機的束手無策更加速了反體制政黨在選舉上的成長。相較於威瑪，芬蘭也面對一九三〇年的世界經濟危機，但是基於芬蘭低度的工業化，以及較為獨立的經濟體系，芬蘭的經濟危機相較之下淡化很多。雖然也一度造成政治的不穩定，但終究沒有釀成反體制政黨的出現，也沒有引起更嚴重的政治危機。

第二個變數是關於權力的分化和妥協，對民主運作甚至崩潰的影響。在威瑪的情況是，妥協造成權力結構的分化，在具體運作上存在太多對政治運作有影響力的行為者。其中軍隊的角色、中央地方關係，都動輒影響政治體系的穩定。芬蘭在第一共和時期也面臨著政黨體系分歧、社會結構分歧或中央與地方的問題。在政黨的分化程度上，除了反體制政黨的有無之外，芬蘭存在的破碎化政黨體系，並不比威瑪和緩。[35]在制憲以後直到一九三〇年為止，芬蘭更替過十五任

表6-6　一九二九年至一九三二年的歐洲國家經濟表現

國家	工業生產衰退率（%）	GDP衰退率（%）	平均失業率（%）
奧地利	-34.3	-22.5	12.9
比利時	-27.1	-7.1	21.6
芬蘭	-20	-5.9	4.0
法國	-25.6	-11	14.4
威瑪共和	-40.8	-15.7	17
義大利	-22.7	-6.1	n.a.
荷蘭	-9.8	-8.2	19.4
西班牙	-11.6	-8.8	n.a.
英國	-11.4	-5.8	9.0
瑞典	-11.8	-8.9	11.6

資料來源：Saalfeld（2002: 213）。

政府，其中只有兩任有國會多數的基礎，其餘都是少數，政府脆弱的程度和威瑪相似。在這個部分，芬蘭遭遇的困境並不比威瑪好，芬蘭甚至還因為語言的差異在社會上有更多的歧異。然而，從一九三〇年開始，威瑪是因為權力分化加上帝國崩潰後多方力量妥協的遺緒，使得政府一直沒有穩定的基礎，而必須面對多方面的權力挑戰，例如軍隊或是地方政府。但是在芬蘭，一九三〇年出現了另一種局面，社民黨和農民黨開始嘗試合作，組成了第一個有左派加入的過半內閣，扭轉了右派從獨立以來就持續執政的情況。一九三七年「紅土聯盟」（Red-Earth Coalition）組成，象徵著芬蘭政黨政治的新局，不僅是第一個中間偏左的政府，更意味著國會已經有能力組織一個多數政府，紅土聯盟的經驗也延伸到戰後，提供了日後政黨之間合作的基礎（Arter, 1987: 15; Nousiainen, 2007: 6）。芬蘭在一九三〇年以後的情況，和威瑪持續破碎的發展完全迥異。

最後一個變數在於制度層面的比較。威瑪共和在憲法的設計上出現行政獨大的缺口，而且憲法在憲政秩序具體的實踐上脫離了預期，從一九三〇年開始轉軌為行政獨大的趨勢。而芬蘭則是另一種完全迥異的狀況。第三章本書提過，芬蘭半總統制憲法的設計，其理論基礎是預計塑造一個水平分權的二元行政體系。和威瑪相似的地方在於，芬蘭在一九一九年設計的第一部憲法，也是因應當時國內外面對的政治環境所致。受到國內剛結束的內戰以及國際上與俄國險峻的外交關係，芬蘭的總統擁有作為政治強人來領導政治的正當性（Endemann, 1999: 131; Raunio, 2004: 145）。這個背景和威瑪憲法設計的時空環境非常相似。不僅如此，在分歧的政黨政治影響下，國會難以凝聚一個較為集中的力量來與總統抗衡，因此就另一個層面來說，總統的權力也非制度性的被強化（Endemann, 1999: 127; Paloheimo, 2001: 92），尤其是在組織政府的過程裡。[36]所不同的是，芬蘭的憲法在理念上從一開始就設計總統一職作為帶領芬蘭處理外交、國家安全的角色，而不是像威瑪將總統視為只有當國家陷入緊急狀況時，才得以發揮政治領導與發動仲裁的預備角色。就半總統制具有行政權雙元領導的特徵而言，威瑪共和與芬蘭分別代表兩種不同內涵的雙元行政。威瑪是一種「垂直分時」的行政二元，將行政領導依據國家處境的不同狀態來做二元分工；芬蘭則是一種「水平分權」的行政二元，將行政領導依據國政的不同領域來做二元分工。從兩部憲法的條文設計來看，儘管有些差別，我們仍可以說威瑪和芬蘭都設計了一個有民意基礎且有實權的總統。如果我們不進一步去比較憲法的內涵，則容易在條文類似的情況下，將威瑪和芬蘭視為同一類的半總統制，在進行比較研究時會忽略兩部憲法在憲法理論上的差異。因為事實上，兩者的半總統制雖有類似的外衣，但內涵有著一定程度的差異，而且這個差異也是導致其後來運作結果呈現一個崩潰，一個轉為準議會制的重要變數。

一九三〇年以後，威瑪共和在總統運用制度的缺口的情況下，將憲法實踐脫離預期，建構了一個行政獨大的憲政秩序，這是威瑪共和民主崩潰的主因之一。在芬蘭，從一開始就是雙元領導的特質，政府執行總統決策，總統和國會都享有立法權（Arter, 1987: 50）。這種水平分權的半總統制，使得芬蘭的總統在介入政治運作時，從憲法裡就可以建立慣例。更重要的是，憲法第三十三條明訂了外交事務為總統的決策範疇，這使得總統如果面對外交危機時，可以不必透過凍結國會來執行決策。換言之，水平分權的架構，讓芬蘭的總統在外交事務上一開始就有領導與決策權，政府部門加以執行，過程不一定需要國會的共識（Nousiainen, 2007: 4）。這使得總統在領導外交決策時，不至於和國會衍生危及憲政運作的衝突。此外，水平分權的二元行政架構另一層意義在於，以總統為核心或是以議會為核心的換軌機制，在憲法理論上都有可能。這使得政黨體系分歧的芬蘭，儘管有著總統領導的趨勢，卻不至於導向一個架空國會來領導政府的行政獨大。一九三一年以後，斯文胡福德（**Pehr Evind Svinhufvud**）總統透過憲法第三十三條在外交事務上發揮影響力，也把總統在政治上的影響力透過對外交事務的主導而大幅提昇，甚至確立了總統作為政治領導者的角色（Karvonen, 1984: 139; Arter, 1987: 93）。雖然這個結果也出現總統主導的趨勢，但是因為芬蘭憲法本身的理論基礎就有換軌的可能性，因此無須破壞議會民主的基礎，也無須架空國會來強化行政的力量。

芬蘭在第一共和時期，有著類似於威瑪共和的制憲背景，也有著類似的憲法結構。然而，威瑪共和的半總統制崩潰於一九三三年，芬蘭則度過一九三〇年的世界經濟危機，延續了半總統制到戰後的第二共和。透過以上對兩個個案的比較可以發現，主要的原因在於：第一、在非制度面而言，芬蘭遭遇的外部危機在一開始是與俄國的外交議題，即使是反體制政黨也支持國家的獨立；而威瑪的外部危機則是戰敗後的外交問題，並且導致了反體制政黨的出現。第二、在威瑪，外部危機的持續惡化，加上一九三〇年開始的經濟危機，導致反體制政黨在選舉中獲得執政的基礎；在芬蘭，經濟危機的傷害比較低，一九三〇年以後更出現較為鞏固的「紅土聯盟」，提供了度過危機所需要的基礎。第三、在制度方面，威瑪共和的總統透過制度缺口扭曲了憲法在設計時的理論，並且建立了一個行政獨大的憲政秩序，最後由反體制政黨接收此一體系而使民主崩潰；在芬蘭，則是由於憲法本身就具有總統領導外交的設計，而使雙元行政體系在水平分權的狀態下，總統無須透過架空國會就可以依循憲法來領導政治。透過以上的比較，可以發現非制度與制度因素的結合下，在威瑪共和與芬蘭的半總統制帶來了迴異的結果。

芬蘭的半總統制不僅度過經濟危機，更在一九八二年由寇維斯托擔任總統開始，逐漸趨於議會制轉軌，到二〇〇〇年甚至將憲法修改為一個準議會民主的架構。以下仍然從非制度因素與制度因素的結合，討論第二共和的轉軌過程，來檢視一個半總統制憲法朝向議會制調整的原因。

芬蘭第二共和的半總統制運作：趨於議會制的轉軌

芬蘭從戰後至今的憲政發展，大致上還可以再分為三個階段，分別是戰後至一九八二年的總統主導；一九八二年至二〇〇〇年的議會制轉型期；以及二〇〇〇年之後準議會制的運作（Paloheimo, 2001: 87）。第二次世界大戰之後直到一九八二年寇維斯托擔任總統為止，芬蘭的憲政發展進入所謂第二共和時期。在這個時期裡，國際上存在的冷戰結構，加上芬蘭在地理位置上正好地處蘇聯與西歐之間，使得外交關係成為政府存續的宰制性議題，總統在這個時期延續一九三〇年的發展，持續掌握了大部分的外交權力。其中，一九五六年開始擔任總統的克寇能（本身是農民黨，從一九五六年至一九八二年擔任總統一職），亦不斷在執政過程中測試總統權力的極限，例如主導政黨結盟、挑選總理、任命無黨派人士入閣，甚至解散國會等，使得芬蘭半總統制的運作在這個時期趨於總統主導（Paloheimo, 2001: 88; Raunio and Wiberg, 2003: 302; Nousiainen, 2001: 101）。除了外交議題提供總統主導政治的誘因之外，另一個總統主導的條件在於總統和組閣政黨的關係。芬蘭的政黨體系在第一共和尾聲出現中間偏左的「紅土聯盟」，農民黨和社民黨的合作延伸到戰後，成為主要的執政基礎。在克寇能擔任總統期間內，雖然政府更迭頻仍，但農民黨始終扮演聯合內閣的主要成員。換言之，總統所屬的政黨在第二共和期間長期執政，也提供了總統領導政治的國會基礎。因此，第二共和一開始，芬蘭的半總統制是一個趨於總統主導的憲政運作，在這段時間裡，雖然內閣也是更迭頻仍，政治運作不穩定，但和第一共和時期一樣，僅止於總統的領導，而不至於發生崩潰的危機。最主要的原因，就是總統從憲法理論中就有領導政府的依據，無須透過架空國會或是透過緊急手段來組織沒有國會制衡的政府。也因為這樣，總統有行政裁量權，不用架空國會，保留了國會制衡的基本要求，也維繫了民主的基本精神。

觀察芬蘭幾個不同時期的政府更迭情況可以發現，從一九四四年至一九八二年為止，一共更換三十三任的政府。如果加上戰前第一共和（一九一七年至一九三九年）的二十二任政府，芬蘭的半總統制在非戰時期內閣的平均壽命僅有一點一三年，和威瑪共和的情況類似，呈現高度的不穩定狀態。幾個不同時期芬蘭政府更迭的次數與原因請參見表6-7。

這裡具有另外一個重要的理論意涵，那就是政府的穩定與否不必然和民主崩潰有直接關係。芬蘭的政府更迭頻仍，雖然會導致憲政運作的不穩定，但卻沒有造成民主的崩潰。政府雖然運作的壽命短暫，但只要國會制衡的力量仍然存在，議會民主的基本原則得以保留，民主政體就得以延續。相反的，一個政府就算非常穩定，但如果這個穩定是因為架空了國會的監督，或是沒有國會的制衡，一旦這個穩定的政府具有反體制、反民主的主張，甚至就直接導致民主的崩潰，例如威瑪的國社黨。從表6-7中可以發現，一九八二年後至今，芬蘭的憲政運作趨於穩定，政府

表6-7 芬蘭政府更迭次數與原因（一九一七年至二〇〇八年）

原因		第一共和 1917~1939	戰間期 1939~1944	第二共和 1944~1982	轉型期 1982~2008	小計
國會因素	改選	1	0	5	7	13
	缺乏支持	7	0	0	0	7
	不信任投票	3	0	1	0	4
	擴大結盟	0	0	1	0	1
內閣因素	總理當選總統	3	1	3	0	7
	內閣意見分歧	1	1	8	0	10
	總理辭職	0	1	1	0	2
總統因素	總統撤換	3	0	2	0	5
	總統改選	0	1	2	0	3
	外交因素	2	2	3	0	7
其他	看守內閣	2	0	7	0	9
小計		22	6	33	7	68

說　　明：原始參考資料至二〇〇〇年，之後的資料為作者增加。
資料來源：Paloheimo（2001: 100）。

都能做滿國會任期，隨著國會改選才進行改組。這個時期也是芬蘭的半總統制出現往議會制轉型的階段。芬蘭在一九八二年之後憲政運作的重心從總統與國會轉移到內閣與國會。總理的權力與角色在這個階段提高，總統則相對下降，直到二〇〇〇年，芬蘭通過憲法修正案，在制度上大幅限縮總統的權力，使原先半總統制的憲法架構朝向議會制轉型。

芬蘭之所以會從半總統制轉型為議會制，有幾個重要的非制度因素。首先是外交環境的丕變。在國際環境上對芬蘭而言，最大的變化就是蘇聯於一九九〇年代的垮台與隨之而來的民主化。這不僅解構了全球緊繃的冷戰局勢，也使得芬蘭在現實政治上對於強人領導的需求大為減低（Paloheimo, 2003: 220; Endemann, 1999: 130-131; Raunio, 2004: 142）。不僅如此，在一九九五年芬蘭加入歐盟前後，許多外交政策都需要跨部會整合，增加了政府對國家決策的影響力。原本在出席歐洲峰會時，只有芬蘭和法國是由總統和總理共同參與，而芬蘭逐漸以總理參與為主，到了二〇〇二年以後，總統更不再代表芬蘭出席相關的會議（Paloheimo, 2003: 230）。而在政府的規模上，總理辦公室的人數也可略見端倪。在一九七〇年，總理辦公室的員額為七十人；到了一九八〇年增加為一百九十二人；一九九〇年為一百二十四人；二〇〇〇年則為二百二十七人（Raunio, 2004: 139）。芬蘭的總統在憲法上被賦予主導外交議題的期望，透過憲法第三十三條，總統不僅無須在緊急狀況下就可以領導政治，更能因為該制度的彈性與國家的實際需要而擴大使用的範圍，加強總統的影響力。對芬蘭而言，如何處理與俄國的關係，也確實是獨立以來一直影響憲政運作穩定與否的最核心議題。這個外在條件在蘇聯瓦解之後先是迅速淡化，更在加入歐盟之後而使外交決策權由總統轉移到總理領導的各部會手中。外交環境的轉變，提供了芬蘭半總統制轉軌非常重要的條件。

第二，在國內的部分，原本分歧的政黨體系在一九八〇年代之後因為意識形態趨於接近而逐漸穩定，早期僵化的多黨體系漸漸整合為三個主要政黨，而且彼此都有合作的可能。[37]這個改變帶給芬蘭國會組成穩定多數的契機，同時也成為組織一個過半而穩定政府的依據。[38]政黨意識形態趨中與溫和的競爭，使每個政黨都有入閣的可能，有助於建立議會制運作所需要的政府與國會關係（Paloheimo, 2003: 227; Raunio, 2004: 142; Nousiainen, 2001: 102）。在第一共和以及戰後初期，因為國會組織多數政府的變數大，而使總統有介入的機會。但在政黨體系趨於穩定，國會已經有穩定的多數聯盟時，總統在組閣議題的影響力就變得較小（Arter, 1987: 92）。早期總統因國會無力形成多數而介入組閣的情況和威瑪很類似，也可見分化的政黨體系，有利於總統在組閣議題上發揮較大的影響力。在政黨體系的結構上，芬蘭和威瑪相較之下另一個有利於組織聯合內閣的特點在於，位居意識形態中央的農民黨具有穩定而一定多數的得票率。農民黨在早期為階級屬性政黨，一九三七年開始和社民黨合作組成紅土聯盟，兩個政黨在戰後也持續合作。此後，農民黨持續轉型，逐漸淡化特定的階級屬性並轉型為全民政黨，到一九六五年十月，該黨直接更名為中央黨，立場更趨溫和（Arter, 1999a: 163）。溫和的路線使農民黨保持向左和社民黨合作；向右和國家聯盟合作的彈性，成為聯合政府裡的常客，也是提供國會形成多數的核心力量。在威瑪，也有兩個聯合政府的常客，保持和左右兩翼政黨合作的彈性，分別是中央黨和民主黨。但這兩個政黨得票基礎太弱，因此至多只能提供「容忍的少數政府」之基礎，不能成為組織多數的穩定政府的力量。最後這兩個政黨甚至只能獲得約一成的得票率，對於組織穩定多數的政府而言，幫助非常有限。

最後一個非制度性的變數是關於總統個人的因素。在芬蘭歷屆總統行事態度的部分，第一任總統史塔貝爾格（Kaarlo J. Ståhlberg）一度將總統一職豎立了超越黨派、行事中立、代表人民的良好典範。和威瑪的首任總統艾伯特也很類似。史塔貝爾格總統不具有特殊的個人領袖魅力，是個尊重制度的法律學者，因為嚴守中立與不介入政治競爭，在位期間獲得超越黨派的支持（Arter, 1987: 86）。直到第三任總統斯文胡福德開始，逐漸透過個人影響介入政治，更在拉博（Lapua）運動時主導政局，反對法西斯力量的崛起。[39]事實上，芬蘭第一共和的整個發展過程和威瑪幾乎如出一轍。出身軍旅的斯文胡福德和興登堡一樣，都反對法西斯政黨過於激烈的運動。所不同的是，在威瑪，總統選擇動用緊急命令權，建構獨大的行政權並架空國會來防堵，但最後卻把這個獨大的行政權轉交給法西斯政黨，民主一夕崩潰。而在芬蘭，總統雖然也發揮影響力，但不是透過制度缺口架空國會，法西斯政黨的力量也沒有像威瑪的國社黨那麼強，因此可以成功的預防法西斯的奪權。在戰後，克寇能總統上台，開啟了總統強勢領導的局面。主要原因如前所述，在於外交事務的吃重，以及總統所屬政黨領導聯合內閣之故。到了一九八二年，總統一職由社民黨的寇維斯托出任，這是首次由社民黨掌握了元首一職。寇維斯托擔任總統期間，先是將內政的部分讓政府掌握決策權，在其第二任的時期更將外交決策權也一併交付政府主導（Nousiainen, 2001: 101）。芬蘭的政黨不分朝野，甚至包括當時的總統寇維斯托在內，於一九九〇年代開始，普遍有了反對強勢總統領導政治的共識，醞釀了將憲政體制從二戰以後總統主導的形式，逐漸導向以議會制為主軸的修憲氛圍（Paloheimo, 2003: 220; Raunio, 2004: 145; Nousiainen, 2007: 7）。

在非制度性條件迥異的發展脈絡下，威瑪共和日漸分化、不穩定、最終步入崩潰，而芬蘭則是趨於集中、政府日益穩定、最終成功的轉型為議會制的憲政架構。比較非制度性的因素可以發現，威瑪共和與芬蘭的半總統制，其設計的背景都是國內分歧的政治力量和國際生存的壓力。因為險峻的環境而使新憲法賦予總統一定的實權。不同的是，威瑪的困境不但沒能減輕，反而促使總統在更嚴重的經濟危機發生後，動用緊急命令權架空了國會的監督，讓憲政走向行政獨裁的結果。而芬蘭則是在戰後因意識形態對立的淡化而減輕國內分歧的壓力，更因為蘇聯的瓦解、冷戰結束與加入歐盟，而使立國之初的國際壓力幾乎完全消失。政黨體系也因為國家外部危機的淡化，加上社會結構的變化而使彼此的意識形態趨於接近，從不利於政府運作的分化變成利於政府存續的集中。簡而言之，就非制度因素而言，外部危機的化解，加上國內政治力量的趨中，是芬蘭半總統制展開朝向議會制轉軌的原因；外部危機惡化，加上國內政治力量持續分歧，則是威瑪半總統制走向行政獨裁，最終在反體制政黨執政後崩潰的原因。

芬蘭在憲法的條文制度上趨於議會制的轉軌過程

芬蘭的憲政體制在一九八二年開始出現往議會制的轉型，但制度上最顯著的轉軌則是在二〇〇〇年修訂了新的憲法。一九九〇年代的轉型可以將芬蘭的制度影響做前後兩個階段的比較，其中影響憲政體制朝向議會制發展的部分，較為重要的就是關於國會解散權、總理任命權以及總統的外交決策權。在一九九〇年代以前，總統介入政治運作的制度設計在於憲法第二十七條的解散國會權與憲法第三十三條關於外交事務的決策權。在國會的解散權方面，一九九〇年以前總統享有不受節制的主動解散權，而現實的憲政發展上，總統也解散過國會四次（分別是一九五三年、一九六二年、一九七一年和一九七五年）。[40]但在一九九一年以後，針對這個設計做了制度上的修改：總統得由總理的提議，並且諮詢國會議長與各政黨的意見後，才能提出解散國會的命令。這個制度上的調整，雖然僅是增加一些軟性的限制，但和修憲前相較之下，仍然是削弱了總統藉由解散權介入政治運作的自主權力（Raunio, 2004: 138）。在解散國會方面，總統逐漸淡化影響的主要原因，還是在於政黨體系趨於穩定，內閣與國會衝突的機會減低，因此在一九七五年以後也沒有再發生解散國會的情況。在總理的任命權方面，一九九〇年代以前，和解散國會權一樣，總統也享有任免總理的自主性權力，這也被視為總統在內政上最有影響力的一項憲政權力（Nousiainen, 2000: 268）。一九八〇年代末以後，政黨體系日益穩定，國會內建立穩定多數的機率提高，受到政府必須對國會負責的條件，政黨體系的穩定等於限制了總統在總理人選上的選擇範圍。從一九八七年起，總統有義務在諮詢政黨的意見之後才能任命總理與部長。而從一九九一年起，更規定政府在上任之前必須先赴國會提出施政報告與進行國會的信任投票，總統任命總理的權力已經由主動變成被動。最後，二〇〇〇年的新憲法直接規定，總理人選由國會選舉產生再交由總統任命，在政府組成的過程上，總統的影響力也在條文上被減到最低。

就芬蘭總統任命總理組織政府的權力方面來說，總統角色是先在實質的運作上減低了影響力，才透過條文的變更再從制度上徹底改革。從實際的運作過程來看，芬蘭政府的組成與運作和威瑪一樣，必須拆解為組成階段與運作階段兩個過程來討論。第一共和後期到戰後第二共和初期，芬蘭的總統在客觀的制度條件上有主動任命總理組織政府的權力；在主觀的政黨政治競合過程中，政黨政治雖然還很分歧，但也有組織多數聯合內閣的潛力，總統不僅有機會介入組閣，更有機會扮演主導組織多數聯盟的角色。在克寇能總統時期，就將這些條件發揮得淋漓盡致，使得總統扮演組閣的關鍵角色。不僅如此，總統所屬的政黨因為也是組織這個多數聯盟的成員之一，因此總統任命的總理一般來說可以獲得一個多數的支持。換言之，在制度設計上總統被賦予主動的權力，在實際運作上總統也有政黨的基礎，因此不用擔心任命的總理會被國會以不信任投票倒閣，自然也不用大費周章去變動憲政秩序，找尋制度的缺口來任命總理。因此在這個時期，是由總統主導組閣，建立總統為政治核心的半總統制。相反的，威瑪雖然在制度上也提供總統主動的任命權，但總統沒有政黨基礎，而國會也沒有提供總統任命的總理所需要的多數。如果當這個總理連消極的容忍都無法獲得時，總統如果還要維持總統內閣的組成與運作，就只能透過緊急命令權和解散國會權兩項制度權力的交相使用，這也就是一九三〇年以後的局面。在芬蘭，到了一九八二年之後，一方面政黨政治日益穩固，加上外交事務的決策逐漸轉移到政府手上，使得總統在政治上的角色從積極的介入逐漸轉為較為消極與象徵性的角色。國會裡政黨合作的基礎日益穩固之後，由總統來斡旋組織多數聯合的需要也大為降低。在這些條件的變化之下，總統的任命權先是在實際情況下逐漸趨於被動，最後在二〇〇〇年透過制度修改，將總統的任命權徹底調整為象徵地位。

在外交決策權的部分，一九一九年的憲法中第三十三條賦予總統在外交決策上絕對的自主權力，這項權力設計與後來的使用在當時具有特殊的歷史情境與需要。從脫離俄國獨立後，芬蘭在外交國防上持續受到俄國的威脅，以及第二次世界大戰後冷戰的對立局勢，芬蘭的地理位置正好在蘇聯與西歐之間，使得芬蘭需要有權威、迅速應急以及較不受制約的外交權力，而總統理所當然成為使用這個權力的角色。在第一共和時，斯文胡福德總統先是在一九三一年就任以後逐漸使用此一權力，建立了總統領導的基礎。到了戰後，帕西基維（Juho Kusti Paasikivi）於一九四六年從總理當選總統之後，徹底運用憲法第三十三條，也奠定了第二共和時期總統在外交事務上享有絕對性自主決策權力的慣例（Nousiainen, 2001: 100）。從這個時候開始，總統享有外交的決策權，政府扮演對內的領導角色，分工的體制使得芬蘭半總統制的架構更加確立（Nousiainen, 2007: 7），更有甚者，因為國家安全至高的重要性，總統透過外交決策影響力外溢的效應來滲透到國內政治，也提高了總統對整體政治的影響力（Arter, 1999b: 56）。然而，這項權力也隨著非制度因素中蘇聯的瓦解淡化外部危機，以及芬蘭加入歐盟的外交局勢變化後，而有了重大的調整。[41] 一九九三年年底，芬蘭通過修憲，在原本憲法第三十三條中加入新的規定，國會可以行使芬蘭加入國際組織的決定權。此後，在外交決策上總統的影響力逐漸減低，到了二〇〇〇年，新憲法第九十三條更規定，總統與政府共同決定芬蘭的外交決策，而由國會行使國際條約和文件的同意權。宣戰與媾和在國會同意下由總統宣布，而與歐盟有關事務則由政府負責（Raunio, 2004: 138）。關於這三個階段憲政權力的比較請參見表6-8。

在整個制度演化的過程中可發現，芬蘭在一九八二年先是在實際的政治運作上，出現有利於議會制運作的條件，然後才從一九九〇年代開始，著手一連串制度上的調整。而這些憲政改革，都是以限制總統的權力為前提，直到二〇〇〇年新憲法的設計，在制度上也完成了以議會制為原則的調整。就權力集散的角度而言，芬蘭可說是先在實際的政治運作趨於集中後，然後在制度上也朝向國會集中來修改。這些調整在制度上限制了行政權過度集中於總統一人的風險，而總統過去得藉以影響政治運作的制度設計，尤其是解散國會權、任命總理權以及外交決策權等，也都在一九八〇年代末起有了大幅度的調整。和威瑪共和相較之下，行政獨裁發生的制度性因素大為降低，同時也建立了朝向議會制轉軌的制度基礎。

表 6-8 總統、政府與國會主要的憲政權力比較

權責＼時期	1919年～1980年	1990年起	2000年後
行政決策權	總統	總統	政府
組織政府權	總統有自主權	總統諮詢黨團後任命	國會
撤換政府權	國會、總理或總統	國會或總理	國會或總理
解散國會權	總統	總理提出後總統執行	總理提出後 總統執行
政府法案	總統有權修改	總統有權修改	大幅限制 總統的修改權
外交決策領導權	總統	總統	總統與政府共享
歐盟事務	X	政府	政府

資料來源：整理自Paloheimo（2003: 225）。

小結：半總統制的轉型研究

第五章本書就權力集散的四個變數，討論了影響半總統制政府運作穩定與否的幾種組合。本章接續制度性與非制度性的因素，來討論權力集中或分散的持續發展後，最終影響半總統制的民主體制在危機中的延續與否，以及趨於議會制轉型的可能。透過非制度性的因素可以發現，威瑪共和的半總統制之所以崩潰，是受到國際上的戰敗壓力、世界金融危機以及國內分歧的政治勢力所致。崩潰的過程是總統為了克服外部危機，選擇透過制度的缺口架空國會，並建立獨大的行政權，而最終在反體制政黨獨大下，接收了行政獨大的體系，終結了民主。相較之下，芬蘭第一共和有著和威瑪類似的制憲背景、社會結構，甚至連外部危機都非常接近。然而芬蘭的憲法一開始就賦予總統領導外交的權力，在理論上就是一種水平分權的二元行政，因此總統主導外交並無違憲或擴權之虞。加上芬蘭沒有反體制政黨的威脅，以及一九三〇年經濟危機造成的傷害比較輕微，使得芬蘭第一共和雖然政府替換快速，國會政治不穩定，但終究順利度過建國初期至一九三〇年代的危機。

到了第二共和一開始，總統徹底發揮外交決策的主導權力，加上主動斡旋組成國會的過半聯盟並任命總理，使得憲政秩序趨於總統制來運作。到了一九八二年以後，社民黨的總統寇維斯托在第一任期仍舊主導著外交決策。但到第二任期以後，外部危機因為蘇聯崩解、俄國民主化而大幅降低，稍後芬蘭加入歐盟，外交決策以政府和各部會為主，加速淡化了總統的外交決策權。在國內的政治環境方面，獨立以來因為內戰、意識形態分歧所造成的多黨體系，也因為各政黨在一九六〇年代都市化的影響下沖淡意識形態的對立大而幅減低。尤其是三大政黨之一的農民黨更名為中央黨，象徵放棄階級屬性並且趨中調整，提供國會組織多數政府的基礎，這不僅有助於民主的穩定，也提供芬蘭從不穩定的半總統制朝向穩定的議會制轉型契機。新憲法的制訂在於解決國家當時所面臨的現實問題，新憲法經過一段短暫的蜜月期之後，能否克服困境、解決問題，成為憲政是否能夠穩定運作甚至出現崩潰或轉軌的依據。威瑪共和的誕生，背負帝國的戰敗命運與人民對經濟重建的渴望，無力化解國際上的困境，加上經濟問題更加惡化，也加速了政黨之間的對立與極化發展，尤其是反體制政黨的存在與成長，這些都是成為威瑪共和最終無法繼續運作的非制度性因素。與威瑪相反，芬蘭在第一共和時期反體制的力量極為薄弱，經濟危機的衝擊也相對輕微，在非制度性因素上提供芬蘭度過危機的基礎。在戰後先是歷經一段總統主導的時期，然後因為蘇聯瓦解、冷戰結束與加入歐盟等一連串外交議題的影響，加上社會內部政黨意識形態的趨中與緩和，使得整體條件都更有利於讓芬蘭的半總統制逐漸從總統主導轉向一個以國會為核心的民主，並且穩定運作。

在制度性因素方面，威瑪憲法是一個垂直分時的架構，總統雖然可以在危急時刻領導政府，但國會的監督不能被架空。然而，威瑪共和於一九三〇年發生經濟危機時，總統動用緊急命令權來組織總統內閣，更動用解散國會權架空國會對行政的監督權。此後，以一連串的解散國會和緊急命令權來強行施政，使得半總統制向總統一端傾斜。行政獨大的發展趨勢，破壞了憲法的原則，最重要的是這個獨大的行政體系最終在希特勒領導的反體制政黨勝選後被完全接收，也終結了威瑪共和這個德國史上第一次的民主嘗試。反觀芬蘭，新憲法一開始就賦予總統外交決策權，因此雖然政府無法獲得國會多數支持而極不穩定，總統也無須架空國會來施政。一個水平分權的半總統制憲法，提供芬蘭在不破壞憲法原則的條件下，趨向總統主導來維持民主政體。在第二次世界大戰之後，總統雖然也曾經做過解散國會的決定，但使用的原因和威瑪最大的不同在於，芬蘭的總統並不是用以介入政府的組成或是架空國會、與國會對抗，而是由改選來解決僵局。不僅如此，受到政黨體系趨於穩定的影響，解散國會的情況在一九七五年以後就沒有再發生過，一九九〇年代更在制度上做了調整，將解散權的決定轉移到總理手上。在政府的組成方面，一九九〇年代開始的憲法修改，也限制了總統的總理任命權，降低了總統透過組織政府介入政治的可能性。最後，象徵芬蘭總統主導地位的外交決策權也從總統轉到政府手上，更使得冷戰時期總統藉由外交事務來擴張其政治影響力的情況大為減低。這些制度性的調整，都使得芬蘭的半總統制在制度條件上避免提供總統擴權的可能，最終在二〇〇〇年更將憲法朝向議會制修訂，使半總統制更趨向議會制轉型。

半總統制的憲法架構，原則上兼顧了總統制與議會制兩個制度的精神，總統制強調的是權力的分立制衡，議會制則著重議會主權與議會民主。兩者對行政權的設計雖然有著顯著的差異，但相同的是都有國會的監督與制衡。行政權二元化的半總統制，在制度設計上可能偏向行政優越，例如威瑪共和、修憲前的芬蘭，或是第五章提到的烏克蘭、法國等；也可能偏向於國會，例如修憲後的芬蘭、奧地利、保加利亞、斯洛維尼亞等。不論是哪一種設計，國會的影響力也都是影響民主運作的關鍵變數。制度提供政治行為的規範依據，非制度性因素則扮演制度實踐的自變項。換言之，透過非制度性因素和特定的制度條件相配合後，才會產生政治後果。對半總統制來說，可能就是民主鞏固（例如法國）、制度轉換（例如芬蘭）、或是民主崩潰（例如威瑪）。

本章透過威瑪和芬蘭的例子，討論半總統制兩種迴異政治後果的典型。在威瑪，非制度性因素造成的政治壓力惡化，加上行政權透過制度缺口架空國會，使威瑪走向行政獨裁，然後在反體制政黨執政後導致民主崩潰。導致這樣的結果，制度扮演的是一個充分，但非必要的變數。從第二章共和建立開始，本書就持續強調威瑪的妥協性格。這個妥協造成政治上政黨政治的不完全及零和，甚至反體制的競爭；在制度上則是把行政與立法的緊張性保留下來，甚至保留了行政權的優勢與完整。在芬蘭，妥協性和行政立法的緊張性格雖然也存在，但其設計的半總統制憲法具有水平分權的架構，使總統可以不必架空國會建立總統主導的模式，雖然政府可能更迭頻仍，但仍能順利延續民主走過危機。爾後，當非制度性因素的政治壓力趨緩，再搭配制度條文上限制行政權的調整，使得芬蘭朝向趨於議會制的民主做轉型。有很多的半總統制新興民主國家，仍在制度發展的階段。探尋這些新興民主的非制度性因素與制度特徵後，威瑪和芬蘭的經驗，必然可以提供一些參考。

注釋

【1】這並不是史萊歇爾第一次建議興登堡動用緊急命令權來組閣。事實上，在一九二六年社民黨因為國防軍暗中與俄國合作的事件而發動倒閣時，興登堡總統就對此事感到不滿。當時史萊歇爾就曾提出過這個構想，只是未被興登堡所接受。請參見 **Winkler**（**2005: 320**）；**Hubatsch**（**1966: 111**）。

【2】布呂寧在回憶錄中描寫了他接任總理時，向總統興登堡表示，未來的政府將不是建立在政黨基礎之上，而必須賴由憲法第四十八條來作為充分授權的法源基礎。請參見 **Brüning**（**1970: 161**）。

【3】雖然總統在憲法上依據第五十三條就有任命總裡的權力，但總統內閣的意義在於，政府的施政是依賴總統的授權，也就是憲法第四十八條，而不是國會的信任。換言之，政府組成的法源仍然在於憲法第五十三條，這是和之前的內閣相同的，但政府的施政，已經不是依據國會多數的基礎，而是透過總統以緊急命令權的方式來授權。這是總統內閣透過憲法第四十八條改變憲法本質的意義。

【4】布呂寧主張的財政改革，在於節省政府開支，因此主張縮小福利支出，降低失業保險金，減低公務人員

的收入等。此改革方案自然不容易為主張社會平等的社民黨所接受。

【5】這個表決結果裡，社民黨議員反對的是政府濫用憲法第四十八條；國家人民黨反對的是政府接受「楊格計畫」；共產黨和國社黨則是原則性反對一切議會民主的政府。請參見 Pollock（1930: 989）。

【6】過半為二百八十九席；威瑪聯盟是二百三十一席，資產階級聯盟是二百五十席，即使是大聯合內閣也僅二百八十席。

【7】對於國社黨的勝利，多數研究顯示國社黨是吸納了多數中間偏右的選票，將右翼勢力整合起來。不僅如此，其社會主義的外衣也吸引了一部分社民黨的選民。關於國社黨選民結構的相關研究，可以參見 Falter（1991）；Hamilton（1982）。

【8】例如在以小農階級為主的史列斯維希．賀斯登（Schleswig-Holstein）這個邦，基於國社黨較為民族主義式的訴求對小農產生很大的吸引力，國社黨就一舉獲得了百分之二十七的得票率，甚至高於國社黨最初主要活動的巴伐利亞。請參見 Nicholls（2000: 149）。

【9】面對改選後更嚴峻的局勢，布呂寧的選擇已經不多。要不就是更加依賴總統的強勢權力，要不就是考慮修改憲法，甚至回到君主體制。請參見 Heiber（1993: 178-179）；Nicholls（2000: 150）。最後，布呂寧選擇在既存體制內來繼續執政，也就是對總統權力的更加依賴，以避免變動體制會遭遇更大的挑戰。

【10】當時社民黨對總統改選的方針所做的決議與口號是：「打擊希特勒！為此，票投興登堡！」請參見 Huber（1984: 931）；Winkler（2005: 447）。

【11】土地的經改政策固然影響興登堡總統決定撤換總理布呂寧，然而，布呂寧執政約兩年的時間，德國的經濟壓力與國社黨迅速茁壯的問題，不僅未能解決，甚至更加惡化，這也是興登堡對布呂寧失去信心與耐心的主要原因。

【12】國社黨成功獲得許多首次投票的選民支持。平均來說，在德國北部和東部的得票率更高。有些邦，例如最北邊的史列斯維希．賀斯登，甚至單獨出現一黨過半的狀況。請見 Winkler（2005: 506）。

【13】雙方對組閣的談判在八月十二日下午十六時十五分開始進行，希特勒開宗明義表示，只願意接受總理一職，並由國社黨領導國家社會主義，對此，興登堡也明確表示不可能接受。興登堡說：「在上帝、我的認知以及祖國之前，我無法同意將所有的權力交付給一個政黨。」在雙方都不讓步的情況下，這次的談判時間只有二十分鐘，雙方劍拔弩張，不歡而散。興登堡的談話，請參見 Huber（1984: 1062-1063）；Winkler（2005: 510-511）。

【14】巴本想要解決中央與地方的關係，一方面減弱普魯士的影響力，另一方面改變聯邦體制的具體內容。請參見 Huber（1984: 1108-1109）。

【15】興登堡總統於十一月十九日和希特勒晤談。興登堡希望希特勒組織一個有政黨基礎的內閣，但希特勒在意的只是權力。兩人對於組閣的基礎沒有交集。兩日後，兩人進行第二次晤談，興登堡仍舊堅持希特勒應以政黨為基礎回到議會制的軌道，而不是透過總統的授權組織另外一個總統內閣。而希特勒仍舊堅持以授權法取得「全部權力」。兩次晤談都不歡而散。請參見 Huber（1984: 1149-1151）。

【16】一九三三年二月，國會大廈遭到縱火焚燬。警方逮捕了共產黨的黨員，認為是縱火案的兇手。希特勒更據此認為國會縱火案是共產黨在背後主導，因而以此為由取締了共產黨與社民黨的議員，使國社黨在國會的相對多數更加穩固。而這起縱火案也成為德國至今具有高度政治色彩的懸案，史家眾說紛紜，甚至懷疑是國社黨自導自演的事件。

【17】所謂憲法的不完全性，是指憲法在憲政架構的藍圖中只有原則，沒有細部法規的配合。這使得憲法在具體的實踐上，往往具有過大的彈性，而容易出現扭曲或甚至破壞其理論的情況。關於威瑪憲法在這個部分的問題，稍後本書會有較多的討論。

【18】他們分別是第一任的塞德曼政府，因凡爾賽和約問題而解散；第二任的鮑爾政府，因凡爾賽和約的裁軍議題而解散；第四任的費倫巴哈政府與第五任的韋特政府，因上史雷辛恩問題而解散；第七任的古諾政府，因魯爾危機而解散；第十二任的路德政府，因羅加諾公約而解散；以及第十四任的馬克斯政府，因

與俄國軍事合作的議題而解散。

【19】軍方對於左派政黨在戰爭期間「背後一刀」的控訴，直至一九三三年都還成為攻擊左派的口號。甚至連興登堡總統本人都同意這樣的看法。

【20】關於德奧關稅同盟的細節，可參閱 Nolte（2006: 185）；Huber（1984: 836-838）。

【21】關於魯爾危機的發生與經過，請參閱第四章第一節。

【22】關於道威斯計畫的內容與執行，請參閱第四章第二節。

【23】最明顯的例子就是新憲法在國名上保留了 Reich 這個字，卻採用共和體制。或是後來於一九二六年導致路德內閣解散的「一國兩旗」法案等。

【24】另有一說指出，興登堡在一九三二年撤換史萊歇爾國防部長一職，雖然堅持不能由國社黨的人士擔任，但接替國防部長一職的布隆貝爾格（Werner von Blomberg）將軍，則是與國社黨立場一致。請參見郭恒鈺（1999a: 182）。無論如何，不管是史萊歇爾或是布隆貝爾格，在一九三三年以後，軍隊和國社黨開始達成合作的共識，是國社黨最終在沒有內戰威脅下取得政權的原因之一。

【25】尤其是南部的巴伐利亞、符騰堡（Württemberg）和巴登（Baden）這三個邦。請見 Carr（1979: 266）。

【26】即一九二三年，希特勒發動的啤酒館政變。

【27】當時國會內支持與反對緊急命令權內容的力量在伯仲之間，表決結果是二百三十六票對二百二十二票。因此解散國會以改選，以新的直接民意來決定政府施政方針尚吻合該權力的設計原意。但在另一方面而言，憲法也賦予了總統發動公民投票對有爭議的法案進行複決的權力，是制憲者希望總統代表人民，當政府與國會意見歧異時，除了解散國會之外另一個用以訴請人民進行政治裁量的工具。在一九三〇年的關鍵時刻，如果興登堡總統是動用公民投票讓財政改革法案的執行與否由人民裁量，而非動用解散國會權解決爭議，也不至於在一九三〇年正值社會存在經濟危機的恐慌，與對共和體制的失望下，讓反對共和的共產黨與國社黨獲得關鍵性的成長。再者，一九三〇年解散國會，改選過程中各黨在競選的主軸

上，也不是在於經濟改革法案的執行與否，反而是變成對共和體制、對議會政治的信任與否，事實上也失去以解散國會解決政府與國會僵局的用意。

【28】在一九一九年一月提出的草案中，分別在憲法第六十二條與六十三條。在二月第二次被討論時是在憲法第六十七條。第二次的修改，除了凍結憲法的範圍和國會的否決能力之外，在使用時機的規定上和最後憲法第四十八條的版本相同。請參見 **Richter**（**1997: 212-213**）。

【29】對國社黨選民結構的分析證明，其迅速增加的選民，多數來自於溫和右派，也就是民主黨和人民黨兩個政黨，或是來自於立場接近的國家人民黨。甚至連社民黨都有一部分失業人口轉而支持國社黨。請參見 **Kolb**（**2002: 243**）。

【30】例如一九二六年兩次的不信任投票。

【31】希特勒並非上台後去摧毀議會民主的運作，而是在興登堡總統、布呂寧、巴本、史萊歇爾等人手上時，議會民主的基礎就已被淘空。希特勒接收的，已是一個做好獨裁準備的政治秩序。

【32】法國可以視為半總統制國家中沒有轉型而持續穩定運作的代表。其餘很多國家或有趨於總統制（例如俄羅斯），也有趨於議會制（例如奧地利），但都沒有如芬蘭這樣在實際運作與憲法條文上都做了趨於議會制的調整。

【33】芬蘭制訂憲法的時間是一九一九年七月，比威瑪稍早兩個月。而制訂的過程也經歷過短暫的左、右派政黨的內戰，最終在妥協之下制訂出半總統制的二元行政憲法。同時，雖然芬蘭沒有像威瑪的敗戰經驗，但其與俄國的險峻關係，也讓芬蘭在外交議題上始終面對很大的挑戰。這些制憲的條件，都和威瑪非常相似。

【34】雖然芬蘭極右翼政黨曾在一九三〇年發動「拉博（Lapua）運動」，並剝奪芬蘭共產黨的政治權力，形成對民主的威脅。但總統斯文胡福德（Pehr Evind Svinhufvud）堅持拒絕軍事政變，瓦解了一度出現過的體制危機。請參見 **Arter**（**1987: 71, 86**）。

【35】關於芬蘭政黨體系的發展，可以參閱 Arter（1987: 63-67）；劉致賢（2001: 78-88）。

【36】分歧的政黨體系增加組織政府的難度，這使得第一任總統史塔貝爾格（Kaarlo J. Ståhlberg）在組織政府的過程中就展現較為積極的影響力。此後，總統也成為政府組成及運作穩定與否的關鍵角色。請參見 Paloheimo（2001: 87）。

【37】這三個政黨是社民黨、中央黨和國家聯盟。其中，中央黨就是農民黨更名而來。該黨因為意識形態趨中，決定從階級政黨轉型為全民政黨，因此在一九六五年十月更名為中央黨。

【38】第四章對芬蘭政黨體系朝向同質化發展略有介紹。政黨體系趨於穩定，使得越來越多的政府組成，容易具有國會多數的基礎。

【39】拉博運動是一九二九年在芬蘭出現的右翼活動，反對共產主義，強調民族主義。這股法西斯浪潮一度欲以軍事力量發動政變，但不為時任總統的斯文胡福德所接受。請參見 Arter（1987: 86）。

【40】這四次解散國會的原因，有三次是因為國會出現僵局而提早改選，另外一九六二年是因為與蘇聯發生所謂的「紙條危機」（Note Crisis）所致。這和威瑪共和是因為總統要介入人事任命與政府組成而解散國會在動用的意義和影響上有很大的不同。

【41】外交權與國會共享的修改，也和寇維斯托總統有意轉向議會制調整憲政體制有很大的關係。一九九四年國會開議時，寇維斯托總統致詞就強調，在議會制體系下，外交決策應接受廣泛的監督，同時由政府負責，尤其是在歐洲整合的複雜議題上。請參見 Nousiainen（2001: 102）。

第七章 結論

雖然國家的決策者可能會學習他國的經驗，但他們不可避免地，也已經從自身的歷史發展中學習了一些經驗。

——哈洛維茲，2002: 16

在本書的第一章，引用哈洛維茲的話作為前引文，他認為如果十九世紀是基督教傳播的世紀，那麼二十一世紀則可以視為是憲政傳播的世紀。本章的前引文再度引用哈洛維茲的觀點，對於憲政的比較研究中，他認為各國的決策者除了會學習他國經驗，也必然兼顧自身的歷史經驗。對威瑪共和憲政研究的貢獻，就在於它可以提供當代越來越多新興的半總統制民主國家一些借鏡，也是提供德國本身在第二次世界大戰後，聯邦德國基本法作為議會制憲法在制度設計上之參考依據。本書分析的對象，是威瑪共和這個歷經半總統制憲法設計、運作與崩潰的個案。威瑪共和之所以值得作為半總統制研究的個案，是因為威瑪是相當早期的半總統制國家，而且其運作結果是造成一個民主體制的崩潰。而本書的目的，是希望透過威瑪的經驗，瞭解半總統制憲法的憲法理論、憲政運作的過程以及這個半總統制國家最後崩潰的原因。當半總統制研究逐漸因為越來越多新興民主國家的採用而在憲政研究中受到重視之際，威瑪的經驗更顯得重要。

總的來說，這本書最主要的論點，在於從半總統制的憲法理論出發，從威瑪共和的經驗整理出半總統制憲法的設計原則，以及存在於制度條文以外的理論差異。換言之，在半總統制憲法的設計部分，本書先討論設計「雙元行政」的原因，再討論這樣的「雙元行政」仍存在垂直分時式與水平分權式的理論差異，也就是將總統與政府這個二元行政架構的權力分工做了「水平式的分權」和「分時式的替換」兩種模式的區分。這兩種雙元行政的理論差異，就是威瑪憲法被歸類為半總統制憲法時，必須細緻區分與其他半總統制國家不同之處。這樣的差異之所以重要，是因為從威瑪共和上游的制憲過程和憲法理論，事實上就已預告了這部憲法在下游的轉型。在威瑪共和半總統制憲法的運作方面，理所當然的也受到了憲法理論的影響。雖然威瑪憲法的雙元行政理論是一種垂直分時式的理想架構，總統在理論上不應成為影響政治穩定的行為者。然而，從威瑪的經驗我們看到，即使在一九三〇年以前，一個意圖建構議會制為核心的憲政秩序，仍然受到制憲時的妥協背景所影響，造成分化的政黨體系。在這個基礎上，一九三〇年以後更透過對制度的扭曲，最終使得憲政秩序轉軌成行政獨大的體系，並且在反體制政黨接收憲政威權體系之後終結民主。可以看到的是，垂直分時的半總統制有其運作上的條件，在欠缺現實的政治條件配合下，以國會為主、總統為輔的垂直分時憲法理論無法被體現。在這個情況下，對於分時換軌的門檻與條件，以及換軌後對於總統權力的限制，如果出現設計不周延或欠缺制衡，將形成一個制度上的缺口，而提供了半總統制轉型的制度條件，這些都是威瑪受到短期事件以及長期憲政傳統影響下，共同造成了一個行政權潛在優勢的結果。如果沒有這樣的制度條件，威瑪共和是否得以存活雖然無從得知，但是就不可能在沒有國會的制約下，或是僅憑總統的授權下終結民主體制。換言之，威瑪垂直分時的半總統制，在最後轉軌成為行政獨裁的體系，希特勒在一九三三年擔任總理的背景，固然是因為國社黨在國會的勝利，但希特勒終結威瑪的政策作為，卻是依據一個在一九三〇年被建立起來的行政獨裁體系，而不是依據他在國會第一大黨的地位。[1] 因此，從德國在第二次世界大戰結束後，基於對威瑪憲法運作經驗檢討而設計的基本法架構來看，憲法作為制度規範的角色，有了對議會民主更趨保護的設計。這個設計就是更縮減行政權力、將總統虛位化及設計一個組織多數政府的制度條件。這些重要的制度調整，都可以視為對行政獨大的預防，以及追求一個穩定議會民主的目的。不僅如此，反體制政黨作為壓垮威瑪民主的最後一根稻草，在基本法也有了相對應的制度設計，那就是設計了政黨法作為防制反民主、反體制政黨的出現。

從威瑪共和的經驗上，可以完整看到一個民主國家如何因為憲法的理論與實際運作之間的落差，造成最終民主體制的崩潰。本章作為全文的結論，前三節分別總結威瑪共和在半總統制憲法的設計、運作與轉出這三個階段上分別提供的理論意涵。第四節討論整個威瑪共和的半總統制從制訂開始就存在的問題，如何影響運作以及最後的崩潰。這樣的討論是經憲法生命從制訂到崩潰做一個理論上連貫的總結。最後一節並以基本法的設計來討論威瑪憲法對德國自身的憲政發展提供了哪些制度上的啟示。

進入半總統制：威瑪的制度設計

當我們研究政治制度時，一般而言是將制度視為設計者的理念以及對現實政治的預期相加後的產物。也就是制憲者會希望制度帶來穩定的民主發展、維持國家的統一狀態，以及解決社會當時所面對的問題，然後依其理念設計出具體的制度條文（Heper, 1997: 6-7）。在拉丁美洲與中東歐的民主轉型，新憲法的設計則是扮演著從舊政權的危機到新政權鞏固的中介變項（Lijphart and Waisman, 1996: 3）。這些都意味著轉型期間所設計的新憲法，能否解決舊政權的危機成為影響其存活與否的關鍵。威瑪共和的經驗也是一樣，在第一次世界大戰戰敗後的憲法設計，從制憲者的理念出發，目的是化解從舊政權轉型過來的危機，以及對新政權民主鞏固的期許。

威瑪共和的建立與威瑪憲法的設計有絕對的必然關係，最主要的共同特徵在於，兩者都是妥協下的產物。在回答威瑪憲法設計為半總統制架構的原因之前，必須先針對威瑪共和在帝制崩潰後，幾個主要政治力量妥協而走向議會民主的過程做一討論。本書第二章討論了德意志第二帝國因為戰爭而崩潰，以及威瑪共和隨之誕生的過程。回到歷史情境下來看，威瑪共和的第一個特殊性，也是造成其妥協性格的主要原因就在於，帝國的崩潰和威瑪共和的誕生沒有強烈的因果關係。德意志第二帝國的建立，是普魯士在俾斯麥的鐵血政策下完成的。因此，一旦軍國主義在國際上遭遇挫敗，維繫帝國的力量就隨之消逝。換句話說，德國並不是因為民主派的力量成熟到建立取代帝制的政權而建立威瑪共和，反而是因為帝國體制在外部壓力下崩潰，給了民主派建立共和的機會。這個意義在於，威瑪共和並不是建立在社會對民主體制已經產生共識的條件下，也不是社會內部已經有了成熟的民主力量所致。在帝國體制崩潰後，新共和政體的建立只是因應國際力量對德國的要求，以及國內民主派與軍隊的妥協所致（Hartung, 1950: 311）。這個妥協並且在一場短暫的革命中以武力打擊了極左的蘇維埃社會主義，因此不僅左派與右派之間沒有互信基礎，左派內部也產生無法消彌的鴻溝。一個經由妥協而開始的共和，國內的分歧力量沒有因為戰爭與革命而被重新解構與建構。主張議會民主的力量、保守的軍方勢力暫時合作而共同存在於新的共和體制裡，這影響了共和後來的運作，甚至到共和崩潰的時候，都還看得到這個妥協影響所致的陰影。此外，中央與地方的關係在新共和中也呈現了另一種的妥協。從帝國體制到聯邦體制，是為了維繫國家的統一與完整。但透過妥協保證，而非徹底化解地方對中央政府的疑慮，使得地方和中央的緊張關係也始終成為影響共和穩定與否的變數之一。

建立議會民主的過程不只是勞動階級與資產階級之間，或是中央與地方之間的妥協，在憲法中更呈現另一種行政與立法之間的緊張關係，也是另一種在制度上達成妥協的結果，而這個部分正是本書對威瑪憲法主要的分析之處。這部憲法裡關於如何設計中央政府體制的部分，主要是受到短期路徑依循與德國長期的憲法經驗所影響，並參照他國經驗而做了最終的設計。在行政與立法之間的關係上來說，威瑪憲法最大的特徵就是設計了一個雙層雙元體系的憲法。第一層雙元是行政與立法的緊張關係，而第二層雙元則是行政權本身的二元化。這個架構也就是後來慣稱的半總統制憲法。在短期路經依循的部分，主要是受到前一段所討論的，也就是主張議會民主的溫和左派和主張君主立憲的右派相互妥協，因此保留了兩個行政權的具體特徵。溫和左派主張典型的議會制，反對一個變相君主專制的總統；而右派則主張延續君主體制，或是以一個強勢總統作為國家完整與延續性的象徵。不僅如此，國際勢力也要求德國必須設計一個民主架構，透過民主政府來談判戰後的和平條約。[2]最後在兩方的妥協以及國際壓力之下，設計了議會民主的基本架構，也設計了一個有實際權力的總統，用雙層雙元的架構做一個妥協的結果。雖然如此，因為戰爭失敗和革命的壓力，右派主張的君主體制不僅不可能實現，即使保留了有實際權力的總統，也設計為直選產生，以具有民意的基礎，並且將總統的權力設計為備而不用的預備性權力。

至於長期的憲法經驗這個部分，可以往前追溯到十九世紀的德國，[3]而在一八四九年法蘭克福議會倡立行政與立法二元化之後，成為德國發展議會民主的關鍵。雖如此，一八四九年的憲法並未被實踐，儘管各邦陸續立憲，但象徵行政權威的君權不但沒有因為議會民主的發展而弱化，反而因為德國統一過程的路徑而強化。一八七一年的帝國憲法，在俾斯麥的安排下，是以行政權為核心的憲法架構，國會只有象徵性的權力，行政與立法關係更不對稱。在十九世紀的德國，行政與立法的二元發展經驗與其他國家相較之下，呈現比較緊張而且水平發展的趨勢。雖然如此，德國從十九世紀出現的立憲與議會民主的萌芽，仍使得國會主權的概念在一九一八年革命之際被社會民主黨援引為未來政治體制的改革藍圖。當君權因為德國第一次世界大戰的戰敗而崩潰後，在社民黨主導下的威瑪憲法，實踐議會民主就成為必然的結果，也就是說威瑪憲法在一開始就不可能成為一部總統制的憲法。以國會為核心的憲法如果搭配一個象徵性的元首甚至虛位的君主，則這部憲法可以被定義為議會制的憲法；如果搭配一個有實權的總統，但政府也落實向國會負責的精神，那麼這部憲法就會是後來學界定義的半總統制憲法。因此，新憲法是走向半總統制或是走向議會制，關鍵的設計就在於如何定位國家元首的角色。這個長期的憲法發展經驗，使得君主立憲或是維繫強行政的設計，不僅影響了短期的路徑選擇，最終二元化的緊張關係也再次妥協，議會民主與行政優勢的架構共同存在於威瑪憲法之中。雖然受到戰敗與革命的壓力，而使議會民主被強化，但憲法中仍舊受到長期經驗的影響而潛在的保留了行政的優勢，那就是總統的角色。行政與立法緊張的二元傳統，在威瑪憲法制憲時沒有徹底解決，而是透過妥協而保留，在威瑪共和運作的過程裡，這種二元關係的競爭逐漸出現，當議會民主疲軟時，最終之所以轉軌為行政權獨大，也是受到這樣的傳統以及制憲的妥協色彩所致。

最後，在他國經驗的部分，威瑪憲法最主要參考的對象是美國對於總統角色的設計、法國第三共和對於議會政治的設計，以及瑞士對於直接民主的設計。其中，法國第三共和在議會制之下所導致的混亂，加上美國總統的憲法地位，這兩個他國經驗在威瑪憲法被合併考慮。因此將總統設計為一個只有當議會民主體制混亂，無法運作時，才能以代表人民的身分介入政治。因此，總統須獨立於國會之外，而實踐的方式就是賦予其直接的民意基礎。瑞士的經驗則是設計了公民投票的直接民主。這些設計對德國來說，都是嶄新的嘗試，雙元民意基礎與直接民主的設計，雖然在制度上體現了民主價值與制衡精神，但實踐上需要成熟的社會條件。更重要的是，德國是在被動、妥協、內外壓力下設計了這樣一部憲法，雙元民意的架構沒有成為制衡的基礎，最終反而成為衝突的來源。受到短期路徑依循、自身的憲政傳統，以及參照他國經驗所影響，威瑪憲法最終設計了一個雙層雙元的半總統制架構。威瑪憲法設計的因素與制度結果，請參見表7-1的整理。

在這些背景之下，威瑪憲法的混合設計，在制度外觀上形成一種典型的半總統制憲法。第一層雙元性在於行政與立法的雙元，兩者都有民意基礎作為正當性來源。第二層雙元在於行政權的雙元，透過總理領導對國會負責的政府，搭配一個備而不用的總統，使行政權具有一種垂直分時式的分工設計。這個雙層雙元也就是半總統制的條文特徵。威瑪憲法對於二元行政的設計背景，在條文上做了混合總統制與議會制的調整，其解釋原因對於其他半總統制新興民主國家的情況也能適用。無論是芬蘭、一九八〇年代後期開始轉型的中東歐後共國家、奧地利抑或是法國第五共和等，都可以看出一個面臨國內或國際危機的國家，加上對議會制的傳統或堅持，是走

表7-1 影響威瑪憲法設計的背景與變數

影響項目	具體內容	影響結果
短期事件	國內左派：議會民主 國內右派：君主立憲 國際要求：民主政體	1. 直接民選的總統 2. 向國會負責的政府 3. 行政權二元化、行政立法二元化的三角關係
長期傳統	行政權的完整，及其與立法之間的二元緊張關係	
他國經驗	1.美國的總統角色 2.法國的議會政治 3.瑞士的直接民主	

資料來源：作者整理。

向半總統制的共同條件。雖然如此，從憲法的理論來看，這部憲法在當時最具特色的雙元行政設計，和後來半總統制所談的雙元行政仍有內涵上的差異，也就是總統和總理在行政權二元化這個部分具有不同的理論基礎。其中最核心的不同，就是總統的角色與憲法理論上的定位。這種差異，主要是受到威瑪憲法特殊的憲法傳統變數所致。在第三章本書從制憲者的主觀想像和政治條件的客觀環境分析了威瑪憲法設計一個強權總統，但定位在「備而不用」的預備者角色。這樣的憲法設計可以看出德國當時受到國際壓力與國內政治危機的影響，需要一個強勢的行政領導作為應急與維繫統一的依賴，再加上對議會民主的堅持，而使得最終設計一個希望扮演著備而不用的強權總統成為理想與現實妥協的結果。具體的條文則是參照美國、法國與瑞士來加以設計。

在憲法的條文設計上，威瑪憲法具有二元行政權的結構，總統和總理分別具有代表行政權領導政府的力量。但這個雙元行政是一種「垂直分時」式的雙元架構。所謂垂直分時的二元行政，是指行政權切割為兩個系統，但在一個時間點上只被預期有一個行政權發揮政治領導的力量。依據威瑪憲法的憲法理論，在正常狀態下是由總理領導內閣，而在緊急狀態下是由總統暫時領導行政。在憲法條文上我們或許無法看出這個垂直分時的具體特徵，但從制憲者對新憲法的理念詮釋則可以得到證實。本書第三章曾經提到，威瑪憲法的制憲者普洛伊斯設計憲法時對於未來總統一職的想像，是一個在議會民主之上，代表全體人民扮演提出仲裁的角色，而實際上解決政治衝突的機制，無論是解散國會改選，或是發動公民投票，仍是由直接民意來決定。[4]亦即，總統擁有的政治權力是一種代表人民將政治爭議訴諸人民裁決的權力，而不是一種直接逕行決斷、或是直接領導政府的統治權力。政治運作在一般正常狀態下，仍是以國會為核心，依循議會制的民主模式來運行。普洛伊斯多次強調，新憲法以強化議會民主為目的，總統的權力設計也是以這個目的為出發，處處可見制憲者對行政權二元化的設計來說，是基於一種垂直式的、分時式的二元治理架構。從國內因素或是憲法的傳統來看，也可以證實威瑪憲法的理念是趨於議會民主的主軸，搭配備而不用的總統角色來發展。這個部分如前所述，雖然行政權在威瑪憲法設計以前，在德國的憲政傳統上是獨立於國會之外，甚至有著較為優勢的地位。但是第一次世界大戰先是摧毀了象徵行政權的君王體系，革命的過程又是由主張議會民主的社民黨所主導，因此總統的角色在新憲法的設計裡，只是一個預備性質的行政領導。由此可知，威瑪憲法的半總統制最大的特色在於，雖然有一個二元化的行政權，但是一個以議會民主為核心的憲法架構。二元行政的依據不是透過水平式的權力分享，而是一種以國會為主，遭遇特殊情況再以總統為領導的垂直式分時而治的原則。

當我們回顧第一章對於當代部分討論憲政選擇的文獻時可以發現，本書對威瑪設計半總統制憲法所提出的解釋途徑，相較於其他憲政學者而言，較為具體的回答威瑪為何設計一部半總統制的憲法，而非議會制或是總統制的憲法。而這個解釋途徑也一樣適用於其他設計半總統制憲法的國家。回應第一章的文獻檢閱，本書在憲法設計的部分，具體指出一個半總統制在妥協下的形成，這個形成的原因，是可操作的、可比較的、也是可以持續在半總統制運作與轉出時一併觀察的。這和眾多學者以概念性較為抽象的解釋半總統制設計的過程，有了更為具體的討論。此外，在第一章針對總統權力的部分，也檢視了部分學者以中東歐為對象來分析權力極大化的邏輯。[5]而這個部分，威瑪的經驗正好用以解釋在憲法理論上威瑪和中東歐出現差異的地方。因為無論是依照佛瑞或是彭斯的解釋途徑，威瑪在立憲當時，社民黨領導的威瑪聯盟掌握了國會超過七成五的席次，理應設計一個強勢總統並由總統領導政局。但因為社民黨對議會制的支持，使得強勢總統只是因應客觀條件而設計，並且希望扮演備而不用的預備角色，這和中東歐在憲法本質上的實踐經驗大異其趣。對社民黨而言，掌握了組閣權力，加上對實施議會制的理想，因此將總統設計為預備角色。這樣的調整，如果不以垂直分時的架構來觀察威瑪，將無法解釋威瑪為何在一開始沒有設計一個強勢總統的結果，反而是設計一個議會民主為主的架構。因此，本書也透過威瑪和後共國家的比較，在同為妥協與路徑依循的制憲過程下，獲得了垂直分時和水平分工兩種模式的理論結果。這樣的理論結果，不僅補充了半總統制的設計過程與憲法制度的內涵，在後文也持續證明，這也是造成這兩種半總統制在類似條文下卻有不同運作結果的原因。

在憲法設計的制度選擇過程中，威瑪的經驗不僅提供了解釋進入半總統制的原因，更提供了半總統制就憲法的理論層面和當代其他半總統制國家的比較。不僅如此，從稍後對於半總統制的運作與轉出這兩個部分的討論也將可以發現，在進入半總統制的條件中，就已經存在著貫穿憲政運作與轉出的變數，對整個憲法從設計到轉出的生命循環，有了一致的解釋。

半總統制的運作：威瑪的不穩定與次類型比較

關於半總統制的憲政運作，是相關領域中研究累積較為豐富的一塊。在第一章時本書提及，多數的文獻對影響半總統制運作的討論，將自變數集中在政黨體系或是總統權力的比較。這個部分本書同意既有的研究結果，只是在分析方式上用兩個層次的權力分化程度來做整合。第一個層次在於政治運作的權力分化，除了政黨體系之外，也討論其他政治行為者介入憲政運作的影響，例如總統的個人意志或是軍隊。這是擴充政黨體系的討論，因為從威瑪的憲政運作可以發現，政黨體系的分化當然是影響議會民主的變數之一，但總統或是軍隊的角色，也成為影響議會民主穩定與否不可或缺的要素。尤其是半總統制具有雙層雙元的制度架構，總統是影響運作的重要變數，如果跳脫政黨的氛圍將使得影響憲政運作的變數因而增加。第二個層次則是制度設計的權力分化，這是補充既有文獻對總統權力的討論。制度設計具有細緻討論的空間，既有的文獻從條文來比較總統權力的大或小，並且做一個趨勢性的討論，也就是總統在制度上的權力越強，越不利於政府的穩定。本書認為這樣的討論仍舊不夠精確，必須界定總統哪些制度權力是具有將半總統制憲政運作換軌的力量，而行政和立法的制衡關係，也不是單從總統權力就可以觀察出來，必須兼顧整套的憲法制度，討論行政與立法之間負責方式的特徵。在威瑪的經驗上，將權力分化做兩個層次的討論，不是推翻既有的文獻結果，而是希望能做一個整合和類型比較。也就是政治運作與制度設計的權力越分化，能夠讓政府解散的力量和制度因素就越多，則政府越不容易維持穩定。

威瑪共和的半總統制，在政治運作與制度設計兩個層次都呈現高度的權力分化，憲政運作因此極不穩定。而這兩個層次的問題，依據前一節的討論，在威瑪憲法制訂之際就已經存在。在政治運作方面，因為制憲前的短暫內戰造成的左派分裂，加上對戰爭責任、外交事務迥異的態度，再加上分歧社會的基礎，使得政黨體系分化、零和競爭，甚至存在著反議會民主體制的政黨。不僅如此，軍隊、總統個人（尤其是第二任總統興登堡），以及官僚體系在政治決策或政府組成上也發揮獨立的影響力，增加政治運作的分化程度。分歧的多黨體系使得國會難以形成有效的多數，再加上總統獨立的影響力，都是增加總統、總理和國會三角關係彼此互動的變數，使政治運作呈現較脆弱的結構。在制度設計上，如前一節所述，威瑪憲法也是一個妥協的結果。這個妥協透過總統保留了行政權潛在的完整，而憲法第四十八條更因為沒有執行細則而具有不完全性，使總統在該項權力的使用上具有很高的自主性和彈性。威瑪憲法下的總統雖被預期為備而不用的角色，或是在國家的危急時刻捍衛憲法的角色，但這個憲法理論和具體實踐之間逐漸出現落差，於是總統被賦予的憲政權力，反而變成干預政治運作或是介入政府組成的制度性力量。再搭配沒有限制的解散國會權，使得威瑪憲法中的行政權在制度上具有潛在的、主動的優勢。從第一節對威瑪憲法的憲法理論來看，威瑪憲法垂直分時的架構，出現最大的危機就在於雖然考慮了分時換軌的可能，卻沒有在制度上完善換軌到總統領導之後的制衡問題。如果行政權水平分權，可以維持國會在制衡權力上的完整，而總理領導的政府則可以作為行政與立法的折衝環節。但垂直分時的設計，則需要兩套制衡架構，以因應憲法不同的「分時階段」。但威瑪憲法的問題就在於，以議會制為主的階段顧及了行政立法的制衡，但是預期為過渡階段的總統領導，卻沒有完善的制度規範，導致二元行政如果因為分時換軌，將出現行政權獨大的危機。第一節提及，這個結構是德國過去憲法傳統的遺緒，在制度上則成為運作的潛在危機，最終也證實威瑪共和確實是在這個危機出現後而崩潰。此外，為了避免過多力量的反彈，在妥協之下國會的選舉制度上也設計了完全代表性的比例代表制，而在總統選舉制度上是一種不確定性高的開放式兩輪相對多數決投票制。這種選舉制度搭配分歧的社會結構，不但無法減低分歧程度，惡性循環的結果更是日益嚴重的分歧與對立。

政府的穩定與否是研究憲政體制運作這個議題下，最受關注的問題之一。早期討論的焦點，集中在總統制憲法與議會制憲法何者利於民主穩固。[6]當半總統制逐漸受到重視之後，討論的焦點就在於雙元行政和國會的三角互動，以及政黨體系的影響。由於半總統制兼具議會制與總統制的特徵，因此分別影響議會制和總統制政府穩定的變數，也都會是影響半總統制政府穩定與否的變數。在議會制之下，影響政府存續與否的主要變數在於政黨體系如何影響政府與國會的關係，也就是所謂的少數政府或是多數政府的類型；在總統制之下，則是總統與國會的關係，也就是一致政府或是分立政府的類型。因此，對於半總統制憲政運作比較的文獻中，關注的變數也大多集中於政黨體系，以及總統、總理與國會的三角關係。此外，由於半總統制下的總統，其權力設計可能各有不同，因此總統權力的大小也成為影響憲政運作的另外一個變數。值得一提的是，總統權力的大小除了受到制度影響以外，也有可能來自於總統使用權力的意願，以及其他條件的配合或限制。引用澤貝里斯（George Tsebelis）所謂「否決者」（Veto Players）的概念來看，[7]在半總統制之下有能力對改變現狀加以否決的行為者在界定上有很多可能。如果我們將政府更迭視為現狀的改變，那麼可以發現上述三個變數都可能成為否決者，端視制度的細緻規範而定。這三者之間所不同的是，制度本身沒有行為的主動性，政黨體系和三角關係則有。但制度卻能提供政黨體系與三角關係的行為依據，或限制、或誘發特殊的政治行為來影響政治穩定。就政府穩定的議題來說，威瑪憲法具有垂直分時的換軌機制，在一九三〇年以前，是以議會制為憲政運作的主軸，三角關係因為總統不明確而不是必然的否決者。因此，否決者主要在於政黨體系中足以影響多數與否的政黨，雖然每次選舉有不同結果，但大致上說來，社民黨扮演了這個角色。亦即，只要社民黨願意對現有的政府支持或採取容忍的態度，現狀（政府穩定）就可以維持；相反的，社民黨如果反對或不容忍，現狀就必須被改變。在一九一九年至一九三〇年之間，大致上確實是由社民黨的態度決定政府的更迭。[8]在一九三〇年以後，總統內閣的建立，使得否決者變成總統。現狀由總統決定是否改變，政黨反而退出了組閣與否的過程。之所以會出現這種憲政體制的轉換，是制度條件允許了總統可以扮演唯一的否決者。事實上，綜觀這些變數可以發現，政府穩定與否的內涵其實就是各種不同面向下權力集散與否決者之間的關係。權力分散，但否決者少，將使得政府穩定度最低；權力集中，否決者多，政府穩定度最高。威瑪共和的否決者在一九三〇年出現轉換，但數目都很少。因此，影響政治運作穩定與否的條件便取決於政治權力的集散。以下就威瑪共和現實政治運作以及制度設計做權力分化上兩個層次的小結。

本書在分析威瑪共和半總統制的憲政運作時，同樣從政黨體系、府院會三角關係、制度性因素下的總統角色等，作為解釋權力集散的自變項，討論其分化的結構導致憲政不穩定運作的原因。既然關切的核心都在權力的集中程度，因此本書以權力集散的概念，將這些變數區分成兩個不同面向來討論。第一個面向在於對現實政治運作的討論，觀察政黨體系以及其他足以影響政治運作的行為者，這些有主動行為能力的行為者其集中程度的討論。分析的操作性變數在於政黨體系與府院會三角關係；第二個面向觀察制度設計，討論制度這個沒有主動行為能力的行為者，提供哪些誘因或限制，來影響現實運作的權力分化程度，甚至在一九三〇年出現讓否決者換軌的條件。分析的操作性變數在於制度設計傾向於國會集中或是較為分散甚至是行政優越。一個很簡單的推論就是：政治運作和制度設計這兩個部分各自有權力集中或分化的可能，如果權力越趨於集中，越傾向於政治的穩定，反之亦然。因為兩個面向一共有三個操作變數，因此可以有八種不同可能的組合。[9]在第五章的小結處本書歸納了這八種狀況，並認為以威瑪的情況來說，政府不穩定的原因在於分歧與零和競爭的政黨體系，使國會經常處於無多數的狀態，這時如果總統不介入政治，政治運作視三角關係的不同而歸類於少數一致政府或是少數分立政府，這是一九一九年至一九三〇年的類型。然而，因為制度提供了總統介入的合法性與誘因，因此若總統介入主導，則會換軌為總統主導甚至行政獨裁。在一九三〇年以後就是這個情況。當然，其中也有幾次的大聯合政府或是超越過半的市民階級聯合內閣，這時就是視總統介入與否而歸類為多數分立政府或是總統與國會對抗的局勢。

在威瑪的例子上，政黨體系具有幾個不利於議會民主運作的特徵。第一個特徵是，政黨數目繁多。威瑪共和是德國戰敗的產物之一，而非德國社會整合後的產物，因此社會的多元分歧，反映在威瑪眾多的政黨之上。本書在第二章介紹了這些政黨的基本結構，可以發現這些政黨彼此具有的社會基礎非常多元，增加了彼此合作的難度。第二個特徵在於，這些政黨分別在社會上具有穩定的支持基礎，使得政黨體系裡欠缺單一的主導力量。支持議會民主體制最主要的政黨社民黨，在一九一八年革命後，除了制憲議會的選舉外，再也沒有獲得超過百分之三十的得票率。在右翼，代表民族主義或是保守力量的最大政黨國家人民黨，最多也只有百分之二十左右的得票率；天主教政黨、自由主義政黨，也都分別在百分之十至十五之間。這個結構使得沒有任何單一力量可以在國會形成穩定的多數，每一任的政府都必須以聯合內閣，相互妥協的形式來組成，即便是聯合政府，大多數都還是因為一些政黨的零和特性而多為少數政府。最後一個特徵，也是對民主存續來說最致命的一點，就是反體制政黨的存在。反體制政黨出現的原因，仍舊和德國的戰敗有密切關係。因為新政府概括承受戰敗責任，因此對於戰敗以及凡爾賽和約無法接受的右翼政黨，連帶對新共和抱持高度敵意，一旦外部危機加劇，這些政黨就有機會爭取選民的支持來推翻議會民主。

國會再加上二元化的行政，建構了影響政治運作的三角關係。從三角關係的面向來看，威瑪的總統、總理和國會的關係也相當複雜，具有以下幾個特徵：首先，在艾伯特總統時期，雖然總統較不介入政治運作而使三角關係可以淡化總統的影響力，政治運作的穩定與否取決於總理和國會的關係，也就是較趨近於議會制。但總理與國會的關係卻始終處於緊張的狀態，而使政治穩定亦受到總理和國會不一致的關係而趨於脆弱，大多數時間的政府都接近於議會制底下所謂的少數政府。政府的存續不是建立於積極的多數，而是在消極的容忍之上，因此政府更迭頻仍。其次，第二任總統興登堡當選以後，逐漸透過總統一職對政治運作產生影響力，使得影響政府運作穩定與否的行為者從兩個增加為三個。不僅如此，受到興登堡的軍人背景，沒有政黨為支持基礎的情況下，總統和總理以及總統和國會的關係只有轉趨複雜。加上總理領導的政府和國會的關係仍舊脆弱，使得興登堡總統時期影響政治運作穩定與否的變數從雙邊關係變成三角關係，而且三角之間的信任度都不高，總統和總理之間有共治政府的味道；政府和國會之間有少數政府的問題；甚至總統和國會也呈現兩個民意分立的狀態。第三，少數、共治、分立的緊張狀態，使得興登堡總統在一九三〇年之後決定繞開國會直接組織政府。三角關係從一九三〇年起再度發生改變，雖然總統內閣化解了總統和政府不一致下的共治，卻無法化解政府和國會不一致下的少數政府的危機，不僅如此，簡化為行政、立法的二元關係，相當程度的激化了總統和國會的對立。制憲時透過妥協暫時安置的行政和立法緊張性，保留行政權潛在的優勢，在此時提供了憲政轉軌的制度性條件。興登堡總統透過制度賦予的優勢，相互使用解散權與緊急命令權，讓政治運作從脆弱的三角關係，轉軌成為總統主宰的行政獨裁局面。

第二個層次在於制度設計也趨於權力分化，其中最核心的問題仍在於威瑪憲法對總統權力的設計。回到議會民主的憲法原理上，國會主權是近代民主國家常見的原則。儘管細部的條文設計必然有所差異，但基本上來說，國會代表人民，擁有影響政治運作的權力是一個普遍性的原則。在這個原則之下，議會制是讓政府的組成與運作完全基於國會多數而定。而總統制基於制衡原理，雖然行政權有單獨的民意基礎，國會擁有立法與監督的權力也是無可挑戰。因此無論是總統制或是議會制，國會制衡行政權的設計是基本的原則。回到憲法理論來看，威瑪憲法應是一部以議會制為核心，政府向國會負責，而將民選總統定位為預備角色的憲法。行政權雖然有二元化的設計，但依據憲法理論而言，是一種僅限於特殊時間與狀況下的換軌。不管是緊急命令權或是解散國會權，總統使用的時機和限制都相當明確。換言之，國會的權力在任何狀況下都不應該被架空。雖然如此，受到實際上權力結構分化的影響，國會沒有能力提供政府運作所需要的多數，更沒有能力防禦總統透過憲法的不完全性與潛在的制度優勢來影響政治。在這樣的情況下，總統實際上的擴權行為，在運作上失去制衡的依據，純粹取決於總統個人的意志。威瑪憲法在一九三〇年以後的具體實踐，已經完全偏離憲法理論對憲政的規範，陷入理論與實際的巨大落差之中。這個結果，就是國會遭到架空、行政權獨裁及最後法西斯政黨的執政。

這樣的分析架構，是在既有對三角關係、總統權力與政黨體系個別討論的文獻之上做補充與彙整。整合第二章與第四章對威瑪憲政史的觀察可以發現，就政治運作來說，因為社會結構分歧並未因戰爭或革命而有重整，只是因為妥協而取得脆弱的平衡，使得政黨體系分化，而且競爭具有零和色彩，更存在反體制政黨或是非政黨的行為者（軍人、官僚、個別政治人物等），是政治運作分化的具體表現。就制度設計來說，十九世紀以來行政權完整以及與國會緊張的二元關係在威瑪憲法也沒有隨著帝制瓦解而解決，透過妥協在制度上呈現一種總統與國會兼具民意基礎的雙元架構，總統甚至在制度上具有潛在的優勢。即使制憲時總統被預期為備而不用的角色，但設計上賦予總統許多強勢的力量，加上選舉制度無助政治勢力的重新整合，都提供行政優越的潛在趨勢。在這兩個層次的分化結構裡，雖然都是政治發展的妥協結果，和路徑依循所致，但制度扮演的是政治運作不穩定的必要條件。換句話說，如果沒有制度的影響，特定的政治後果不必然出現。在本書檢視當代其他的半總統制國家後發現，和威瑪有著類似的政治運作分化與制度設計分化的國家，其憲政運作也都呈現不穩定的情況，例如一九八〇年代以前的芬蘭或是烏克蘭等。他們不僅政黨分歧、政治人物以個人角色介入政治頻繁，在制度設計上也是有利於行政權，或是選舉制度有利於分歧的政黨體系。相反的，政治運作集中，制度設計也集中於國會的半總統制國家，政府運作則相對穩定，例如一九八〇年以後的芬蘭、第二次世界大戰後的奧地利、保加利亞或斯洛維尼亞等。[10]威瑪共和與這些國家的經驗顯示，政治運作與制度設計兩個面向同時具有權力分化的特質，將使半總統制憲政運作趨於不穩定。相反的，兩個面向若趨於集中則有助於政府的穩定。而從威瑪更可以看到，一個垂直分時的憲法架構，當國會持續因為分化而疲弱時，甚至容易導向總統獨大，以致於產生行政獨裁的政治後果。這個架構如表7-2。

半總統制的轉出：威瑪的崩潰

第一章本書曾論及，從制度變遷的角度來分析制度運作最終的結果，半總統制可能維持穩定的運作，也可能出現憲政轉換，甚至民主崩潰。如果是維持穩定運作，至多在半總統制的架構下發生體制內的換軌，這是民主鞏固其中之一的結果，例如法國。如果發生轉出的情況，事實上是另一個新的制度選擇的開始，可能是轉為總統制，也可能是轉為議會制。在整個體制轉為總統制的個案在現實情況尚無，僅有傾向於總統制發展的類型，例如俄羅斯、烏克蘭等。而轉向議會制的個案，最具有代表性的就是芬蘭。而半總統制民主崩潰的典型案例，就是本書的核心個案：威瑪共和。

表7-2　威瑪共和兩個層次的權力集散與政治穩定

分析層次	操作的變數	對政治穩定的影響
政治運作的權力分化	1.社會結構分歧，造成政黨之間競爭趨於零和，且有反體制政黨 2.政黨政治不健全。政治人物、軍隊、官僚體系等，都對政治產生影響 3.總統、總理與國會的不一致	1.政黨體系分化，結盟組閣困難 2.政府更換快速，政黨競合凌亂，組閣可能性多樣化 3.行政權有主導憲政秩序之優勢，容易轉軌為憲政獨裁
制度設計的權力集散	1.行政權具有潛在優勢；立法權的制衡多為被動而消極 2.選舉制度鼓勵分化的政黨體系	

資料來源：作者整理。

威瑪共和為何在最後發展出行政獨裁，甚至最終走向民主崩潰，是很多德國及英語世界的史學家、政治學家關心的問題。當有越來越多新興民主國家採用和威瑪類似的半總統制憲法以後，威瑪的經驗再度被提出，希望能提供半總統制新興民主國家一些引以為戒的參考依據。在第一章文獻檢閱時，提到一些作品在討論威瑪共和崩潰時，所提出的解釋無法回答威瑪何以能在同一部憲法下度過一九二三年的經濟與外交危機，但卻無法度過一九三〇年以後的困境。【11】基本上，這些作品回答了威瑪共和憲政運作的缺陷，這些也確實是影響後來民主崩潰的部分原因，但若要回答一九二三年和一九三〇年的差別時，則容易忽略這兩個時期總統的角色在憲法理論上迥異的實踐情況。一九二三年艾伯特總統面臨經濟與外交危機時，動用緊急命令權、任命無黨籍總理組閣，至少是在國會沒有強烈反對的情況下來進行。換言之，此時的總統動用憲法權力，符合制憲者的預期，是用以維護國家與憲政的持續運作，行政與立法的二元關係也沒有被破壞。然而，一九三〇年起，興登堡總統同樣面臨經濟危機時，動用緊急命令權、解散國會權的目的，則是要擺脫國會對行政權的監督，面對國會反對時，甚至用解散國會來強行組閣，和一九二三年的情況非常不同。基於此，本書在討論一九三〇年以後，威瑪共和半總統制崩潰的原因時，從非制度面側重危機惡化社會分歧的過程，而制度面則側重總統權力這個部分在憲法精神和實踐上的落差。這樣的討論可以連結到憲法設計的上游部分，也就是從憲法理論來做檢閱。

在非制度面的部分，第一節提及，威瑪憲法的設計是在國家多事之秋。緊急危難的條件是否已經被克服，關係著政治運作的權力是否能夠趨於集中，或至少減輕零和的競爭模式。一九二三年至一九二九年之間，是威瑪共和相對穩定的時期，這個時期的非制度性因素，無論是外交危機或是經濟危機，相較之下都具有和緩的趨勢。而一九二九年之後，再度爆發全球經濟危機，德國受創之深，連帶將戰後已經搖搖欲墜的經濟問題一併引發。失業率、通貨膨脹、賠款議題再次爆發，又將政治運作轉趨分化的方向發展，更鼓舞了反體制政黨的成長。就制度面的因素而言，第一節與第二節提到，威瑪垂直分時的半總統制，是一種行政立法不對稱的制度設計。這個不對稱的架構提供了總統轉軌為行政獨大，走向憲政威權的制度依據。憲政威權的建構預告了威瑪的民主崩潰，因為在一九三三年，希特勒領導的反體制政黨接收了行政獨大的轉軌結果，才得以避開國會的監督，甚至有權力「製造」國會的多數來終結議會民主體系。【12】換言之，如果沒有垂直分時半總統制的設計，或是採行水平分權架構，希特勒即使仍舊可以因為國會多數而擔任總理，也會因為沒有總統的權力配合，而無法終結民主體制。就算在水平架構下總統因為老邁而沒有能力制衡總理，希特勒在一九三三年可以獲得國會多數，也無法在行政獨裁或總統內閣的架構下獲得修憲的三分之二多數。這樣的國會結構，如果沒有因為垂直分時的半總統制先製造了總統內閣，並架空國會權力，也沒有能力修改憲法，或是在體制內「製造」修憲多數。這個推論強調了第一節半總統制憲法在設計上，垂直分時架構需要設計兩個階段的制衡才能避免行政獨大的潛在危機。威瑪設計了垂直分時的架構，但在危急階段進入總統主導的架構下，卻沒有設計相對應的制衡機制，導致在憲政威權下走向行政獨裁的危機。行政獨裁的體系一旦由反體制政黨掌握，民主體制就瞬間崩潰。這是一個「憲政威權」（constitutional authoritatrian）的建構過程，威瑪的民主崩潰，是總統與國會對抗而製造了憲政威權的框架，希特勒雖然是依據國會多數為後盾，但終結議會民主，則是在興登堡建立的憲政威權體制下達成的。憲政威權是在制度內破壞了法治的精神，侵蝕民主的基礎，可以說是制度設計存在漏洞，欠缺完善自我保護機制的結果。這裡出現最弔詭的情況，就在於興登堡其實是欲以憲政威權防堵希特勒，但製造出憲政威權的體制後，最終卻讓希特勒接收了這個原本要防止他奪權的獨裁機器。不只如此，希特勒更依據這個憲政威權的體制終結了威瑪的民主。垂直分時的二元行政，欠缺完善的制衡設計，導致憲政威權出現的可能，可以說是威瑪共和崩潰的制度性因素。

在半總統制轉出的議題上，本書第六章以芬蘭這個成功轉型為趨近議會制的國家為對照，來凸顯影響半總統制轉出的因素。對比威瑪和芬蘭這兩個發展經驗極端相反的個案可以發現，制憲時刻國家面臨的困境能否成功化解，影響著後來的憲政發展。因為體制外的困境是影響政治權力集中或分散的變數之一，如果這些困境獲得舒緩，有助於權力的集中化發展。相反的，如果非制度因素的困境未能解決，甚至更加嚴重，則可能反使已經分化的權力結構更加多極化與對立。第二個因素則在於制度層面。威瑪共和在體制外的困境惡化之際，透過制度上潛在行政優越的設計，使得總統在憲政危機時有機會運用這些權力來介入現實的政治運作。制憲時雙元的妥協性再度被改變，國會因無法形成多數而失去制衡的功能後，威瑪的總統再動用憲法上的權力來改變憲政秩序。最重要的是，總統動用憲法權力的目的和當初設計憲法時的理念相違背，因此總統不但無法在中立的情境下捍衛憲法、維持議會民主，反而成為轉型為行政獨裁的媒介。芬蘭則相反，總統運用自主的外交權力，雖然擴及內政面向，但成功的化解體制外危機。更重要的是，芬蘭的半總統制憲法是一種典型水平分權式的半總統制，總統在憲政秩序上一開始就被預期作為國家外交事務的領導人，因此即使政府因為政黨的分歧而更迭頻仍，總統仍可在制度上穩定的領導外交事務。在政黨分歧的情況下，憲政秩序至多是偏向總統主導，而不至於出現架空國會轉型為行政獨裁的類型。在這樣的條件下，芬蘭隨著社會分歧與外交危機逐漸降低，國會裡組成穩定多數的能力提高，制度上也開始出現限制總統權力的轉變，奠定最終往議會制轉型的基礎。

威瑪和芬蘭的情況凸顯了一個理論意涵，那就是半總統制水平分權與垂直分時兩種二元行政的架構，在實踐上存在的落差足以影響體制的存續。當然，半總統制還可能有其他的次類型，水平與垂直的分權架構，是依據威瑪和芬蘭的經驗而來。一般而言，水平分權的半總統制，其憲法理論多將外交、國防、緊急命令權等關係國家整體安全的權力賦予總統。這有兩個意義，首先，總統因為已經賦予行政領導的權力，而且多為外交、國防等關係國家穩定的部門，因此即使政府欠缺國會多數支持而不穩定，總統也無須透過架空國會來解決困境。其次，水平分權的架構也意味著當國家的外部威脅淡化後，比較有可能轉型為議會制或是垂直分時的半總統制。而垂直分時的設計，重點則在於總統被預期介入政治運作的時機，以及適用的權力範圍和限制。這個部分關係著憲法理論是否有受到總統不當介入而遭到破壞的可能。因此，如果欠缺憲政慣例，或是憲法的自我保護機制不健全，又或者國會疲弱無力，則憲政運作的穩定與否，幾乎端視總統的個人意志而定。本書從威瑪與芬蘭兩個個案的比較，可以得到這樣的推論。

修葛特和凱瑞二人依總統任免總理組織政府這項權力的主動與否，將半總統制區分為總理總統制和總統國會制，而茉絲普（Moestrup）進一步歸納與比較這兩種次類型下的憲政運作後發現，在總統國會制之下，民主崩潰的機率比總理總統制要高。[13]回到澤貝里斯否決者的概念下，不難理解這個推論的原因。因為總統國會制和總理總統制的差別，在於總統對政府組成過程的主動性，意思就是總統是否能在政府改組的議題上，扮演否決者的角色。如果可以，就是影響政府改組的否決者增加，理應造成政府改組的可能性下降，因而提高政府的穩定性。就這個角度來說，威瑪是從總理總統制，慢慢轉軌為總統國會制，政府的穩定度理應提高。但關鍵的是，在一九三〇年之後，總統強勢的運用緊急命令權來組閣，國會或政黨體系對於改組已經沒有影響力，此時已經進入一種準行政獨裁的架構。否決者的數目降低，政府的更迭與否全憑總統的意志，而這種個人意志扮演否決者的角色，其不可預測性遠高於由穩定的國會來扮演否決者的狀況。相反的，芬蘭在國會越來越有能力組織多數聯盟的情況下，逐漸從總統國會制換軌到總理總統制，雖然否決者的數目也降低，但卻是由國會與穩定的政黨體系來扮演，最終甚至透過修改制度來限制總統組閣的權力，把整個憲政體制再往議會制來做調整。

綜觀整個威瑪共和半總統制憲法從設計、運作到轉出的過程可以發現，制度扮演靜態、被動的行為者，有能力影響憲政運作，卻沒有如政黨或政治人物的主觀選擇。換言之，制度擁有的某些特性，或是希望具體的體現出憲法制訂背後的理論，仍必須透過非制度因素的搭配才會被表現出來，這是制度作為影響政治運作必要條件的最大特徵。在這個過程裡，制度設計對日後所預期的憲政秩序，不必然會順利的被建構起來。相反的，制度所存在的缺口，有時候在制憲時沒雖然有被凸顯出來，卻在非制度因素的搭配下產生沒有預期到的後果。本書透過對威瑪半總統制憲法的研究發現，這部憲法雖然在當時參考了美國、法國、瑞士等其他民主國家的經驗，再加上德國本身憲政的傳統，在制訂出來後，一度被譽為世界上最進步、最完善的議會民主憲法，也就是一個以議會制為核心基礎，搭配總統制為預備軌道的垂直分時式半總統制。然而，制度終究不是在真空環境中被實踐，威瑪共和在非制度性因素的影響下，無法實踐其預期的憲政秩序。這些非制度因素包括威瑪共和建立時的妥協性格；政黨體系分歧分化，而且彼此零和競爭；政治場域足以影響政府存續的行為者過多；最重要的，就是反體制政黨始終存在。這些條件使得威瑪共和的憲法在設計上保留與預藏了一個優勢而完整的行政權。議會民主在政治運作分化的情況下無法從中穩定的被實踐，甚至催化了政治場域中的競爭與對立。最終在外部危機持續加劇下，誘發了因妥協而被保留於制度中的行政優越之危機，架空了國會而建構了行政獨裁所需要的憲政威權體系。制度的缺陷，使得威瑪憲法預期的優點不但沒能展現出來，反而成為替納粹獨裁鋪路的窘境。威瑪最後崩潰的原因彙整如表7-3。

終曲：從威瑪到波昂

威瑪共和半總統制的崩潰，制度和非制度性因素的相互影響是其主因。就制度方面而言，是提供政治行為者互動的依據，也是透過人為的調整就可以影響憲政運作的變數。威瑪是一個歷史個案，研究這個歷史個案半總統制憲政發展的價值，就在於它能夠對當代其他擁有類似憲政結構的半總統制國家提供一個比較與學習的啟示。不僅如此，威瑪憲法也對德國後來的基本法產生了深遠的影響。制度演化是一個學習的過程，學習的對象除了其他的個案之外，也包括自己的歷史經驗。一九四九年通過的波昂基本法（Das Bonner Grundgesetz），就是依據威瑪憲法實踐經驗而在內容做了很多特殊的設計。[14]在本書的最後，透過對德國基本法簡單的討論，可以觀察威瑪憲法在制度上被檢討的部分。而透過對威瑪憲法與波昂基本法的比較，也可以再次觀察威瑪憲法制度上的缺陷，以及德國在基本法的回應。這些回應對其他半總統制國家而言，也深具參考價值。

一九四八年九月一日，六十五位由戰後德國各邦選出的議

表 7-3　非制度與制度性因素對威瑪民主崩潰的影響

分析層次	操作變數	對民主崩潰的影響
非制度性因素	1.制憲時的外部危機（經濟與外交）惡化 2.共和存在妥協性格，在議會民主架構中，行政權仍具有完整而潛在的優勢	1.非制度因素提供換憲政軌的誘因 2.憲政換軌後的行政權優勢，具有憲政獨裁的制度條件 3.反體制政黨接收憲政獨裁致使民主崩潰
制度性因素	垂直換軌後的行政權具有絕對優勢： 1.解散國會 2.緊急命令權；立法權欠缺完善的制衡設計	

資料來源：作者整理。

會代表在萊茵河畔的小鎮波昂（Bonn）召開集會，情景和一九一九年在威瑪類似，都是在一個威權統治的體制之後，在戰敗的情境下制訂民主秩序的過程。數月後，基本法的草案在一九四九年五月八日，以五十三票贊成、十二票反對下通過（Menger, 1993: 204; Fromme, 1999: 18），雖經幾次修改，但主體的架構延用至今。基本法受威瑪憲法影響極大，很多條文的增設或是修改原則，都是依據威瑪的經驗而來。這個目的就是要把制度這個影響政治運作的必要條件依據過往經驗重新設計，以防止特定的政治後果。首先，關於政黨的部分，整個威瑪時期都因為反體制政黨而動盪不安，最終也是在反體制政黨的執政下而終結。因此，基本法第二十一條就明確規定，政黨依據所代表人民的意志參與政治，不得違反自由民主的基本原則。[15]在憲法層級來建立全體政黨合法主張的界限，可以看出基本法堅決避免類似威瑪時期反體制政黨的存在。這項條文在德國憲政史上是首次出現，無論是十九世紀的憲法或是威瑪憲法都沒有相關設計。從基本法做出對政黨主張的直接限制，可以得見威瑪反體制政黨對戰後德國的深遠影響。威瑪帶來的經驗是，無論是憲法的法律狀態或是實質狀態，都沒有讓政黨和議會民主建立必然的關係（Bracher, 1962: 214）。因此，基本法在制度上要求了所有政黨必須落實議會民主的信仰。其次，在行政與立法的關係上，基本法也有許多重大的改變。受到整個威瑪時期政府更迭頻仍的影響，如何在制度上提供一個有利於政府存續的設計，是基本法在這個部分設計的考量。為了落實政府向國會負責的精神（這也是威瑪共和在後期所沒能實踐的部分），在政府組成的部分做了很多的修改。基本法第六十三條第一款規定，總理依據總統的建議經國會選舉產生。這使得原本在威瑪時期有主動組閣權的總統，在基本法之下變成被動，對政府組成的影響也大幅降低，且強化了國會和政府組成的關係（Dreier, 1998: 1187; Fromme, 1999: 57; Schmidt-Bleibtreu, 2008: 1367）。此外，第六十三條第四款則規定，如果國會無法以多數選出總理，則總統可以選擇組成一個少數政府或是解散國會。由此可以看出，在威瑪共和總統是以解散國會作為工具，威脅其接受總理的任命，但在基本法則是總統面對少數政府或是解散國會二者擇其一的情況（Fromme, 1999: 92）。

至於在倒閣權的部分，最具有代表性的設計就是「建設性不信任投票」（Das konstruktive Mißtrauensvotum）。基本法第六十七條規定，國會可在已經以絕對多數選出繼任總理的情況下對現任總理進行不信任投票。這個規定保證倒閣後的新政府也必定具有國會裡的多數基礎，若無此條件，舊的政府就不會也不能被倒閣。整個威瑪共和時期，大多數政府因為無法建立在國會多數之上而普遍短命是政治不穩定的主要原因之一，經過基本法建設性不信任投票的設計，不僅倒閣門檻被提高了，也可以保證就算透過倒閣更換政府，新的政府也一定有國會多數的基礎，因此被視為建構一個穩定政府的制度改良（Menger, 1993: 208; Dreier, 1998: 1267-1268; Schmidt-Bleibtreu, 2008: 1416）。建設性不信任投票其實在威瑪共和時期就已經提出討論。針對一九二六年社民黨兩度倒閣的事件，民主黨就曾提過此一構想，目的是將倒閣和組閣合併思考，以避免摧毀性的倒閣（Berthold, 1997: 87）。此一構想在基本法正式寫入憲法架構，成為政府更替必須維持國會多數為基本條件的重要設計。由於建設性不信任投票在制度上徹底預防了威瑪共和時期少數政府或是容忍政治的出現，確保政府與國會多數的連結，因此也被視為戰後德國新的政治體制之核心（Kern des neuen Regierungssystems）（Fromme, 1999: 95）。最後，基本法也撤除總統解散國會的主動權力。除了前述基本法第六十三條第四款的情況之外，基本法第六十八條規定，國會只有當總理在向其提出信任投票失敗後，向總統提出建議才能解散。如果國會能以多數立即選出新任的政府，解散國會的命令也自動失效。第六十八條雖然賦予了總理主動選擇發動信任投票的時機，但仍將解散國會的結果做了兩個條件的限制：信任投票失敗並且無法以多數選出繼任政府。因此，總統解散國會的權力，從主動、無限制，調整為被動，且僅限於特定條件下才能使用。基本法第六十七條和第六十八條的設計，強化了政府和國會多數的連結，提高了倒閣的門檻，也限制了解散國會的使用。對於穩定政府與國會來說，在制度上做了非常顯著的調整。此外，威瑪憲法因為任命政府和解散政府分為兩個階段的設計，造成政府有兩個依賴對象的結果，在基本法第六十七條和第六十八條的設計下，也重新將倒閣和組織政府連結起來，不僅更加落實議會制的基本原則，也更有利於政府與國會的穩定（Schmidt-Bleibtreu, 2008: 1422）。綜觀總理的產生、建設性不信任投票、與解散國會的設計，基本法將行政立法關係從半總統制之下總統、總理與國會的三角互動，簡化為議會制之下的總理與國會雙邊關係，著重的是議會制的實踐以及政府的穩定。

既然基本法意在實踐議會制的憲法，總統的產生與享有的權力也有很大程度的調整。受到威瑪共和後期，總統以緊急命令權和解散國會權架構一個行政獨裁的影響，基本法將總統的權力做了大幅度的調整。首先是總統的產生，基本法既然不希望總統以人民意志為施政的依據，在產生方式上就撤銷直選的設計。基本法第五十四條規定，聯邦總統由聯邦眾議院和等同於聯邦眾議員數目的選舉人團共同選舉產生，解除了總統直選的正當性依據。[16]因此，在基本法的設計下，國家機構中代表選民意志的機關只有一個，就是聯邦眾議院。而且這個眾議院是透過政黨作為中介來運作，不僅避免雙元民意的可能，也強化政黨國家的發展。這是受到威瑪共和雙元民意造成總統和國會對立結果的影響下，在制度上所做的調整（Weber, 1958: 22; Fromme, 1999: 57）。[17]除了產生方式之外，另外一個關於總統權力最重要的限制就是緊急命令權的部分。在第五章和第六章，本書強調緊急命令權、解散國會權的交相使用，是威瑪最終崩潰的制度性因素。基本法將解散權做了規範，緊急命令權的部分也做了很大的限制。首先，整部基本法並沒有單一法條賦予總統或是總理使用緊急命令權的規定，而是視情況拆解為「立法緊急狀態」（Gesetzgebungsnotstand）和「防禦狀態」（Verteidigungsfall）兩個部分。所謂的立法緊急狀態，是指政府和國會出現僵局的緊急狀態。依據基本法第八十一條的設計，如果政府的政策無法依據第六十八條獲得聯邦眾議院信任，但總理亦未請求解散，而國會也未發動建設性不信任投票時，或無法以新的多數政府取代既有的政府時，總統可以依據總理的要求宣布進入立法緊急狀態，也就是逕行宣告立法。但同一條文亦規定，如果聯邦參議院亦反對該項法案時，則此一緊急立法狀態必須終止。這個條文的設計，提供立法權和行政權出現僵局時，除了倒閣或解散國會以外的第三個解決方案。這個條文也是提供少數政府在行政立法僵局之下運作的可能（Fromme, 1999: 139）。但可以發現，最終的決定權仍取決於聯邦參議院的同意與否，也就是最終的裁量權仍是在國會機構。這個設計一方面限制了總統主動發布緊急立法的可能，二方面要求緊急命令權要有參議院的同意，也提高了使用該項權力的門檻。第三，在沒有國會追認的情況下，緊急命令權只有當聯邦參議院同意後才能成為法律。第四，緊急命令權的使用，如果國會否決，但聯邦參議院同意，則在六個月內可以成為法律，但在同一個總理任內僅能使用一次。這些設計都使緊急命令權的使用時機、範圍大為縮小，而限制的門檻相對提高，避免了威瑪時期緊急命令權大量被使用的情況（Dreier, 1998: 1562）。至於基本法所謂防禦狀態的適用條件，則是比較接近威瑪憲法第四十八條所謂的當國家公共秩序或安全遭受威脅時的狀態。基本法對於國家進入防禦狀態的規定非常詳細，是透過單獨的第十[a]章，共十二條來規範。和威瑪憲法的緊急命令權相較之下，最大的差別在於宣布進入防禦狀態的機構是參、眾兩院，而非總統或總理（第一一五[a]條）；其次，進入防禦狀態時，國家武裝的調動權力是從國防部長移到總理手上，而非總統（第一一五[b]條）；此外，在動用武裝力量時也必須徵得參、眾兩院的同意（第一一五[f]條）；最後，參、眾兩院有權表決宣布結束此一防禦狀態（第一一五[l]條）。透過基本法這些設計可以發現，防禦狀態起始與結束的決定權、武力的動用與範圍等，都是由參、眾兩院做最後的裁量，而不是如威瑪共和是由總統全權決定。彙整以上的比較，威瑪憲法和基本法在設計上的差異如表7-4。

表7-4凸顯了一個現象，那就是威瑪憲法運作經驗中，不利於議會民主的部分在基本法都有了重大的修改。先是新增了限制反體制政黨或力量出現的可能（第十八條、第二十一條），並且將組織政府、倒閣、解散國會等核心問題做了重大調整（第六十三條、第六十七條、第六十八條）。不僅提高解散國會和倒閣的門檻，也將組織政府的權力收攏到國會手中。除了在制度上希望達到穩定政府的效果，也希望促進政黨國家的健全，減少政治行為者介入政府組成或解散的可能。最後，關於緊急命令權，一方面以更詳細的法條限制（第八十一條、第十[a]章），以避免出現威瑪憲法只有原則而無執行細則的不完全性，提供過大的施行彈性。另一方面也將大部分的規範權力設計由聯邦參眾議院執行，而不是歸屬於行政權。基於往議會制調整的原則，也將總統的產生改為間接選舉，避免了雙元民意潛

表 7-4 威瑪憲法與基本法在行政立法關係上的比較

威瑪憲法	基本法	內容比較	影響
無	第18條	新增人民權利不得違背自由民主原則	避免反體制政黨與行為
無	第21條	新增政黨不得違背自由民主的原則	
第41條	第54條	總統改為間接選舉	避免雙元民意
第54條	第67條	倒閣權改為建設性不信任投票	增加政府穩定
第53條	第63條	總理任命權改為總統提名，國會選舉	落實議會制
第25條	第68條	國會解散權改為總理建議，國會可以透過選出新的多數政府加以反制	限制總統權力 限制解散國會
第48條	第81條	多重限制的立法緊急狀態	避免行政獨裁
	第10章[a]	由參、眾兩院主導的防禦狀態	

資料來源：作者自行整理。

在衝突發生的可能。整部基本法和威瑪憲法相較之下，非常明顯的從半總統制徹底的轉型為議會制。和其他議會制憲法相較之下，甚至有了更多有利於政府穩定的改良設計。

透過第四節對制度的討論可以發現，威瑪憲法在制度上不利於議會民主運作的設計，在基本法都做了若干的調整。這些調整的內容預期建構一個更穩固的議會民主。此外，也從這些調整中整理威瑪憲法在制度上較不利於議會政治運作的部分。基本法的修改，把德國憲政傳統兩個層次的二元化都朝向單元來調整，總的來說是把從十九世紀以來就存在的行政立法緊張關係，透過制度有了更偏向議會民主的調整。第一個被調整的二元化是在行政權的部分。威瑪憲法二元行政的架構，是半總統制重要的特徵，基本法將行政權的二元化再度整合到向國會負責的政府上面，具體的憲法架構成為典型的議會制憲法。第二個二元化是行政立法的二元關係。德國長期以來的憲政發展維持一個行政優越的傳統，在威瑪憲法的設計中也潛在行政優勢的結構。以政府的組成與解散和緊急命令權這兩項重要權力為例，組織政府和發布命令的主動權都在總統手上，而立法權只有被動的倒閣和反對緊急命令的消極作為。也就是說，兩個民意基礎一個扮演積極的組織政府或發布命令的角色，另一個則被視為扮演消極的要求終止的制衡權力。在基本法之下，這個二元緊張關係徹底被調整，行政權對國會負責，總統虛位化，並且撤除直接民選的正當性，使得行政、立法的二元關係有了更緊密與完整的設計。政府的組成與解散或是緊急命令權，無論是發動或終止，權力都移轉到具有唯一民意基礎的國會手中。此外，從半總統制的角度來看，透過基本法修改的方向，以及回過頭檢視威瑪憲法在半總統制設計的特徵後亦可以發現，一個垂直分時式的二元行政，其兩個行政權之間的關係，以及總統與國會兩個擁有直接民意基礎的機關之間的關係，如果欠缺細緻的規範，很可能導致一個行政權獨大的結果。基本法的調整，透過調整兩個層次的二元關係，不僅限縮了總統的權力，同時強化了政府和國會多數之間的關係，使得德國的憲政秩序在制度條件上徹底的走入了一個議會制的框架。

威瑪憲法從設計到轉出，是受到德國自身獨有的歷史背景、發展過程、社會結構與當時的政治環境所影響。本書以這些非制度性的條件，搭配制度設計的特殊性作為解釋的脈絡，討論了一個「憲法生命」從生到死的歷程。制度本身不一定是充分條件，但必定是政治運作的必要條件。換言之，制度雖然不會主動造成憲政後果，但沒有特定的制度設計，某些政治後果也不會發生。威瑪憲法的經驗所告訴我們的，不只是一部半總統制憲法的生與死，更重要的是可以從威瑪的憲政經驗中看到，制度如何受到歷史發展的影響，不只制約著政治行為者，同時也受到政治行為者的操作。半總統制在威瑪的情境中，原本在設計之初有著特殊的內涵，而在憲政具體運作的過程中，預期的內涵沒有被實踐出來，反而遭到扭曲，造成體制的崩潰。總結第一章所提出來的三個問題意識，本書從威瑪共和的經驗，看到一個行政權與立法權拉扯的過程，這是德國本身從十九世紀就出現的憲政發展歷程。威瑪憲法的設計，就是基於這個拉扯和妥協的背景而成為一個行政權具有潛在優勢的垂直分時式半總統制。雖然大多數憲法都是一部妥協的產物，但威瑪的特殊性在於，這個妥協過程不是把行政權力拆解成水平共享的結構，而是做了垂直分時式的二元設計。這是因為妥協的背景是長期以來的行政與立法不對稱、國家的戰敗以及對議會政治的不信任所致。因此，用垂直分時的方式，把行政權的完整和優越，透過總統角色保留下來。垂直分時的半總統制雖然有著總統在危急時刻領導政局的政治預期，但國會的監督仍是一個必須存在的基本結構。然而，威瑪的經驗在運作上也因為妥協的方式和結果，僅是表面將衝突擱置，沒有進行政治力量的重組而不穩定；最終，行政的潛在優勢更受到政治不穩定、然後總統動用權力缺口架空國會，製造了一個憲政威權。威瑪的垂直分時制度設計中，有換軌的考量，但在換軌為總統領導的過渡時期中，卻欠缺相關的制衡設計，使得垂直分時的半總統制存在憲政威權的危機。這是本書預期對半總統制憲法在本質上進一步釐清雙元行政的內涵，並據此解釋威瑪這個半總統制為何崩潰的目的。

哈洛維茲認為二十一世紀是憲政傳播的世紀，憲法設計、制度選擇同時也是民主鞏固的重要變數。在越來越多新興民主國家設計半總統制憲法為民主實踐的制度依據時，以威瑪共和這個早期實踐半總統制，並且失敗崩潰的個案為例，一方面重新檢視半總統制此一概念在憲法理論上可能存在水平分權與垂直分時的差異，並且探究非制度性因素與制度設計之間的互動，包括憲法理論在具體實踐後的落差對憲政的影響，以期能對相關研究有所補充，是這本書最終的目的。

注釋

【1】即使是國會第一大黨，國社黨也沒有過半。即使過半，仍舊沒有三分之二的修憲多數。所以希特勒最終宣告共產黨違法，撤除全部共產黨和部分社民黨議員的國會議員資格，是依據總統內閣的授權，而不是在國會內依循國會的決議。可見希特勒基於國會多數的執政，和基於總統授權來終結威瑪的作為，仍舊是兩個不同的事件，而後者才是威瑪民主崩潰的直接因素。

【2】德國本來以維持君主立憲的十月憲改做回應，但美國拒不接受。因此，就國際壓力而言，君主立憲的改革幅度也不可能實現。

【3】德國部分邦國在十九世紀陸續嘗試立憲。例如一八一八年巴伐利亞的憲法、一八五〇年普魯士的憲法、一八六七年北德邦聯的憲法等。

【4】對於公民投票，各黨的立場比較分歧。左翼政黨包括社民黨在內，都主張作為直接民主的一部分，應設

計公民投票。對此，右翼政黨例如人民黨與部分的國家人民黨議員，則表示反對。普洛伊斯最終將其寫入憲法，一方面是希望藉此讓社民黨減低對獨裁總統的疑慮，二方面也是基於直接民主的支持與對瑞士經驗的學習。

【5】關於這裡提及幾位學者對憲法設計的討論，可以參考本書第一章。

【6】例如Juan Linz（1990a; 1990b; 1994）；Stepan and Skach（1993）；Cheibub（2007）等。

【7】依據Tsebelis的討論，所謂的否決者有如下的界定：當個人或集體、制度性或政黨性的行為者，他們的同意為改變現狀的必要條件時，這些行為者就是這個現狀的否決者。換言之，任何一個行為者的反對，都能阻止現狀的改變。請參見Tsebelis（2002: 19）。這個分析概念適用於制度變遷、政府更替或是政策制訂與改變等議題。否決者的數目越多，現狀越不容易被改變，但這種穩定可能是在一種僵局的狀態之下。

【8】例如一九一九年的政府更換、一九二三年大聯合內閣的失敗、一九二六年兩次的倒閣等，都是社民黨發動或參與的情況。

【9】這八種類型請參照本書第五章表5-6。

【10】這些國家的比較，可以參見第五章第三節；或見表5-4。

【11】例如Sartori, Skach或是蔡宗珍等學者，請參見第一章。

【12】此指希特勒擔任總理後，利用總統內閣與緊急命令權，在國會縱火案後撤銷部分社民黨與全部共產黨議員的資格，因而獲得了三分之二的修憲多數。

【13】Moestrup認為，在總統國會制之下，如果總統失去國會多數，又不想共治時，因為有主動的任命權所以可能任命和國會多數不一致的總理，這是民主崩潰的可能條件之一。請參見Moestrup（2007: 41）。然而，發生這種情況並不必然一定會導致民主崩潰，例如台灣在二〇〇〇年至二〇〇八年的例子。可見少數分立政府雖然穩定度低，但不一定完全無法運作。

【14】基本法對當時的德意志聯邦共和國（前西德）而言，是一個具有憲法位階，但僅是分裂時期的「臨時憲法」。因對西德來說，德國的最終狀態尚未確立，因此用「基本法」而不用「憲法」。

【15】除了在政黨層次要求不得違反自由民主之精神，在個人權利方面基本法第十八條亦有類似規定。請參見 **Menger**（1993: 208）；**Weber**（1958: 29）。

【16】選舉總統的選舉人團一半是聯邦眾議院的議員，另外的選舉人團是由選民在每個選舉議員的選區在選出同額的代表。例如二〇〇四年有六百零二位聯邦眾議員，則選民再選出六百零三位選舉代表，和這些聯邦眾議員共同組成一個總數為一千二百零五席的選舉人團。此外，總統選舉可能進行三輪，在第一輪或第二輪中，只要有候選人獲得絕對多數即可當選。若兩輪中都沒有人獲得絕對多數，則第三輪只要相對多數者即可當選。請參見 **Schmidt-Bleibtreu**（2008: 1211-1212）。

【17】由於基本法也規範了政黨不得違背自由民主的原則，因此落實政黨政治可以避免雙元民意造成的政治強人，也可以免除反體制政黨挑戰民主體制的疑慮。

人名對照表

Mykola Yanovych Azarov 阿薩洛夫
Emil Barth 巴特
Gustav Bauer 鮑爾
Ljuben Berov 貝羅夫
Otto Braun 布朗
Heinrich Brüning 布呂寧
Ernst Cahn 卡恩
Wilhelm Cuno 古諾
Charles G. Dawes 道威斯
Michel Debré 德布雷
Philip Dimitrov 狄米托夫
Wilhelm Dittmann 狄特曼
Charles de Gaulle 戴高樂
Wilhelm Groener 葛羅納
Friedrich Ebert 艾伯特
Hermann Ehrhardt 艾哈爾德
Erich Emminger 艾明格
Rafael Erich 艾利克
Matthias Erzberger 艾茲伯格
Konstantin Fehrenbach 費倫巴哈
Otto Geßler 蓋斯樂
Michael Hainisch 海尼熙
Hugo Hasse 哈瑟
Oscar Hergt 黑爾葛特
Adolf Hitler 希特勒
Alfred Hugenberg 胡根貝格
Karl Jarres 亞樂斯
Wolfgang Kapp 卡普
Ahti Karjalainen 卡亞萊能
Urho Kekkonen 克寇能
Toivo Mikael Kivimäki 基維梅奇
Erich Koch-Weser 寇赫・韋瑟
Mauno Koivisto 寇維斯托
Ivan Kostov 科斯托夫
Leonid Kravchuk 克拉夫齊克
Milan Kučan 庫昌
Leonid Kuchma 庫奇瑪
Otto Landsberg 藍茲伯格
Vytautas Landsbergis 藍茲貝爾吉斯
Karl Liebknecht 李普克內西
Erich Ludendorff 魯登道夫
Hans Luther 路德

Walther von Lüttwitz 呂特維茲
Rosa Luxemburg 盧森堡
Wilhelm Marx 馬克斯
Martti Miettunen 米圖能
Wilhelm Miklas 米克拉斯
Hermann Müller 米勒
Friedrich Naumann 瑙曼
Gustav Noske 諾斯克
Walter Oehm 歐海姆
Georgi Parvanov 珀爾瓦諾夫
Juho Kusti Paasikivi 帕西基維
Raymond Poincaré 普恩加萊
Graf Posadowsky 波薩多斯基
Hugo Preuß 普洛伊斯
Walther Rathenau 拉特瑙
Philipp Scheidemann 塞德曼
Carl Schmitt 施密特
Antanas Smetona 斯曼托納
Taisto Kalevi Sorsa 索沙
Kaarlo J. Ståhlberg 史塔貝爾格
Gustav Stolper 斯托普
Petar Stoyanov 斯托亞諾夫
Georg Straßer 史特拉瑟
Gustav Stresemann 史特雷斯曼
Pehr Evind Svinhufvud 斯文胡福德
Ernst Thälmann 泰爾曼
Georgi W. Tschitscherin 奇切林
Yulia Volodymyrivna Tymoshenko 蒂莫申科
Zhan Videnov 維德諾夫
Max von Baden 巴登
Otto von Bismarck 俾斯麥
Johann Wolfgang von Goethe 哥德
Karl Friedrich von Hesse 赫塞
Paul von Hindenburg 興登堡
Friedrich Wilhelm Viktor Albert von Hohenzollern 威廉二世
Franz von Papen 巴本
Johann Christoph Friedrich von Schiller 席勒
Kurt von Schleicher 史萊歇爾
Hans von Seeckt 塞克特
Lech Wałęsa 華勒沙
Max Weber 韋伯
Woodrow Wilson 威爾遜
Joseph Wirth 韋特
Rudolf Wissell 韋瑟
Viktor Yanukovych 亞努科維奇
Owen D. Young 楊格
Viktor Andriyovych Yushchenko 尤申科
Zhelyu Zhelev 哲列夫

參考書目

中文部分

王文霞，1980，〈威瑪共和失敗之探討：由經濟發展談起〉，《成功大學歷史學系歷史學報》，7: 221-252。

王文霞，1984，〈威瑪共和的政治〉，《成功大學歷史學系歷史學報》，11: 127-170。

伍碧雯，2000，〈德國史學界對於「威瑪共和時期」的研究趨勢〉，《東吳歷史學報》，6: 185-198。

李永熾，1999，〈從協議會到國民議會：威瑪德國的考驗〉，《當代》，140: 28-39。

李鳳玉，2001，《半總統制下的總統干政與政府穩定》，台北：國立台灣大學政治學研究所碩士論文。

沈有忠，2004，〈半總統制下的權力集散與政府穩定：台灣與威瑪共和的比較〉，《台灣民主季刊》，1(3): 99-130。

沈有忠，2005，〈制度制約下的行政與立法關係：以我國九七憲改後的憲政運作為例〉，《政治科學論叢》，23: 27-60。

沈有忠，2006，〈從帝國到共和〉，《問題與研究》，45 (1): 29-51。

呂炳寬、徐正戎，2005，《半總統制的理論與實際》，台北：鼎茂出版。

吳文程，1996，《政黨與選舉概論》，台北：五南圖書出版公司。

吳玉山，2000，《俄羅斯轉型 1992-1999：一個政治經濟學的分析》，台北：五南出版。

吳玉山，2001，〈制度、結構與政治穩定〉，《政治學報》，32: 1-30。

吳玉山，2002，〈半總統制下內閣組成與政治穩定：比較俄羅斯、波蘭與中華民國〉，《俄羅斯學報》，2: 229-265。

吳東野，1996a，〈「半總統制」政府體系之理論與實際〉，《問題與研究》，35 (8): 37-49。

吳東野，1996b，〈「半總統制」之探討〉，《美歐月刊》，11 (1): 72-85。

林繼文，2000，〈半總統制下的三角政治均衡〉，林繼文（編），《政治制度》，台北：中央研究院社科所。

林繼文，2003，〈憲法作為一種制度〉，《政治與社會哲學評論》，5: 35-74。

洪茂雄，1990，〈威瑪憲法制訂過程與影響〉，《歷史月刊》，31: 25-32。

洪茂雄，1991，〈希特勒的黑手與威瑪憲法〉，《歷史月刊》，40: 104-109。

姚志剛等，1994，《法國第五共和的憲政運作》，台北：業強出版。

徐正戎、呂炳寬，2002，〈九七憲改後的憲政運作〉，《問題與研究》，41(1), 1-24。

郭恒鈺，1999a，《德意志共和國史話》，台北：三民書局。

郭恒鈺，1999b，《希特勒與「第三帝國」興亡史話》，台北：三民書局。

蔡宗珍，1999，〈威瑪憲法與政黨政治〉，《當代》，140: 75-76。

蔡宗珍，2002，〈關於威瑪憲法的幾點思考〉，翁岳生教授祝壽論文編輯委員會（主編），《當代公法新論（上）》。

蔡宗珍，2003，〈卡爾史密特之憲法概念析論〉，《政治與社會哲學評論》，5: 75-122。

劉致賢，2001，《穩定半總統體系在府會關係轉變下的運作》，台北：國立台灣大學政治學研究所碩士論文。
劉淑惠，1994，〈法國第五共和的國會〉，姚志剛等合著，《法國第五共和的憲政運作》，台北：業強出版。
劉鋒（譯），2004，卡爾．施密特（Carl Schmitt）著，《憲法學說》，台北：聯經出版。
羅志淵，1969，〈威瑪憲法與威瑪共和〉，《憲法論叢》，台北：商務出版。

外文部分

Albertin, Lother. 1997. "Die Auflösung der bürgerlichen Mitte und die Krise des parlamentarischen System von Weimar." Herausgegeben von Eberhard Kolb, *Demokratie in der Krise*. München: R. Oldenbourg Verlag.
Anckar, Dag. 1992. "Finland: Dualism and Consensual Rule." In *Parliamentary Change in the Nordic Countries*, ed. Erik Damgaard. Oslo: Scandinavian University Press
Anschütz, Gerhard. 1960. *Die Verfassung des deutschen Reichs*. Darmstadt: Wissenschaftliche Buchgesellschaft Verlag.
Apelt, Willibalt. 1964. *Geschichte der Weimarer Verfassung*. München: C.H. Beck Verlag.
Arter, David. 1987. *Politics and Policy-Making in Finland*. New York: ST. Nartin's Press.
Arter, David. 1999a. "From Class Party to Catchall Party? The Adaptation of the Finnish Agrarian-Center

Party." *Scandinavian Political Studies* 22(2): 157-180.

Arter, David. 1999b. "Finland." In *Semi-Presidentialism in Europe*, ed. Robert Elgie. Oxford: Oxford University Press.

Bahro, Horst H. 1999. "Virtues and Vices of Semi-presidential Government." *Journal of Social Sciences and Philosophy* 11(1): 1-37.

Bahro, Horst H., Bernhard H. Bayerlein, and Ernst Veser. 1998. "Duverger's Concept: Semi-Presidential Government Revisited." *European Journal of Political Research* 34: 201-224.

Balderston, Theo. 2002. *Economics and Politics in the Weimar Republic*. New York: Cambridge University Press.

Bastian, Sunil and Robin Luckham. 2003. "The Politics of Institutional Choice." In *Can Democracy be Designed?* eds. Sunil Bastian and Robin Luckham. New York: Zed Books.

Berchtold, Klaus. 1998. *Verfassungsgeschichte der Republik Österreich*. Wien: Springer Verlag.

Bergsträsser, Ludwig. 1952. *Geschichte der Politischen Parteien in Deutschland*. München: Isar Verlag.

Bernhard, Michael. 1997. "Semipresidentialism, Charisma, and Democratic Institutions in Poland." In *Presidential Institutions and Democratic* Politics, ed. Kurt von Mettenheim. Baltimore and London: The Johns Hopkins University Press.

Berthold, Lutz. 1997. "Konstruktives Mißtrauensvotum in der Weimarer Staatsrechtslehre." *Der Staat* 36(1): 81-94.

Blachly, Frederick F. and Miriam E. Oatman. 1928. *The Government and Administration of Germany*.

Baltimore: The Johns Hopkins Press.

Blondel, Jean. 1992. "Dual Leadership in the Contemporary World." In *Parliamentary Versus Presidential Government*, ed. Arend Lijphard. New York: Oxford University Press.

Boldt, Hans. 1988. "Die Weimarer Reichsverfassung." Herausgegeben von Karl Dietrich Bracher, *Die Weimarer Republik 1918-1933*. Bonn: Bundeszentrale für politische Bildung.

Boldt, Hans. 1997. "Die Stellung von Parlament und Parteien in der Weimarer Reichsverfassung." Herausgegeben von Eberhard Kolb, *Demokratie in der Krise*. München: R. Oldenbourg Verlag.

Bookbinder, Paul. 1996. *Weimar Germany: The Republic of the Reasonable*. New York: Manchester University Press.

Bracher, Karl Dietrich. 1962. "Parteienstaat, Präsidialsystem, Notstand." *Politische Vierteljahresschrift* 3(3): 212-225.

Bracher, Karl Dietrich. 1964. *Deutschland: Zwischen Demokratie und Diktatur*. München: Scherz Verlag.

Bracher, Karl Dietrich. 1983. "Weimar- Krise und Zerstörung einer parlamentarischen Demokratie." Herausgegeben von Martin Broszat, *Deutschlands Weg in die Diktatur*. Berlin: Siedler Verlag.

Bracher, Karl Dietrich. 1984. *Die Auflösung der Weimarer Republik*. Düsseldorf: Droste Verlag.

Brandt, Hartwig. 1998. *Der lange Weg in die demokratische Moderne: Deutsche Verfassungsgeschichte von 1800 bis 1945*. Darmstadt: Wissenschaftliche Buchgesellschaft Verlag.

Brunet, René. 1922. *The New German Constitution*. New York: Alfred. A. Knopf Press.

Brüning, Heinrich. 1970. *Heinrich Brüning: Memoiren 1918-1934*. Stuttgart: Deutsche Verlags-Anstalt Verlag.

Bunce, Valerie. 1997. "Presidents and the Transition in Eastern Europe." In *Presidential Institutions and Democratic Politics*, ed. Kurt von Mettenheim. Baltimore and London: The Johns Hopkins University Press.

Carr, William. 1979. *A History of Germany 1815-1945*. London: Edward Arnold Press.

Carr, William. 1991. *A History of Germany 1815-1990*. London: Edward Arnold Press.

Cerar, Miro. 1999. "Slovenia." In *Semi-Presidentialism in Europe*, ed. Robert Elgie. Oxford: Oxford University Press.

Cheibub, José Antonio and Fernando Limongi. 2002. "Democratic Institutions and Regime Survival: Parliamentary and Presidential Democracies Reconsidered." *Annual Review of Political Sciences* 5: 151-179.

Cheibub, José Antonio. 2007. *Presidentialism, Parliamentarism, and Democracy*. New York: Cambridge University Press.

Constantinesco, Vlad and Stéphane Pierré-Caps. 2006. "France: The Quest for Political Responsibility of the President in the Fifth Republic." *European Constitutional Law Review* 2: 341-357.

Coram, Bruce Talbot. 1996. "Second Best Theories and the Implications for Institutional Design." In The *Theory of Institutional Design*, ed. Robert E. Goodin. New York: Cambridge University Press.

Crowther, William. 2008. "Moldova's Transition from Semi-Presidentialism: Parliamentary Intentions Presidential Outcome." Paper presented at the International Conference of Semi-Presidentialism and Democracy, October 17-18, Taipei, Taiwan.

Dill, Marshall. 1961. *Germany: A Modern History*. Michigan: University of Michigan Press.

Dreier, Horst. 1998. *Grundgesetz*. Tübingen: J. C. B. Mohr Verlag.

Duverger, Maurice. 1959. *Political Parties: Their Organization and Activity in the Modern State*. London: Methuen & Co.

Duverger, Maurice. 1980. "A New Political System Model: Semi-Presidentialist Government." *European Journal of Political Research* 8(2): 165-187.

Easter, Gerald M. 1997. "Preference for Presidentialism: Postcommunist Regime Change in Russia and NIS." *World Politics* 49(2): 184-211.

Elgie, Robert. 1999a. "The Politics of Semi-Presidentialism." In *Semi-Presidentialism in Europe*, ed. Robert Elgie. Oxford: Oxford University Press.

Elgie, Robert. 1999b. "France." In *Semi-Presidentialism in Europe*, ed. Robert Elgie. Oxford: Oxford University Press.

Elgie, Robert. 2004. "Semi-Presidentialism: Concepts, Consequences and Contesting Explanations." *Political Studies Review* 2: 314-330.

Elster, Jon, Claus Offe, and Ulrich K. Preuß. 1998. *Institutional Design in Post-communist Societies*. New York: Cambridge University Press.

Endemann, Helen. 1999. *Das Regierungssystem Finnlands*. Frankfurt am Main: Peter Lang Verlag.

Erdem, Ebru. 2001. "Geography of Institutional Choice: Presidential and Parliamentary Systems." Field paper of Stanford University.

Falter, Jürgen W. 1991. *Hitlers Wähler*. München: C. H. Beck Verlag.

Feldman, Gerald D. 1993. *The Great Disorder: Politics, Economics, and Society in the German Inflation 1914-1924*. New York: Oxford University Press.

Finger, August. 1923. *Das Staatsrecht des Deutschen Reichs: Der Verfassung vom 11. August 1919*. Stuttgart: Verlag von Ferdinand Enke.

Fischer, Klaus P. 1995. *Nazi Germany: A New History*. New York: Continuum.

Friedrich, Carl J. 1933. "The Development of Executive Power in Germany." *The American Political Science Review* 27(2): 185-203.

Friedrich, Manfred. 1997. *Geschichte der deutschen Staatsrechtswissenschaft*. Berlin: Dunker & Humboldt Verlag.

Fromme, Friedrich Karl. 1999. *Von der Weimarer Verfassung zum Bonner Grundgesetz*. Berlin: Dunker & Humblot Verlag.

Frye, Timothy. 1997. "A Politics of Institutional Choice: Post-Communist Presidencies." *Comparative Political Studies*, 30, 5: 523-552.

Fulbrook, Mary. 1990. *A Concise History of Germany*. Cambridge: Cambridge University Press.

Ganev, Venelin I. 1997. "Emergency Powers and the New East European Constitutions." The *American Journal of Comparative Law* 45: 585-612.

Ganev, Venelin I. 1999. "Bulgaria." In *Semi-Presidentialism in Europe*, ed. Robert Elgie. Oxford: Oxford University Press.

Gillessen, Günther. 2000. *Hugo Preuss: Studien zur Ideen- und Verfassungsgeschichte der Weimarer Republik: Erstveröffentlichung der Dissertation von 1955*. Berlin: Duncker & Humblot Verkag.

Goodin, Robert E. 1996. "Institutions and Their Design." In *The Theory of Institutional Design*, ed. Robert E. Goodin. New York: Cambridge University Press.

Grawert, Rolf. 1989. "Reich und Republik- Die Form des Staates von Weimar: Ein Rückblick auf die Verfassungsberatungen im Jahre 1919." *Der Staat* 28(3): 487-489.

Gusy, Christoph. 1991. *Weimar- die Wehrlos Republik*? Tübingen: Mohr Siebeck Verlag.

Gusy, Christoph. 1997. *Die Weimarer Reichsverfassung*. Tübingen: Mohr Siebeck Verlag.

Haffner, Sebastian, et al. 2002. *Versailles: Aus der Sicht von Zeitzeugen*. München: Herbig Verlag.

Haffner, Sebastian. 2004. *Die deutsche Revolution 1918-19*. Hamburg: Rowohlt Taschenbuch Verlag.

Hamilton, Richard F. 1982. *Who Voted for Hitler*? Princeton, New Jersey: Princeton University Press.

Hartung, Fritz. 1950. *Deutsche Verfassungsgeschite*. Stuttgart: K. F. Koehler Verlag.

Haungs, Peter. 1968. *Reichspräsident und parlamentarische Kabinettsregierung*. Köln: Westdeutscher Verlag.

Heiber, Helmut. 1993. *The Weimar Republic*. Translated by W.E. Yuill. Cambridge: Blackwell.

Heper, Metin. 1997. "Introduction of Institutions and Democratic Statecraft." In Institutions and *Democratic Statecraft*, eds. Metin Heper, Ali Kazancigil, and Bert A. Rockman. Boulder, Colorado: Westview.

Hiden, J. W. 1996. *The Weimar Republic*. London and New York: Longman.

Holzer, Jerzy. 2002. "The Heritage of the First World War." In *Authoritarianism and Democracy in Europe*,

1919-39, eds. Dirk Berg-Schlosser and Jeremy Mitchell. New York: Palgrave Press.

Horowitz, Donald L. 2002. "Constitutional Design: Proposals Versus Processes." In *The Architecture of Democracy*, ed. Andrew Reynolds. New York: Oxford University Press.

Hubatsch, Walther. 1966. *Hindenburg und der Staat*. Göttingen: Musterschmidt Verlag.

Huber, Ernst Rudolf. 1966. *Dokumente zur Deutschen Verfassunsgeschichte. Band III*. Stuttgart: W. Kohlhammer Verlag.

Huber, Ernst Rudolf. 1984. *Deutsche Verfassunsgeschichte seit 1789. Band VII: Ausbau, Schutz und Untergang der Weimarer Republik*. Stuttgart: W. Kohlhammer Verlag.

Huber, Ernst Rudolf. 1988. *Deutsche Verfassunsgeschichte seit 1789. Band III: Bismarck und das Reich*. Stuttgart: W. Kohlhammer Verlag.

Huber, Ernst Rudolf. 1992. *Deutsche Verfassunsgeschichte seit 1789. Band V: Weltkrieg, Revolution und Reichserneuerung*. Stuttgart: W. Kohlhammer Verlag.

Huber, Ernst Rudolf. 1993. *Deutsche Verfassunsgeschichte seit 1789. Band VI: Die Weimarer Reichsverfassung*. Stuttgart: W. Kohlhammer Verlag.

Huber, John D. 1996. "The Vote of Confidence in Parliamentary Democracies." American Political *Science Review* 90(2): 269-282.

Hürten, Heinz. 1987. "Reichswehr und Politik." Herausgegeben von Gerhard Schulz, Weimarer *Republik*. Würzburg: Poletz Verlag.

Jasiewicz, Krzysztof. 1997. "Poland: Walesa's Legacy to the Presidency." In Postcommunist *Presidents*, ed.

Ray Taras. Cambridge: Cambridge University Press.

Johnson, Janet Buttolph and Richard A. Joslyn. 1991. *Political Science Research Methods*. Washington, D.C.: Congressional Quarterly.

Junker, Detlef. 1994. "Die letzte Alternative zu Hitler." Herausgegeben von Christoph Gradmann und Oliver von Mengersen, *Das Ende der Weimarer Republik und die Nationalsozialistische Machtergreifung*. Heidelberg: Manutius Verlag.

Karvonen, Lauri and Sven Quenter. 2002. "Electoral Systems, Party System Fragmentation and Government Instability." In *Authoritarianism and Democracy in Europe, 1919-39*, eds. Dirk Berg-Schlosser and Jeremy Mitchell. New York: Palgrave Press.

Karvonen, Lauri. 1984. "High-Level Foreign Policy Coordination: A Finnish Example." *Cooperation and Conflict* 19: 135-155.

Keeler, John T. S. and Martin A. Schain. 1997. "Institutions, Political Poker, and Regime Evolution in France." In *Presidential Institutions and Democratic Politics*, ed. Kurt von Mettenheim. Baltimore and London: The Johns Hopkins University Press.

Kelsen, Hans. 1931. *Wer soll der Hüter der Verfassung sein*? Berlin: C. Schulze & Co., GMBH,. Gräfenheinieben.

Kennedy, Ellen. 2004. *Constitutional Failure: Carl Schmitt in Weimar*. Durham and London: Duke University Press.

Kolb, Eberhard. 1987. "Vom Kaiserreich zur Republik." Herausgegeben von Gerhard Schulz, *Weimarer*

Republik. Würzburg: Poletz Verlag.

Kolb, Eberhard. 1988. *The Weimar Republic*. Translated by P. S. Falla. New York: Routledge Press.

Kolb, Eberhard. 2002. *Die Weimarer Republik*. München: Oldenbourg Verlag.

Langewiesche, Dieter. 1998. *1848 und 1918: Zwei deutsche Revolutionen*. Bonn: Friedrich Ebert Stiftung.

Lijphart, Arend and Carlos H. Waisman. 1996. "Institutional Design and Democratization." In *Institutional Design in New Democracies*, eds. Arend Lijphart and Carlos H. Waisman. Oxford: Westview Press.

Lijphart, Arend. 1971. "Comparative Politics and the Comparative Method." *American Political Science Review* 65: 682-693.

Lin, Jih-wen. 2002. "Democratic Stability under Taiwan's Semi-Presidentialist Costitution: Implications for Cross-Strait Relations." *Issues & Studies* 38(1): 47-79.

Linz, Juan J. 1990a. "The Perils of Presidentialism." *Journal of Democracy* 1(1): 51-69.

Linz, Juan J. 1990b. "The Virtues of Parliamentarism." *Journal of Democracy* 1(4): 73-91.

Linz, Juan J. (ed.). 1994. *The Failure of Presidential Democracy*. Baltimore: Johns Hopkins University Press.

Linz, Juan J. and Alfred Stepan. 1996. *Problems of Democratic Transition and Consolidation*. Baltimore and London: The Johns Hopkins University Press.

Lösche, Peter. 1997. "Parteienstaat Bonn- Parteienstaat Weimar?" Herausgegeben von Eberhard Kolb, *Demokratie in der Krise*. München: R. Oldenbourg Verlag.

Mainwaring, Scott and Matthew S. Shugart (eds.). 1997. *Presidentialism and Democracy in Latin America*.

New York: Cambridge University Press.

Maser, Werner. 1987. *Friedrich Ebert: Der erste deutsche Reichspräsident*. München: Droemer Knaur Verlag.

Mauersberg, Jasper. 1991. *Ideen und Konzeption Hugo Preuß' für die Verfassung der deutschen Republik 1919 und ihre Durchsetzung im Verfassungswerk von Weimar*. Frankfurt am Main: Peter Lang Verlag.

McAllister, Ian and Stephen White. 2007. "Political Parties and Democratic Consolidation in Post-Communist Societies." *Party Politics* 13(2): 197-216.

Menger, Christian-Friedrich. 1993. *Deutsche Verfassungsgeschichte der Neuzeit. Heidelberg*: C. F. Müller Juristischer Verlag.

Metcalf, Lee Kendall. 2000. "Measuring Presidential Power." *Comparative Political Studies* 33(5): 660-685.

Michalka, Wolfgang and Gottfried Niedhart. 2002. *Deutsche Geschichte 1918-1933: Dokumente zur Innen und Außenpolitik*. Frankfurt am Main: Fischer Taschenbuch Verlag.

Moestrup, Sophia. 2007. "Semi-presidentialism in Young Democracies." In *Semi-Presidentialism outside Europe*, eds. Ropbert Elgie and Sophia Moestrup. Londen and New York: Routledge Press.

Möller, Horst. 2004. *Die Weimarer Republik: Eine unvollendete Demokratie*. München: Deutscher Taschenbuch Verlag.

Mommsen, Hans. 2004. *Aufstieg und Untergang der Republik von Weimar*. Berlin: Ullstein Verlag.

Mühlhausen, Walter. 1997. "Reichspräsident und Sozialdemokratie: Friedrich Ebert und seine Partei 1919-1925." Herausgegeben von Eberhard Kolb, *Friedrich Ebert als Reichspräsident*. München: R.

Ordenbourg Verlag.

Müller, Wolfgang C. 1999. "Austria." *In Semi-Presidentialism in Europe*, ed. Robert Elgie. Oxford: Oxford University Press.

Nagel, Ernest. 1961. *The Structure of Science*. New York: Harcourt, Bruce and World Press.

Neumann, Sigmund. 1986. *Die Parteien der Weimarer Republik*. Stuttgart: W. Kohlhammer Verlag.

Nicholls, A. J. 2000. *Weimar and the Rise of Hitle*r. Hampshire: Macmillan Education Ltd.

Nolte, Ernst. 2006. *Die Weimarer Republik*. München: Herbig Verlag.

North, Douglass. 1990. *Institutions, Institutional Change and Economic Performance*. Cambridge: Cambridge University Press.

Nousiainen, Jaakko. 1971. *The Finnish Political System*. Translated by John H. Hodgson. Cambridge, Massachusetts: Harvard University Press.

Nousiainen, Jaakko. 2001. "From Semi-Presidentialism to Parliamentary Government: Political and Constitutional Developments in Finland." *Scandinavian Political Studies* 24(2): 95-109.

Nousiainen, Jaakko. 2007. "The Finnish System of Government: From A Mixed Constitution to Parliamentarism." Text is available at the constitution home page of the Ministry of Justice, Finland. Website: http://www.om.fi/21910.htm.

O'Kane, Rosemary H. T. 2004. *Paths to Democracy*. London and New York: Routledge.

Oehme, Walter. 1962. *Die Weimarer Nationalversammlung: Erinnerungen*. Berlin: Rütten und Loening Verlag.

Paloheimo, Heikki. 2001. “Divided Government in Finland: From a Semi-Presidential to a Parliamentary Democracy.” *In Divided Government in Comparative* Perspective, ed. Robert Elgie. New York: Oxford University Press.

Paloheimo, Heikki. 2003. “The Rising Power of the Prime Minister in Finland.” *Scandinavian Political Studies* 26(3): 219-243.

Pasquino, Ginafranco. 1997. “Semi-presidentialism: A Political Model at Work.” *European Journal of Political Research* 31(1-2): 128-137.

Pettit, Philip. 1996. “Institutional Design and Rational Choice.” In *The Theory of Institutional Design*, ed. Robert E. Goodin. New York: Cambridge University Press.

Peukert, Detlev J. K. 1987. *The Weimar Republic: The Crisis of Classical Modernity*. Translated from the German by Richard Deveson. New York: Hill and Wang.

Pollock, James Kerr. 1928. “The German Elections of 1928.” *The American Political Science Review* 22(3): 698-705.

Pollock, James Kerr. 1929. “The German Party System.” *The American Political Science Review* 23(4): 859-891.

Pollock, James Kerr. 1930. “The German Reichstag Elections of 1930.” *The American Political Science Review* 24(4): 989-995.

Pollock, James Kerr. 1938. *The Government of Greater Germany*. New York: D. Van Nostrand Press.

Preuß, Hugo. 1926. *Staat, Recht und Freiheit: Aus 40 Jahren Deutscher Politik und Geschichte*. Tübingen: J.

C. B. Mohr Verlag.

Protsyk, Oleh. 2003. "Troubled Semi-Presidentialism: Stability of the Constitutional System and Cabinet in Ukraine." *Europe-Asia Studies* 55(7): 1077-1095.

Raunio, Tapio and Matti Wiberg. 2003. "Finland: Polarized Pluralism in the Shadow of a Strong President." In *Delegation and Accountability in Parliamentary Democracies*, eds. Kaara Strøm, Wolfgang C. Müller, and Torbjörn Bergman. Oxford: Oxford University Press.

Raunio, Tapio. 2004. "The Changing Finnish Democracy: Stronger Parliamentary Accountability, Coalescing Political Parties and Weaker External Constraints." *Scandinavian Political Studies* 27(2): 133-152.

Redslob, Robert. 1918. *Die parlamentarische Regierung in ihrer wahren und unechten Form*. Tübingen: J.C.B. Mohr Verlag.

Reynolds Andrew (ed.). 2002. *The Architecture of Democracy*. Oxford: Oxford University Press

Richter, Ludwig. 1997. "Der Reichspräsident bestimmt die Politik und der Reichskanzler deckt sie: Friedrich Ebert und die Bildung der Weimar." Herausgegeben von Eberhard Kolb, *Friedrich Ebert als Reichspräsident*. München: R. Ordenbourg Verlag.

Richter, Ludwig. 1998. "Reichspraesident und Ausnahmegewalt: Die Genese des Artikels 48 in den Beratungen der Weimar Nationalversammlung." *Der Staat* 37(2): 221-247.

Ritter, Gerhard A. and Susanne Miller. 1983. *Die Deutsche Revolution 1918-1919*. Frankfurt am Main: Fischer Taschenbuch Verlag.

Rödder, Andreas. 1999. "Weimar und die deutsche Verfassung." Herausgegeben von Andreas Rödder,

Weimar und die deutsche Verfassung. Hamburg: Klett-Cotta Verlag.

Rogers, Lindsay, Freda Foerster, and Sanford Schwarz. 1932. "Aspects of German Political Institutions." *Political Science Quarterly* 47(3): 321-351.

Roper, Steven D. 2002. "Are All Semipresidential Regimes the Same?" *Comparative Politics* 34(3): 253-272.

Rossiter, Clinton. 2002. *Constitutional Dictatorship*. New Brunswick and London: Transaction Publishers.

Rueschemeyer, Dietrich. 2003. "Can One or Few Cases Yield Theoretical Gains?" In Comparative *Historical Analysis in the Social Sciences*, eds. James Mahoney and Dietrich Rueschemeyer. New York: Cambridge.

Saalfeld, Thomas. 2002. "The Impact of the World Economic Crisis and Political Reactions." In *Authoritarianism and Democracy in Europe, 1919-39*, eds. Dirk Berg-Schlosser and Jeremy Mitchell. New York: Palgrave Press.

Sani, Giacomo and Giovanni Sartori. 1985. "Polarization, Fragmentation and Competition in Western Democracies." In *Western European Party Systems: Continuity and Change*, eds. Hans Daalder and Peter Mair. Beverly Hills, CA: Sage.

Sartori, Giovanni. 1997. *Comparative Constitutional Engineering* (second edition). New York: New York University Press.

Schanbacher, Eberhard. 1982. *Parlamentarische Wahlen und Wahlsystem in der Weimarer Republik*. Düsseldorf: Droste Verlag.

Schiffers, Reinhard. 1971. *Elemente direkter Demokratie im Weimarer Regierungssystem*. Düsseldorf: Droste Verlag.

Schmidt-Bleibtreu, Bruno. 2008. *Kommentar zum Grundgesetz*. 11. Auflage. Köln: Carl Heymanns Verlag.

Schmitt, Carl. 1928. *Verfassungslehre*. Berlin: Duncker & Humblot.

Schmitt, Carl. 1931. *Der Hüter der Verfassung*. Berlin: Duncker & Humblot.

Schulz, Gerhard. 1987. “Verfassung, Regierung und politisches System der Republik.” Herausgegeben von Gerhard Schulz, *Weimarer Republik*. Würzburg: Poletz Verlag.

Schulze, Hagen .1998. *Kleine Deutsche Geschichte*. Translated by Deborah Lucas Schnider. Harvard: Harvard University Press.

Shen, Yu-chung. 2008. “Semi-presidentialism in Weimar Republic: A Failure Attempt on Democracy.” Paper presented at the International Conference of Semi-Presidentialism and Democracy, October 17-18, Taipei, Taiwan.

Shepard, Walter James. 1919. “The New Government in Germany.” *The American Political Science Review* 13(3): 361-378.

Shepsle, Kenneth A. 1996. “Political Deals in Institutional Settings.” In *The Theory of Institutional Design*, ed. Robert E. Goodin. New York: Cambridge University Press.

Shugart, Matthew Soberg and John M. Carey. 1992. *Presidents and Assemblies*. Cambridge: Cambridge University Press.

Siaroff, Alan. 2003. “Comparative Presidencies.” *European Journal of Political Research* 43(2): 287-312.

Skach, Cindy. 2005. *Borrowing Constitutional Designs*. Princeton: Princeton University Press.

Stepan, Alfred and Cindy Skach. 1993. "Constitutional Frameworks and Democratic Consolidation." *World Politics* 46(1): 1-22.

Stepan, Alfred and Suleiman N. Ezra. 1995. "The French Fifth Republci: A Model for Import? Reflections on Poland and Brazil." In *Politics, Society and Democracy: Comparative Studies*, eds. Chehabi H.E. and Stepan A. Oxford: Westview Press.

Stephens, John D. and Gerhard Kümmel. 2002. "Class Structure and Democratization." In *Authoritarianism and Democracy in Europe*, eds. Dirk Berg-Schlosser and Jeremy Mitchell. New York: Palgrave Press.

Stolleis, Michael. 2002. *Geschichte des öffentlichen Rechts in Deutschland*. München: C. H. Beck Verlag.

Strik, Peter. 2002. "Hugo Preuss, German Political Thought and the Weimar Constitution." *History of Political Thought* 23(3): 497-516.

Thames, Frank C. 2007. "Discipline and Party Institutionalization in Post-Soviet Legislature." *Party Politics* 15(4): 456-477.

Tsebelis, George. 2002. *Veto Players: How Political Institutions Work*. New York: Russell Sage Foundation Press.

Urbanavicius, Dainius. 1999. "Lithuania." In *Semi-Presidentialism in Europe*, ed. Robert Elgie. Oxford: Oxford University Press.

Van Evera, Stephen. 1997. *Guide to Methods for Students of Political Science*. Ithaca: Cornell University Press.

Vogt, Martin. 1988. "Parteien in der Weimarer Republik." Herausgegeben von Karl Dietrich Bracher, *Die Weimarer Republik 1918-1933*. Bonn: Bundeszentrale für politische Bildung.

von Beyme, Klaus. 2001. "Institutional Engineering and Transition to Democracy." In *Democratic Consolidation in Eastern Europe*, ed. Jan Zielonka. New York: Oxford University Press.

Ware, Alan. 1996. *Political Parties and Party Systems*. New York: Oxford.

Watkins, Frederick Mindell. 1939. *The Failure of Constitutional Emergency Powers under the Germany Republic*. Cambridge, Massachusetts: Harvard University Press.

Weber, Klaus-Dieter. 2001. *Das Büro des Reichspräsidenten 1919-1934*. Frankfurt am Main: Peter Lang.

Weber, Max. 1947. *Schriften zur theoretischen Soziologie, zur Soziologie der Politik*. Frankfurt am Main: Erschienen bei Georg Kurt Schauer.

Weber, Werner. 1958. *Spannungen und Kräfte im westdeutschen Verfassungssystem*. Stuttgart: Friedrich Vorwerk Verlag.

Wehler, Hans-Ulrich. 2003. *Deutsche Gesellschaftsgeschichte. Vierter Band. Vom Beginn des Ersten Weltkriegs bis zur Gründung der beiden deutschen Staaten 1914-1949*. München: C. H. Beck Verlag.

Welan, Manfried. 1992. *Der Bundespräsident: Kein Kaiser in der Republik*. Wien: Böhlau Verlag.

Welan, Manfried. 1999. *Demokratie auf Österreichisch*. Wien: Czernin Verlag.

White, Stephen. 1999. "Russia." In *Semi-Presidentialism in Europe*, ed. Robert Elgie. Oxford: Oxford University Press.

Will, Martin. 2004. "Die Kabinettsbildung am 30. Januar 1933 vor dem Hintergrund des Verfassungswandels in der Spätphase der Weimarer Republik." *Der Staat* 43 (1): 121-143.

Wilson, Andrew. 1999. "Ukraine." In *Semi-Presidentialism in Europe*, ed. Robert Elgie. Oxford: Oxford University Press.

Wilson, Frank L. 2002. "The Study of Political Institutions." In *New Directions in Comparative Politics*, ed. Howard J. Wiarda. Cambridge: Westview Press.

Winkler, Heinrich August. 2002. *Der lange Weg nach Westen: Deutsche Geschichte 1806-1933*. Bonn: Bundeszentrale für politische Bildung.

Winkler, Heinrich August. 2005. *Weimar 1918-1933*. München: Verlag C. H. Beck.

Witt, Peter-Christian. 1987. *Friedrich Ebert*. Bonn: Neue Gesellschaft Verlag.

Wright, Jonathan. 2002. *Gustav Stresemann: Weimar's Greatest Statesman*. New York: Oxford University Press.

Wu, Yu-Shan. 2000. "The ROC's Semi-presidentialism at Work: Unstable Compromise, Not Cohabitation." *Issues and Studies* 36(5): 1-40.

Wu, Yu-Shan. 2003. "Triangular Interactions under Semi-Presidentialism: A Typological Exposition." Paper presented at the conference of Semi-Presidentialism and Nascent Democracies, October 24-25, Taipei, Taiwan.

Wu, Yu-Shan. 2005. "Appointing the Prime Minister under Incongruence." *Taiwan Journal Democracy* 1(1): 103-132.

Wu, Yu-Shan. 2008. "Study of Semi-Presidentialism: A Holistic Approach." Paper presented at the

International Conference of Semi-Presidentialism and Democracy, October 17-18, Taipei, Taiwan.

Wucher, Albert. 1991. *Marksteine der deutschen Zeitgeschichte: 1914-1945*. Darmstadt: Societäts Verlag.

Zielonka, Jan. 2001. *Democratic Consolidation in Eastern Europe*. New York: Oxford University Press.

附錄

一、威瑪共和大事記

1. 共和的建立與制憲（一九一八年十月至一九一九年二月）

一九一八年

03. Oct. 十月憲改，巴登親王（Prinz Max von Baden, 1867-1929）被任命為帝國首相兼任普魯士行政首長。

23. Oct. 美國拒絕接受德國的憲政改革。

04. Nov. 水軍於軍港基爾（Kiel）譁變，開啟「十一月革命」，並成立第一個「工－兵委員會」，接管基爾所有權力。

06. Nov. 布萊梅（Bremen）、漢堡（Hamburg）、呂北克（Lübeck）相繼成立「工－兵委員會」。

07. Nov. 漢諾威（Hannover）、科隆（Köln）成立「工－兵委員會」。

08. Nov. 萊比錫（Leipzig）、馬革德堡（Magdeburg）成立「工－兵委員會」。

09. Nov. 首都柏林（Berlin）成立「工－兵委員會」。
巴登親王辭職首相一職，由社民黨（SPD）領袖艾伯特（Friedrich Ebert, 1871-1925）接任；社民黨議員塞德曼（Philipp Scheidemann, 1865-1939）宣布德意志共和國成立。

極左派斯巴達克斯（Spartakus）領袖李普克內西（Karl Liebknecht, 1871-1919）宣布德意志社會主義共和國成立。

10. Nov. 德皇威廉二世（Friedrich Wilhelm Viktor Albert von Hohenzollern, 1859-1941）退位，流亡至荷蘭。

過渡政權「人民代表參政會」成立。

艾伯特和軍方將領葛羅納將軍（Karl Eduard Wilhelm Groener, 1867-1939）達成合作協議。

16-21 Dec. 左翼政黨召開全國「工－兵委員會」代表大會，決定放棄蘇維埃革命路線，並且定於一九一九年一月十九日舉行制憲會議代表的全國選舉，預備制憲。

24. Dec. 斯巴達克斯和軍方在柏林市區爆發聖誕節戰爭。

29. Dec. 獨立社民黨（USPD）不滿軍方鎮壓行動，退出人民代表參政會。

一九一九年

01. Jan. 德國共產黨（KPD）成立。

15. Jan. 共產黨領袖李普克內西與盧森堡（Rosa Luxemburg, 1870-1919）遭到軍方捕殺。

19. Jan. 舉行國民議會選舉。社民黨、中央黨（Z）、德國民主黨（DDP）組成「威瑪聯盟」取得執政。

06. Feb. 國民議會在威瑪（Weimar）召開集會。

11. Feb. 國民議會選舉艾伯特為威瑪共和第一任總統。

13. Feb. 艾伯特任命塞德曼為第一任總理，威瑪聯盟組成聯合內閣。

2. 憲政初期的動盪與外交困境（一九一九年一月至一九二三年）

一九一九年

07. May. 凡爾賽和約送交德國，德國宣布不接受。

18. Jun. 內閣表決是否接受凡爾賽和約，表決結果分裂，總理表示反對接受。

20. Jun. 塞德曼請辭總理一職，第一任政府解散。

21. Jun. 艾伯特任命原勞工部長鮑爾（Gustav Bauer, 1870-1944）接任總理。

23. Jun. 國會對凡爾賽和約進行表決，表決結果以二百三十七票比一百三十八票，決議通過授權政府接受和約。

28. Jun. 德國代表簽名接受凡爾賽和約。

31. Jul. 國會表決，以二百六十二票比七十五票通過威瑪憲法。

11.Aug. 艾伯特簽名發布，威瑪憲法正式生效。

一九二〇年

13. Mar. 軍方將領卡普（Wolfgang Kapp, 1858-1922）和自由軍團呂特維茲將軍（Walther von Lüttwitz, 1859-1942）反對凡爾賽和約的裁軍要求，率軍佔領柏林，爆發政變。

17. Mar. 卡普政變失敗。

26. Mar. 鮑爾請辭總理一職，第二任政府解散。

27. Mar. 艾伯特任命原外交部長米勒（Hermann Müller, 1876-1931）接任第三任總理，組織看守內閣。

06. Jun. 威瑪憲法實施後舉行第一屆國會選舉。原居執政地位的威瑪聯盟三個政黨慘敗。

25. Jun. 由中央黨、德國民主黨與德意志人民黨（DVP）組織少數內閣，中央黨的費倫巴哈（Konstantin Fehrenbach, 1852-1926）出任總理。

一九二一年

24-29. Jan. 盟國召開巴黎會議，決定德國賠償金額為二千二百六十億金馬克（一戰前的德國政府年度赤字是五十億金馬克）。

08. Mar. 費倫巴哈政府拒絕接受賠償金額。

20. Mar. 上史雷辛恩（Oberschlesien）地區進行歸屬議題的公民投票，百分之六十一主張歸屬德國；百分之三十九主張歸屬波蘭。盟國表示再議。

04. May. 德國政府拒絕接受賠款金額與上史雷辛恩的仲裁結果，費倫巴哈請辭總理，第四任政府解散。

10. May. 由社民黨、中央黨與德國民主黨（威瑪聯盟）再度組成新政府，中央黨的韋特（Joseph Wirth, 1879~1956）接任總理。

10. May. 國會表決，結果以二百二十票比一百七十二票授權通過政府接受賠款金額。

26. Aug. 前財政部長、中央黨的艾茲伯格（Matthias Erzberger、1875-1921）遭到右翼組織刺殺身亡，德國多處引發左右翼政黨衝突，也引發巴乏利亞和中央的緊張關係。

29. Aug. 總理韋德動用緊急命令，暫時停止人民集會的權利。

20. Oct. 盟國對上史雷辛恩的爭議做出仲裁，將大多數工業地區劃分給波蘭。

22. Oct. 德國政府反對上史雷辛恩地區的仲裁結果，韋德請辭總理一職，第五任政府解散。

26. Oct. 新政府組織出現僵局，德國民主黨以個人名義加入政府，韋德第二次擔任總理一職。

一九二二年

10. Apr. 世界經濟會議於義大利熱那亞（Genoa）召開。

16. Apr. 德國與俄國簽訂拉帕洛條約，恢復兩國外交、相互放棄賠款。

24. Jun. 右翼組織不滿德俄合作，刺殺德國民主黨籍、猶太裔的外交部長拉特瑙（Walter Rathenau, 1867-1922）。

26. Jun. 政府動用緊急命令權凍結集會與出版自由。

18. Jul. 國會通過保護共和法，禁止極端的組織與活動。

24. Sep. 獨立社民黨與社民黨在形式上再度合併。

24. Oct. 國會以三百一十六票比六十四票，通過艾伯特總統的任期延長案，任期延長至一九二五年。

14. Nov. 政黨重組後，韋德總理策劃組織大聯合內閣失敗，請辭總理一職。第六任政府解散。

22. Nov. 各黨協調組閣失敗，艾伯特總統任命無黨籍的古諾（Wilhelm Cuno, 1876-1933）出任總理一職，組織「經濟內閣」。

一九二三年

11. Jan. 法國、比利時拒絕德國請求延期繳納賠款，派兵佔領魯爾工業區，引發共和初期最嚴重的外交危機：「魯爾危機」。古諾總理採取不合作的消極抗爭，德國也因此陷入嚴重的通貨膨脹，面臨了經濟崩潰的壓力。

12. Aug. 古諾總理因魯爾危機下台，第七任政府解散。

13. Aug. 艾伯特總統任命德意志人民黨的領袖史特雷斯曼（**Gustav Stresemann, 1878-1929**）擔任總理。組織包括社民黨、中央黨、德國民主黨、德意志人民黨在內的第一次大聯合內閣。

03. Oct. 因社民黨反對史特雷斯曼提出的延長工時法，以及不滿史特雷斯曼鎮壓薩克森的左翼活動，宣布退出聯合內閣，第一次大聯合內閣、第八任政府解散。

06. Oct. 史特雷斯曼改組內閣，撤換財經首長，組織第二次大聯合內閣。

13. Oct. 國會通過授權法，授權政府財經改革。

19. Ock. 巴伐利亞與中央政府的對抗激烈，宣布禁止國社黨（**NSDAP**）次級團體的活動。

09. Nov. 希特勒（**Adolf Hitler, 1889~1945**）發動酒館政變。

23. Nov. 社民黨不滿史特雷斯曼處理巴伐利亞與薩克森的左右衝突事件，準備發動倒閣。史特雷斯曼先提出信任投票的要求，但遭到國會以二百三十一票比一百五十六票的反對。史特雷斯曼宣布辭職，第二次大聯合內閣、第九任政府解散。

29. Nov. 由中央黨、德國民主黨、德意志人民黨、巴伐利亞人民黨籌組社民黨容忍的聯合內閣。中央黨的馬克斯（**Wilhelm Marx, 1863-1946**）出任總理，前總理史特雷斯曼出任外交部長。

08. Dec. 國會以三百一十三票比十八票表決通過新的授權法，授權馬克斯政府實施財經改革。

3. 經濟重建的黃金年代（一九二四至一九二九年）

一九二四年

13. Mar. 社民黨反對馬克斯政府的改革計畫，艾伯特總統接受馬克斯總理的建議，宣布解散國會。

09. Apr. 盟國提出「道威斯計畫」，貸款德國協助經濟重建。

16. Apr. 德國政府接受道威斯計畫。

04. May. 第二屆國會選舉，兩翼政黨（共產黨、國社黨）均成長，中間政黨全數下挫。

26. May. 馬克斯政府在國會改選後提出總辭。

03. Jun. 艾伯特總理再度任命馬克斯第二次組閣。

16. Jun. 盟國於倫敦會議正式通過道威斯計畫。

29. Aug. 德國國會針對道威斯計畫進行表決，德意志國家人民黨（DNVP）策略分裂，讓政府獲得接受道威斯計畫所需要的修憲多數。

01. Sep. 道威斯計畫正式實施，德國開啟經濟重建階段。

20. Oct. 馬克斯政府希望協調組織過半的政府，但失敗。總統接受其建議再次宣布解散國會。

07. Dec. 第三屆國會改選。在經濟轉趨穩定的情況下，極端政黨（共產黨和國社黨）均下挫，其餘政黨皆成長，以社民黨成長最多。

15. Dec. 馬克斯政府在國會改選後提出總辭。

一九二五年

15. Jan. 艾伯特總統任命無黨籍的路德（Hans Luther, 1879-1962）擔任總理。新的內閣為資產階級聯合內閣，德意志國家人民黨首次入閣。

28. Feb. 威瑪共和第一任總統艾伯特因病逝世。

29. Mar. 第一輪總統選舉，無人過半。

26. Apr. 第二輪總統選舉，由興登堡（Paul von Hindenburg, 1847-1934）當選威瑪共和第二任總統。

05-16. Oct. 羅加諾（Locarno）會議召開，目的是解決魯爾佔領區的危機。

25. Oct. 德意志國家人民黨反對羅加諾公約，退出聯合內閣。

27. Nov. 國會表決，以二百九十二票比一百七十四票通過接受羅加諾公約。

05. Dec. 路德政府在德意志國家人民黨退出，完成羅加諾公約後宣布總辭。

一九二六年

13. Jan. 各黨協調組閣失敗，興登堡總統再次任命路德為總理第二次組閣。

05. May. 通過國旗法，出現「一國兩旗」的情況。

06. May. 社民黨不滿國旗法發動倒閣，失敗。

12. May. 德國民主黨針對路德總理個人提出不信任案，一百七十九票贊成、一百四十六票反對、一百零三票棄權。表決結果路德下台。

16. May. 興登堡總統任命馬克斯擔任總理（第三次出任總理職務）。

17. Dec. 社民黨反對國防軍與紅軍的軍事合作提出倒閣。馬克斯政府解散。

一九二七年

29. Jan. 興登堡總統再度任命馬克斯組閣（第四次出任總理職務），德國國家人民黨第二次加入聯合內閣。

一九二八年

31. Mar. 因「學校法」的議題造成內閣分裂，總統宣布解散國會。

20. May. 第四屆國會改選，資產階級聯盟下挫，社民黨、共產黨等左翼政黨小幅上揚。馬克斯政府因改選解散。

28. Jun. 興登堡總統依據選舉結果任命社民黨的米勒為總理，這是社民黨從一九二〇年之後再度掌握總理職務。

一九二九年

07. Jun. 盟國通過「楊格計畫」，德國恢復鐵路等國營事業的經營自主權。

03. Oct. 主導過去五年德國經濟重建的史特雷斯曼去世。

24. Oct. 「黑色星期五」，美國華爾街股市崩盤，引發全球金融危機。

12. Dec. 米勒要求國會對其經濟政策舉行信任投票，獲得通過。

4. 朝向總統內閣的轉軌與民主崩潰（一九三〇年至一九三三年）

一九三〇年

12. Mar. 國會通過楊格計畫。

27. Mar. 米勒請求興登堡動用緊急命令權執行經濟政策，興登堡拒絕。米勒政府解散。

30. Mar. 興登堡總統以緊急命令權組織「總統內閣」，並任命布呂寧（Heinrich Brüning, 1885-1970）為總理。

03. Apr. 社民黨對總統內閣發動不信投票，國會表決結果二百五十三票反對，一百八十七票贊成，沒有通過不信任案。

16. Jul. 興登堡總統授權布呂寧政府以緊急命令權實施經濟與財政保險法。

18. Jul. 國會以二百三十六票比二百二十二票表決通過，要求布呂寧政府終止緊急命令。布呂寧總理要求解散國會。

14. Sep. 第五屆國會改選。反體制政黨（國社黨與共產黨）大勝，其餘政黨均下挫。

31.Dec. 至一九三〇年底，失業人口達到四百四十萬人。

一九三一年

09. Feb. 德意志國家人民黨與國社黨組成「國家反對陣線」。

20. Mar. 布呂寧政府通過「德奧關稅同盟」，在法國為主的國際力量反對下沒能實踐。

09. Aug. 普魯士解散邦議會。

06. Oct. 布呂寧政府發動緊急命令權執行經濟與財政保險法。

08. Dec. 布呂寧政府再以緊急命令權更新經濟與財政保險法。

31. Dec. 至一九三一年底，失業人口達到五百六十六萬人。

一九三二年

13. Mar. 威瑪共和第三任總統選舉，第一輪無人獲得過半票數直接當選。

10. Apr. 總統第二輪選舉，興登堡擊敗希特勒獲得連任。

13. Apr. 布呂寧政府以緊急命令權禁止國社黨的武裝團體黨衛軍（SS）與衝鋒隊（SA）。

24. Apr. 各邦地方議會改選，國社黨在普魯士、巴伐利亞等主要邦都獲得大規模勝利。

30. May. 布呂寧政府失去興登堡總統的支持宣布解散。

01. Jun. 興登堡總統任命巴本（Franz von Papen, 1879-1969）為第二任總統內閣的總理。

04. Jun. 巴本政府解散國會。

14. Jun. 巴本政府恢復國社黨武裝團體黨衛軍和衝鋒隊的權力，以換取國社黨在國會裡對總統內閣的容忍。

20. Jul. 巴本政府以緊急命令權和武裝力量解散普魯士由社民黨組成的政府。

31. Jul. 第六屆國會改選。國社黨成為國會第一大黨。

12. Aug. 興登堡總統會見希特勒商談組閣，希特勒拒絕副總理一職，組閣談判破裂。

12. Sep. 巴本政府再次解散國會。

06. Nov. 第七屆國會改選。國社黨小幅衰退，但仍為國會第一大黨。

17. Nov. 興登堡總統解散巴本政府。

02. Dec. 興登堡總統任命史萊歇爾（Kurt von Schleicher, 1882-1934）擔任第三任總統內閣的總理。

一九三三年

04. Jan. 巴本與希特勒決定合作，對抗史萊歇爾。

28. Jan. 興登堡總統接受巴本建議，由希特勒擔任總理，巴本擔任副總理，將政權交給國社黨。希特勒宣布解散國會。

05. Mar. 國會改選，國社黨大勝，再加上德意志國家人民黨，則已經獲得過半席次。

24. Mar. 國會通過授權法，凍結威瑪憲法，威瑪共和的民主體制崩潰。

一九三四年

02. Aug. 興登堡總統逝世，希特勒成為「領袖」（der Führer）。

二、歷屆國會選舉概況

政黨	1919年1月		1920年6月		1924年5月		1924年12月		1928年5月		1930年9月		1932年7月		1932年11月		1933年5月	
	得票率	席次	得票率	席次	得票率	席次	得票率	席次	得票率	席次	得票率	席次	得票率	席次	得票率	席次	得票率	席次
SPD	37.9	165	21.7	102	20.5	100	26.0	131	29.8	153	24.5	143	21.6	133	20.4	121	18.3	120
Z	19.7	91	13.6	64	13.4	65	13.6	69	12.1	62	11.7	68	12.5	75	11.9	70	11.2	74
DDP	18.5	75	8.3	39	5.7	28	6.3	32	4.9	25	3.7	20	1.0	4	1.0	2	0.8	5[i]
DVP	4.4	19	13.9	65	9.2	45	10.1	51	8.7	45	4.5	30	1.2	7	1.9	11	1.0	2
DNVP	10.3	44	15.1	71	19.5	95	20.5	103	14.2	73	7.0	41	5.9	37	8.3	52	8.0	52
USPD	7.6	22	17.9	84	X	X	X	X	X	X	X	X	X	X	X	X	X	X
BVP	X	X	4.4	21	3.2	16	3.7	19	3.1	16	3.9	19	3.2	22	3.1	20	2.7	18
KPD	X	X	2.1	4	12.6	62	9.0	45	10.6	54	13.1	77	14.3	89	16.9	100	12.3	81
NSDAP	X	X	X	X	6.5	32	3.0	14	2.6	12	18.3	107	37.3	230	33.1	196	43.9	288
其他	1.6	7	3	9	9.4	29	7.8	29	14	51	13.3	72[ii]	3.0	11	3.4	12	1.8	7
小計	100	423	100	459	100	472	100	493	100	491	100	577	100	608	100	584	100	647

資料來源：彙整自Schuls (1987: 158-159)；Kolb (2002: 308-309)；Michalka and Niedhart (2002: 276-277)。

[i] 部分議員以附屬為SPD的提名名單下當選。

[ii] 該年選舉，許多小黨和以前相較之下拿下不少席次，例如經濟黨（Wirtschaftspartei）獲得了23席、農民黨（Bauernparteien）獲得28席等。

三、歷屆總統選舉概況

1. 共和國總統選舉：一九一九年二月十一日

當選者：艾伯特（Friedrich Ebert）

候選人（提名政黨）	得票數[i]	當選否
Friedrich Ebert（SPD、DDP、Z）	277	當選
Graf Posadowsky（DNVP）	49	
棄權或無效票	53	
總 計	379	

資料來源：Huber (1992: 1082)。

[i]第一屆總統選舉為國會間接選舉所產生，表格內數字為議員票數的絕對數字。

2. 第一屆總統選舉：一九二五年四月二十六日

當選者：興登堡（Paul von Hindenburg）

	第一輪（三月二十九日）	第二輪（四月二十六日）
投票人數	39.226（百萬）	39.414（百萬）
投票率	68.9%	77.6%
候選人與所屬政黨得票率	K. Jarres (DNVP) 38.8% O. Braun (SPD) 29.0% W. Marx (Z) 14.5% E. Thälmann (KPD) 7.0% W. Hellpach (DDP) 5.8% H. Held (BVP) 3.7% E. Ludendorff (NSDAP) 1.1%	P. von Hindenburg (Reichsblocks: DNVP, DVP, BVP, NSDAP) 48.3% W. Marx (Volksblocks: Z, SPD, DDP) 45.3% Thälmann (KPD) 6.4%

資料來源：原始資料為Statistik des Deutschen Reiches，轉載自Schulz (1987: 169)。

3. 第二屆總統選舉：一九三二年四月十日

當選者：興登堡（Paul von Hindenburg）

	第一輪（三月十三日）	第二輪（四月十日）
投票人數	43.949（百萬）	44.064（百萬）
投票率	86.2%	83.5%
候選人與所屬政黨得票率	P. von Hindenburg (Z, SPD, DDP, DVP, BVP) 49.6% A. Hitler (NSDAP) 30.1% Thälmann (KPD) 13.2% Duesterberg (DNVP) 6.8%	P. von Hindenburg 53.0% Adolf Hitler 36.8% Thälmann 10.2% DNVP支持者在興登堡與希特勒之間自由投票

資料來源：原始資料為Statistik des Deutschen Reiches，轉載自Schulz (1987: 169)。

四、歷屆政府組成與解散原因

總理（政黨）	起迄時間（天數）	入閣政黨	刺激解散的外在原因	備 註
Scheidemann（SPD）	13-Feb-1919 ~ 20-Jun-1919 (128)	SPD、DDP、Z	凡爾賽和約引起內閣分裂（總理拒簽）	威瑪聯盟
Bauer（SPD）	21-Jun-1919 ~ 26-Mar-1920 (279)	SPD、DDP、Z	Kapp-Lüttwitz政變，軍隊拒執行SPD命令	威瑪聯盟
Müller I（SPD）	27-Mar-1920 ~ 08-Jun-1920 (73)	SPD、DDP、Z	國會舉行改選	看守內閣
Fehrenbach（Z）	25-Jun-1920 ~ 04-May-1921 (315)	DDP、DVP、Z	賠款議題與上史雷辛恩議題引起內閣分裂	資產階級聯盟
Wirth I（Z）	10-May-1921 ~ 22-Oct-1921 (165)	SPD、DDP、Z	上史雷辛恩議題	威瑪聯盟
Wirth II（Z）	26-Oct-1921 ~ 14-Nov-1922 (384)	SPD、DDP、Z	政黨重組後，組織大聯合政府議題造成分裂	威瑪聯盟
Cuno (Independent)	22-Nov-1922 ~ 12-Aug-1923 (304)	DVP、DDP、Z	魯爾抗爭	總統內閣
Stresemann I（DVP）	13-Aug-1923 ~ 03-Oct-1923 (51)	SPD、DDP、DVP、Z	工時議題導致SPD、DVP對立	大聯合內閣
Stresemann II（DVP）	06-Oct-1923 ~ 23-Nov-23 (48)	SPD、DDP、DVP、Z	因各地左右翼對峙激化，SPD退出並倒閣	大聯合內閣
Marx I（Z）	30-Nov-1923 ~ 26-May-1924 (178)	Z、DDP、DVP、BVP	因工時與裁員法欠缺共識，解散國會改選	資產階級聯盟
Marx II（Z）	03-Jun-1924 ~ 15-Dec-1924 (196)	Z、DDP、DVP	無法組成政府，因組閣危機解散國會	資產階級聯盟
Luther I (Independent)	15-Jan-1925 ~ 05-Dec-1925 (323)	Z、DVP、DNVP	DNVP因反對羅加諾公約退出政府	資產階級聯盟
Luther II (Independent)	20-Jan-1926 ~ 12-May-1926 (111)	Z、DDP、DVP、BVP	SPD、DDP等政黨因國旗法發動不信任投票	資產階級聯盟
Marx III（Z）	16-May-1926 ~ 17-Dec-1926 (215)	Z、DDP、DVP、BVP	SPD因國防軍與俄軍合作的議題發動倒閣	資產階級聯盟
Marx IV（Z）	29-Jan-1927 ~ 12-Jun-1928 (499)	Z、DVP、DNVP	學校法與宗教議題導致內閣分裂	資產階級聯盟
Müller II（SPD）	28-Jun-1928 ~ 27-Mar-1930 (637)	SPD、DDP、Z、BVP、DVP	失業保險法、金融危機導致內閣分裂	大聯合內閣
Brüning（Z）	30-Mar-1930 ~ 30-May-1932 (729)	無	NSDAP的壓力	總統內閣
Papen (Independent)	02-Jun-1932 ~ 17-Nov-1932 (168)	無	KPD發動不信任投票與NSDAP的壓力	總統內閣
Schleicher (Independent)	02-Dec-1932 ~ 28-Jan-1933 (58)	無	NSDAP的勝選	總統內閣

資料來源：作者自行整理。

國家圖書館出版品預行編目資料

威瑪憲政變奏曲：半總統制憲法的生命史／沈有忠著. ——初版.——臺北市：五南，2009.06
面；　公分
參考書目：面
ISBN 978-957-11-5624-8（平裝）
1.威瑪共和　2.憲法史　3.德國史
743.255　　98006421

1PK9

威瑪憲政變奏曲：半總統制憲法的生命史

作　　者— 沈有忠(102.3)
發 行 人— 楊榮川
總 編 輯— 龐君豪
主　　編— 劉靜芬　林振煌
責任編輯— 李奇蓁
封面設計— 斐類設計工作室
出 版 者— 五南圖書出版股份有限公司
地　　址：106台北市大安區和平東路二段339號4樓
電　　話：(02)2705-5066　　傳　　真：(02)2706-6100
網　　址：http://www.wunan.com.tw
電子郵件：wunan@wunan.com.tw
劃撥帳號：01068953
戶　　名：五南圖書出版股份有限公司

台中市駐區辦公室/台中市中區中山路6號
電　　話：(04)2223-0891　　傳　　真：(04)2223-3549
高雄市駐區辦公室/高雄市新興區中山一路290號
電　　話：(07)2358-702　　傳　　真：(07)2350-236

法律顧問　元貞聯合法律事務所　張澤平律師

出版日期　2009年6月初版一刷
定　　價　新臺幣450元

凝煉知識 品味閱讀